분단체제의 노동

: 북한출신주민이 경험한 남북한의 직업세계

분단체제의 노동
: 북한출신주민이 경험한 남북한의 직업세계

초판 1쇄 발행   2018년 6월 25일

지은이   김화순
펴낸이   윤관백
펴낸곳   돌선 선인

등록   제5-77호(1998.11.4)
주소   서울시 마포구 마포대로4다길 4 곳마루빌딩 1층
전화   02)718-6252 / 6257
팩스   02)718-6253
E-mail   sunin72@chol.com
Homepage   www.suninbook.com

정가   24,000원
ISBN   979-11-6068-187-1   93300

· 이 저서는 2014년도 한국연구재단 저술성과확산사업에 선정되어
  정부의 재원으로 한국연구재단의 지원을 받아 연구되었습니다.
  (NRF-2014S1A6A4A02027593)
· 잘못된 책은 바꾸어 드립니다.

분단체제의 노동

: 북한출신주민이 경험한 남북한의 직업세계

김화순

도서출판 선인

들어가는 말

　북한출신주민은 분단의 경계를 넘음과 동시에 남북한의 경계선 담장 위를 아슬아슬하게 걸어가는 사람이 되었다. 그들은 분단의 경계선을 넘는 순간부터 '이편이냐 저편이냐'를 가늠하는 논란의 중심에 서는 숙명을 지니게 되었다. "저편이 아니면 이편이 되어야 한다." 라는 분단의 목소리가 날이 갈수록 크게 울려 퍼진다. 이에 부응이라도 하듯 정치활동의 최선봉에 많은 북한출신주민들이 '통일역군' 혹은 '예비간첩'으로 존재하거나, '정착성공자' 혹은 '부적응자'로 살아간다. 이들을 바라보는 시선에는 북한에서 '풀뿌리를 먹고 살아온 사람들'이라는 동정에 찬 시선들도 있다. 이처럼 오만과 편견에 찬 시선을 피할 수 있는 탈분단의 영역은 대한민국 땅 어디에도 존재하지 않는 듯하다.

　필자의 관심은 바로 이 담장 위를 걸어가는 사람들이 확보한 시야와 그들만의 독특한 경험세계에 있다. 거인의 어깨 위에 올라 더 넓은 세상을 보듯이 '남북한의 체제를 다 경험한 북한출신주민'의 어깨를 빌려 그들의 노동경험에 배태되어 있는 남북한 양측의 노동세계를 들여다보고자 하였다. 북한의 공장이나 장마당에서 그리고 남한의 남동공단에 이르기까지 이탈주민들을 따라다니면서 분단체제 속의 노동자들이 어떻게 살아가는지 실제의 모습을 서술하기를 원하였다.

이 책은 북한출신주민의 직업생활을 북한체제 및 북한주민의 노동경험과의 연계성 속에서 이해하고자 한 연구의 소산이다. 이와 같은 발상의 기저에는 백낙청의 '분단체제론'이 있는데, 분단체제론은 지난 40여 년 동안 한반도의 분단문제를 화두로 대결해온 대표적인 거대담론으로 한국 정치와 시민사회에 커다란 영향을 미쳐왔다. 그러나 이제는 거대담론에 머무르지 말고 미시영역에서 더욱 구체화시켜야 할 시점이다. 이제까지 북한출신주민의 고용문제에 대한 탐구가 남한사회를 공간으로 한 정부의 정착지원제도와 이탈주민의 적응(adaptation), 남한사람들의 배제(exclusion)라는 삼각구도를 중심으로 한 제한된 인식틀 속에서 이루어져왔다면, 이 책은 기존의 협소한 인식틀을 벗어나 남북한 노동체제(labor system in South Korea and North korea)와 북한출신주민의 노동 행위와 의식(labour practice and consciouness)이라는 남북한을 포괄하는 보다 넓은 인식틀을 통해 시야를 확장하여, 북한 노동체제 하 노동행위 및 의식과 현재 한국사회에서 노동행위 및 의식 간의 인과관계를 규명하고자 하였다.

이 같은 관점에서 이들을 바라본다면, 감추어진 새로운 그림이 나타난다. 북한의 경제적 위기와 북한 시장화 이에 따른 북한 노동체제의 변동, 주민들의 의식변화, 노동이동과 탈북, 남한에서 북한출신주민들의 기초생계급여에 대한 강한 천착, 비공식일(informal employment)로의 진입과 고실업이라는 일련의 사건들은 우연적이 아니라 인과적으로 연계되어 있다. 북한 공장과 장마당에서 이들의 노동하는 삶이 '생존의 정치'에 의해 움직였다면, 남한에 온 이후 이들은 다시 '분단의 정치'와 만나 신통일역군이자 정치화된 신민(臣民)으로 재탄생되었으며 다시 분절화된 노동시장에서 저임금노동자군으로 고착되었다. 분단체제의 국가권력은 이탈주민과 남한주민의 관계 저변에서 음습하고 강력하게 작용하면서 분단체제의 주민으로 살아가는 남북한 주민 모두를 오늘도 지배하고 있다.

내가 만났던 북한사람들을 다시 떠올려본다. 역사의 도도한 맥락에 처한 전형들이 주는 감동은 문학과는 또 다른 연구의 매력이다. 거기 가기까지 연구자로서는 수많은 자료와 선행논의들을 읽어내야 하지만 만나는 한 사람 한 사람에게 역사의 응축된 결정체가 포착될 때면 가슴이 먹먹해진다. 촛불 이후 이제 북한출신주민들을 더 이상 통일을 전시한 전람회에서 박제화 된 '통일의 역군'으로서 바라보고 구경할 때가 아니다. 시민사회에서 살아있는 생명으로 만나 소통하며 함께 일할 때이다. 따스한 나라, 남한에서 국가는 이탈주민에게 수많은 혜택을 주었다고 선전하였으나, 정작 그들에게 꼭 필요한 것은 주지 않았다. 그것은 바로 안정된 일자리다. 고향을 떠나 낯선 땅에서 살아가는 이들의 상태는 여전히 '고단하고 억울하고 불안하다'. 일반적인 통념과는 달리 이들의 취업눈높이는 그다지 높지 않으며, 대부분의 북한출신주민들은 주변부일자리에 흘러 들어가 외국인의 대체인력으로 일하고 있다. 탈북여성들의 삶은 더욱 가혹하다. 기아를 피해 혹은 돈벌이를 위해 이 땅에 흘러왔던 수많은 탈북여성들은 오늘도 일탈노동의 가파른 길을 낭떠러지를 향해 떠밀리듯 위태롭게 걸어가고 있으며 성폭력의 위험에 무방비하게 노출되어 있지만 국가는 이들을 못 본 척 한다.

통일노동 연구는 무엇보다 평화의 학문이다. 남북한 사람들이 함께 만나고 일하면서 함께 어떻게 먹고 살지 궁리하는 학문이기 때문이다. 이 책을 기획한 당초의 목적은 이질적인 남북 노동체제를 체험한 북한출신주민들의 노동과 의식에 대한 생생한 연구물을 일반 시민들에게 제공하여 남북한 사람 상호 간의 이해와 사람의 통일을 향한 실천적 의지를 높이는 데 기여하고자 하는 것이었으나 이에 미치지 못한다. 오늘도 출근길에 북한출신주민을 날마다 만나거나 스쳐가는 남한사람들, 남북한이 서로를 더 깊게 이해하게 되길 원하는 사람들, 지금 '고단하고 억울하고 불안하지만' 미래의 새로운 희

망을 찾아가는 남북한출신 노동자들, 분단체제를 넘어 새로운 평화체제의
시대로 나아가기를 소망하는 시민들에게 이 글을 드린다.

2018년 6월
저자

목 차

들어가는 말 _ 5

제1부 북한 노동사회와 생존의 정치

여는 글 _ 떠나는 자와 남은 자   17

1장_ 북한 사람들이 사는 법   19
   어떤 이발사의 일상   19
   1. 들어가는 말   21
   2. 북한의 직업세계와 일의 유형   24
   3. 북한 주민들의 생계유지 전략: 어떻게 소득을 얻고 있는가?   27
     1) 공식일 종사자가 사는 법   28
     2) 비공식 부문 공식일 종사자가 사는 법   33
     3) 이중일 종사자가 사는 법   36
     4) 8.3노동자   39
   4. 시장화 이후 북한 직업질서의 재구성   41

2장_ 북한 노동공간의 이원화: 공장과 장마당   45
   1. 2000년대 이후 북한의 '국가-노동'의 관계   45
   2. 남성의 공간, 공장과 기업소   47
     1) 국가계획 생산이 이루어지는 공식부문   48
     2) 비공식부문의 노동시장 영역   52
   3. 여성의 공간, 북한의 장마당   58
     1) 장마당의 역사   59
     2) 장마당은 여성친화적 공간인가   60
     3) 시장의 진화   64
     4) 저항의 장마당   64

3장_ 북한의 '공장사회'와 노동자   69
  1. 노동자들은 왜 출근하는가?   69
  2. 북한 공장사회의 운영원리와 노동행위자들   74
    1) 중앙직할 산하 연합기업소의 운영실태   74
    2) 지방산업 공장기업소의 운영체계   78
  3. 노동행위자들과 위계적 구조   80
    1) 노동의 위계   80
    2) 간부: 당간부와 행정간부   83
    3) 핵심노동자: 충성과 사익의 이중적 추구   87
    4) 기층노동자와 기업별 식량공급 상황   90
    5) 주변노동자: 비생산조직   91
    6) 비사회주의 개인 노동자: 8.3노동자 외   92

4장_ 7.1조치 이후 공장사회 내 사회적 관계의 변화   93
  1. 중앙직할관리 기업소와 지방산업공장 간 식량공급의
     불평등 심화   93
  2. 간부와 노동자 간 배급의 불평등 확대   95
  3. 7.1조치 이후 노동자들의 시장활동 허용과 새로운 담론의 형성 96
  4. 공장 내 행위자들의 사회적 관계 변화   99
  5. 북한 공장사회와 생존의 정치: 비사회주의라도 해서라도
     지키려는 그것은 무엇인가?   101

5장_ 신 충성(忠誠)노동자들: 비사회주의로 사회주의 지키기   106
  1. '사회주의 위해 비사회주의'하는 충성노동자   106
  2. 생존을 위해 '조절'하는 충성노동자들   110
  3. 그래도 함께 하는 공장 공동체   113

6장_ 국가와의 불화, 다섯 북한 여성들의 삶과 일   116
  1. 신소에 휘말린 여교사 목련의 이야기   116
  2. 외화벌이 회사의 부기 자스민의 이야기   119
  3. 화폐개혁의 직격탄을 맞은 조중접경지역의 밀무역꾼,
     민들레 이야기   121
  4. 장마당의 터주대감 원추리 이야기   125
  5. 모성의 여맹위원장 선인장 이야기   128

7장_ 직행 탈북이주자의 노동이동과 탈북   133
   1. 탈북현상을 어떻게 이해할 것인가?   133
   2. 북한사회에서 노동이동의 유형   138
   3. 북한주민은 왜 탈북하는가?   143
     1) '국가에서 벗어나기': 집단노동참여형의 탈북사유   145
     2) 문명한 세계에의 기대와 자유인의 등장: 개인이익추구형의
       탈북사유   146

제2부 북남이동과 직업전환

여는 글_ 다시 생존의 경쟁선에 서다   155

8장_ 아! 대한민국과 조기정착: 식량난민 세대들의 입국을 중심으로   158
   1. 국적취득과 신분상승   158
   2. 남한사람의 성공과 북한사람의 성공   166

9장_ 북한사람 남한에서 일자리 구하기: 식량난민 세대의 노동시장 진입 173
   1. 빗나간 기대: 공공취업지원   173
   2. '북한사람이라는 이유로' 차별받는다는 생각   178
   3. 구직 장벽(Barrier of Getting a Job)   179
   4. 직업전환: 상향이동과 하향이동   185

10장_ 취업눈높이는 어떻게 결정되는가?
     : 2005년 정착지원법 개정전 시기를 중심으로   188
   1. 북한출신주민은 취업의지가 없는가?   188
   2. 취업눈높이 형성의 조건과 적응전략   191
   3. 취업눈높이의 다이내믹스   202
   4. 맺음말: 취업의지 결핍담론의 허구성   211

11장_ 일터, 타자(他者)들의 공간   214
   1. 직무능력의 부족   214
   2. 남북 노동관행과 직장문화의 이질성   216
   3. 대처와 파국   218

12장_ 북남이동과 직업전환   223
 1. 들어가는 말   223
 2. 직업관련 선행연구 검토   225
 3. 연구 방법   227
 4. 북한출신주민의 북남이동과 직업전환   234
 5. 고난의 행군기 노동자 의식의 변화: "우리는 전처럼 그렇게
    돌아가지는 못할 것이다"   245
 6. 제3국에서 탈북자의 일자리 유형   259
 7. 직업전환의 특성과 함의   273

13장_ 북한출신주민 고용기업의 특성과 채용의사   282
 1. 문제의 인식   282
 2. 연구 자료   286
   1) 질적 자료   286
   2) 양적 자료   289
 3. 노동력 수요요인 및 특성   294
   1) 채용동기에 따른 기업체 유형분류   294
   2) 북한출신 고용기업체의 특성   296

14장_ 남한기업의 북한출신주민 노동력 평가   303
 1. 북한출신주민 노동력 활용과 장애요인   303
 2. 노동력 평가: 내국인 · 외국인 · 북한출신 간 비교   308
   1) 노동력 비교평가   308
   2) 북한출신주민을 채용한 이유는 무엇인가?   308
   3) 기업은 외국인, 내국인, 북한출신 중 어떤 인력을 선호하는가? 310
   4) 북한출신을 더 많이 채용하고 싶은 이유   314
 3. 결론 및 시사점   315

제3부 남한 노동시장에서 북한 노동경험은 유용한가

여는 글_ 북한주민이 일자리를 찾아 남하한다면 남한 노동시장에서
　　　　어떤 일이 벌어질까?　　　　　　　　　　　　　321

15장_ 북한 노동경험은 남한 노동시장에서 북한출신주민 일자리에
　　　어떤 영향을 주는가　　　　　　　　　　　　　324
　1. 문제의 인식　　　　　　　　　　　　　　　　324
　2. 선행논의와 본 논문의 성격　　　　　　　　　　328
　　1) 남한 노동시장과 북한출신주민 고용관련 선행 논의　329
　　2) 기초생계비 수급자 비율 왜 높은가?　　　　　332
　　3) 남한 거주기간이 증가하면 고용율도 올라갈 것인가?　333
　3. 코호트 효과(cohort effect)와 동화효과(assimilation effect)의 비교:
　　해외 이주민 인적자본 연구가 주는 함의　　　　335

16장_ 남한에서 북한출신주민 일자리 결정요인　　　338
　1. 연구 가설　　　　　　　　　　　　　　　　338
　　1) 변수의 정의 및 측정　　　　　　　　　　340
　　2) 조사 개요 및 자료　　　　　　　　　　　342
　2. 남한에서 북한출신주민의 일자리 결정요인　　　345
　　1) 취업결정요인　　　　　　　　　　　　　345
　　2) 임금효과　　　　　　　　　　　　　　　348
　　3) 기초생계급여 결정요인　　　　　　　　　350
　3. 코호트효과와 동화효과　　　　　　　　　　　351
　　1) 코호트효과: 북한 '일유형'과 남한 '고용' 간의 인과관계　352
　　2) 동화효과: 거주기간이 미치는 영향　　　　353
　4. 요약 및 정책적 함의　　　　　　　　　　　354

참고문헌 _**359**
출　　전 _**371**

〈일러두기〉
- 이 책에 수록된 인터뷰 응답자의 이름은 모두 가명이다.

제1부
북한 노동사회와
생존의 정치

여는 글_ 떠나는 자와 남은 자

지난 20여 년간 북한 공장기업소는 노동자들에게 출근을 강제하면서도 노동에 대한 정당한 대가는커녕 생물학적 생존을 위한 최소한의 식량조차 주지 못하였다. 놀라운 사실은, 공장 가동이 멈추었지만 노동자들은 출근을 계속하였다는 점이다. 노동자들의 출근율은 공장가동률을 훨씬 상회하였으며, 노동자들이 굶주리면서도 날마다 공장기업소에 출근하였다. 물론 공장을 떠나고 아예 북한을 떠나버린 노동자들도 있다. 그러나 많은 갈등 속에 사선을 넘어 탈북을 선택한 노동자들일지라도 북한 땅과 공장기업소, 옛 동료들을 애잔한 그리움으로 추억한다. 그들은 어떤 이유로 체제에 충성했으며 반대로 어떤 이유로 탈주(exit)를 선택하기에 이르렀을까? 많은 노동자들이 공장을 떠나 장마당으로 날품팔이를 하거나 장사를 하러 갔고 어떤 이들은 공장에 계속 출근하였다. 또 시장으로 갔던 이들 중 일부는, 이번에는 장마당을 떠나 남한으로 떠났다.

제1부는 공장과 장마당으로 상징되는 북한의 이원화된 노동사회와 거기서 일하는 노동자들의 이야기이다. 공장에서 생산이 멈춘 이후에 북한사람들은 어떻게 먹고 살아왔는가?

제1부의 1장 '북한 사람들의 사는 법'에서는 서른다섯 명의 북한주민들을 통해 북한주민의 감추어진 생계유지 방식을 보여주며 제2장에서는 이들을 둘러싼 노동환경 즉 공장과 장마당이라는 이원화된 공간을 묘사하고 기술한다.

제3장부터 5장까지는 공장사회의 내부로 보다 깊숙이 들어가 공장에 터한 북한 노동자들의 생활세계와 이들을 지배하는 사회적 조직화를 보여주고자 하였다. '제3장 공장사회와 생존의 정치'부터 '제4장 7.1조치 이후의 공장사회'와 '제5장의 신충성노동자들'에 이르는 세 개의 장은 이어지는 일련의 연구이다. 특히 5장에서는 세 명의 노동자들이 직장에서 살아가는 삶의 이야기를 통해 북한사회가 직면한 부족의 경제, 생존의 문제에 노동자들이 각기 어떻게 대처했는가를 보여주고자 하였다. 북한사회를 축소한 공장 내부에서 벌어지는 사회적 관계의 변화와 노동자 내면의 목소리를 들려주고자 하였다. 신충성노동자는 강한 생존정신과 꺾이지 않는 북한사람들의 정신을 표상한다.

제6장은 북한 여성들의 노동생애이다. 여기에 등장하는 다섯 가지 유형의 여성들 즉 교사, 외화벌이 군부대 부기, 매대상인, 밀무역꾼, 여맹위원장은 북한에서 살아가는 여성들의 진로를 대변한다.

마지막 7장은 '직행이주자'들이 탈북에 이르는 과정에 관한 연구이다. 직행이주라 함은 북한에서 한국을 목표 지점으로 하여 탈북하는 것을 가리키는데, 그동안 탈북의 배경을 식량난민이나 인권문제로 주로 설명해왔지만 이 연구는 소득원을 찾아 '노동이동'을 하는 가운데 탈북에 이르게 된다는 새로운 관점에서 탈북행위를 설명하고 있다.

1장_ 북한 사람들이 사는 법

어떤 이발사의 일상

함경북도 무산의 최금미 씨는 많은 단골고객을 가진 이발사이며 시내 중심가에 자신의 가게를 가진 능력 있는 중년여성이다. 북한의 '평백성'들은 이발 후에 꼬박꼬박 돈을 내지만, 보안원이나 보위부 등 권력이 있는 사람들은 이발을 하고 나서 돈을 내지 않는 경우가 많다. 아니 거의 전부가 그러하다. 속으로는 마음이 언짢지만 후일을 생각해서 권력 있는 사람들 앞에서 기분 나쁜 내색을 절대로 하지 않는다. 보위부나 보안원은 각종 검열을 하는 사람들이고 벌금을 정하는 사람들이니, 그들이 이발료를 국정가격대로 받지 않는다고 벌금을 내라고 하면 금미 씨는 걸리지 않을 수가 없기 때문이다. 그러니 그들에게 잘 보이려면 그들에게 이발비를 내라고 할 수는 없는 일이다. 문제는 권력을 가진 사람들이 너무나 많다는 점이다. 공짜 이발을 해주어야 하는 사람의 수가 정말 많다.

사업경비 중 가장 많은 비중을 차지하는 것은 공짜 이발이나 벌금이나 염색비, 파마약 등 재료비는 아니다. 가장 큰 비용은 인민군대를 위한 석탄이나 식품비 등의 갖가지 명목으로 쉴 사이 없이 몰아닥치는 국가에 내야 하는 '사회적 과제비'다. 최금미 씨는 사회적 과제비로 매월 6만 원가량의 돈을 납부해왔다. 그 다음으로는 도 사업부, 도 위생관리소, 인민위원회 도시경영과 등에 검열 시 내야 하는 사전 뇌물이나 벌금 등의 비용이 뒤따른다. 검열할 때마다 구역별로 상시적으로 돈을 걷는데, 최금미 씨는 해당구역의 조장으로서 3개의 편의사업소를 대표하여 고양이담배 3보루(한 보루당 2만 3,000원 상당)를 사전에 준비해서 담당자에게 건네곤 했다. 그런저런 명목으로 돈을 내고 나면, 그녀가 1년 365일 동안 361일 동안 일하고도 남은 수입은 한 달에 10만 원가량에 불과하다. 이 돈으로 한 달에 쌀 20킬로그램, 잡곡 20킬로그램을 먹는 식생활을 유지하는 정도이며, 가계는 식구들과 고기를 사먹을 여유조차 없이 빠듯하게 돌아간다.

결국 최금미 씨는 국가에서 내라는 돈을 줄이기 위한 방법으로 이중장부를 기재해서 자신의 수입액을 낮추고 있다. 남편이 버는 돈은 전액 남편의 용돈으로 사용되고 가계의 수입으로 한 푼도 들어오지 않아 교육비나 식량 등 각종 가계관련 지출은 전적으로 최금미 씨의 몫이다. 그러므로 이렇게 해서 수입을 조금 더 챙기지 않는다면 그들 가족은 살아가기가 어렵다.

최금미 씨의 예에서 보는 바와 같이 편의봉사사업소에서 일하는 사람들은 편의봉사사업소 입금(1만 5,000원), 사회적 과제비(약 6만 원), 국정가격 위반 벌금, 위생불량 벌금 등 워낙 준조세 성격의 나가는 돈이 많다. 편의봉사사업소에서 일하려면 손님을 끌 만한 남다른 기술이나 역량 없이는 생계를 유지하기가 어렵기 때문에 편의사업소로 새로 들어오려는 사람들이 적은 편이다. 예를 들어 최금미 씨가 있던 무산 시내의 편의봉사사업소에서 일하는 사람들은 한 200여 명 정도가 되었는데, 그중 50명가량이 8.3노동자로 다른 곳에서 일하고 있으며 150명 정도가 편의봉사 사업소를 일터로 해서 살아간다. 안경점, 전당포 같은 업종이 비교적 장사가 잘 되는 업종이며, 이발업종의 수익성은 이와 비교하면 낮은 편이다. 최정미 씨는 자신이 버는 월 10만 원 소득수준은 생계유지하기에 적은 돈이지만, 그래도 편의봉사사업소 노동자 중에서 수위(首位)를 차지한다고 스스로 평가한다. 최금미 씨는 자신이 머리를 잘 깎는 이발사라고 자부하고 있었지만, 손님이 많이 몰리더라도 돈이 잘 벌린다고 내색하지 않도록 매우 조심한다. 그녀는 자신이 북한사회에서 하층에 속한다고 생각하고 있다.

* * *

1. 들어가는 말

직업(vocation, occupation, job)이란 생계(生計)를 유지하기 위하여 보수를 받으면서 일정 기간 동안 계속하여 종사하는 것을 가리킨다. 직업이 '직업'으로 성립하기 위해서는 '노동의 대가성(compensation, 代價性)'이 따라야 한다. 노동자가 일터에 나가서 일을 하면 그 대가로 보수를 받게 된다는 뜻이다. 그런데, 오늘날 북한사회에서는 1990년대의 경제위기 이후 현재에 이르기까지 이러한 상식을 뒤엎는 상황이 연출되고 있다.

우리의 시각에서 북한사회를 바라볼 때, 제일 먼저 떠오르는 상상은 공장이 멈추고 국가가 배급을 주지 않는다면 당연히 북한의 노동자들은 출근하지 않고 먹을 것을 구해 동분서주(東奔西走)할 것이라는 생각이다. 20여 년간 배급을 주지 않는데 누가 그 일터에서 남아 일할 수 있을 것인가? 아마도 공장에는 한 명의 노동자도 남아 있지 않을 것이고, 거의 모든 사람들은 일거리를 구해 장마당에서 일하거나 일거리가 있는 중국 등 국외로 나갈 것이라고 누구나 쉽게 예상할 수 있다.

  물론 북한에서도 공장에서 노동자들이 직장을 이탈하여 식량을 구하러 다니는 상황이 연출되지 않았던 바는 아니다. 특히 90년대 중반의 식량난 사태 때 이와 같은 상황이 곳곳에서 속출했다. 교사나 의사 같은 전문직까지 포함한 모든 종류의 노동자들이 먹을 것을 구해 자신의 직장을 비우고 식량을 구하러 농촌으로 달려갔다. 식량난과 기아의 과정에서 다수의 탈북자들이 발생하여 한 때 탈북한 수가 10만에 달했고 2018년 6월 현재 누적인원 31,827명의 북한주민이 한국으로 왔다.

  북한사회의 공식직장들은 외견상 평온한 일상적 질서를 유지하는 것처럼 보인다. 국가는 인민에게 일자리를 제공하는 척하고 인민은 일하는 척하며 노동의 대가인 배급은 간헐적으로 주어지는 가운데, 북한주민 각자의 생계가 비공식 경제부문 참여를 통해 해결되는 북한 직업세계의 기형적 구조는 근 20여 년간 놀라운 생존력을 갖고 지속되어왔다. 무엇보다 북한의 직업세계를 들여다볼 때 가장 기이(奇異)하게 생각되는 일은 노동의 대가없이 근 이십 년째 출근을 하고 있는 무급노동자들의 존재다. 배급제도가 와해된 상황 속에서도 북한주민의 직업생활은 공적영역에서 나름대로의 질서를 유지하고 있는 것이다. 최근 북한의 시장연구가 활발하게 이루어졌지만, 북한의 직업생활이 어떻게 이루어지고 있는지에 대한 메커니즘은 분명하게 밝혀지지 않았다. 북한 직업세계는 어떻게 작동하고 있는가?

  북한주민들이 어떤 일을 하고 살아가는지 알아보기 위해 필자는 2010~2011년 사이에 북한을 떠난 북한주민 35명을 대상으로 인터뷰한 결과를 분석해보았다. 그 인터뷰를 통해 필자는 김정은 시대의 북한 직업세계에서 사람들이 어떤 방법으로 소득을 얻고 무슨 생각을 하는지에 관한 윤곽을 가늠해볼 수 있었다. 조금 전 최금미 씨의 직업일상에서 보는 바와 같이 편의봉사사업소에서 일하는 사람들은 편의봉사사업소 입금(1만 5,000원), 사회적 과제비(약 6만 원), 국정가격 위반 벌금, 위생불량 벌금 등 워낙 준조세 성격의 나가는 돈이 많다. 편의봉사사업소에서 일하더라도 손님을 끌 만한 남다른 기술이나 역량 없이는 생계를 유지하기가 어렵기 때문에 편의사업소로 새로 들어오려는 사람들이 적은 편이다. 예를 들어 최금미 씨가 있던 무산 시내의 편의봉사사업소에서 일하는 사람들은 한 200여 명 정도가 되었는데, 그중 50명가량이 8.3노동자로 다른 곳에서 일했고, 150명 정도가 편의봉사사업소를 일터로 해서 살아간다. 안경점, 전당포 같은 업종이 비교적 장사가 잘 되는 업종이며, 이발업종의 수익성은 이와 비교하면 낮은 편이다. 최금미 씨는 자신이 버는 월 10만 원 소득수준은 생계유지하기에 적은 돈이지만, 그래도 편의봉사사업소 노동자 중에서 수위(首位)를 차지한다고 스스로 평가한다.

이 글에서는 김정은 시대를 살아가는 북한주민이 체험하는 직업세계의 현황과 실태를 먼저 살펴본 이후, 그들이 각각 어떻게 생계를 유지하고 있는지를 기술하고자 한다. 이를 통해 북한 직업사회가 어떻게 유지될 수 있었으며 주민들의 무대가성(無代價性) 출근이 어떻게 지속될 수 있는지에 관한 답을 구해보고자 한다.

공식 부문과 비공식 부문이 혼재한[1] 북한의 직업세계를 분석하기 위해서 ILO에서 정의한 공식/비공식 일자리 개념의 틀을 사용하였다(그림 1-1 참조).

---

[1] 비공식 부문의 대두와 그 속에서 생겨나는 다양한 공식/비공식일자리가 병존(竝存)하는 현상은 비단 북한사회만의 전유물(專有物)만은 아니다. 세계 각국에서는 다양한 형태의 비공식일자리가 생겨나고 있는데 '비공식일자리'란 개념은 제도의 보호를 받지 못하는 광범위한 노동시장의 사각 지대를 분석하기 위해 논의되기 시작한 개념이다.

[그림 1-1] ILO에서 정한 공식/비공식 일자리의 개념적 틀

생산단위에 의한 유형	고용의 지위에 의한 직업								
	자영주 own-account worker		고용주 employer		가족근로 종사자	고용인 employee		생산조합의 구성원들	
	비공식	공식	비공식	공식	비공식	비공식	공식	비공식	공식
공식 영역 기업			15	14	1	2	13		
비공식 영역 기업	3	11	4	12	5	6	7	8	
가족	9					10			

* 비공식일자리(Informal employment): 셀 1, 2, 3, 4, 5, 6 그리고 8, 9, 10까지(하얀색 셀)
* 비공식 기업부문에서의 고용(Employment in the informal sector): 셀 3, 4, 5, 6, 7, 8
* 비공식 영역 밖에 존재하는 비공식일자리(Informal employment outside the informal sector)
: 셀 1, 2, 9, 10
출처: International Labor Officer(2003), Seventeenth International Conference of Labor Statisticians Report of the Conference (Geneva, 11. 24)

2. 북한의 직업세계와 일의 유형

식량난 이후, 국가가 공식적으로 제공한 유형의 일자리만이 존재하던 북한의 직업세계에 비공식 부문(informal sector)이 대두하기 시작했다. 그에 따라 다른 유형의 일자리들이 생겨나게 되었으며 시장화시기와 국가 정책에 따라 북한의 '시장활동 영역'은 좁아지기도 하고 넓어지기도 했다.

북한 직업세계의 비공식 부문으로는, 우선 군 외화벌이처럼 국가기관들이 주는 공식 일 직함을 가지고 비공식 부문에서 해외무역이나 시장활동을 통해 돈벌이를 하는 유형이 있다. 원래 북한의 직업세계는 국가가 모든 주민들을 고용하는 형태지만 시장이 확대되면서 국가는 공식 부문 뿐 아니라 비공식 부문에서도 인민들에게 공식일자리를 제공하게 된 것이다. 외화벌이 등은 국가의 비공식부문에서 일하는 공식일 종사자들이다(〈그림 1-2〉의 7번).[2]

〈그림 1-2〉 북한주민의 공식/비공식 일자리 유형의 틀

생산단위에 의한 유형	고용의 지위에 의한 직업				
	민간 = 고용인 / 시장활동영역				국가 = 고용인
	자영주 own-account worker	고용주 (employer)	가족근로 종사자 contributing family workers	고용인 employee	고용인 em1ployee
공식 부문					13
비공식 부문	3	4	5	6	7
공식+비공식 부문	13+3	13+4	13+5	13+6	

셀 13: 공식 부문 국가기업에 취업한 공식일자리 고용인→일자리유형 13
셀 7: 비공식 부문 국가기업에 취업한 공식일자리 고용인→일자리유형 7
셀 3: 비공식 부문 민간기업에 종사하는 비공식일자리 자영주→일자리유형 3
셀 4: 비공식 부문 민간기업에 종사하는 비공식일자리 고용주→일자리유형 4
셀 5: 비공식 부문 기업에 종사하는 가족근로 종사자→일자리유형 5
셀 6: 비공식 부문 기업에 종사하는 비공식일자리 고용인→일자리유형 6

　　김정은 시대가 개막한 2010년 이후 탈북한 북한주민의 사례분석 결과(표 1-1 참조)를 보면, 비공식 부문에서 음성적으로 존재하는 민간 사업자들은 비공식 자영주(혹은 고용주)나 가족근로종사자, 일당노동자 형태의 고용인으로 일했다는 것을 알 수 있다.[3] 무엇보다 특이한 현상은 공식 부문과 비공식 부문 양쪽에서 일하는 이중직업자들이 다수 발견되었다는 점이다. 이들은 공식적인 직업을 갖고 있지만 실제의 소득은 비공식일을 통해 벌어들인다.

---

[2] 또한 북한 주민들은 국가 공식 부문 외에 새로이 생겨난 시장활동 영역의 합법적 불법적 공간을 중심으로 경제활동을 하면서 비공식 자영주(일자리 3), 비공식 고용주(일자리 4), 비공식 가족근로자(일자리 5), 비공식 고용인(일자리 6)으로 일하는 사람들이 생기게 되었다. 또, 국가가 제공하는 공식직업이 있지만 실제 생계는 비공식영역에서 일하는 수입으로 살아가는 다수의 이중일 종사자들이 생겨나게 된다 (일자리 13+3, 13+4, 13+5, 13+6).

[3] 이들은 그림 2에서 각각 비공식 자영주(일자리 3유형, own-account worker) 혹은 고용주(employer)나 가족근로종사자(일자리 5유형, contributing family workers), 일당 노동자 형태의 고용인(employee)로 분류할 수 있다.

〈표 1-1〉 2010년 이후 탈북한 북한주민의 사례분석결과

고용 유형	경제부문		직종사례
공식일 유형/ 11명	공식 부문 일자리(13유형)/ 9명		교사, 특수기관 직원, 호위총국출신 군인, 직맹위원장, 제대군인출신 소방대원, 간호사, 행정일꾼
	비공식 부문 일자리(7유형)/ 2명		외화벌이, 편의사업소 이발사
비 공식일 유형/ 9명	비공식 부문	자영주(3유형)/ 8명	되거리 상인, 음식 매대상인, 미싱사, 중국 밀무역상, 장마당 상인, 휘발유장사, 중기장사
		고용주(4유형)	없음
		가족근로자(5유형)/ 1명	중기장사
		고용인(6유형)	없음
이중일 유형/ 15명	공식직업을 가진 자영주(13+3 유형)/ 11명		교사+사진사, 교사+과외, 공장 8.3노동자+마약상, 노동자+장사, 인민위 직원+되거리꾼, 여맹위원장+장사, 재제사업소+소토지경작, 인민위+사냥꾼, 공장 노동자+소토지경작, 노동자+장사, 노동자+고기장사
	공식직업을 가진 고용주(13+4 유형)/ 2명		공장간부+음식점, 연구소+장사
	공식직업을 가진 가족근로자(13+5 유형)/ 2명		공장노동자+송금브로커, 간호사+장사
	공식직업을 가진 고용인		없음

　물론 북한 뿐 아니라 다른 나라들도 공식과 비공식 부문이 병존하고 있다. 그러나 북한 직업세계의 특수성을 이해하기 위해서는 이중직업자들 즉 공식 부문과 비공식 부문에서 두 가지 일을 병행하거나 혹은 공식직업의 외피 속에 숨은 채 비공식일을 통해 음성적 소득을 벌어들이는 북한주민들의 특수한 상황에 대해 좀 더 세심한 주의를 기울이는 것이 필요하다. 공식 부문과 비공식 부문에 양다리를 걸친 채 존재하는 이중노동 종사자들은 현재 북한이 처한 현재 상황의 딜레마를 보여준다.

　북한출신 주민 35명의 사례를 분석한 결과, 공식일자리에 적을 둔 채 비공

식 부문에서 고용주로 일하는 4유형과 비공식 부문에서 고용인으로 일하는 6유형에 속한 사례는 발견되지 않았다.[4] 그렇다면, 왜 비공식 부문에는 고용주가 없는 것일까? 그것은 북한사회가 비공식 부문에서 다른 사람을 고용하여 사업을 벌이는 사업을 하려면 외적으로는 다른 공식직업 직함을 가질 때 가능하기 때문일 것이다. 예를 들어 어떤 30대 남성이 시내에서 큰 음식점을 경영했다고 하자. 음식점 경영이 실질적인 직업이지만, 그의 공식직함은 공장 간부이다. 그는 자신이 소속했던 공장에 매달 3만 원의 돈을 납부하는 8.3 노동자이기도 했다. 그는 큰 식당을 경영하면서 정기적으로 공장의 간부들이나 당간부들에게 음식을 무료로 접대하여 무마했다고 한다.

3. 북한 주민들의 생계유지 전략: 어떻게 소득을 얻고 있는가?

북한주민들이 개인별로 생계유지를 하는 방식이 모두 다르지만, 소득을 얻는 방식에는 각각의 유형별로 공통점이 있다. 여기서는 북한주민들의 소

---

4) 이중직업 종사자들을 고용지위에 따라 세분화하면, 공식 부문 국가기업체의 고용인(employee)이자 비공식 부문의 자영주(own-account worker)로서 두 가지 일을 병행하는 사람(일자리 13+3유형). 공식 부문 국가기업체의 고용인(employee)이자 비공식 부문의 고용주(employer)로서 두 가지 일을 병행하는 사람(imformal sector/employer, 일자리 13+4유형), 공식 부문 국가기업체의 고용인이자 비공식 부문의 가족근로자(imformal sector/contributing family worker, 일자리 13+5유형)인 사람, 공식 부문 국가기업체의 고용인이자 때로 비공식 부문에서 일당노동자로 남에게 고용되어 일하는 사람(imformal sector/employee, 일자리 13+6유형)으로 나누어질 것으로 예상되었다. 그러나 실제 인터뷰 결과에 따르면 일자리 4유형(비공식 부문에서 일하는 고용주, employer)와 일자리 6유형(비공식 부문에서 일하는 고용인, employee)으로 일하는 사례는 발견되지 않았다. 비공식 부문에서 남에게 고용되어 일하는 일당노동자 사례 또한 발견되지 않았는데 그런 사례가 없다기보다는 상대적으로 드물기 때문으로 보인다. 비록 이번 인터뷰 35명의 사례 중에는 없었지만 일당노동자들이 많다는 여러 연구들을 볼 때, 이들의 존재가 북한사회에 없다고 단정 지을 수는 없다.

득을 얻는 방식을 생계유지 전략을 중심으로 살펴보기로 한다.

1) 공식일 종사자가 사는 법

공식 부문에서 일하는 사람들의 구체적인 직업은 무엇인가? 공식직업을 가진 사례 아홉 명 중 두 명의 여교사를 제외한 나머지 일곱 명 모두 남성이다.(표 1-2) 교사, 안보관련 직원, 자재관리지도원, 직맹위원장, 군인, 소방대, 행정일꾼 등이다. 이들의 주소득원은 "직업직위를 활용한 대가성 부수입"(부패형 뇌물, 생계형 뇌물, 직위를 이용한 부수입)이 가장 많았으며, 타가구원에 대한 수입의존이 월급여보다 높았다. 그 외에 다양한 방법으로 소득을 얻고 있었다. 그런데 흥미로운 사실은 공식일자리 유형 내에서 소득 편차가 크다는 사실이다. 즉, 뇌물이 들어오는 직업은 소득이 높았다. 예컨대 뇌물을 많이 받을 수 있는 당간부나 법간부의 경우에는 소득도 높았는데, 북한주민들은 이들 직업들을 최고의 직업으로 여기고 있었다.

그렇지만, 공식직장에 하루 종일 매여 있어서 시장활동에 종사할 시간이 없고 돈 벌기가 힘든 직업은 인기가 없다. 예를 들어 교사직은 애들 교육에 하루 종일 매이기에 돈벌이를 할 시간이 적다. 그래서 교사직의 인기는 갈수록 하락하고 있으며, 심지어는 일반노동자보다 못한 직업이 되었다.[5]

---

[5] 이번 조사에 의하면 교사들의 주 소득원은 세 가지이다. 시장활동으로 소득을 올리는 경우, 교사직을 활용하여 부수입을 올리는 경우, 타 가구원의 소득에 의존하는 경우이다. 교사들은 학부모로부터 돈을 받으면 교권이 떨어지고 안 받자니 생계유지의 압박으로 정신적 갈등이 크다. 교권의 하락을 감수하고서라도 생계가 절실한 경우에는 돈을 택하지만(이명희, 사례 34, 교사④), 미혼인 경우 다른 가족의 수입에 의존하기도 한다(반미선, 사례 2, 교사②).

〈표 1-2〉 공식일자리 13유형의 소득원

직종/ 해당사례	월급여	본인의 시장활동	소토지 경작 현물	친척	직위를 활용한 부수입	가구원 소득
고등중학교 교사/ 2						●
안보관련 기관/ 12	●					○
자재관리/ 21					●	
직맹위원장/ 23					○	●
군인/ 28	●					
소방대/ 29					●	
간호사/ 33						●
교사/ 34					●	
행정일꾼/ 35					●	
합계 / 9명						

* ●: 주 소득원, ○: 부차적 소득원

〈표 1-3〉 공식일자리 13유형 사례분석

분류	사례조사 결과		학력	탈북동기
	해당사례	직업		
공식 부문 공식일 종사자, (일자리 13유형)/ 9명	2(20대, 여)	교사	대졸	직장 내 문제
	12(50대, 남)	안보관련기관 직원	고등중졸	더 나은 기회
	21(60대, 남)	장교출신 자재관리 지도원	고등중졸	탄압
	23(40대, 남)	직맹위원장	고등중졸	가족
	28(20대, 남)	제대군인	고등중졸	-
	29(30대, 남)	소방대	고등중졸	경제적 어려움
	34(40대, 여)	교사	대졸	더 나은 기회
	35(40대, 남)	행정일꾼	대졸	체제불만
비공식 부문 공식일 종사자, (일자리 7유형)/ 2명	15(50대, 남)	외화벌이	대졸	탄압
	24(40대, 여)	이발사	고등중졸	경제적 어려움
합계 / 11명				

공식 부문에서 일하는 이들 직업인들의 주소득원[6]은 세 가지였다. 배급을

---

6) 일반적으로 북한주민의 소득원은 크게 다섯 가지로 분류된다는 전제하에 다섯 가

주소득원으로 하는 사람들이고, 뇌물을 주소득원으로 하는 사람들, 세 번째
는 다른 가구원의 수입에 의존하는 사람들이 있었다. 첫 번째 유형은 배급을
통해 생계를 해결하는 사람들이다. 이명철 씨(사례 12, 안보관련기관 직원)
와 정후광 씨(사례 29, 군인)이다. 안보와 관련된 특수직종에 종사했던 이명
철 씨는 직장에서 현물을 지속적으로 받았으며 소속 직장에서 식사를 할 수
있었다. 안보관련 기관에서 직원으로 근무한 이명철 씨에 의하면 고난의 행
군 시에도 그 기관에 소속되었던 직원들은 하루도 빠짐없이 배급을 받았다
고 한다. 또한 이들 안보기관종사자들에게는 시장가격이 아니라 국정가격으
로 식품이나 물건을 구입할 수 있도록 국가에서 물건의 공급을 보장해주었
기 때문에 이처럼 배급만으로 먹고 사는 것이 가능하다는 점은 황정민 씨에
의해서도 확인된다.

> 국정가격이라는 게 시장가격의 수 십분의 일에 불과하니까. 그러니까
> 월급을 한 3,000원 받아도 그걸로 먹고 사는 데에는 지장이 없죠. 예를 들
> 어 계란을 하나 산다고 하자. 계란 하나를 15전에 살 수 있어요. ―강주성
> 씨(사례 14)

두 번째 유형은 직업직위를 이용하여 소득을 얻는 유형이다. 이른바 권력
형 뇌물형이다. 힘 있는 부서의 당간부였던 홍인표 씨(사례 35)는 비법(非法)
적인 일을 해결해주는 대가로 평균 1년에 1만 5,000달러에서 2만 달러 사이
의 소득을 올렸다. 예를 들어 4인 가족이 평양에 거주할 수 있도록 일처리를
해주면, 뇌물로 통상 8,000달러 정도를 받는다. 물론 뇌물로 받은 돈이 전부

지 소득원을 조사했다. 첫 번째는 직장에서 지급하는 월급이나 현물(국가에서 주는
공급물자)이다. 두 번째는 소토지에서 본인과 가족들이 경작해서 얻는 수확물이다.
세 번째로는 시장활동에서 발생하는 수입, 네 번째는 해외친척의 지원, 다섯 번째
는 직업직위로 인해 생기는 부수입이다.

홍인표 씨의 수입이 되는 것은 아니다. 본인이 챙기는 돈은 8,000달러 중 3,000달러 정도이며 나머지 5,000달러는 상납하게 된다. 이와 같이 뇌물은 권력있는 관료들의 고정적 주 소득원이 되며, 평양의 간부들 사이에서는 자식 교육과 노후 대비를 위해서는 좋은 자리에 있을 때, 30만 달러 정도는 마련해야 한다는 말이 공공연하게 회자된다.

그러나 이처럼 '직위를 활용하여 부수입을 챙기는 뇌물현상'은 비단 고위 관직들의 권력형 뇌물형에 국한되는 것은 아니다. '생계형 뇌물'은 북한사회 어디나 실핏줄처럼 퍼져있는 일상이다. 조그마한 권한이더라도 생계를 유지하는 데 매우 유용하다. 김영철 씨(사례 28)는 보안서 소속으로 1급기업소의 화재를 진압하는 소방대원으로 근무했다. 김영철 씨는 2010년을 기준으로 옥수수를 한 달에 5일분 혹은 10일분, 15일 정도를 기업소에서 받았는데, 이는 소속기업소의 노동자들이 받는 배급량보다 적었기에 그는 다른 수입원을 개발하였다. 소방대원들은 화재진압이 주된 업무였지만 야간에 순찰을 돌면서 비법 활동을 단속한다. 김영철 씨는 노동자들이 공장의 연유(燃油)을 외부로 빼돌리는 현장을 단속하여 눈감아주는 대가로 연유 값의 30~50퍼센트를 자신이 떼는 방식으로 수입을 얻었다. 이와 같은 '장물을 단속한 후 눈감아주는 대가로 나누어 먹는' 행위는 소방대원들에게 일반화되어 있지만, 가끔씩 신소(伸訴)가 제기되기도 한다.

'비법해라'라는 말은 노골적으로 말 못해요. 우리 소방대 총화시간이라던가 누가 제기되면 터놓고 말하거든요, "해먹으려면 똑바로 해먹어라." 왜 제기되냐고. 제기되지 말고, 해먹을 건 하고. ─김영철 씨(사례 28)

심지어 교사나 공장의 노동자들까지 자신의 직업 직위를 활용해서 소득을 올린다. 교사 이명희 씨(사례 34)의 주소득원은 학부모들의 후원금이었다.

학생 25명을 맡아 소조활동을 지도하고, 학생 일인당 2~3킬로그램의 옥수수를 학부모로부터 받았다. 자재관리 지도원의 경우, 자재를 구입하면서 일부를 자신의 소득으로 했다(김기순 씨, 사례 3).[7] 인민위원회 부원의 경우에도 간부대열에 서면 부수입이 생기지만 모든 간부들에게 부수입이 보장되는 것은 아니다.[8] 거꾸로 간부들에게는 8.3노동자로 일하는 것이 허용되지 않기에 간부직으로 인해 생계의 어려움이 더욱 커지기도 한다. 이런 일이 생기는 것을 막기 위해 인민위원회에서는 이들 간부들의 생계유지를 위해 간부 부인에게는 장터에서 좋은 자리를 얻도록 힘을 써주기도 하고, 그래도 생활이 어려운 간부는 농촌지도단으로 검열을 보내 별도의 부수입을 올릴 기회를 마련해주기도 한다(강주성 씨, 사례 14).

셋째, 부수입이 생기지 않은 이들은 가족 중 다른 가구원들의 수입에 의존한다. 교사 반미선 씨(사례 2)와 직맹위원장 오건호 씨(사례 23), 간호원 백지연 씨(사례 33)의 경우이다. 전문학교 교원인 20대 초반의 반미선 씨와 20대 초반의 백지연 씨는 부모에게 생계를 의존했다. 반미선 씨의 부모 역시 부부 교사인데 소토지를 경작하여 생계를 근근히 꾸려갔다. 직맹위원장인 오건호 씨는 생활비는 배우자가 버는 수입에 전적으로 의존했다. 오건호 씨 밑으로

---

[7] 교사라는 직업도 일자리 유형에 따라 분류하면 일자리 13, 일자리 13+3 등으로 다양하게 분류할 수 있다. 학교의 경우, 교사에 대한 배급량은 고난의 행군시기보다는 좀 나아졌다고 하지만 교사에게 주는 배급으로 생계를 유지하기에는 요원한 형편이다. 아침 8시에 시작하여 오후 6시까지 교사들이 해야 하는 업무량은 상당히 많은 편이고 출퇴근도 정상적으로 이루어진다. 사례 1(교사)은 통강냉이로 50킬로그램 정도를 국가로부터 공급받았는데, 통강냉이는 알곡으로 만들면 15킬로그램 정도로 줄어든다. 이는 한 달 내지 두 달분의 식량이다. 사례 2, 사례 3, 사례 34의 배급량도 모두 비슷한 수준이었다. 교사들은 생계유지를 위해 다양한 방법으로 대처한다. 자신의 특기를 살려 제련, 사진찍기, 과외활동 등으로 시장활동에 참여하는 교사가 있는가 하면, 학부모들의 후원금에 의존하기도 한다.

[8] 교육이나 직장을 배치할 수 있는 권한을 가진 간부들에게는 부수입을 올릴 수 있는 기회가 생기지만, 부수입이 없는 직위도 많다.

75명의 직맹원이 있어 자신의 휘하에 있는 8.3노동자들에게 매달 1만 원~1만 5,000원씩을 받아 그중 일부를 떼어 자신의 수입으로 했다. 그러나 직맹위원 장은 그렇게 권력이 강한 자리는 아니어서 자신의 용돈 정도 쓰는 수준이지 가족의 생계유지에 도움이 될 정도는 아니었다. 편의사업소에서 이발사로 일하는 오건호 씨의 부인 최금미 씨(사례 24)는 가족의 식량을 비롯하여 자녀교육비 등까지 전적으로 책임진다.

2) 비공식 부문 공식일 종사자가 사는 법

이 장의 맨 앞에서 소개했던 이발사 최금미 씨는 바로 오건호 직맹위원장의 처다. 그녀는 편의사업소의 공식직업인이자 동시에 시장활동을 해서 돈을 번다. 공식직업인이지만 비공식부문에서 돈을 버는 유형이다. 최금미 씨와 군 소속 외화벌이인 고종석 씨(사례 15)가 바로 이 유형에 속한다.

이들은 공식 직업지위를 가지고 비공식 부문인 시장에서 일하며, 시장활동을 통해 소득을 얻는다. 겉보기엔 가장 많은 소득을 올리지만 여러 가지로 나가는 돈이 많아서 실제 소득이 보기만큼 높지는 않다. 이들은 뇌물을 받는 쪽이 아니라 뇌물을 줘야 하는 쪽이기 때문이다. 수입의 절반이상을 뇌물과 벌금으로 납부하며, 준조세 격인 사회적 과제비 등으로 나가는 돈의 비중도 매우 크다. 그러다보니 늘 앞으로는 버는데 뒤로는 밑진다.

이 같은 외화벌이나 이발사 같은 유형은 비공식 부문(시장경제)에서 일하면서도 공식일자리 지위를 가진다는 점에서 특수하다. 사진, 전당포, 이발, 미용 등 대부분 국가서비스 직종이 전부 이 유형에 속한다. 공식 직업을 가지고 내놓고 시장경제활동을 한다는 점이 좋지만, 그 대가로 기관이나 관리에게 수시로 검열을 받으며 잠시도 쉴 새 없이 뇌물과 여러 종류의 준조세나 벌금을 납부해야 간신히 일자리를 유지할 수 있다. 이들에 있어 가장 큰 직

업적인 애로는 각종 준조세나 뇌물로 상납해야 하는 돈이 벌어들이는 수입
에 비해 너무 많다는 점이다.[9]

"외화벌이는 교화벌이다." 고종석 씨(사례 15)의 직업 "외화벌이 기지장"을
두고는 북한출신 주민들 간에 평가가 엇갈린다. 외화벌이는 가장 돈 많이 버
는 직업이며 북한사람들이 가장 선망하는 직업이다. 동시에 외화벌이는 마
치 '총구 앞에 서는 것과 같이' 위험한 직업이다.

> 기지장 같은 사람들은 순간에 돈 좀 벌 수 있어도, 당장 내일은 없애뻐
> 려라 하면 그저 없애뻐리면서…중략… 그저 있었다, 생겼다, 없어지고, 생
> 겼다, 없어지고, 그저 이건 비조직이나 같애요. 생겼다가 또 없어지고. 이
> 런 사람들은 수명이 없지요. 권력을 가진 사람들은 수명이 긴데. ─강주
> 성 씨(사례 14)

고종석 씨는 외화벌이 기지장으로 일하다 탈북한 사람이다. 나는 그가 어
떤 경로를 거쳐 외화벌이 기지장으로 입직하게 되었는지 궁금했다. 고종석
씨는 자신이 외화벌이가 된 것은 자발적인 선택이 아니라 '불가피한 선택의
결과'였다고 술회한다. 뜻하지 않은 정치적 사건이 그를 안정된 연합기업소
간부에서 외화벌이 기지장의 자리로 몰고 간 것이다. 고종석 씨는 대학을 졸
업한 후 큰 연합기업소에 배치되어 일하다가 어느 날 뜻하지 않은 사건으로
하루아침에 교화소에 들어가는 처지로 몰락하게 된다. 그가 1년간의 교화소
생활을 거치고 사회에 나온 후에는 그를 어디서도 받아주지 않았다. 결국 고

---

[9] 〈표〉 비공식 부문 공식일자리 7유형의 소득원

사례	월급여	본인의 시장활동	현물	해외 친척	부수입	타 가구원 소득
최금미(사례 24)	×	●	×	×	×	×
고종석(사례 35)	×	●	×	○	×	×

종석 씨가 이 상황을 벗어나기 위해 찾은 진로는 군부대였다. 군부대를 통해 이른바 '와크(일종의 수입/수출허가권)'을 받아 군 소속 외화벌이가 되는 길을 택하였다. 고종석 씨는 중국과의 외화벌이 무역에 전력투구했으나 북한 당국의 군 외화벌이 정리사업과 함께 이 일자리도 결국 끝나고 만다. 군부대의 외화벌이 사업이 지나치게 확대된 탓에 역풍을 맞기에 이른 것이다. 이들 외화벌이가 겪는 과도한 뇌물상납으로 인한 어려움과 직업적 불안정성은 그들의 진술에서 확인할 수 있다.[10]

> 만약 내가 욕심 나가지고 절반 이상을 내가 다 거저먹는다 하면 벌써 그 다음엔 사건이 발생되길 잘 합니다. 그 다음엔 아, 이놈이 우리한테 제일로 잘 안하네, 그렇게 되면 (…) 너무도 많습니다. 보위부도 해야 되고, 보안은 경제 감찰해야 되고, 그 다음엔 경비대들 또 줘야 되고, 담당 보위원만 하는 건 아닙니다, 이제. 보위원, 보위부, 보위부만 잘 해주면 좋겠는데 보위부 말고(중략). 더 중요한 건 뭐냐면요, 주기적으로 이제 검열 구루빠라고 하는 검열 (…) -고종석 씨(군 외화벌이 기지장)

외화벌이 종사자는 겉보기에는 화려하나 보안부, 경비, 검열구루빠 등 여러 곳에 자신이 번 돈의 절반 이상을 뇌물을 주어야만 근근이 유지해나갈 수 있는 아슬아슬한 자리이다. 외화벌이 종사자들의 가장 큰 직업적 애로는 '외화벌이는 곧 노동 교화벌이다'라는 말에서 읽히듯 줄타기를 하듯 살아가는 단명(短命)의 직업이라는 점에 있다.[11]

---

10) "군부대 명칭 달고 외화벌이 세력이 많이 생겼어요. 그래서 너무 무질서하다고 다 정리해버린 거죠. 실례를 들면, 청진에서 2008년도에는 100개의 외화벌이를 10개로 만들어버렸거든요. 그런 식으로 정리한 거예요."(사례 35 고종석 씨)
11) 이밖에 비공식일을 대표하는 가장 전형적인 종사자들은 주로 도소매 장사 일을 해온 자영주들이라고 할 수 있다. 도소매업이 주를 이루는데, 도매업분야에서 되거리 상인 노용복 씨(사례 5, 여자), 휘발유 장사 전미례 씨(사례 27, 여자), 중국 가전제

3) 이중일 종사자가 사는 법

이중일 종사자들은 낮에 직장에 다니면서 틈틈이 해외무역, 도소매, 제조업, 서비스, 환전, 농업, 광업, 물류 운송 등 별도로 다양한 돈벌이를 하고 있었다. 이중일 종사자들이 하는 장사의 업종은 다양하고, 활동반경도 넓어 중국과의 무역 등 원거리까지 포괄한다. 밀수, 장사브로커, 등짐장사, 중국무역, 중국물품 도매 등 여러 형태의 해외무역을 벌이며, 도소매 장사 품목은 공산품, 농수산물, 기타 등으로 나뉘는데, 책이나 비디오, 골동품 장사까지 포함되어 있다(표 1-4).

품 밀무역상 황지영 씨(사례 20)이 종사했고, 소매업 분야에서 상인 조경자 씨(사례 26), 전미례 씨(사례 27), 황지영 씨(사례 20), 가전제품상 신병혜 씨(사례 31)이 종사하는 등 주로 장마당을 무대로 활동하는 여성들이 대부분인데, 연령대는 20대~60대까지로 다양하다.

비공식 부문의 비공식일자리 종사자 9명 전원이 여성이다. 미혼인 김영이 씨(사례 18)과 신병혜 씨(사례 31)를 제외하고 모두 기혼여성으로 결혼 후 여맹에 속해 있었다. 미혼인 김영이 씨(사례 18)은 학교를 졸업한 후 바로 미싱사로 하청을 받아 일하였다고 한다.

놀라운 것은 학교다. 20대 여성인 신병혜 씨(사례 31)은 의무교육과정인 고등중학교에 돈을 내어 학교에 가는 것을 면제받았다. 일종의 8.3 학생인 셈이다. 그녀는 학교 갈 시간에 어머니를 도와 가전제품 장사를 했다고 한다. 비공식 일 종사자들의 학력을 보면 전체 9명 중에서 대졸자 1명(사례 18, 미싱사), 전문대학교 졸업자 4명(사례 5, 20, 19, 30)을 제외한 4명이 고등중학교 졸업자이다. 비공식일자리 종사자들은 자신들이 북한사회에서 경제적으로 중층 이상이라는 생각을 갖고 있다. 이처럼 비공식일 종사자들은 주로 시장활동을 통해 돈을 벌지만 해외 친척들의 도움을 받기도 한다. 두 명의 매대상인(김희선 사례 7, 김은전 사례 19)은 해외 친척으로부터 재정적 지원을 받았다. 김희선 씨(사례 7, 40대 여성)은 미국으로 탈북한 남편으로부터 1년에 약 3-4천 달러의 재정적 지원을 받았다고 하며, 이는 본인의 시장활동을 통해 얻는 수익보다 훨씬 큰 것으로 북한에서 남부러울 것 없이 풍족한 생활을 누리었다고 말했다. 홍정아 씨(사례 9)도 본인의 시장활동으로 수입을 벌었지만, 한국에 있는 언니로부터 연 300달러 정도의 재정지원을 받았다.

〈표 1-4〉 이중일유형 종사자들의 비공식 일

종류		세부항목
무역업		밀수, 장사브로커, 등짐장사, 중국무역, 중국물품 도매,
도소매업/ 취급품목	공산품	공업품, 의류, 석유장사, 녹화기, TV, 중고가전제품, 벨트, 원단장사, 잡화, 담배, 자전거,
	농수산물 외 식품	쌀, 수산물, 빵 판매, 농산물 두부, 쌀, 해산물, 계란장사, 음식장사(반찬), 양봉
	기타	비료, 금, 술 ,소금 등 잡화, 비누, 약초, 약 판매, 레저, 누에고치, 외화벌이, 석유
		책, 비디오 장사, 골동품
제조업		옷 디자인 및 봉제, 신발제조 및 판매, 술 제조 및 판매, 콩기름으로 인조고기 생산
의류관련 서비스업		옷수선, 코바느질
환전 서비스		달러, 중국돈 환전
농업		소토지 농사, 가축 기르기
광업		사금채취 및 금 가공, 희귀금속, 금속류
운송업		오토바이, 승용차 등 차량을 통한 운송

　제조업은 옷 디자인 및 봉제, 신발제조 및 판매, 술 제조 및 판매, 콩기름으로 인조고기 생산 등과 같이 주로 생활필수품 위주로 생산이 이루어지고 있었다. 서비스업 관련 돈벌이는 옷수선, 코바느질 같은 의류관련 일이 대부분이다. 외환관련 돈벌이로는 달러나 중국 돈의 환전으로 나누어지며, 농업은 다시 소토지 농사, 가축 기르기, 광업은 사금채취 및 금 가공, 희귀금속, 금속류관련 일이 있고, 물류운송 사업은 오토바이, 승용차 등 차량을 통한 운송 등이 있다.

　이중일 유형 종사자들의 가장 큰 소득원은 '본인의 시장활동'이다. 그러나, 본인의 시장활동 외에도 직장에서 주는 현물소득과 소토지 경작, 해외친척의 지원, 타가구원 소득 등 그 외의 다양한 소득원을 가진다. 자영주 집단 중 일부는 시장활동과 소토지 농사가 주소득원이며, 직위로 인한 부수입, 해외 친척 등에도 의지하기도 한다. 8.3노동자인 또 다른 자영주 집단(사례 8, 사례 25)은 시장활동이 주소득원이지만, 해외친척의 지원을 받기도 한다(〈표 1-5〉).

〈표 1-5〉 이중일 종사자들의 소득원

	사례	직업	월급여	본인의 시장 활동	현물 소토지 농사	해외 친척	부수입	타 가구원 소득
자영주(1)	1	교사		●	○		○	
	3	교사		●	○		○	
	9	여맹위원장		●			○	
	13	연구원		●		○		
	10	재제소 노동자			●			
	14	인민위			●			
	16	노동자			●			
자영주(2)/ 8.3노동자	25	노동자		●		○		
	4	약초회사		●				
	6	노동자		●				
	8	인민위		●		○		
고용주/ 8.3노동자	11	음식점		●				
가족노동 종사자	22	송금브로커		●	○			○
	32	간호사		○				●

이중일 유형 종사자들의 직장 출근율은 어떠한가? 우선 자영주 집단은 전문직종(교사 이명원 씨[사례 1], 연구원 김효원 씨[사례 13])나 당 기간조직(여맹위원장 홍정아 씨[사례 9])의 경우를 보면 이들의 직장 출근율이 상당히 높은 편이다(60~100%). 이들은 이중의 업무를 수행하면서도 자신이 속한 공식 일자리 직장의 규율을 지키려고 노력하며, 매일 직장에 출근하여 업무를 수행하느라 바쁜 일상을 보낸다. 공식직장의 네트워크나 권위가 비공식일의 수입을 올리는 데 다소 도움이 되기도 하며, 제사보다 젯밥에 열을 올리게 된다. 예를 들어 학교 교사인 이명원 씨(사례 1)의 경우, 학기 중에는 학교행사 때마다 사진을 찍어 수입을 올리고 방학 중에는 금을 제련하여 2010년 1년 동안 400만 원의 수입을 올렸다. 교사 김기순 씨(사례 3)은 방과후 저녁에 학생들을 대상으로 과외를 하여 매월 3만 5,000원 가량의 수입을 올렸다. 여맹위원장 홍정아 씨 역시 여맹원들의 편의를 보아주고 생기는 부수입이 있다.

이와는 달리 소토지 경작이나 가축기르기 등이 주 소득원인 사람들도 있
다. 이들은 부수입이 별로 없는 이들이다. 제재소 노동자 박준영 씨(사례10),
노동자 신영철 씨(사례 16)의 경우다. 이들은 8시에 직장에 출근하여 '출근확
보'를 한 후 오전 10시경에 소토지로 빠져나가 작물을 경작하고 가축사료를
해오고, 저녁에는 다시 총화를 하러 직장으로 돌아가는 이중생활을 하느라
분주한 하루를 보낸다.[12]

4) 8.3노동자

소속한 공장에서 8.3노동자가 되어 본격적으로 자기 사업에 몰입하고 있
는 자영주들이 있다. 이들은 직장에 출근하지 않을 뿐 아니라 공식직장의 총
화 등 직장생활에 거의 참여하지 않는다. 북한에서 마약상을 했던 마흔 살의
남성 공형진 씨(사례 4)는 1년치 8.3비를 한꺼번에 납부하고 일체의 조직활
동에 참여하지 않았다. 쉰 살의 남성 김경태 씨(사례 8)은 인민위원회에 재직
하는 동안 약 2년간 8.3노동자로 매월 8.3비를 납부하고 해산물, 철, 쌀장사
등을 했다. 스물한 살의 건설노동자 이진택 씨(사례 25) 역시 2008년부터
2009년까지 집 짓는 일에 배치되었으나, 8.3노동자로 매월 1만 원의 돈을 납
부하면서 집에서 농사를 짓거나 토끼, 꿩 등을 사냥했다. 이들 8.3노동자들
은 장사가 잘 될 때는 8.3경비를 납부하다가 장사가 잘 되지 않아 돈벌이가
시원치 않으면 8.3노동자를 그만두고 다시 소속 공장으로 복귀한다.

서른다섯 명의 인터뷰에서 고용주로 다른 사람들을 고용하여 사업을 크게

---

[12] 북한 사회주의 노동법 제18조. "근로자들은 사회주의 로동규율과 로동시간을 엄격
히 지켜야 하며 제정된 절차를 밟지 않고, 마음대로 직장을 리탈할 수 없다." 라고
규정하고 있다. 8.3노동자가 되면 상급자에게 일정한 돈을 내지 않는 한, 매일 출근
해야 한다.

한 사람으로는 음식점 주인 황경신 씨(사례 11)가 유일하다. 그는 십수 명의
직원을 상시적으로 고용하는 큰 음식점을 운영했다. 그는 국경지대인 도시
의 중심가에서 협동식당을 만들어 7년간 운영하면서 큰돈을 벌었다.

이 사례에서 주목해야 할 점은 황경신 씨는 자본을 투자하고, 음식점을 7
년간이나 날마다 출근하여 실질적으로 경영했지만, 공식적으로 음식점의 주
인은 아니었다는 사실이다. 7년 동안 음식점 주인으로 일하는 중에도 늘 황
경신 씨의 공식 직함은 "ㅇㅇ공장 간부"였다. 음식점의 공식적 운영자는 그의
부인이다. 명목적으로는 그녀가 "ㅇㅇ식당 책임자"이다. "직업이 있어야 할
남자"가 민간영역에서 고용주가 될 수 없었기 때문이다. 황경신 씨는 공식적
으로 속한 직장에 출근을 하지 않는 대신 자신이 간부로 있는 공장에 8.3비
로 3만 원을 매달 납부하였으며, 그 외에도 공장에 상부의 간부손님들이 오
면 자신의 음식점에서 음식을 접대하는 방법으로 소속 공장에 대가를 치렀다.

> 공장에서는 한 2만~3만 원 정도만 내고, 위에서 간부들 오면 한 번에
> 한 10만 원씩이나 먹거든요. 그렇게 초대해주고 뭐 그렇게 했죠. 그런 식
> 으로 하면서 식당을 운영한 거예요. 식당을 운영하는데 식당을 운영하자
> 면 제가 운영하면 저는 남자이기 때문에 직업 있기 때문에 안 되잖아요.
> 내 직업은 분명히 지금 ㅇㅇ시 ㅇㅇㅇ 공장 간부로 되어 있는데, 안 되니
> 까 와이프를 책임자로 만들어놓는 거예요. 식당책임자로. 그러니까 식당
> 책임자는 와이프 이름으로 돼있고, 식당관리는 제가 하는 거죠. ─황경신
> 씨(사례 11)

그밖에 직장을 다니면서 틈틈이 부모나 친척이 하는 장사를 돕는 가족노
동 종사자들이 있다. 공장노동자이자 송금브로커인 김송금 씨(사례 22)와 간
호사이면서 장사를 하는 백지연 씨(사례 32)는 모두 20대 초반의 미혼 여성
들이다. 이들은 외형적으로는 노동자이고 간호사이지만 실상 그들의 직업과

소득은 전혀 관련이 없다. 김송금 씨의 경우에는 삼촌이 하는 송금사업에서 심부름꾼을 해서 살아가며 백지연 씨 또한 장사를 하는 어머니와 함께 온가족의 생계를 도맡아하고 있다. 이들에게 국가가 준 직업은 아무런 수입이 되지 않았으며, 개인들이 음성적으로 하는 비공식 직업 즉 송금업과 장사가 가계소득의 주된 원천이었다.

4. 시장화 이후 북한 직업질서의 재구성

이 연구는 최근 북한의 시장화연구가 활발하게 이루어졌음에도 불구하고 시장화이후 북한 주민들의 직업생활이 어떻게 이루어지고 있는지 직업생활의 메커니즘은 분명하게 규명되지 못했다는 문제의식에서 출발하였다. 북한주민을 한 덩어리로 보는 기존의 시각에서 벗어나 일유형별로 세분화하여 김정은 시대를 살아가는 북한주민의 직업생활을 일과 의식의 측면에서 살펴보았다.

배급제도가 와해된 상황 속에서도 공적영역에서 북한주민의 직업생활이 나름대로의 질서를 유지하면서 지속되고 있었다. 북한주민들의 출근율은 기업소 가동율보다 높았으며, 상당히 안정적으로 유지되고 있었다. 그 내부를 자세하게 들여다보면 출근율은 공식일, 8.3노동자, 이중일 유형별로 나뉘어져 차별적으로 작동되는데, 이들 그룹별로 나름대로 질서와 규율 속에서 출근을 지속하고 있었다.

북한 김정은 시대를 살아가는 북한주민들은 크게 공식일과 비공식일 종사자, 이중일 종사자로 나눌 수 있다.

북한의 공식일 종사자 유형은 직위를 활용한 부수입이나 뇌물을 주 소득원으로 하고 있다. 특히 권력 있는 공식직업 종사자들에게 뇌물은 생계를 유지하기 위한 가장 중요한 수단이다. 이들에게 뇌물은 소득원이자 생계를 유지하는 주된 방편이다. 그래서 북한주민들은 공식일자리 유형 중에서도 권력을 내세워 뇌물을 받을 수 있는 직업인 당간부나 법간부 등을 최고의 직업으로 여기고 선망하고 있었다.

공식일 종사자 중에서도 비공식 부문을 무대로 일하는 외화벌이는 시장화 초기인 2000년대 전반까지만 해도 아주 인기 있는 직업이었다. 그러나 시장에 대한 북한당국의 탄압이 되풀이되면서 외화벌이는 갈수록 위험한 직업으로 여겨지고 있다. 일시적으로 많은 돈은 벌지만 직업수명이 짧고 심지어 목숨까지 걸어야 하기 때문이다.

또, 최금미 씨처럼 편의사업소를 기반으로 시장에서 자신의 서비스를 팔아 돈을 버는 사람들은 시장활동을 통해 버는 돈의 대부분을 뇌물이나 사회적 과제비로 빼앗겨 실소득은 적다. 비공식 부문을 무대로 일하는 공식일 종사자들은 직업의 특징상 권력을 가진 사람들에게 언제나 많은 뇌물을 가져다 받쳐야 하는 쪽이다. 그렇게 보자면 역시 뇌물을 받을 수 있는 권력 있는 직업이야말로 최고의 직업이다.

그 다음으로 비공식일 종사자들이 있다. 본인들의 시장활동이나 해외 친척의 지원, 소토지 경작 등을 통해 소득을 얻고 생계를 유지하고 있었다. 비공식 부문에서 일하는 비공식일자리 종사자들의 주 소득원은 본인의 시장활동이었으며 때로 해외친척의 지원도 받는 경우도 있었다. 시장에서 일하는 비공식 일 종사자(자영주, 가족근로종사자)들은 시장의 높은 자릿세, 일 자체의 비법성과 불안정성, 잦은 비사회주의검열, 화폐개혁의 타격 등과 같은 당국의 단속과 통제를 받았으며 나아가 감시, 투옥, 벌금, 자산몰수에 이르는 정치적인 어려움을 겪어야 했고, 이들은 이러한 어려움을 겪으면서 탈북을 결심하고 북한을 떠나기도 한다.

한편, 공식/비공식 부문 양쪽을 오가면서 일하는 이중 직업 종사자들이 있다. 이들의 일상을 보면 낮에는 공식직장에서 일하고 틈틈이 혹은 밤에 시장일에 종사해서 간신히 생계를 유지한다. 이중직업 종사자들은 밤낮 없이 일하느라 고단하고 분주한 하루를 보낸다. 이중일 종사자들은 공식일이나 비공식일 종사자와 같이 한 부문에 종사하는 사람들보다 소득원이 복잡하고 다양하다. 개인적인 시장활동 외에도 공장에서 분배하는 소토지활동, 해외친척지원, 타가구원 소득 등 다양한 방식으로 근근이 생계를 유지한다. 이들의 직업의 종류도 비교적 다양한데 전문직(교사, 연구원), 기술직 등 북한사회의 기간(基幹)을 이루는 직업을 포괄하며, 이들의 주된 소득원은 시장활동이다. 그런데 이들의 소득 벌이 행위는 자신이 속한 직장이나 직위와 연계되어 이루어지며, 이 점에서 비공식일 종사자나 8.3노동자들과 구분된다.

2000년대 시장화 이후 북한의 주민들은 일터와 시장을 중심으로 공식일, 비공식일, 이중일에 종사하면서 나름대로 새로운 직업적 질서를 만들어나가고 있었다. 남녀노소, 세대를 막론하고 이제 모든 북한주민들이 선망하는 직업은 어떤 직업인가? 한마디로 권력 있는 직업이다. 권력이 있는 직업직위를 가지면, 시장을 누비면서 고단하고 불안하게 살아가지 않고 뇌물을 받아 생계유지 이상의 부귀를 누릴 수 있기 때문이다. 오늘도 김정은 시대의 북한주민들은 이처럼 권력과 뇌물로 작동되는 직업세계에서 고단하고 극도로 불안하고 억눌린 일상을 살아가고 있는 중이다.

〈부표 1-1〉 제1장 인터뷰 참가자들의 인적사항

id	성	본문 인물	연령	지역	탈북 연도	입국 연도	직업
1	남성	이명원	20대 중반	량강도	2011	2011	교사①
2	여성	반미선	20대 중반	량강도	2010	2011	교사②
3	여성	김기순	30대 후반	함북	2010	2010	교사③
4	남성	공형진	40대 초반	함북	2010	2010	마약상
5	여성	노용복	50대 중반	량강도	2011	2011	매대상인①
6	남성	강소천	30대 후반	함북	2011	2011	도매장사①
7	여성	김희선	40대 초반	함북	2011	2011	매대상인②
8	남성	김경태	40대 후반	함북	2011	2011	도매장사②
9	여성	홍정아	50대 초반	함북	2011	2011	여맹위원장
10	남성	박준영	50대 초반	함북	2011	2011	노동자①
11	남성	황경신	40대 후반	량강도	2009	2010	연구소
12	남성	이명철	50대 초반	평남	2010	2011	특별관리소
13	남성	김효원	40대 후반	황해도	2008	2009	장사
14	남성	강주성	40대 후반	함북	2011	2011	인민위원회
15	남성	고종석	50대 초반	평남	2008	2010	행정간부①
16	남성	신영철	50대 중반	샛별	2011	2011	노동자②
17	남성	민영환	40대 초반	함북	2010	2010	마약상
18	여성	김영이	20대 후반	함북	2011	2011	노동자③
19	여성	김은전	30대 후반	함북	2011	2011	매대상인③
20	여성	황지영	30대 후반	함북	2010	2010	밀무역꾼
21	남성	김철광	60대 후반	함북	2010	2010	군인①
22	여성	김송금	20대 초반	함북	2011	2011	송금브로커
23	남성	오건호	60대 후반	함북	2011	2011	직맹위원장
24	여성	최금미	40대 중반	함북	2011	2010	이발사
25	남성	이진택	20대 초반	량강도	2011	2011	장사
26	여성	조경자	50대 중반	량강도	2011	2011	노동자④
27	여성	전미례	60대 후반	평남	2010	2010	장사
28	남성	김영철	30대 초반	평남	2011	2011	소방대원
29	남성	정후광	20대 초반	평남	2011	2011	군인②
30	여성	이민옥	40대 후반	평남	2011	2011	장사
31	여성	신병혜	20대 초반	평남	2011	2011	장사
32	여성	백지연	20대 초반	량강도	2011	2011	간호사①
33	여성	금보라	20대 초반	함북	2011	2011	간호사②
34	여성	이명희	40대 초반	함북	2011	2011	교사④
35	남성	최인표	40대 후반	평양	2011	2011	행정간부②

2장_ 북한 노동공간의 이원화
: 공장과 장마당

1. 2000년대 이후 북한의 '국가-노동'의 관계

1990년대 고난의 행군이 시작된 이래 지난 20년 동안 북한 노동자들은 국가에 보상 없는 노동을 제공해왔다. 2000년대 이후 북한의 노동은 '임금의 무의미성', '국가의 경제외적 강제에 의한 노동', '젠더별 노동영역의 분리'라는 세 개의 키워드로 특징지어진다.

식량공급을 비롯한 국가공급체계가 와해되면서 노동자들은 이제 물자나 각종 정부서비스를 국정가격이 아니라 수십, 수백 배가 되는 시장가격으로 구입하게 되었고, 국가에서 주는 생활비는 노동자들의 생계에 아무런 의미를 갖지 못하게 되었다. 그럼에도 불구하고 국가는 여전히 강력한 법적 규제와 물리력을 배경으로 노동자들에게 무상노동을 강요해왔다. 이 같은 노동의 강제는 남성에게 더욱 가혹하여 남성들은 평생 동안 공장이나 기업소에서 국가에 무상노동을 제공해야만 한다. 반면에, 여성은 결혼을 하게 되면 공장과 기업소를 떠날 수 있는 자유를 얻게 되며, 시장에서 개인장사를 해서 생계를 유지한다. 일견 여성을 우대하는 것처럼 보이는 이러한 정책의 배후에는 특별한 이유가 감추어져 있다. 국가가 이처럼 기혼여성에게 공장에서 무상노동의 의무를 면제하는 이유는 여성들에게 가족의 생계유지의 부담을 떠넘기기 위한 것이다.

'경제외적 강제에 의한 국가-노동 간 관계성립'과 '무의미한 생활비', '젠더별 공간분리'가 오늘날 북한노동자의 존재양식을 규정한다. 이 문제를 보다 구체적으로 이해하기 위해서는 북한의 경제를 공식부문과 비공식부문으로 나누어 접근할 필요가 있다. 북한 노동자들이 처한 상황을 도표화한 것이 〈그림 2-1〉이다.

공식부문은 다시 '국가 생산계획이 관철되는 공식부문'(A+영역)과 '국가 생산계획이 관철되지 않는 공식부문'(A-영역)으로 나눌 수 있다. 두 개의 공식부문에서 노동자들에 대한 식량공급제도는 다르게 시행된다. 즉, '국가계획에 따른 생산이 이루어지는 공식부문'(A+영역)에서 일하는 노동자들은 생산노동에 종사하며 이에 대한 보상으로 다소의 배급도 주어지지만, '국가계획에 의한 생산을 하지 못하는 공식부문'(A-영역)에서 노동자들은 비록 매일 출근을 한다 할지라도 배급이 없고 국가의 각종 동원에 시달리게 된다.

현재 북한 전체 산업 중 국가의 중앙 계획시스템에 의해 생산이 이루어지고 있는 국영기업부문(A+영역)은 전체 기업의 약 30%가량을 차지한다. 구체적으로 이들은 중앙에서 직접 관리하는 연합기업소를 비롯하여 제2경제 산하에 있는 공장이나 기업소들을 가리킨다. 한편, 국영기업(A-영역)부문은 국가계획에 의한 생산을 하지 못하는 공장과 기업소들로서, 주로 내각 산하에 있는 인민경제부문에 속한 지방산업 공장과 기업소들이다.

비공식부문의 노동시장 C영역에는 비공식일 종사자들이 일하고 있다. 비공식일 종사자들 중에 돈이 있는 소수는 남을 고용하여 개인사업을 하는데, 이들은 '돈주'라고 불리우며 고용주(employer)이다. 비공식일 종사자 중 대부분은 장사나 개인사업을 하는 자영자(self-ownership)들이며, 하루벌이 일을

해서 먹고 사는 일용직 노동자(Day labor)들이 있다.[1]

〈그림 2-1〉 공식/비공식부문에서 북한 노동자의 존재양식

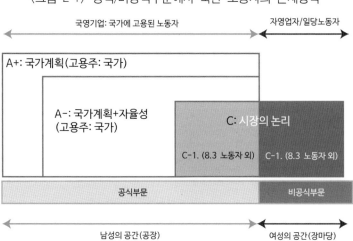

2. 남성의 공간, 공장과 기업소

현재 북한사회는 계획경제와 집단주의, 시장경제적인 질서가 혼합된 어지

---

[1] 고용주(Employer)란 한 사람 이상의 유급 고용원을 두고 자기 책임 아래 독립적인 형태로 전문적인 일을 수행하거나 사업체를 운영하는 사람을 말한다. 사업규모에 상관없이 임금을 주는 종업원을 채용하고 있는 사람(자영업자)이 해당된다. 고용원이 있는 자영업자다. 이에 비해 자영자(Self-ownership)란 Self-ownership, 근로자를 고용하지 않고 자기 혼자 일하거나 혹은 1인 이상 파트너와 함께 사업하는 사람을 말한다(통계표준용어, 통계청). 일용직(日傭職, Day labor)은 통상 근로와는 달리, 하루를 단위로 지급하는 임금인 일당을 받는 노동자나 고용계약기간이 정해져 있는 기간제 노동자를 가리킨다. 특정 기간 동안 시급이나 일당을 받고 일하는 비정규직의 일종이다. 임시직, 계약직과는 또 다른 형태의 고용이다. 다른 명칭으로는 일당직, 날일꾼 등으로도 부른다.

러운 양상을 보이고 있다. 북한의 공장사회는 사회주의 규범에 의해 일원적으로 운영되는 체제가 아니라 개인의 국가에 대한 무력화와 종속성을 강요하는 '구조화된 종속'(Andrew Walder)과 개인의 생존주의의 결합에 기반 한 독특한 윤리를 형성하는 거점이다. 공장사회는 국가의 물리적 강제력에 기반 하여 남성을 중심으로 한 독특한 노동력 동원체제를 형성하게 되었다.

북한의 공식부문은 세 가지 영역으로 분화되었다. 첫째, 국가계획이 관철되는 국영기업소나 공장이다. 둘째, 국가계획이 관철되지 않는 국영기업소나 공장이다. 셋째는 국영기업소에서 시장의 논리가 관철되고 있는 영역이다. 여기에서 시장과 연계되어 더벌이가 이루어지거나 8.3노동자 등이 있다.

〈그림 2-2〉 북한 공식부문 내의 분화

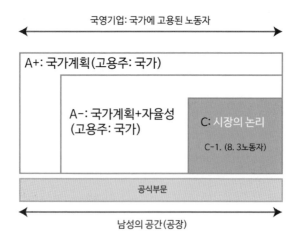

1) 국가계획 생산이 이루어지는 공식부문

국가노동계획이 관철되는 공식부문(A+영역)에는 군수산업 관련 제2경제 분야나 수령경제를 비롯한 국가보위부, 인민무력부 등 특수기관 산하의 공

장과 기업소들과 중앙부처인 각 성(省)이나 당기관에서 직접 관리하는 특급
연합기업소, 1급 및 2급 기업소들이 있다. 이러한 기관이나 기업소, 공장 등
(2급 기업소 이상)은 대체로 완전히는 아니지만 어느 정도 정상적으로 작동
되고 있다. 이 같이 생산이 이루어지는 공장에서 일하는 노동자들에게 기업
에서는 노동자들에게 배급으로 한 달 양식의 전부는 아니지만 일부를 지속
적으로 공급한다.

비교적 정상적으로 가동되는 이들 기관, 기업소, 공장 등에서는 중앙의 조
선노동당 관련 부서와 내각의 국가계획위원회가 공식적인 노동력 배치와 노
동이동 관련 업무를 수행한다. 직할시와 각 도급의 노동국, 시급, 군급 직할
시 산하의 군과 23개 구역에 있는 각 지역 인민위원회 내에 노동과와 노동부
가 있어, 이들 기관들은 기업소와 공장에 노동력을 배치하고 노동이동을 허
가하는 역할을 한다. 국가계획에 따른 생산이 이루어지는 공식부문(A+)에 속
한 이들 직장에서는 노동자들에게 생활비와 배급을 일부이지만 비교적 규칙
적으로 공급한다. 노동자들에게 생활비는 이미 의미가 없어진지 오래이나
그래도 직종과 직위에 따라 북한 돈 1,500~5,000원 사이의 돈이 지급되고 있
다. 배급량은 기업소의 규모나 소속단위에 따라 차이가 나는데 한 달 배급량
으로 본인 한 사람분의 10일~20일치 식량을 지급한다.

▶미가동 공장의 내부에서 바라본 풍경

국가계획 생산을 하지 못하는 공식부문(A-영역)에 속한 공장과 기업소에
는 원자재가 없고 전기도 들어오지 않아 공장가동이 중단된 지방산업 공장
과 기업소에는 일감도 없고 노동자들에 대한 식량배급도 주어지지 않는다.
문제는 그래도 노동자들에게 출근이 강제된다는 사실이다.

연구자: 뭐 하실까요? 이분(노동자)들은 (일감 없는) 공장에 출근하신 다음에.

노동자: 그런 거 봐도… 선생님은 잘 표상(image)이 떠오르지 않을 겁니다. 아마 표상을 해볼려면 한국사회에서 그저 1960년도 1950년도 그 때 당시 상상을 해보면서, 북한은 이런 공장 기업소하면 한국이랑 완전히 하늘과 땅 차이니까 뭐… 주변에 땅도 뒤져야 되고 또 주변 땅을 늘려가지고 농작물을 심어서 먹기도 하고 그런 형편들이고, 공장 건물들이라는 게 그야말로 한심하니까 그거 뭐 여기저기 (수리)한다든지…

어느 간부가 저희 집 꾸리기한다 그러면 지배인한테 부탁하면 자기 종업원 거기 보내서 집 같이 꾸리는데 거기서 밥이나 한 끼 먹고, 어느 정도 그런 거 제기되는 거 해주고, 뭐 여러 가지로 다양하게 그러다 전기가 만약에 온다 하게 되면, 종이 공장이라면 전기가 온다 하게 되면 들여다보고 생산 좀 해보다가 전기가 또 가게 되면 또 놀고 그러면서 또 그 다음엔 시간이 되면 저희들끼리 나가서 주패나 치고 고저 술내기하고 고저 그렇게 한다 말입니다. (2015.8.3. 필자면접, 시 인민위원회 노동과 소속 40대 탈북자.)

미가동 영역의 인민경제부문(내각경제)에 속한 기업소나 공장에 근무하는 노동자들의 처지는 현재 북한이 처한 상태를 가장 상징적으로 보여준다. 북한의 지방산업 공장과 기업소에서 국가의 노동력배치나 직장이동의 원칙은 아직 유지되는 것처럼 보인다. 3급 이하 기업소 대부분이 수십 년째 공장에서 생산이 중단된 상태에 놓여 있지만 이 때 유리한 기업에 배치되기 위해 채용증 발급을 둘러싸고 수많은 뇌물들이 오간다.

이들 미가동 공장에 소속된 노동자들에게는 세 가지 길이 놓여 있다. 첫째는 가장 일반적인 길인데 소속 공장의 유휴노동력이 되어 이럭저럭 시간을 보내는 길이다. 이들의 상태는 마치 실업상태처럼 보이지만 그렇게 단순하지 않다. 공장장청소, 도로 닦기, 부업지 농사, 국가에서 하달되는 각종 건설 사업 등. 공장 생산에 투입되어 생산활동을 하지는 않지만 그렇다고 일을 하지 않는 것은 아니다. 그들은 살아있는 노동자지만 일할 자유와 기회, 시간을 국가로부터 박탈당한 채 근근이 생존하는 '박제화(剝製化)된 노동자'들이다.

두 번째 길은 공장의 지배인이나 직장장 등 책임자에게 돈을 정기적으로 내면서 공장 밖으로 나가 자신을 위한 경제활동을 하는 길이다. 이들을 8.3 노동자라고 부른다. 이들은 기업에 돈을 내고 자신의 역량껏 경제활동을 할 자신의 시간을 구매하였다. 8.3노동자가 아니면서 그냥 무단결근하는 노동자들이 있다. 이들은 사회적으로는 무직부랑자라고 불리며 법적 제재를 받는다. 그들은 노동단련대로 보내져 보통 6개월간 합숙소에서 기거하면서 하루 12시간 이상의 힘든 강제노동을 통해 해이해진 정신을 단련 받게 된다.

▶박제(剝製)가 되어버린 유휴노동력(遊休勞動力) 집단

국가계획이 가동되지 못하는 3급 미만 공장 혹은 기업소에 속한 이들 노동자들은 공장에 일감도 없고, 생활비도 받지 못하지만 국가의 노동력 동원 체계에 편입되어 매일 출근하고 있다. 아침에 출근하여 '출근 확보'를 한 후에는 텃밭 가꾸기나 시장활동 등 자신의 생계유지를 위한 여러 가지 활동을 하러 간다. 이처럼 자신의 일과 공장출근을 병행하는 경우에도 노동자들은 자신의 조직에서 이탈하거나 소속을 벗어나지 않는다. 성인남성들은 특히 생활총화에는 반드시 참석해야 한다. 반면에 여성들은 결혼 이후에는 이 같은 유휴노동력 상태로부터 벗어날 수 있는 특권과 가족의 생계유지를 감당해야 하는 책임이 동시에 주어진다. 기혼여성이 되면 직장을 퇴직할 수 있으며 직장퇴직 이후에는 가족들의 생계를 위해 장사를 할 수 있게 된다. 그러나 미혼여성일 경우에는 남성과 마찬가지로 강제적으로 유휴노동력 집단에 편제당하는 일을 벗어날 수 없다. 결혼연령인 23세 이전에도 결혼준비를 해야 한다고 말하고 직장을 그만 두기도 한다.

2) 비공식부문의 노동시장 영역

노동시장(C-1, C-2 영역)에서 사람들은 고용주, 자영자, 일당노동자의 형태로 존재한다. 우선, 공장이나 기업소에 소속된 채 8.3비를 기업에 내고 비공식부문에서 자신의 일을 하는 비공식일 종사자들이 있다(그림 2-3).

〈그림 2-3〉 비공식부문의 비공식일 종사자

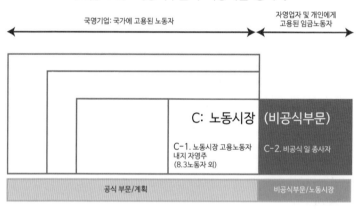

이들은 흔히 8.3노동자라고 불린다. 노동시장 C-1 영역의 노동자들은 공장 기업소에 속한 채 시장에서 경제활동을 한다. 자신이 소속된 공장의 책임자(지배인, 직장장) 등에게 8.3비를 매달 납부하여 출근과 생활총화를 면제받고 자유롭게 시장에서 자영주나 일당노동자로 일한다.

C-2 영역은 국영기업의 외부에 존재하는 노동시장 영역이다. 여기서 여성들은 결혼 이후에는 소속 공장이나 기업소에서 벗어나 시장에서 자유롭게 장사를 할 수 있다. 여성 상인들과 아예 소속 공장에서 이탈한 소수의 남성

노동자들이 존재한다. 남성 노동자들은 의사에게 뇌물을 주고 환자라는 진단서를 받아 사회적으로 노동을 면제받고 자영업에 종사하기도 하며, 대책 없이 무단결근하다 무직부랑자라는 이유로 단련대에 보내지기도 한다.

▶ **8.3노동자들, 노동시장과 공장 사이의 경계인**

2000년대 이후 기업은 외적으로는 협동농장이나 무역회사, 외화벌이기관 등 다른 주체들과 능동적으로 시장관계를 형성해나갔으며, 기업 내부에서도 대리인과 노동자 간의 관계가 변화하기에 이른다. 가장 커다란 변화는 8.3노동자의 등장에서 찾을 수 있는데, 이들의 존재는 기업의 대리인과 노동자 간에 은밀하게 이루어지는 암묵적인 계약관계를 기반으로 한다.

> 연구자: 선생님이 관리하시는 기업소에서는 몇 프로나 8.3으로 일하고 있었어요?
> 인민위원회 부원: 그때 당시 제가 보건대는, … 솔직히 말하자면 (우리 직장에서 일하는 노동자는) 한 열 명 돼도 된다 말입니다. 공장 백 명 중에 열 명 있어도 되는 공장이다 말입니다. 그러니까 그 나머지는 다 8.3을 줘야죠. 8.3을 주는데 너무 많이 주게 되면, 지배인 걸린다 말입니다. 그저 (8.3은) 한 30% 계속 주고 나머지 인원은 또 돌격대원 나가고 북한은 뭐 백두산 건설이요, 자기 지방 주건설이요, 지금 뭐 어디 뭐야 그런 건설들이 제기되게 되면 매 공장에서 인원을 달라고 한다 말입니다. 한데 매 공장에서 이번에 세 명 내라 하게 되면 세 명을 안 내게 되면 그 공장은 지배인하고 당비서는 계속 썩어지게 욕먹어야 된다 말입니다. 회의 가서, 할 수 없이 세 명을 또 주게 되면 그 인원을 내 보내는 게 또 많습니다. 그게 뭐 이자같이(이제처럼) 백 명 중에 열 명은 되니까, 그러니까 동원판에 많이 내보내고.
> (2015.8.3. 필자면접, 시 인민위원회 출신의 40대 탈북자)

8.3노동자란 어떤 노동자를 말하는가? 출근을 하지 않는 남성은 출근 대신 소속 직장에 매달 수입금을 납부하고 그 대신 시장에서 자신의 돈벌이 활동에 전념한다. 소속기업의 상급간부들은 8.3노동자들이 내는 돈으로 기업을 유지하기도 하고 이 돈의 일부를 자신의 소득으로 삼기도 한다. 공적인 기업소 운영비와 사적으로 착복하는 돈이 얼마인지는 아무도 알 수 없다. 돈을 내는 대신 8.3노동자들은 안전하게 자신의 자영업을 할 수 있다. 이를 가리켜 국가를 거치지 않고 기업과 노동자가 직접적으로 계약을 맺는 과도기적 형태가 북한에서 발생하였다고 보기도 한다.

그러면, 공장 노동자 중에서 8.3노동자는 어느 정도 비중을 차지하는 것일까? 8.3노동자의 규모는 기업에 따라 차이가 있으나 대략 10~30% 정도이다. 생산이 멈춘 공장에서 더 많은 사람들을 8.3노동자로 내보낸다 할지라도 공장 운영에는 전혀 지장이 없다. 그렇지만, 지배인은 너무 많은 노동력을 '8.3노력'으로 내보내면 안 된다. 국가에서 수시로 떨어지는 동원에 응하기 위해 공장에 상시적으로 충분한 인력을 보유하고 있어야 한다. 이러한 8.3노동은 물론 사회주의 국가에서 존재하는 노동자와 국가 간의 정상적인 계약관계이거나 합법적인 관계하고는 거리가 멀다. 8.3노동관계를 정의하자면, 이는 경제외적 강제에 의해 기업에 속박된 노동자들이 국가의 속박에서 벗어나 생계를 유지하기 위한 시장활동에 종사하기 위해 국가기업에 비용을 지불하는 형태의 새로운 계약관계로서 체제이행기 국가의 과도기적 현상의 하나이다.

8.3노동자들은 비록 공식직장에 소속되어 있지만, 비공식부문에서 장사를 전업적으로 한다는 점에서 공식부문에서 일하는 노동자에 비해 북한사회의 변화를 갈망할 가능성이 높다. 일반 노동자들에 비해서 8.3노동자는 시장적 응력이나 직무역량도 뛰어난 사람들이 많다. 또한 생활총화로부터 벗어나 각종 기업소 종업원 대상 학습회 강연회에도 일체 참가하지 않은 채 장사를 위해 여러 지역을 돌아다니므로, 특정한 지역의 공장에만 매여 있는 일반 노

동자들에 비해 견문도 넓어지고 외부 정보에 밝을 수밖에 없다. 그렇지만, 이들 8.3노동자들은 장사가 잘 되지 않아 8.3회비를 내지 못할 형편이 되면 언제든지 기업소에 돌아와야 한다는 점에서 이들을 조직 외부 존재라고 볼 수 없다. 그런 점에서 일종의 경계인이라고 볼 수 있다. 단, 이들은 시장과 공장 양자를 오가지만 이중일 종사자들과는 달리 양자를 동시에 병행하는 것은 아니다.

비공식영역에서 가장 흔하게 접할 수 있는 사람들은(C-2 영역) 공장으로부터 완전히 벗어나서 장사하는 여성들이다. 이들은 기혼 여성들로서 소속 공장이나 기업소를 퇴직한 이후 온 가족의 생계를 책임지고 있는 실질적인 가장들이다. 장사밑천이 있는 경우는 매대를 구입하여 장사하지만, 매대를 구입하거나 장세를 낼 경제적 여유가 없는 경우에는 골목에서 일종의 무허가 장사인 메뚜기 장사를 하게 된다. 그 외에도 여성들은 중국에서 물건을 받거나 가져다가 밀무역, 원거리에 있는 물건을 운송해서 되파는 되거리꾼, 일당 노동자, 환전상 등 다양한 일을 통해 돈을 번다.

▶공장 외부에서 떠도는 이탈자들

촘촘하게 짜여져 돌아가는 통일적 유기체인 북한사회에서 공장 기업소를 이탈한 조직이탈자들(Renegades)들을 발견하기란 쉽지 않다. 북한 내부자들에 의하면 조직이탈자들은 극소수만이 존재하는데, 김정은 정권 이후 엄하게 단속하면서 더욱 줄어들었다.

이탈자들은 단순히 무단결근하는 형태로만 존재하지 않는다. 일단 조직에 들어가고 나면 무단결근을 할 수 없다. 차라리 처음부터 조직에 들어가지 않는 게 가장 좋다. 그래서 북한의 젊은이들은 처음부터 직장에 배치되지 않기 위해 많은 노력을 기울인다. 군 제대 직후나 졸업 직후, 직장발령 직후가 조직의 속박으로부터 벗어날 수 있는 좋은 기회이다. 이 같은 틈새가 생길 때

이들은 뇌물을 써서 '조직 벗어나기'를 시도한다. 젊은이들의 부모 역시 자식과 한통속이 되어 조직의 속박을 벗어나도록 도와주기도 한다. 설사 국가가 '무직건달'이라는 이유로 이들을 노동단련대에 보내더라도 뇌물만 낼 수 있다면 탈출은 그다지 어렵지 않다.

국가의 속박으로부터 벗어나 소속 조직이 없이 살아가는 세 가지 유형이 있다. 첫째, 기업소에 '현실체험자'(現實體驗者: 북한식 인턴)로 있는 유형이다. 청년들이 8.3노동자보다 현실체험자를 선호하는 이유는 자신의 일을 하면서 기업에 매달 돈을 내지 않아도 되기 때문이다. 철수(가명)라는 청년은 군대를 제대한 후에 아프다는 핑계로 직업배치를 받지 않았다. 그는 안면이 있는 공장기업소의 당비서에게 뇌물을 주고 '현실체험자'로 등록한 후에 장사를 하였다.

철수는 한 기업에 4년 동안이나 '현실체험자'로 등록하고 가끔씩 기업에 돈을 내면서 장사를 하였다. 이 청년이 조직에서 나와 떠다니는(浮游) 이탈자가 되기로 마음먹은 동기는 무엇 때문인가? '탈북자의 친지'라는 낙인 때문이었다. 그는 일고(一高) 출신으로 한 때 장래가 보장되는 전도양양한 청년이었다. 그러나 사촌형이 한국으로 가면서 그의 앞길은 꽉 막히게 되었다. 탈북자 친지가 됨으로서 당원이 되고 다시 당간부가 되는 출세의 궤도에서 완전히 이탈되기에 이른다. 그는 자신이 이제부터는 북한에서 '탈북자가족'이라는 낙인을 평생 지고 나가야 함을 알았다. 이때 그가 택한 길은 직장에 들어가지 않고 조직 주변을 돌면서 돈을 버는 일이었다.

〈현실체험자, 철수의 이야기〉
연구자: 선생님이 그렇게 틈을 만들어서 뜨게 된 근본적인 이유는 뭐죠?
청 년: 저희가 토대 땜에 그랬어요. 토대가 그러다나니까 관공서 못하잖
      아요. 이럴 바 치고는 그냥 그렇게 돈이나 조금씩 내고 놀 것이

다. 생각하고 그 다음 짬 만들었죠. 사람들이 다 그렇게 이용을
해요. 자기가 어떻게 하면 놀 것인가? 내가 다시 배치 받아 가지
고, 기업소 다시 8.3 내고 놀 수 있어요. 그런데 거기가 돈이 더
많이 들어요.

연구자: 선생님 어차피 이 사회에서 출세하기는 글렀으니까…

청 년: 길은 막혔는데 뭐를 하겠느냐? 편안하게 돈이나 슬슬 벌고 있자.

(2015. 7. 1일 필자면접, 20대 남성. 직장체험자)

직장체험자로 있는 길 외에도 북한에서 직장에 소속되지 않고 사는 방법
이 더 있다. 하나는 다른 곳에 가서 살겠다고 거주지를 옮긴 후에 다른 지역
에 거주신청을 하지 않는 방법이다. 또 다른 길은 소속 직장을 옮기겠다고
관련 문건을 뗀 후 새 직장에 들어가지 않는 방법이다. 그런 경우에도 이들
의 행적은 알 수 없다. 물론 담당 보안원이 배급카드를 체크할 때 직업란에
무언가 적혀있어야 되기 때문에 완벽하게 자신의 행적을 감출 수는 없지만,
담당보안원에게 뇌물을 준다면 뇌물은 이 모든 일들을 가능하게 하는 수단
이 된다.

남성들에 비해 여성들은 '조직에서 벗어나기'가 용이하다. 여성들이 소속
조직에서 벗어나기 위한 시나리오는 이러하다. 북한에서 여성들은 시집간다
면 직장을 퇴직하는 것이 가능하다. 북한여성들 역시 남자들처럼 18살~22살
의 나이에는 공장이나 기업소에 가야 하므로 이를 피하기 위해 다양한 방법
을 사용한다. 그래서 고등중학교만 졸업하면 아는 사람들을 통해 공장기업
소에 대충 이름을 걸어놓는다. 이런 식이다. 기업소 책임자한테다 '내가 이
직장 댕길려고 한다 도와 달라'하고, 막상 취업이 되면 '나 시집가겠는데 직
장 못 다니겠다'고 하고 집에서 논다. 아니 실제로 논다기보다는 자신과 가
족의 생계를 위한 장사를 한다는 편이 더 정확하겠다. 여성들이 '시집가기
때문에 직장을 그만 둔다'는 말이 통할 수 있는 나이는 22살부터라고 한다.

물론 이 경우도 기업소의 책임자에게 약간의 뇌물을 주어야 한다. 여자라서
좋은 점은 남자들처럼 기업소에 달마다 돈을 내지 않아도 된다는 점이다.

철수에 의하면 이 나이 또래의 여성들은 기능공 학교에 많이 다닌다. 기능
공 학교를 마치는데 보통 일 년, 직업을 배치받기까지 일 년이 더 걸리므로
이런저런 방법으로 시간을 끌면서 어서 22살이 되기만을 기다린다고 한다.
여성들은 22살이 되면 시집간다는 명분으로 직장을 퇴직한 후 자신의 장사
를 할 수 있기 때문이다. 심지어 결혼을 하지 않으면서 결혼을 한다는 명분
을 대며 서류를 내고 직장을 퇴직하는 여성들도 있는데, 이를 가리켜 '가결혼
(假結婚)'이라고 부른다.

국가는 여성과 남성을 별도의 공간에 분리 배치하였다. 남성은 공장에 나
가 국가에 무상으로 노동을 제공하게 하고 여성은 장마당에 나가 가족의 생
계유지를 책임지게 하는 젠더별 분리방식을 통해 지배하였다. 공장은 남성
들이 중심이 되는 공간이며 국가는 공장체제를 통해 주로 남성 노동자들을
장악하고 지배하며 이들의 노동을 무상으로 사용하였다. 공장체제에서 일반
화된 노동의 규칙은 주로 남성이나 미혼여성들에게 통용된다. 이제 기혼여
성의 노동이 북한사회에서 어떤 형태로 존재하는지를 알기 위해서는 먼저
장마당을 살펴보기로 하자.

3. 여성의 공간, 북한의 장마당

장마당 경제는 다양한 층위와 얼굴을 가지고 있다. 장마당에서는 표면적
으로 두 가지 시장거래가 존재하는데, 전자는 주민들의 생계형 시장활동과
기업 간 시장형 물자교류이다. 그러나 그보다 더 중요한 수면 아래의 기능은
'권력형 시장거래'이다. 김정일 경제와 특권회사 경제가 기본적으로 공권력

에 의해 보장된 독점권에 의해 기초한 경제구획이다. 장마당은 주민들의 생계형 시장활동과 기업 간 시장형 물자교류를 활성화시키지만 더 중요한 기능은 분절된 일곱 개의 경제구획을 연계하는 허브로서의 기능이다. 박형중[2]은 북한의 경제를 일곱 가지로 구획하고 장마당 경제는 그 중 하나이며 분리된 7개의 구획들을 상호연계 통합시키는 기제임을 지적하고 있다. 이처럼 장마당 경제는 독점권 유무와 중요성, 자본능력에 따라 위계화된 중층적 구조를 형성하고 있으며, 최상층에는 김정일 경제에 속한 기업, 그 다음 층은 권력기관에서 설립한 회사, 이들 아래에 개인과 기업의 생계형 시장활동이 위계화된 다층적 층위를 구성한다.

그렇다면, 장마당 경제의 위계화된 층위에서 여성의 위치는 어디쯤 존재하는가? 최상층의 김정일 경제에 속한 기업이나 권력기관의 회사에서 일하는 여성은 극소수이며, 주로 개인과 기업의 생계형 시장활동이 이루어지는 공간에서 일하게 된다. 여성들은 장마당의 매대상인이나 메뚜기상인 외에도 조중 접경지역의 밀무역꾼을 비롯하여 되거리꾼으로 혹은 위탁가공업의 일당노동자로 존재하고 있다.

1) 장마당의 역사

고난의 행군 이래 북한의 시장은 여러 번의 폐쇄와 통제, 화폐개혁을 거치면서 끈질기게 생존해왔으며 돈벌이의 종류나 역할도 분화되었다. 현재 우리가 말하는 장마당이 등장한 것은 1990년대 고난의 행군이후이다. 원래 장마당경제는 오랜 역사를 가진 농민시장에서 비롯된 것으로 1960년대 중반 이후 암시장이 북한 전역에 산발적으로 생겨나 북한당국이 시장을 인정하지

---

[2] 박형중, 「과거와 미래의 혼합물로서의 북한경제-잉여 점유 및 경제조정기제의 다양화와 7개 구획구조」, 『북한연구학회보』, 13(1), 2009, 35~61쪽.

않을 수 없는 수준으로 확대되었다. 당시 소규모 노점상들이 생겨났는데 도시에서는 일종의 '야시장'개념으로 농촌에서는 농민들 간 물물거래의 개념으로 유지되었다고 한다. 이처럼 사회주의 배급제하에서 공급의 사각지대인 생필품이나 기호품을 조달한다는 차원에서 묵인되었던 장마당이 질적 도약을 한 시점은 고난의 행군시기 들어서이다.

고난의 행군을 거치면서 장마당은 합법적인 시장 외에 골목시장, 메뚜기시장, 가호방문(방문판매) 등 암시장(暗市場)의 성격이 강한 소규모의 비합법적인 시장까지 포괄하는 개념으로 진화되었다. 최근에는 노동 · 자본 · 토지 등 시간과 공간을 초월한 생산요소시장이 새롭게 형성되고 있다.

이러한 시장들은 합법/비합법의 여부에 상관없이 북한 주민생활의 중요한 생활터전이 되어왔다. 북한의 장마당경제는 시장거래를 위한 소유권, 금융과 투자, 계약이행과 분쟁조정 등의 기본적인 제도는 존재하지 않기에 일회성 단순상품거래에 국한되어 있다.[3] 그러므로 시장경제라고 하는 대신 '장마당경제'라고 부르는 것이다.

2) 장마당은 여성친화적 공간인가

장마당을 여성의 공간으로 인식하는 이유는 우선 장마당의 일차적 행위자인 상인들의 90% 이상이 여성이기 때문이다. 가끔 기계 부속품이나 자전거 판매대에 앉아 있는 남성들이 없지 않지만 원칙적으로 남성은 국가의 승인을 받은 장애인 외에는 장마당에 앉아서 장사할 수 없다. 여성도 40세 이상이 되어야 장마당에 앉아 장사를 할 수 있으나 이 원칙은 사문화된 지 오래이다. 20대 젊은 여성들도 장마당에서 장사한다. 장마당은 여성들에게 특히

---

3) 정은이, 『북한에서 시장의 역사적 형성과정과 경제구조의 변화』, 『아세아연구』 제54권 1호, 고려대학교 아세아문제연구소, 2011.

40대 이상의 여성에게 있어 열려진 공간이다. 북한의 시장을 상징하는 매대 상인과 메뚜기상인은 대부분 여성들이며, 눈에 띄는 자리에 나와 앉아 있는 사람은 모두 여성들이다. 남자가 장사하는 것을 바라보는 북한주민들의 시각은 '천한 일을 한다'와 '능력이 있다' 사이에서 오가는 이중적 의식을 보인다.

> 〈장마당의 음식장사(1): 10년째 두부밥 장사, 하루 수익 2천 원 미만 / 2011.05.18〉
>
> 강원도 원산시 원산역 앞에는 음식을 파는 아주머니들로 늘 붐빈다. 최선희(가명) 씨는 원산역에서 10년 동안 두부밥을 팔고 있다. 시기에 따라 만두밥, 빵, 떡도 가지고 나올 때가 있지만 두부밥을 팔 때가 많다. 두부를 얇게 저며 튀기고 그 가운데에 밥을 넣은 것을 두부밥이라고 하는데, 고추장 양념을 위에다 살짝 발라준다. 10년 전만 해도 찾는 사람이 많아서 벌이가 제법 쏠쏠했다. 기차여행을 하는데 미처 도중식사를 준비하지 못한 손님들이 많이 찾았기 때문이다. 그런데 지금은 음식장사 하는 아주머니들이 많이 생겨서 경쟁이 치열하다. 하루 100개에서 150개 정도를 만들어 나오는데, 요즘엔 하루 수익이 2천 원도 안 될 때가 많다. 장사가 안 되다보니 두부피는 점점 얇아지고, 밥량도 줄고 고추장양념 바르는 것마저도 인색해졌다. 음식의 질이 떨어지니, 자연스레 찾는 손님은 더 줄어만 갔다. 겨울에는 안 팔리는 음식을 보관하기가 그나마 쉬웠는데, 날이 따뜻해지면서 음식이 상할까 걱정이다. 최씨는 "지금 같아서는 장사가 안 되어 먹고 살기가 너무 바쁘다(힘들다). 나이라도 젊었으면 중국에 팔려가기라도 할 텐데 그러지도 못하고 저러지도 못하고 사는 게 정말 막막하다"고 하소연했다.[4]

대부분 장마당은 사려고 하는 사람의 수에 비해 팔려고 하는 사람이 많아

---

[4] 『좋은벗들』 403호. http://www.goodfriends.or.kr/n_korea/n_korea0.html

지면서 갈수록 장사가 치열해지고 있다. 음식장사는 많은 사람들이 쉽게 하는 장사여서 수익성이 낮다. 음식장사 중에서도 두부밥 등의 품목은 많은 사람들이 구입하는데, 오늘날 한국에서 북한출신주민들이 밀집한 지역의 북한 음식점에서 두부밥을 판매할 정도이다. 북한 장마당에서 음식장사나 신발장사는 장사를 해본 여성이라면 누구나 한 번 정도 해보는 장사품목이다. 중고 옷 장사도 마찬가지인데, 장사를 하는 여성들은 장사품목을 자주 바꾼다. 장사의 수익성이 자꾸 낮아지기 때문에 보다 수익성이 나은 장사품목으로 바꾸기 때문이다.

〈장마당의 옷장사(2): 중고옷 장사 하루 벌이 1,500원〉
　함경북도 청진시 포항구역 남향 1동에 사는 정순옥(가명) 씨는 수남시장에 옷을 내다 팔며 하루벌이를 하고 있다. 대개 중국에서 중고 옷을 들여오는 옷장사가 많지만, 정씨는 개인들이 집에서 만든 옷을 받아 판다. 중국에서 천을 대량으로 들여와 30-40명의 바느질 삯벌이를 고용해 옷을 전문적으로 만드는 돈주들이 있는데, 그들에게서 옷을 받아 판다. 정 씨는 작년부터 장사가 점점 안 되더니 요즘엔 벌이가 더 시원치 않다고 했다. "하루 잘 팔아봐야 1,500원이고, 어떤 날에는 1,000원도 못 벌 때가 있다. 장세까지 바치고 나면 600원도 안 돼 옥수수 1kg도 못 사는 날도 있다. 애들 둘을 학교에 보내고 있는데, 한 달 평균 2천 원은 학교에 바치는 것 같다. 다음 달부터는 학교도 못 내보낼 것 같다. 앞으로 어떤 방법으로 돈을 벌어 가정을 유지해나가야 할지 걱정"이라고 했다.[5]

〈장마당의 의류수선(3): 유명 옷 수선사, 잘 팔 땐 하루 2만 원 수입〉
　청진시 포항구역 수남시장에는 중고옷을 전문적으로 파는 사람들이 많다. 대개 중국에서 들어온 중고옷들을 파는데 간혹 한국산 옷들도 끼어

---

[5] 위와 같음.

있다. 가장 인기 있는 옷은 아무래도 질이 좋고 옷 모양도 예쁜 한국산이
다. 중국옷은 중국 사람들의 체형에 맞게 제작된 것들이라 북한 주민들에
게 딱 맞는 경우가 별로 없고, 옷 솔기가 뜯어지거나 남루한 옷들이 많다.
그래서 손재간이 있는 여성들은 집에서 재봉틀을 가지고 옷을 수선하며
생계를 잇기도 한다. 이들 중에는 돈주들 밑에서 날품팔이처럼 단순 바느
질을 하며 살아가는 사람들도 있지만, 장봉자(가명) 씨처럼 과감하게 수
선해서 아예 새로운 옷으로 만드는 사람들도 있다. 어떻게 보면 단순한
수선사라기보다는 재단사에 가깝다. 몸에 맞추어 옷을 새로 고쳐주고, 때
로는 디자인까지 바꾸어주기 때문에 시장에 내놓는 물건보다 오히려 집
으로 찾아오는 손님들이 많다. 처음에는 시장에 주로 내다 팔았지만, 입
소문이 퍼지면서 직접 찾아와 이렇게 저렇게 해달라고 주문하는 손님들
이 늘어난 것이다.

　장 씨도 처음에는 단순히 바느질만 했었다. 재단사로 탈바꿈한 데에는
북한 정부의 국경통제가 한몫 했다. "중고 옷은 주로 회령이나 무산에서
들어온다. 2년 전만 해도 사사려행자(연구자 주: 북한당국의 합법적인 여
행허가를 받아 출국한 여행자들)들이 세관을 통해 중고옷을 많이 넘겨 와
서 시장에 내다팔아, 장사꾼들 벌이가 제법 좋았다. 그저 터진 옷 꿰매주
는 정도의 일만 했을 뿐이라, 돈도 별로 못 벌었는데, 당시에 하루에 쌀
1kg 벌면 많이 벌었다. 그런데 국경 단속이 심해지고, 세관에서 중고 옷을
못 들어오게 하면서부터 살 길이 열렸다. 물론 밀수는 여전하지만 줄을
못 대는 사람들은 국내에서 중고 옷을 수집하기 시작했다. 국내에서 옷을
모으다보니 상태가 심하게 나쁜 옷들이 많았다. 처음에는 고지식하게 중
국산 중고 옷 꿰매듯이 했는데 하다 보니 그 정도로 안 되는 옷들이 많았
다. 가위로 잘라낼 건 잘라내고, 새로운 천을 덧붙이고 이리저리 하다 보
니 자연히 사람들이 좋아하는 것들을 만들어보기 시작했다. 나에게 중고
옷들을 갖다 주던 여자의 옷부터 그렇게 해주었는데 자기 몸에 꼭 맞는다
고 좋아하는 모습을 보고 용기를 냈다."고 했다. 그러면서 좀 뜸을 들이더
니 "뭐 비밀이라고 할 것까지는 없지만, 사실 남조선 옷을 많이 모방한다.

재질은 중국산이어도 모양만이라도 남조선 것들을 본 따면 사람들이 많이 산다.[6]

3) 시장의 진화

회령시장에 관한 사례연구[7]에 의하면 북한의 시장은 현재까지 4단계의 발전을 거치고 있는데, 회령의 시장은 3단계에, 평양의 시장은 4단계에 해당한다. 〈그림 2-4〉에서 보는 바와 같이 구 회령시장과 신 회령시장의 변화를 비교해보면, 시장에서 유통품목의 다양화와 세분화가 이루어지고 있음을 알 수 있다.

그러나 장마당 경제를 구성하는 중층적 위계 속에서 실제로는 여성이 가장 눈에 띄는 말단에 위치하는 것이며, 장마당 경제 전체를 이끌어가는 주체가 여성이라고 볼 수 없다. 북한 당국은 2009년도 화폐개혁을 통해 10여 년간 시장세력들이 축적해온 재산을 일거에 몰수하였다. 이 같은 조치는 장마당을 무대로 약간의 장사밑천을 모으고 생활에 여유가 생겨난 중층 주민들에게 엄청난 충격을 주었으며, 북한주민들에게 그나마 남아 있던 국가에 대한 신뢰를 일거에 무너뜨리는 계기가 되었다.

4) 저항의 장마당

장마당은 주민들의 목숨과도 같은 생계의 터전이지만 때로 장마당은 돈을 빼앗는 단속원들과 돈을 빼앗기는 장사꾼들이 맞부딪히는 싸움터로 순식간

---

6) 위와 같음.
7) 정은이, 「2000년 이후 북한시장의 발전요인에 관한 분석: 회령지역 시장의 사례를 중심으로」, 한국비교경제학회, 『비교경제연구』 19권 1호, 2012, 251~291쪽.

〈그림 2-4〉 회령시장의 변화

(1) 구 회령시장 내부구조

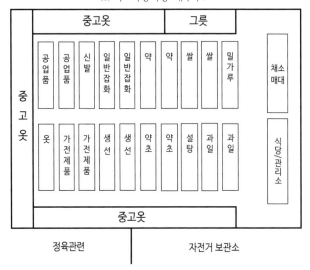

(2) 현 회령시장 내부구조

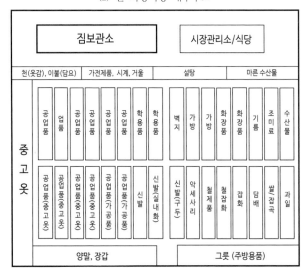

출처: 정은이, 「2000년 이후 북한시장의 발전요인에 관한 분석: 회령지역 시장의 사례를 중심으로」, 한국비교경제학회, 『비교경제연구』 19권 1호, 2012, 251~291쪽.

에 변하기도 한다. 장마당은 말단의 권력과 이에 저항하는 주민들의 분노가 부딪히고 충돌하는 공간이 되기도 한다. 다음은 2014년도에 혜산장마당에서 일어난 사건으로 상인들이 도끼를 들고 보안원에게 저항하였다고 하는데, 다음은 한 청년이 직접 본 목격담을 전한 것이다.

〈2014년도에 혜산에서 장마당 항의: 도끼 들고 저항하기〉

그건 한 번 보긴 봤는데, 돼지고기 장사, 정육 장사 있잖아요. 정육장사는 한 명이 아니고, 3명 4명이 한 개 조거든요. 두 남자 팔고, 두 명은 가서 돼지고기 가져와야 되잖아요. 그런데 그 단속원인데 누군지 모르겠어요. 아마 보안원인 것 같아요. (중략)…보안원 혼자 다니는 게 아니고 적위대를 두 명 데리고 다녀요. 단속하면 지고 다니는 사람 있어야 되잖아요. 데리고 다니는데 걔네하고 싸움을 붙더라구요. 처음에는 한 개조가 붙었어요. 한 개조가 있잖아요. 한 조 4명이가 붙어가지고 싸움했는데, 야네가 발로 차고 사람 치니까 돼지고기 매장에 통거로 달라 붙어서 싸움을 하더라구요. 막 견장 뜯어 놓고, 모자를 막 줘 던지고… 돼지고기 장사는 도끼 들고 있잖아요. 고기 짜르는 거 도끼로 하거든요. 도끼 들고 달려드니까… 막 도망치더라구요.

(필자면접. 2015년 7월. 량강도 20대 청년. 2015년 탈북)

한 정육장사꾼이 민폐(중국돈, 民幣)를 사용하였다는 이유로 보안원은 그 돈을 압수하려고 하였다. 이에 정육장사꾼 네 명이 도끼를 들고 맞서자 보안원은 겁을 먹고 도주하였다. 이제 장마당의 장삿꾼들은 보안원들이 장사를 못하게 한다거나 자릿세 뜯어가려고 한다거나 돈이나 물건을 뺏어 갈 때 저항한다. 그러나 장마당 상인들은 단지 자신의 돈을 빼앗겼을 때에만 저항하는 것은 아니다. 때로는 장마당의 약자를 보호하기 위해 상인들이 뭉쳐서 저항하기도 한다. 아래는 한 젖먹이엄마가 돈을 빼앗기자 상인들이 단결하여 단속원에게서 되찾은 사례이다.

〈장마당의 저항: 약자 지키기〉

북한청년: 자주 있어요. 비위단속하는 날도 있거든요. 그건 보안원은 아
　　　니고 적위대 아이들이… 적위대 시켰거든요. 비위단속하라고 장
　　　마당에 딱 숨어 있다가 기습해서 뺏고, 뺏고 그러니까 몇 번 뺏기
　　　고 사람들이… 한 아이 엄마가 팔았어요. 아이 젖을 먹이다나니
　　　까 돈 든 지갑이 밖에 나왔거든요. 몸에다 차고 있는데… 지갑을
　　　여니까 돈이 보였거든요. 뺏았어요. 뺏으니까 아이 엄마가 막 사
　　　정하는 거예요. 그러니까 옆에 있는 돈 뺏긴 사람들이 막 달라붙
　　　어서 때려 놓더라구요. 돈을 찾아 주더라구요.

연구자: 돈 찾아줬어요? 사람들이 협력해서…

북한청년: 아이 엄마가 아이랑 돈을 힘들게 버는데, 겨울이겠다. 힘들
　　　게… 춥잖아요. 아이도 얼마나 추운데 힘들게 버는 돈을, 나와야
　　　하루에 십 원도 못 벌어요. 그렇게 번 돈 오십 원인가? 백 원인가
　　　뺏어 갔으니까 이 여자 울면서 사정하는데 말을 듣지 않죠. 그러
　　　니까 옆에서 돈 떼었으나, 지네는 그래도 가정생활하니까 돈 떼
　　　어도 그만이라고 생각했댔는데… 아이 엄마 꺼 뺏으니까 그거 보
　　　니까 달려들더라구요. 그날에 엄청 때리더라구요. 여자들도 그럴
　　　줄 몰랐는데 악이 나니까, 이제는 극도에 달하니까 사정도 없더
　　　라구요. 미터 자 있잖아요. 공업품, 옷이랑 파는 자 있잖아요. 그
　　　자로 막 때리더라구요.

　　　　　　　　　(필자면접. 2015년 7월. 량강도 20대 청년. 2015년 탈북)

　그렇지만 여성들의 다수가 메뚜기 장사나 매대상인으로 일한다고 해서 여
성들이 장마당경제를 주도적으로 이끌어가는 것은 아니다. 시장의 매대나
메뚜기장은 장마당 경제의 표면에 드러난 빙산의 일각에 불과하다. 장마당
경제는 단지 주민들의 생계형 상행위만을 가리키는 것은 아니기 때문이다.

▶장마당 경제의 위계적 층위와 여성의 위치

오늘날 장마당에는 두 가지 시장거래가 존재하는데, 전자는 주민들의 생계형 시장활동과 기업 간 시장형 물자교류이며, 숨겨진 더 중요한 기능은 '권력형 시장거래'이다. 후자는 김정일 경제와 특권회사 경제가 기본적으로 공권력에 의해 보장된 독점권에 의해 기초한 경제구획이다. 장마당은 주민들의 생계형 시장활동과 기업 간 시장형 물자교류를 활성화시키지만 더 중요한 기능은 분절된 여섯 개의 경제구획을 연계하는 허브로서의 기능이다. 박형중은 북한의 경제를 6가지로 구획한 바 있는데 장마당 경제는 6가지 경제구획 중 하나이며, 분리되어 있는 북한의 6개의 구획들을 상호연계 통합 시키는 기제라는 점을 지적한다.[8] 이처럼 장마당 경제는 독점권 유무와 중요성, 자본능력에 따라 위계화된 중층적 구조를 형성하고 있으며, 최상층에는 김정일 경제에 속한 기업, 그 다음 층은 권력기관에서 설립한 회사, 이들 아래에 개인과 기업의 생계형 시장활동이 위계화되어 다층적 층위를 구성한다.

그렇다면 이 위계화된 층위에서 여성은 어디에 위치하는가? 최상층의 김정일 경제에 속한 기업이나 권력기관의 회사에서 일하는 여성은 극소수이며, 주로 개인과 기업의 생계형 시장활동이 이루어지는 공간에서 일하게 된다. 여성들은 장마당의 매대상인이나 메뚜기상인 외에도 조중 접경지역의 밀무역꾼을 비롯하여 되거리꾼으로 혹은 위탁가공업의 일당노동자로 다양한 형태로 존재하고 있다.

---

[8] 박형중, 2009.

3장_ 북한의 '공장사회'와 노동자

1. 노동자들은 왜 출근하는가?

지난 20여 년간 북한 공장기업소는 노동자들에게 출근을 강제하면서도 노동에 대한 정당한 대가는커녕 생물학적 생존을 위한 최소한의 식량조차 주지 못하였다. 그럼에도 불구하고 노동자들의 출근율은 공장가동률을 훨씬 상회하였다. 노동자들이 매일 굶주리면서도 공장기업소에 출근하는 불가해한 현상에 관해 여러 가지의 설명이 존재한다. 주체사상에 의한 세뇌(indoctrinated) 혹은 당과 동맹조직의 지속적인 이념관리활동, 북한당국의 강력한 법적 제재, 주민들의 생계의 기본줄기를 국가기관에서 쥐고 있기 때문에 등이다. 이 같은 설명들은 한결같이 강력하고 폭압적인 국가와 노예노동에 시달리는 수동적이고 무기력한 노동자들의 이미지를 떠오르게 한다. 그렇지만, 필자가 만난 북한출신 노동자들은 북한사회에 있을 당시 그들 자신의 노동이 무용(無用)하게 소모된다는 점을 뼈저리게 인식하고 있었으며 많은 갈등 속에 사선을 넘어 탈북을 선택했던 이탈자들이었지만, 동시에 북한 공장기업소에 대해 애잔한 그리움 등 보다 복잡한 속내를 드러내고 있다. 그들은

어떤 메커니즘 속에서 체제에 충성했으며 반대로 어떤 이유로 탈주(exit)를
선택하기에 이르렀을까?

이 연구는 북한주민 중에서도 가장 강고하고 변치 않는 사람들로 보이는
공장노동자들에 주목하되, 그들의 '일(work)' 경험으로부터 출발한다. 시장도
아닌 공장을 연구하다니, 이 연구는 유행에 뒤진 것일 수도 있다. 그러나 북
한사회의 기본단위인 북한 공장은 자기 유사성(self-similarity)'을 지닌 북한사
회의 프랙탈(fractal)로서 북한정치사회의 결정체이자 총화이다. '천리마작업
반운동'과 '대안의 사업체계'는 과도기론에 근거한 북한경제 정책의 원형
(archetype)[1]의 구현체이다. 지난 20여 년간 북한을 돌아다보건대 어떤 엄중
한 경제적 제재도 북한의 공장 기업소의 심장을 완전히 멈추게 하지는 못하
였다. 특히, 제2경제 군수분야나 중앙에서 직접 관리하는 기업소들은 멈추지
않고 가동되었다. 이들 공장에서 일하는 노동자들의 상황에 대한 보고들은
일관되지 않는데 이는 단일한 공장관리체계가 교란되어 각기 혼란스러운 상
황에 빠져있음을 의미한다.

그럼에도 불구하고 공장체제 나아가 북한체제는 기본 동력을 잃지 않고
유지되고 있다. 그 이유는 무엇일까. 오늘날 북한 노동자들이 배급의 불안정
성과 불충분함, 생활비의 무의미성 속에서도 왜 출근을 지속하고 있는지 알
기 위해서는 북한 붕괴론의 관점에서 벗어나 '일(work)'을 중심으로 촘촘하
게 짜여진 사회적 관계망과 그 복합체인 '공장사회'의 내면을 지배하는 사회
적 관계를 들여다보자는 것이 본 연구의 문제의식이다.

현재 북한사회는 계획경제와 집단주의, 시장경제 질서가 혼합된 어지러운
양상을 보이고 있다. 공장기업소의 생산조직 역시 이미 공식과 비공식이라
는 이원화된 틀로는 구분하기 어려운 혼합 상태에 돌입한 것으로 보이며, 공
장 내에서도 개인노동과 집단노동이라는 두 개의 집단으로 나누어 운영되거

---

1) 박후건, 『북한경제의 재구성』, 도서출판 선인, 2015, 33쪽.

나 한 사람이 계획/시장영역에서 두 가지 직업(two job) 활동을 하기도 한다. '사회주의를 위해 자본주의를 한다'는 명분은 국가와 노동행위자들이 담합하는 생존의 지점이 된다. 명분과 실제 간의 괴리 사이에서 혼란을 겪음에도 불구하고, 북한 공장사회의 노동행위자들은 생존을 위한 적응을 각자의 위치에서 해나가는 중이다. 이제 북한의 공장사회는 사회주의 규범에 의해 일원적으로 운영되는 체제가 아니라 개인의 국가에 대한 무력화와 종속성을 강요하는 '구조화된 종속'(Andrew Walder)과 개인의 생존주의의 결합에 기반한 독특한 윤리를 형성하는 거점이 되었다. 지방산업과 중앙산업공장들 간에는 차별적인 배급제도와 시장정책이 작동된 결과 격차가 더욱 벌어지게 되었다. 이제 공장사회는 기존 공장관리체계를 벗어나 변화하는 시장주체들과 관계를 맺으면서 새로운 형태의 공장사회로 확장되어가고 있다. 마치 과거의 공장관리제도의 뼈대나 외관을 그대로 유지하는 것처럼 보이지만, 내적으로 북한의 공장기업소는 기존의 경계를 넘어 주변의 다양한 경제주체들과 상호소통하고 있는데 이를 가리켜 '공장사회'라고 부르기로 하자.

오늘날 북한의 공장사회에서도 당비서, 지배인 등으로 대표되는 공장관리자들을 포함하여 노동자, 8.3노동자 등 다양한 노동행위자들이 각자의 입장(standpoint)에서 공장사회를 둘러싼 환경과 상호소통하면서 살아가고 있다. 다양한 삶의 위치에 처한 공장사회의 노동주체들이 자신들의 일경험(work experience)을 스스로 어떻게 사회적으로 조직해나가면서 기존의 공장체제를 해체하고 새로운 공장사회로 가고 있는지 이해하기 위해 이 연구는 제도적 문화기술지(the institutional ethnography)로 접근한다. 이 연구의 범위는 2002년 7.1조치 전야인 2000년 이후 김정은 정권이 등장하는 2010년 사이의 약 10년간으로 설정하며, 공장 노동행위자들의 일경험과 일지식(work knowledge)에 기반 하여 북한 '공장사회의 실제(actualities of factory society)'에 접근하는 것을 연구의 목적으로 한다.

'생산의 정치'[2]의 문제의식을 기저에 둔 '공장체제(factory regime)' 연구들
은 북한 노동연구의 정점을 차지해왔다. 자본주의 사회의 기업과는 달리 북
한의 공장체제는 수령제와 직접적으로 연결되어 있는 북한 정치사회의 결정
체이다. 김연철의 기여는 북한 수령제의 성립기원을 사회문화적 전통이나
권력투쟁으로 보던 종전의 시각에서 벗어나 북한 사회경제적 특수한 조건
즉 북한 산업화 과정에서 발생한 일종의 위기극복전략으로 설명한 데 있
다.[3] 이 같은 접근방법은 공장체제 내부에서 발생했던 노동행위자 간의 인
격적 충성관계, 계획실패로 인한 흥정, 이를 토대로 한 지도자와 인민의 후
견-피후견관계의 발생과 확대들이 최고지도자의 인격화된 지배형태인 수령
제의 성립까지 이어지는 일관된 흐름이라는 새로운 시각을 제안한다. 공장
관리에서 충성과 복종, 흥정을 강요하는 계획경제의 실패 그리고 정치화된
관료제 등이 바로 사회내부에서 인격적 관계를 발전시켰다는 통찰은[4] 북한
공장체제가 가동율 30%라는 상황 속에서 20여 년간 무너지지 않았던 일체감
의 근원이 무엇인지를 시사한다.

이처럼 기존의 공장체제(factory regime) 연구에서 공장체제에 내장된 북한
사회의 거시적 구조 즉 '노동-국가'의 관계는 중심 테마가 되었다. 그렇지만,
북한 현실은 고난의 행군기를 넘어 2000년대 이후 새로운 양상으로 전개되
기에 이른다. 시장화라는 새로운 환경 속에서 노동행위자들은 기존의 공장
체제 외부세계와 연계하여 기존의 공장체제의 노동양식으로 설명할 수 없는
8.3노동자, 더벌이, 이중노동 등 다양한 노동형태들을 만들어내고 있다. 시장
에서 혹은 공장 내에서조차 시장과 연계해서 일하는 노동자들이 생겨나게

---

[2] Michael Burawoy, *The politics of production: Factory regimes under capitalism and socialism.* Verso Books, 1985.

[3] 김연철, 『북한의 산업화와 경제정책』, 역사비평사, 2001.

[4] 위의 책, 320쪽.

되었다. 2000년대 중반부터 북한학계에 도입되었던 일상생활 연구방법(The Everyday Life Approach)은 거시적 구조와 국가중심의 연구에서 벗어나 아래로부터의 변화에 주목하면서 행위자들 즉 '작은 자들'과 북한체제의 변동을 연계하는 중요한 연구방법이 되었다.

2000년대 중반부터 공장체제 외부에서 발생하는 노동시장의 형성에 주목한 일련의 노동일상연구들이 배출되었다. 새로운 노동일상의 연구에서 기존의 공장체제의 경계를 벗어나 이동하는 노동자들이나 공장 주변부에 위치한 노동자들은 중요한 연구소재가 되었고 탈북인들의 구술은 중요한 연구자료가 되었다.[5] 일상생활연구에서 노동자의 비공식적 행위와 적응, 생존형식, 개인적 기억과 집단적 기억, 노동의 영역과 생산 주변에서 이루어지는 사회적 상호작용과 의사소통, 집단적 갈등, 저항 등은 중요한 주제이다.[6] 이제 북한노동 연구는 기존의 공장관리체계 중심의 연구를 벗어나 행위자 중심의 노동일상 연구로 발전할 수 있는 전기를 맞이하는 것처럼 보였으나 현실적 장벽을 넘지 못하였다.

김연철, 차문석, 박영자, 조정아, 홍민의 공장연구들[7]이 정치사회적 관심을 출발점으로 하였다면, 일련의 북한 기업연구들은 경제적 관심에서 출발하였다.[8] 산업연구원에서는 노동신문자료 등을 DB화하여 북한 기업현황이

---

5) 박영자, 「2003년 〈종합시장제〉 이후 북한의 '주변노동'과 '노동시장': 노동일상의 상황과 구조」, 『한국정치학회보』 제43집 3호, 2009; 조정아 외, 『북한 주민의 일상생활』, 통일연구원, 2008; 조정아, 「북한 주민의 '일상의 저항': 저항 유형과 체제와의 상호작용」, 『북한학연구』 제7권 1호, 동국대학교 북한학연구소, 2011.

6) 홍민, 「북한의 공장과 노동세계: 아래로부터의 역사」, 동국대학교 대학원논집, 2003.

7) 김연철, 2001; 차문석, 「북한의 7.1조치의 사회경제적 의미: 북한경제의 동학을 중심으로」, 『북한경제리뷰』 2009년 8월호, 2009; 박영자, 2009; 조정아, 2011; 홍민, 위의 글.

8) 이석기 외, 『북한 경제 쟁점 분석』, 산업연구원, 2013; 이석기·이승엽, 『2000년대 북한기업 현황: 북한 공식매체 분석을 중심으로』, 산업연구원, 2014; 심완섭 외, 『북한 공식매체를 통해 본 산업정책 및 주요 산업·기업 변화 실태』, 산업연구원, 2015.

나 실태에 대한 자료들을 만들어냈다. 2000~2015년 사이의 노동신문 기사를 분석한 연구에서 일정수준의 활동을 유지하는 북한의 국영기업 중 공식적으로 가동되는 기업의 규모는 약 20% 수준에 불과하다. 최근 박영자 외의 연구는 현재 시장화이후 북한 기업지배구조와 공장의 실제상황을 보여주는 연구인데,[9] 공식/비공식의 혼합경제 하에서 기업지배구조가 유형별로 어떻게 작동되는지 유형별 비교사례 접근을 통해 '중앙직할-지방산업-합영'별 공장 기업소의 운영실태를 밝히고 있다.

앞에서 말한 일련의 공장연구들이 북한사회의 거시적 구조 즉 '노동과 국가와의 관계를 주제로 기업소 내부의 운영실태를 규명하고자 하였다면, 이 연구는 2000년대 이후 공장사회 내부의 사회적관계의 변화를 몸으로 배태한 내부 노동행위자 중에서 '노동자의 입장(standpoint)'을 연구자의 위치로 정하고 연구했다는 데에 선행연구와의 차별성이 있다.

2. 북한 공장사회의 운영원리와 노동행위자들

1) 중앙직할 산하 연합기업소의 운영실태

중앙직할관리기업소란 '연합기업소를 비롯하여 제2경제산하 기업과 국가속의 비공식경제라고 할 수 있는 특수단위인 인민무력부, 보위부, 보안성 등이 조직한 기업소'까지 포함한다. 본 연구에서는 중앙직할관리 공장이나 기업소에서 일한 13명의 노동자와 10개의 기업사례를 수집하였다. 10개 기업사례 중에서 연합기업소 사례로는 탄광기업소 K기업과 A기업이 있다. K광

---

9) 박영자 외, 『북한기업의 운영실태 및 지배구조』, 통일연구원, 2016.

산 연합기업소는 함경북도에 소재한 연합기업소이자 북한을 대표하는 특급 기업소이다. 정광 매장량은 20억 톤이 넘으며 노동신문에 자주 보도되는 기업 20위 안에 든다. 고난의 행군 이전 K광산 연간생산량은 하루 정광 1만 톤으로 연간 400만 톤을 생산했지만, 고난의 행군 이후 2010년 현재 월생산량은 1만 톤으로 급감했다. 노동자 수 또한 줄어들어 고난의 행군 전에는 등록 노동자 수가 2만 명이 넘었지만 고난의 행군을 거치면서 2013년경에는 1만 3천 명 수준에 불과했다.

북한의 기업소 조직체계에서 주요 '정치적 기능'은 공장당위원회, 당책임비서, 안전주재원(보안성 및 보위성 파견), 조직·선전선동 비서, 청년동맹과 직업동맹 등이 수행한다. '경제적 기능'은 지배인, 기사장, 생산관련 부지배인(행정, 관리, 업무) 등이 관리하며 직장에서 작업장으로 연결되는 생산관련 부서가 수행한다. '소비적 기능'은 후방공급을 책임지는 부지배인 산하 식량공급부, 주택관리부, 부식공급부, 물자공급부, 편의시설부, 경리부 등이 수행한다.[10] 이것이 '대안의 사업체계'의 기본골격이다. 2017년 현재 K광산은 중앙당의 중요한 수입원으로, K광산에서 정광생산으로 벌어들인 수입의 60%는 중앙당으로 들어간다. 나머지 생산량의 20%는 국가 기간산업인 김책제철소와 성진제강에 원자재로 공급한다. 나머지 20%는 시장에 판매하여 K광산 연합기업소의 노동자들의 배급과 자체 기업 운영경비로 사용된다. K광산 연합기업소의 기업소 운영에 관해 밝혀진 두 가지는 아래와 같다.

첫째, K광산 연합기업소는 단지 생산단위만이 아니라 생산단위를 포함한 주민들의 복합적인 생활공동체이자 사회적 공간이라는 점이다. K광산 연합기업소는 연합기업소의 네 가지 형태 중에서도 일정지역 내에 있는 동일산

---

10) 박형중, 『북한의 경제관리체계』, 해남, 2002, 131쪽.

업부문에 속한 기업들을 조직한 경우이다. 생산관리체계(하부기업소 외)를
비롯하여 당체계(당위원회 외), 행정체계(지배인 외), 보안체계도 있다. 북한
당국의 주민에 대한 정치사상 교양을 비롯하여 보안, 무직부랑자에 대한 단
련(교양소)을 수행하는 주민통치의 공간이기도 하다.

 이처럼 연합기업소는 주민들의 사회생활의 중심공간이다. 주민들의 생활
을 지원하는 복지체계(상점, 병원, 학교 등)로 구성된 공동체이자 복합단위
이다. 이것은 A광산 연합기업소도 마찬가지이다. 연합기업소에 소속된 노동
자들과 그 가족들의 급식, 식량공급, 부식물 공급, 연료보장, 병원, 요양, 탁
아, 의무교육(고등중학교), 난방, 주택건설 등 주민생활의 전반이 이루어진
다. 공장은 노동자 각자가 좋아하는 취미활동을 즐기거나 동료들과 어울리
는 사회생활의 공간이기도 하다. 그러므로, 노동자가 공장에서 나오게 되면,
그 사람은 사회생활의 공간으로부터 자연히 배제당하게 되고, 이 같은 현실
로 인해 노동자들이 기업소를 그만둘 수 없다. 공장과 기업소는 사회 그 자
체이기 때문이다.

 둘째, 중앙직할관리산하 공장기업소는 상-하관계의 관료제적 수직적 질서
가 가장 강한 공장기업소로 당적 지도에 따른다. 우선, 연합기업소는 행정적
으로 중앙당과 내각에 2중으로 소속되어 있다. 당과 국가는 독자성을 갖는
각각의 위계질서를 가지고 있으며 동시에 유기적으로 연결되어 있다. "지배
인보다 당비서의 권력이 강하며, 국가는 연합기업소 기업 지배인에게 매우
제한적인 권한만을 주고 있다."[11] 중앙관리직할 연합기업소에 작동하는 당
의 통제권은 내각의 통제권보다 강하다.

 지배인은 물품대금을 보유하지 못하며, '당을 속이는 농간질'은 사전에 봉

[11] 박영자 외, 2016.

쇄된다. 특히 중앙당에 생산량의 60%를 우선 받쳐야 하는 K광산 연합기업소의 경우 중앙당의 통제가 강하다. 중앙당 담당부원, 금속공업성 검열과 부원, 도당 담당부원을 내려보내 K광산에 상시적으로 주재시키면서 직접 통제한다. 이는 중앙에서 내려온 담당자들의 경우 지방에 내려가 연합기업소를 관리하는 직무는 개인적 축재의 기회이기도 하다. K광산 연합기업소는 정광을 생산하지만 생산물을 직접 해외에 팔 수 없다. 판매대금이나 수출절차는 모두 내각 채취공업성의 무역과에서 관리하기 때문이다. 심지어 중국에서 무산광산에서 사용하는 설비나 부속품조차도 K광산 연합기업소에서 채취공업성 무역과의 결제 없이는 중국으로부터 직접 사들이지 못한다. K광산 보위과에서 외국에서 사들여 올 수 있는 물품의 명세서를 작성하여 채취공업공업성 무역과에 제출한 이후에 K광산 연합기업소 무역과를 거쳐 사들이게 된다.

〈그림 3-1〉 K광산 연합기업소 내부 조직도 및 부대조직

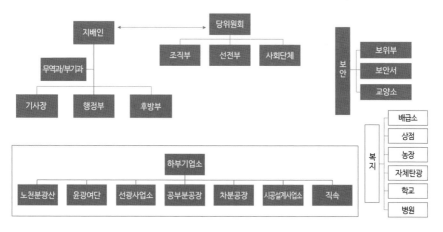

이처럼 중앙당을 비롯한 도당, 내각의 권력행사와 견제가 연합기업소의 일상업무를 겹겹이 지배하고 있다.

2) 지방산업 공장기업소의 운영체계

북한의 지방공업은 지방의 원료원천을 동원하여 주로 인민소비품을 생산하기 위하여 조직되며 지방경제기관들에 의하여 지도 관리되는 사회주의 공업으로 규정된다. "지방산업공장들은 자기 지방의 원료원천에 의거하여 지방적 수요를 충족시키는 것을 사명"으로 한다.[12] 아래 〈그림 3-2〉에서 보는 바와 같이 지방산업 공장기업소의 기본 구조는 당과 행정이 이원화된 구조로 연합기업소 체계를 축소해놓은 것과 흡사하다. 중앙의 원자재 공급이나 전기공급에 이르기까지 지방산업공장은 배제되고, 기업자율에 의한 책임이나 노동자에 대한 책임성이 더욱 강조된다. 공장가동이 멈춰진 1990년대 이후 부식(남새) 제공 등 일부기능을 제외하고는 후방공급기능은 거의 상실하다시피 되었다. 그렇지만, 김일성의 1961년도 연설에서 강조한 바와 같이, 지방산업의 공장과 기업소 역시 종업원들의 생활을 책임지고 돌봐주기 위한 노동자들에 대한 후방공급기능에 대한 책임에서 벗어날 수 없다. 실제로 2000년대 이후에도 군단위에서 시멘트를 보장하는 등 노동자 주택건설을 위한 노력을 기울이며, 군 당위원회에서 공장 기업소 간부들에게 완전히 노동자를 위한 복지기능에 대한 책무를 지운다. 그러나 주택이 단지 시멘트만 준다고 해서 건설할 수 있는 녹록한 게 아니므로 해당 기업소 간부들은 엄청난 압박에 시달리게 된다. 지방산업의 식품공장 지배인이었던 연구참가자 14에 따르면, 공장 기업소에서는 운송수단과 경유, 주택건설을 위한 기타 자재 등을 마련해야 했으며, 노동자 주택건설을 위해 노력하지 않는 기업소의 간부들은 소속한 군(郡)의 당회 의시 강한 비판을 받아야 했다.

지방산업 공장 가동상황을 보면 일부 국가에서 원자재를 보장하는 선물생

---

[12] 조정아, 「제4장 지방기업」, 박영자 외, 『북한 기업의 운영실태 및 지배구조: 북한의 공식·비공식 혼합경제 실태와 영향』, 통일연구원, 2016.

산 식료공장이나 된장, 간장, 학습장, 제지, 술, 비누 등 필수소비품을 생산하는 공장이나 일부 합영기업소의 하청을 받은 경우를 제외하고는 현실적으로는 가동이 어려운 상태이다. 어떤 선물생산 식료공장의 경우, 국가적으로 김정일의 선물을 생산하는 매년 1월부터 4월 16일까지 공장이 만가동하였지만, 선물생산하는 일이 끝나고 나면 원자재가 없어 공장가동이 중단되었다. 선물공장 가동기간 중에 노동자들에게 따로 생활비가 지급되는 것은 아니지만, 식품공장 노동자들은 노동자대로 선물생산에 사용되는 원자재 즉 당가루, 밀가루 등 원자재를 빼돌리기 위해서라도 생산활동에 열성적으로 참여하지 않을 수 없다.

〈그림 3-2〉 지방기업 내부 조직체계

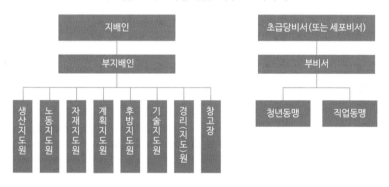

출처: 조정아, 「제4장 지방기업」, 박영자 외, 『북한 기업의 운영실태 및 지배구조: 북한의 공식·비공식 혼합경제 실태와 영향』, 서울: 통일연구원, 2016.

이때, 선물공장 지배인에게 보위부나 검찰간부들로부터 당가루나 밀가루 등을 달라는 요청들이 쇄도하는데, 이를 지배인의 위치에서 거절하기란 매우 어렵다. 결국 원자재의 상당부분이 생산에 투입되기 전에 사라지게 되고 생산된 선물의 질은 낮아지게 된다. 과자는 달콤하지 않으며 돌멩이처럼 딱딱하다. 생산품의 질은 희생되지만 생산에 참여한 노동자를 비롯하여 관련

행위자들은 모두 만족스럽다. 선물생산이 끝나면 노동자들은 수산사업장에 보내서 미역 말리기 등의 일을 도와주게 하는 더벌이를 하거나 부업지에 콩이나 옥수수 등을 심는 농사짓기를 하게 된다. 앞에서 보는 바와 같이 선물공장에서는 선물생산 당시나 전후를 막론하고 생산에 참여했던 노동자들에게 식량공급조차 주지 못하였다. 그럼에도 불구하고 선물공장 지배인(사례14)에 따르면, 자신이 속했던 함북도 ○○군 산하의 24개 공장기업소 중에서 자신의 공장 형편이 가장 좋았다고 한다. 그 외에 철재일용공장이나 기계수리공장의 일부 부서에서 공무작업반이나 생필직장을 운영하여 액상지표를 달성함으로서 공장은 겨우 명맥을 유지한다.

3. 노동행위자들과 위계적 구조

1) 노동의 위계

북한사회는 전국가적 관료체제로 구성된 거대한 조직체이다. 전국가적관료체제는 다시 당관료제와 국가관료체제의 이원화된 조직체계를 가지고 있다. 당관료제의 최상단에는 조선로동당 총비서가 있으며, 국가관료제의 최상단에는 조선민주주의 인민공화국 주석이 각각의 위계체계의 수위에 존재한다. 국가관료제의 최말단에는 공장 및 기업소, 지방행정단위 등이 존재하며, 당관료제의 말단에는 당세포가 있다. 정점과 최말단 사이에는 상-하 관계에 위치한 다층적 위계가 존재한다. 최하단인 공장과 기업소는 수직적 위계체계의 통제를 받으며 상부로 갈수록 권력이 커지고 하부로 갈수록 작아지며, 상부로부터 명령을 받아 권한을 행사하는 구조이다.[13]

이 때 공장기업소를 구성하는 노동행위자들은 크게 간부와 노동자의 두 종류로 나누어진다. 국가관료제의 최말단이자 당관료제의 최말단인 공장 기업소에서 간부는 당 비서를 비롯한 당간부들과 지배인을 비롯한 행정간부들로 이원화된다.

노동자들은 핵심노동자, 기층노동자, 주변부 노동자, 집단노동에서 이탈한 개인 노동자(8.3노동자)의 네 가지로 나눌 수 있다. 이때 간부는 국가관료제의 행위자로서 당권에 의해 위계적으로 배열되고 통제된다. 행정간부들은 인사권을 장악한 당권에 의해 철저하게 통제되는 종속적 지위에 놓인다. 한편, 노동자는 당권 뿐 아니라 노동능력 및 생산조직에서 역할, 시장의 영향력과 노동자 자신의 선택 등 보다 복합적 요인에 의해 위계화된다. 노동자들의 공장기업소에서 위계는 핵심노동자, 주변부 노동자, 8.3노동자, 무직자(실제로는 시장활동 노동자)로 위치지어진다.

첫째, 본 연구참가자 28명 중에서 공장기업소의 간부는 총 아홉 명이다. 중앙산업 간부 세 명(사례 1 행정간부, 사례 2 초급당비서, 사례 3 당 세포비서), 지방산업 간부 네 명(사례 13 지배인, 사례 14 당비서, 사례 15 기사장, 사례 17 부기장), 상급단체 두 명이다.

둘째, 핵심노동자는 다섯 명이다(사례 4 기술직, 사례 5 부기, 사례 18 운전기사, 사례 21 기능직 노동자, 사례 28 지방공업성 부기). 핵심노동자라 함은 기술직, 부기처럼 직무의 성격상 대체가 어려운 기술인력이나 숙련된 기능직 인력이거나 충성노동자이다. 이들 중에는 유능하고 학력도 높지만 출신성분 혹은 어떤 이유에 의해 간부로 진출할 수 없는 사람들이 많다. 요행으로 간신히 최하급 행정간부직에 진출하더라도 곧 유리천장에 부딪혀 간부로의 발전전망이 없다.

셋째, 생산현장에서 직접 생산을 담당하는 기층노동자들은 여섯 명이다.

13) 박형중, 「북한의 관료제적 연줄연구: 기업소 관리 운영 문제를 중심으로」, 『統一과 北韓 社會文化』 (上), 1993, 308쪽.

이들은 중앙산업 기업소에서 노동자(건설노동자, 사례 7), 제2경제 산하 기업소의 노동자(사례 8), 지방산업 기업소에서 기계공장의 기간 노동자(사례 19~22)로 일하는 경우이다.

넷째, 본 연구참가자 중에서 생산직을 보조하는 역할을 담당하는 비생산조직의 주변부 노동자는 K광산 연합기업소의 국수가공반 여성노동자인 사례 9가 유일하다. 이들은 비생산조직에 속하는데, 후생사업부에서 생산직 노동자들을 위해 부업지에서 농사일이나 국수가공사업 등을 하거나, 연료보장을 위한 식목사업이나, 정량소에서 요양을 해야 하는 노동자들을 돌보기 등의 일에 종사한다. 노동자를 위한 일종의 재생산노동을 수행한다.

다섯째, 공장외곽에서 일하는 네 명의 개인노동자들이 있다. 세 명의 중앙산업기업소 소속의 8.3노동자(사례 9 장사, 사례 10 정미업자, 사례 11 철강판매업자)와 지방산업 공장 소속의 청년 직업체험자(사례 23 밀수)이다. 이들은 처음에는 8.3노동자로 시작해서 장사일을 하면서 장사일이 안 되면 도로 공장에 돌아가기도 하지만 장사가 잘 되는 경우에는 자영자나 자영주로 진화하거나 8.3노동자가 아닌 보다 지속적으로 공장을 나가는 지위를 모색하기도 한다. 원래 8.3노동자는 자신의 집에서 8.3제품을 만든다는 명분으로

〈그림 3-3〉 공장/기업소의 행위자들과 노동의 위계

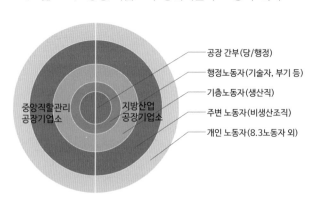

매월 8.3비를 직장장 등에게 납부하고 시장을 무대로 개인노동에 종사했던 노동자들이다. 이들은 직장장 등에게 8.3비를 납부하는 대신 생활총화에 참석하지 않아도 되며, 집단노동 등에 참여하지 않아도 단련대에 가지 않아도 된다. 이들 중 일부는 공장에 도로 돌아가지만 일부는 8.3노동자의 외피를 벗으면서 환자라는 인정을 받아 사회보장자가 되거나 탈북자가 되는 과정을 밟기도 한다. 그 외에 무직부랑자들이 존재하지만 그 수가 적어 본 연구에서 무직부랑자를 발견하지 못하였다. 노동의 위계에 따라 위치지워진 노동행위자들은 공식적 위계나 비공식적 인적 연줄에 따라 자신의 입장들(standpoints)에 서게 된다.

2) 간부: 당간부와 행정간부

Smith가 간파했듯이,[14] 사회는 지배하는 위치에 있는 사람들에 의해 만들어진다. 광산 연합기업소의 노동행위자들은 크게 간부와 노동자로 대별되며, 간부직은 당간부와 행정간부로 분류된다. 물론 여기서 지배하는 위치에 있는 사람은 간부이다. 간부들은 어떤 기관에서 비준받는가에 따라 위계화된다. 간부직은 당과 내각에서 비준을 받아 임명된다. 간부직은 다시 중앙당 비준대상(당비서, 지배인, 기사장), 도당 비준대상급 간부, 인민위원회 로동과 비준대상급 간부들로 위계화된다. 간부가 되기 위해 필요한 기본 자격은 대학졸업, 군제대, 입당이며 실제 간부로 승진하기 위해서는 보다 현실적인 힘이 필요하다. 그 현실적인 힘이란 토대와 권력을 가진 이들과의 혈연관계이다. 본 연구참가자들 중 중앙직할관리기업의 간부 3명(부지배인, 초급당비서, 당세포비서), 지방산업 간부 3명(공장지배인, 초급당비서, 기사장), 내각과 당 상

---

14) Dorothy Smith, 김인숙 역, 『제도적 문화기술지: 사람을 위한 사회학』, 나남, 2005.

급단체에서 일하는 간부 두 명(도급 행정일꾼 1인, 성 행정일꾼 1명) 총 여덟 명의 간부들의 일상적인 일경험에 대해 인터뷰하였다.

▶일경험

공장기업소 간부들의 공식적 업무는 계획지표의 달성과 동원과제의 수행이다. 그 중에서도 간부들은 국가에서 부여한 계획지표와 사회적 과제를 반드시 달성해야 하는 임무를 지닌다. 목표를 달성하지 못하는 간부에게는 간부직의 강등 혹은 하방(下方)하여 '혁명화'를 하라는 지시를 받게 된다. 고난의 행군시기 배급제도가 실질적으로 와해된 이후 노동자들에 대한 식량공급이 이루어지지 않다가 7.1조치에서 국가에게서 기업에게 배급의 책임이 넘어가게 된 이후, 기업 행정간부들은 이제 노동자에게 식량을 공급하는 책임까지 떠맡게 되었다.

▶간부들의 사익추구와 사회적 관계

어떤 행정간부는 간부가 되는 이유를 묻는 필자의 질문에 '잘 먹고 잘 살기'라고 대답했다(사례 1). 물론 간부가 된다고 해서 공식적으로 훨씬 많은 생활비나 배급을 받는 것은 아니다. 그렇지만 간부직은 비공식적으로 부를 축적할 기회를 제공한다. 가장 대표적인 방법은 뇌물이다. 따라서 간부들은 자신의 자리를 지키기 위해서 상급의 지시에 절대적으로 충성하고, 어떤 식으로든지 기업규모를 줄이지 않기 위해 노력한다. 간부들의 생존노력은 우선 자신의 자리를 지키는 것에서부터 출발한다.

2000년대 이후 행정간부들에게 있어 자리를 지키기도 일하기도 쉽지 않다. 대롱대롱 간신히 매달려있는 상태가 지속된다. 당권의 발동으로 연합기업소의 경우, 당위원회 등 기업소 내 검열 등이 활성화되면서 실질적인 권한이 위축된 상태이며, 지배인이든 직장장이든 유일사상 10대 원칙에 입각하여 심판대상이 된다. 그렇지만 생존을 위해서 간부들 역시 자신의 직무나 직위를 이용하여 사익을 추구하지 않을 수 없다.

K광산 연합기업소의 경우, 사익을 추구하다 당 책임비서와 지배인 등 최고지도부가 해임된 사건이 가장 큰데 K광산은 중앙당검열을 받고 당비서, 지배인이 해임되는 사건이 반복적으로 여러 차례 발생했다. 그들은 광산 생산물인 정광을 시가보다 싼 가격으로 중국대방에게 넘기는 대가로 뇌물을 받았다. 그들은 정광의 순도비중을 실제보다 낮게 국가 무역부에 허위보고한 후 중국의 대방에게 싼 가격으로 생산물을 넘기게 된다. 물론 중국의 대방은 연합기업소로부터 정광을 싸게 사들이는 대신에 당 책임비서나 지배인과 이익의 일부를 나누게 된다.

특히 '먹을 알' 있는 자리에 자신의 친척을 채용하는 비리가 많다. 창고장, 자재과, 연유과와 같이 먹을 알이 많은 자리는 당 책임비서가 직접 챙기며, 이에 대한 이의제기는 허용되지 않는다. "이런 좋은 일자리에 들어가기 위해서는 당책임비서의 승인을 받아야만 한다. 거기에 들어가려는 사람들은 먼저 책임비서한테 직접 가서 뇌물을 주게(고이게) 된다. 그러면 책임비서는 "야 노동과장, 연유과 창고 ○○○에 배치해."하고 명령한다. 책임비서가 명령하면 그 명령은 김일성이 내리는 것과 같으므로 노동과장은 바로 '알았습니다' 하고 끝이다. 그러나 채용비리가 책임비서의 전유물은 아니다. 조직비서, 선전비서, 지배인 등 할 것 없이 권력을 지닌 간부들은 누구나 자신의 친척 혹은 자신에게 뇌물을 바친 사람을 먹을 알 있는 자리에 집어넣는 채용비리를 실천한다.

국가에서 원자재를 국정가격에 공급하는 기업의 경우에는 '기업 원자재를 빼돌려 시장에 판매하기'야 말로 좋은 수입원이 된다. 간부들과 먹을 알 있는 담당자들 간의 담합이 필수적이다. 특히 창고장 자리는 부자가 되는 지름길이므로 높은 가격에 거래된다. 연유과나 자재과의 경우도 마찬가지다. 원자재를 시장가격에 판매하여 국정가격차익을 취하는 기본 구조는 동일하다. 일단 국가에서 창고로 들여올 때는 국정 가격으로 들어오게 된다. 예를 들어 국정 가격으로 50원짜리가 장마당에 가게 되면 5,000원을 받아 100배가 된다. 예컨대, 부서에서 기계부속 열 개를 신청한다고 하면 이 과정에서 창고원과 부서장, 담당자 간에 공모가 이루어진다. 가들은 기계부속을 열다섯 개 신청한 것으로 하고 그 중 다섯 개를 빼돌려서 나누어 갖기로 한다. 부서 담당자는 부속을 열 개 받은 후 열 다섯 개 받았다고 수표한다. 창고원이 남은 다섯 개를 장마당으로 넘겨서 10배, 100배의 시장가격으로 판 후에 이익을 나눈다. 이렇게 얻어진 이익이 위로 상납됨은 물론이다.

수입금조인 8.3노동자들이 내는 8.3비 역시 공장운영비로 쓰이지만 일부는 직장장과 당간부가 사적으로 사용하기도 하는 등, 공과 사의 경계가 모호하다. 공장 생산현장에서는 핵심인력을 잡아두고 일하도록 하고, 나머지 인력들을 부업지에 보내서 공장노동자들을 위한 채소나 식량을 생산하도록 한다. 그렇지만 직장장과 당간부는 8.3비를 벌어들이기 위해 유능한 노동자들을 공장 외부에 내보내기도 한다. 안에서 유능한 사람들은 밖에서도 유능하기 마련이다. 그래서 핵심노동자들이 동시에 8.3노동자인 경우도 많다. 유능한 노력들을 일부러 공장 밖에 내보내 장사를 하게 하기도 한다. 공장의 간부들은 그들로부터 8.3비를 받아 일부는 기업운영자금으로 나머지 자금은 사적으로 취득하게 된다.

위의 사례들은 공장 내에서 벌어지는 각종 비리의 극히 일부로서, '직위를 이용한 기업의 자산이나 생산물을 활용하여 생존'하려는 간부들의 생존기술을 보여준다. 위의 채용비리, 중국으로 판매가격 조작, 국정가격과 시장가격 간 차익을 이용한 부당이익 취하기(기업원자재 빼돌려 시장에 내다팔기), 노동자 8.3비 중 취득과 같은 사익추구 활동의 중심에 언제나 당간부가 존재한

다. 당간부를 정점으로 거미줄처럼 얽힌 사회적 이해관계가 작동하는 구조
이다. 결국 권력이 가장 큰 당간부를 중심으로 직/간접적으로 행정간부-창고
장-부서담당자에 이르기까지 긴밀하게 연계되면서 행위자들의 사익추구 활
동들이 완성된다.

3) 핵심노동자: 충성과 사익의 이중적 추구

핵심노동자층은 누구인가? 북한 공장 기업소의 핵심노동자층의 내부구성
을 살펴볼 필요가 있다. 이들은 대략 세 부류의 이질적 사람들로 구성된다.
사회주의 교과서에 나올법한 충성노동자, 일을 잘하는 유능한 노동자, 간부
들과 결탁한 노동자이다.

첫째, 문자 그대로 당과 수령에 충실한 충성을 바치는 충성노동자다. 이들
은 사회주의 노력영웅을 모델로 하는 충성노동자들이다. 군수기업소에서 일
했던 사무직노동자(사례 6)에 의하면, 북한사회에는 이 같은 충성노동자들이
극소수이지만 여전히 존재한다. 일반 노동자들은 이런 유형의 충성노동자들
을 가리켜 '석기(石器)'라고 부르면서 희화(戱畵)화하며, 다른 노동자들이 이
들의 가치를 인정하지 않기에 공장사회에서 이들이 갖는 존재감이나 영향력
은 거의 없지만, 간부들은 충성노동자들을 중시한다. 본 연구참가자 중에서
발견되지 않았다.

둘째, 유능한 노동자들이다. 광산연합기업소가 돌아가는데 결정적인 역할
을 하는 기술자, 기능인, 부기 등이다. 대체하기 힘든 직무역량을 가진 기술
자 층이거나 관리능력을 지닌 사무직 혹은 특수한 직종에 속하는 사람들이
다. 본 연구참가자 중에서 사례 3 기술자, 사례 5 공장해설강사, 사례 17 부기
장, 사례 28 부기가 이에 해당한다. 이들의 생산참여 없이는 공장의 생산이
원활하게 이루어지지 못한다. 이들이 보통 자본주의 기업에서 말하는 핵심

노동자층이다. 고학력 기술직 노동자들이나 직무역량이 뛰어난 이들이지만, 출신성분 등 직무외적 요인으로 인해 출세가 막힌 사람들로 기술직 이상으로 승진하기 어렵다. 사례 3(연합기업소 기술직)의 경우, 이미 갓 서른의 나이에 기술직 분야의 부서장까지 승진하였으나 더 이상 올라가지 못하고 20년 동안 동일한 자리에 머물러 있었다. 그는 월남한 아버지가 있기 때문이다. 사례 28(자재상사 부기) 역시 명문대학을 나온 기업소의 핵심역량이었지만 아버지가 남한 출신이었다. 사례 3은 기업소에서 기술자로 책임자의 위치에 있었지만 주간에는 공장에서 부서 책임자로 일하고 야간에는 전자제품 고장을 수리하기 위해 돌아다니는 투잡족으로 일해서 자신의 생계를 해결해야 했다.

셋째, 간부들과 깊이 연계된 노동자들이다. 당간부의 친척이거나 당간부에게 뇌물을 고이고 공장에서 '먹을 알 있는 직무'를 맡은 충성노동자들이다. 창고장이나 자재과, 연유과처럼 먹을 알 있는 자리에 있는 이들이 많으며 부기 역시 사익을 추구할 기회가 많은 자리이다. 먹을 알이 많을수록 자리를 유지하기 위해서는 위에 상납하여야 한다. 그들은 열심히 일하면서 동시에 기회 닿는 대로 여러 가지 방법으로 이익을 취하고 상부에 그 이익을 상납해야 한다. 이들의 노동의욕은 눈에 띄게 두드러지지만, 노동의 동기가 원자재나 생산물을 자신의 소유로 취득 혹은 조절하기 위한 것이라는 점에서 첫 번째 석기형(石器型) 충성노동자와는 구별된다.

세 번째 유형의 핵심노동자들은 공장 간부진과 연계하여 자신들의 사적 이익을 추구하면서 공장사회를 이끌어가게 된다. 예를 들어, 연합기업소 부기(사례 6)의 경우 노동자생활비를 빼돌려 장사꾼에게 빌려주고 이자놀이하기, 이직노동자의 인체보험비 떼어먹기, 배급의 과다지급, 유령배급 즉 고의로 아는 노동자에게 배급량을 과대공급한 후에 함께 나눠먹기 방식으로 기업소 자산을 횡령하였다. 보통 기층노동자들이 정당하게 받아야 할 것을 빼앗거나 거꾸로 기층노동자들과 담합하여 기업소의 자산을 함께 나누어 먹는 방식을 취하였다. 그 중 부기나 통계원들이 많이 하는 방식으로 아는 노동자에게 배급을 과다지급한 후에 함께 나눠먹는 방식이 있다.

그 방식은 이러하다. 부기가 배급량을 계산할 때, 지인의 식량배급 급수를 올려 더 많은 배급량을 받게 한다. 이때 배급량을 규정 이상으로 받은 노동자는 자발적으로 식량의 일부를 부기한테 건네주게 된다. 다음은 연합기업소 부기의 이야기이다.

> …나하고 이해관계가 더 있으면 급수를 더 불쿠어(올려)줘요. 아…그러니까 내가 KG수를 여기다 불궈(올려)서 여(넣어)준단 말이에요. 그러면, 애들이 또 좀 말이 없고 그 다음에 입이 무겁고 또 나를 정말… 나도 또 사람을 오랫동안 한 기업소에 같이 있으면서 사람을 잘 아니까 믿을 만한 사람들한테다가 내가 킬로수를 좀 더 불궈 여준단(올려서 넣어준다) 말이에요. 그러면 그 사람들은 자기가 얼마 받는 거 아는데 많이 불궈 여주면 하다못해, 예를 들어 내가 5kg를 여줬다 하면, 2kg는 나한테 가져와요.

위의 방법 외에 유령배급 또한 배급현장에서 많이 행해지는 비리다. K광산 연합기업소에서 많은 통계원들이 이러한 수법으로 쌀을 빼돌리다가 감방에 갔다. 노동자로 소속 조직은 남아 있지만 무단결근하다 사라져버린 노동자의 배급표를 만들어 통계원 자신이 배급을 대신 타는 수법이다.

세 가지 유형의 핵심노동자들 중 사회주의 교과서에 나올법한 충성노동자, 일을 잘하는 유능한 노동자, 간부들과 결탁한 노동자 중 공장사회를 주도해나가는 노동자는 어떤 유형일까? 바로 세 번째 유형인 공장간부와 연계된 핵심노동자들이다. 이들은 적당히 유능하며 또한 적당히 충성스럽다. 공장 간부들과 깊이 결탁하거나 다른 노동자와의 동조나 협력 하에 기회 닿는 대로 기업자산이나 생산물, 노동자 배급 등을 탈취한다. 이들은 공장간부들에게 뇌물을 받침으로서 자신의 자리를 유지한다. 이처럼 공장사회에서는 간부들과 핵심노동자들 간에는 결탁을 통해 자신을 보호하고 생존하고자 하는 자생적 질서가 형성되고 있다.

4) 기층노동자와 기업별 식량공급 상황

　A광산 연합기업소와 K광산 연합기업소의 식량배급상황은 판이하게 다르다. K광산 연합기업소의 경우, 기층노동자의 경우에도 한 달 치는 아니지만 반 달분, 열흘분이나마 규칙적으로 거르지 않고 식량이 공급된다. 반면, A광산 연합기업소의 경우는 확보할 수 있는 식량의 양이 제한적이기 때문에 당 간부, 감찰기관 등 간부 우선의 식량공급이 이루어진다. 힘 있는 간부들이 먼저 가지고 간 후에 식량이 남으면 노동자들에게는 주지만 대부분은 노동자들까지 차례가 가지 않는다. 같은 급의 연합기업소임에도 불구하고 식량공급에서 왜 이런 차이가 생기는가? 그 이유는 K광산의 생산물은 중국으로 수출할 수 있지만 A광산의 경우 생산물이 전략물자로 구분되어 수출이 가능하지 않았기 때문이다.

　상층간부와 하층간부, 노동자는 식량공급뿐 아니라 기타 부수입에 있어 큰 차이가 난다. 간부들 특히, 상층간부는 자신에게 속한 노동자나 거래처로부터 뇌물을 받을 기회가 있지만, 하부로부터 자동적으로 상납이 들어오지 않는 하층간부들은 보다 적극적으로 노동자들과 협력해서 자신의 사적 이익을 추구해야 한다. 대부분의 광산 노동자들의 경우 공장 기업소에서 자신의 직업지위를 통해 별도의 벌이나 '조절'행위를 할 여지가 없다. K광산 등록노동자 수 13,000명 중에 실제 출근하는 사람은 생산에 투입되는 노동자 비중은 50% 정도이다. 노동자들의 경우에 이중직업인, 8.3노동자, 부업밭 농사 등의 다양한 방식으로 생계를 해결한다.

　K광산 연합기업소 선광장과 같은 하부기업소에서 일하는 사람들은 토대가

나쁜 사람들이 대부분로서 생활수준이 낮은 편이다. 이들은 공장에서 제공하는 식량 외에 별도의 돈벌이에서 얻는 수입이 극히 적고 장사밑천도 없어 가족들의 배급의존도가 높다. 장마당에 가서 장사를 할 수 있는 집안은 그래도 형편이 나은 편이지만, 대부분은 장사 밑돈이 전혀 없고 더욱이 개당 30~40만 원 하는 매대를 살 능력이 없다. 그런 경우, 노동자의 노부모들까지 산에 가서 고사리 등 나물을 뜯거나 텃밭을 일구어 부식물을 마련해서 근근이 생계를 유지하는 상황이다. 가족의 양식이 모자라는 상태에서 세대주인 노동자는 현장에서 점심에 주는 국수 한 끼를 위해 출근하는 경우가 허다하다. K광산 연합기업소의 형편은 가장 나은 편으로 일하는 노동자들에게 국수 한 끼라도 식사를 제공하지만, 대부분의 지방산업 공장은 노동자들에게 한 끼의 식사조차 제공하기 어렵다.

5) 주변노동자: 비생산조직

연합기업소의 주변노동자란 주력 생산물을 생산하는 조직에 속한 노동자가 아니라 이들을 보조하는 위치에 놓인 비생산조직 노동자(부업지나 화목반, 정양소, 국수가공반, 현장식모 등)이다. 원래 고난의 행군이전에 비생산조직 중 정양소에서 국수가공반 노동자로 일했는데, 그 자리는 식량배급이 1인당 300g밖에 나오지 않은 일자리여서 노동자들 사이에서 인기가 없었다. 그러던 것이 고난의 행군 이후 인기가 치솟기 시작했다고 한다. 국수가공반 노동자는 식자재를 다루면서 일부를 조절해서 시장으로 넘길 수 있기 때문이다. 예를 들어 사례 4는 K광산 국수가공반에서 국수 만드는 일을 했는데, 밀가루 10kg을 기계로 빼 국수를 만들면 13kg로 늘어났다. 남은 국수 3킬로그램을 장마당 상인에게 넘겨 개인수입으로 삼았다. 그 외에 화목반에서 나무를 하거나 부업지에서 밭을 경작하는 노동자들도 비생산조직의 주변노동자들이다.

6) 비사회주의 개인 노동자: 8.3노동자 외

8.3노동자들은 공장을 나와 개인으로 시장에서 일하는 사람들이다. 장사를 하는 자영주로서 혹은 다른 일당노동자들을 고용해서 고용주로서 일하며, 혹은 그 스스로 일당노동자로 고용당하기도 한다. 8.3노동자들은 주위의 다른 노동자나 간부들로부터 유능하고 깨인 사람 혹은 비사회주의적인 사람들이라는 양극단의 평가를 받는다. 유능한 기능공 1~2명이면 기계를 돌릴 수 있기 때문에, 인력이 남아도는 부서에서는 직장장이 노동자들을 부업밭이나 8.3으로 보내려고 노력하는 경우도 있다. 실제 생산량에 비해 생산인력이 과잉이므로 생산투입인력 외에 나머지 잉여인력들을 어떻게 효율적으로 배치하는가도 행정간부의 중요한 과제이다. 이런 경우, 직장장이 먼저 '너네 아주머니 벌기 때문에 집에서 놀면서 그저 얼마씩 내라'고 제안하기도 한다. 특히 생산관리부문에서 8.3노동자들이 많은 편이다. 기능이나 기술이 있는 사람들이 많기 때문이다. 공장이나 기업소에서 간헐적으로 주는 배급보다 일해서 더 많은 돈을 벌 수 있는 사람들은 1~2만 원 정도를 내고 8.3노동자로 등록하게 된다. 손재주가 있는 사람들은 직접 가구를 만들어 팔거나 부인과 함께 장사일을 하기도 한다. 변압기를 만들거나 전동기를 수리하기도 하는 사람들도 있다.

그 외 북한에서 무직부랑자라고 불리는 이탈자들이 있지만 그 수는 극히 적은 편이다. 무단결근하는 노동자를 교양소로 보내는 등 엄하게 다스리기 때문이다. 특히, 연합기업소는 자체적으로 보위부, 보안소, 교양소를 운영하며, 무단결근하는 노동자들은 교양소라는 불리는 단련대 시설에 보내져 6개월간 생명을 유지할 수 있는 최소한의 음식을 공급받으면서 강도 높은 노동을 하게 된다.

4장_ 7.1조치 이후 공장사회 내 사회적 관계의 변화

"나는 공산주의 사회까지 동무를 데리고 가겠소."에서
"저런 머저리까지 먹여 살려야 하나?"로의 의식변화

7.1조치 이후 배급의 책임은 국가에서 기업으로 바뀌었다. 물론 고난의 행군 시기에 배급제도가 있다 할지라도 대부분 공장에서 배급을 주지 못하였다. 그러던 것이 7.1조치 이후에는 배급의 횟수가 증가하는 공장기업소들이 생겨나게 되었다. 그 결과 7.1조치 이후 소속단위에 따라 배급을 받는 노동자와 배급을 받지 않는 노동자로 구분되었으며, 동일한 공장단위 내에서 식량이 모자랄 경우 간부들에게만 식량공급을 주는 경우도 생겨나게 되었다.

1. 중앙직할관리 기업소와 지방산업공장 간 식량공급의 불평등 심화

연구참가자들이 일했던 20개의 기업소 중에서 배급상황이 두드러지게 개선된 대표적인 기업소는 제2경제 산하의 C군수기업소이다. C군수기업소는 상품을 해외에 판매하면서 벌은 수익금의 일부를 노동자에게 배급으로 지급하였다. 7.1조치 이전에는 C군수기업소에서는 1년에 배급으로 한 달 치의 옥수수를 받는데 그쳤지만 7.1조치 이후에는 1년 동안 여덟 달 치의 식량공급을 받을 정도로 배급상황이 호전되었다. 이제 배급은 기업의 책임이 되었다. 7.1 조치 이전에는 "국가가 배급을 안 주니 어쩔 수 없지"하고 국가의 책임으로 돌리던 사람들이 기업에서 "국가가 벌어먹으라고 장마당을 승인해 주었어. 그런데 너는 왜 벌어먹지 못하니?" 라고 개인을 비난하게 되었다.

지방산업 공장기업소보다 중앙산업 직할관리인 연합기업소의 배급상황은 훨씬 낫다. 그렇지만 동급의 연합기업소라 할지라도 생산가동상황에 따라 기업별 식량공급의 차이가 발생하게 된다.

본 연구참가 기업 중 K광산 연합기업소는 A 광산 연합기업소보다 배급상황이 훨씬 좋았다. K광산 연합기업소의 기술부서의 경우, 기술직 노동자들에게 월 2,000~5,000원까지 생활비를 주었다. K광산 노동자들의 경우에는 보름에 한 번씩 규칙적으로 배급을 받았으며 중국에서 식량을 들여오지 못한 경우에는 연기되는 경우는 있을지라도 식량은 최소한 닷새 분, 일주일분일지라도 반드시 지급하였다. 배급정량은 성인 1인당 정량은 700g이지만 여러 명목으로 제외한 후에 630g만 지급된다. 노동자 가족들까지 1인당 280g의 식량배급을 주는데, 통상 입쌀 3, 옥수수 7의 비율로 공급한다. 상황에 따라서 본인만 주거나 혹은 가족까지 주기도 한다. K광산 노동자들의 식량배급 상황은 다른 지방산업공장이나 연합기업소에 비해 안정적인 이유는 생산되는 광물의 수출판로를 확보했기 때문이다.

A광산 연합기업소의 경우, 노동자들에게 식량을 공급할 수 없었다. A광산 연합기업소의 주된 생산물은 구리인데 이는 전략물자이므로 외국에 수출하면 안 되었다. A광산 연합기업소의 고위 행정간부(사례 1)에 따르면 고된 일을 하는 생산직 노동자들은 식량공급으로부터 배제되는 반면에, 당간부와

행정간부, 보위부와 보안서, 감찰기관 간부들처럼 힘 있는 간부들 위주로 식량이 공급되는 일이 공공연하게 행해졌다. 이 같은 사례로 미루어 같은 연합기업소 간에도 합영이나 수출여부에 따라 배급상황은 달라지며, 심지어 동일한 연합기업소 내에서도 비공식적이나마 간부와 노동자 간에 식량배급이 차별적으로 시행되었음을 알 수 있다.

지방산업 D식품공장의 경우, C군수기업소나 K연합기업소와는 달리 노동자들에게 7.1조치 이후 10여 년간 전혀 식량공급을 하지 못하는 나날들이 계속되었다. 군에서는 기업소마다 식량공급을 위한 대책으로 농지를 나누어 주어 노동자들이 농사를 지어 식량을 직접 조달하도록 하였다. 그렇지만 모든 공장들이 노동자들이 직접 농사를 지어 식량을 조달하는 일이 순조롭게 진행된 것은 아니었다. 한 지방산업 공장에서는 비료 및 트랙터와 같은 농기구가 없거니와 분배된 농지와 노동자 거주지와의 거리가 너무 멀어 결국 농지를 반납하였다고 한다(사례 14, 지방산업공장 지배인).

2. 간부와 노동자 간 배급의 불평등 확대

7.1조치로 인해 식량공급의 책임이 국가에서 기업으로 전가된 이후, 지방산업 공장에서는 오히려 간부위주의 식량공급 관행이 정착되는 계기가 되었다. 국가의 배급과 공급이 끊긴 이후 기업소 후방부가 간부들의 배급과 공급을 책임지고 보장해주고 있고, 어쩌다 국가에서 식량이나 물자가 지급되면 간부들에게 우선적으로 더 많이 공급해 주기 때문이다. 연료의 경우 기업에서 확보할 수 있는 양이 절대적으로 부족하다. 그래서 K광산이나 A광산 할 것 없이 간부에게만 연료를 공급하였다.

이와 달리 텃밭을 통한 채소생산은 비교적 넉넉한 편으로 K광산, A광산 모두 간부만이 아니라 노동자들에게까지 채소가 공급되었다. K광산 연합기업소의 경우 인력을 13,000명을 보유하고 있지만, 한 달에 1만 톤을 생산하는데 사실 5,000명의 생산인력으로 충분한 실정이다. 그래서 나머지 인력에게는 화목장(火木場: 땔나무를 만드는 작업장) 일이나 부업밭 가꾸기처럼 생산직 노동자들의 생활을 지원하는 재생산노동을 하도록 한다. 이처럼 연료 등 다른 물자 등에서 간부와 평노동자 간의 차별은 존재하며, 후방부 물자의 경우에도 간부우선 공급정책을 고수하고 있다.

또 다른 간부와 노동자간 차별양상은 보위부 등 감찰기관에게 주어지는 이중배급 상황에서 드러난다. 보안서, 보위부는 자체 조직원들에게 식량을 공급하였지만, K광산 측에서는 약 60여 명의 K광산보위부 및 K광산 보안원에게 식량을 공급하였다. 이들은 보위부, 보안서와 연합기업소의 두 곳에서 이중으로 배급을 탄 셈이다. 연합기업소에서 감시·감찰 권한을 가진 보위부와 보안서, 검찰소에 이처럼 특혜를 제공하는 이유는 기업소 간부들에 대한 감시와 감찰에 대비하고자 함이다.

그 외에도 C군수기업소의 경우는 7.1조치 이후 노동자들에 대한 배급횟수가 늘어났지만, 기업소 노동자 수를 줄여서 '먹는 입'을 줄여야 한다는 압박적 분위기가 형성되었다고 한다. 그 결과, C군수기업소에서는 7.1 조치 전에는 '국가가 배급을 안 주니 우리의 잘못은 아니지.' 라며 서로 측은하게 바라보던 노동자들의 눈길들은 어느 새 서로를 향한 비난의 눈길로 바뀌게 되었다.

3. 7.1조치 이후 노동자들의 시장활동 허용과 새로운 담론의 형성

7.1조치를 통해 북한당국은 시장가격과 국정가격 일치를 꾀했지만 실패했다. 기업에서 생산물의 30%를 자체 확대재생산에 사용할 수 있게 허용되면

서 더벌이 등 기업이 활동할 수 있는 영역이 넓어졌으며, 기업은 중앙 상급 기관의 지도나 국가의 자금 공급에 의존하는 것이 아니라 해당단위 자체의 능력으로 운영할 수 있게 되었다.

공장 가동이 제대로 되지 않으면 노동자들은 썰물처럼 빠져나간다. A광산 연합기업소의 경우, 2000년대 초반에 외부로 50%의 인력이 빠져나갔다. 그러나 7.1조치 이후에 생활필수품을 만드는 기업들은 활성화되었지만, A광산의 경우는 생산설비도 없고 생산물이 전략물자 수출금지에 묶여서 활성화되지 못하였기 때문에, A광산 공장간부들은 공장을 가동시킬 수 있도록 혁명자금을 지원해달라, 중국과 합영을 할 수 있게 해달라고 국가에 끈질기게 요구하였다. 그 결과 A광산은 합영을 하는 데 성공하기에 이른다. 그 위에 국가가 혁명자금을 주어 생산이 활성화되고 식량공급이 이루어지자, 시장으로 나갔던 노력들이 공장 안으로 되돌아오게 되었다.

7.1 경제관리개선조치를 계기로 국가는 공식적으로 '종합시장'을 설치하여 운용하면서 시장을 중심으로 한 다양한 경제활동과 경제적 기능을 공식화하였다.[15] 이처럼 제도적으로 변화된 기업환경 속에서 국영기업들은 각 노동행위자들(간부, 핵심노동자, 기층노동자, 주변노동자, 8.3노동자)은 각자의 위치에서 7.1조치 이후 시장활동이 활성화되었다. 아래는 각 노동행위자의 입장에서 겪은 변화들이다.

첫째, 지배인 입장에서 외부의 주체들과 협력적 관계를 구축하여 시장활동을 하도록 허용되었다.

특히, 7.1체제의 핵심적인 변화는 국가가 이전처럼 기업소의 생산전액을 회수하는 것이 아니라, 생산물 판매가 허용되고 생산액의 30%를 지배인에게

---

15) 임강택, 「북한 시장 활성화의 숨은 그림: 국영기업의 역할」, 『동향과 분석』, KDI, 2014, 25쪽.

기업소 경영자금으로 주어 자유처분하도록 한 조치이다. K광산 연합기업소
의 경우, 같은 도내에 존재하는 국가무역기관, 종합시장, 협동농장 및 개인기
업, 외화벌이 기관, 대학(김책, 청진광대) 등과 중국에 있는 대방 등과 더욱
긴밀한 협력관계를 구축하여 시장활동을 강화하였다.

둘째, 8.3노동자 제도의 일반화이다.
7.1조치 이후 8.3노동자 제도는 비공식적이나마 전 공장 기업소에 일반화
되기에 이른다. 시장에서 생존할 수 있는 역량 있는 사람들에게 있어 8.3노
동자 제도는 기존의 공장체제를 나가는 출구가 되었다. 이제 8.3노동자들은
더욱 유능하고 똑똑한 사람들로 주위사람들에게 인정받게 되었다. 물론 다
수의 노동자들 역시 음성적으로 공장 밖에서 시장활동을 하고 있었지만, 대
부분 노동자들은 부족한 식량배급만으로 생계를 유지해나갈 수는 없기에 주
간에 근무하고 야간에 별도의 벌이 즉, 농사일이나 장사, 일당 노동자인 짐
꾼 등 이중직업자(two jobs)들로 활동하였다. 7.1조치가 가져온 변화는 조치
전에는 이러한 시장활동들이 숨겨야 할 비사회주의 행동이었다면, 7.1조치
이후 노동자들은 보다 공개적으로 드러내놓고 시장활동을 하게 된 것이다.

셋째, 기업 내 더벌이가 활성화되었다.
'비사회주의를 해서라도 사회주의를 지키자'라는 담론은 시장활동에서 오
는 죄의식으로부터 자유롭게 하였다. 기업의 설비, 확보한 노력이나 생산능
력에 따라 차이가 있지만 더벌이가 활성화되는 경향도 두드러지게 나타났
다. 예를 들어 어떤 상인이 용접봉이 필요하다 하면 주문을 받은 노동자가
공장에서 생산하게 된다. 그 과정은 이러하다. 일단, 주문받은 노동자는 생
산을 하고 생산된 용접봉을 상인에게 넘겨주고 대금을 받아온다. 이때 주문
을 받았던 노동자는 부기과에 이익금 중 일부를 건네게 된다. 이 돈들은 기

업소 내에서 운영자금으로 사용되기도 하고 명절에 회식을 하기도 한다. 이런 과정을 거치면서 외부에서 주문을 받아온 노동자는 마치 사장이 되고 동료들은 머슴이 되는 듯한 사회적 관계의 변형이 생긴다. 7.1조치를 내세워 8.3의 이름으로 시장에서 주문을 받아 공장에서 생산하는 행위들이 정당화되었다. 이를 가리켜 '사회주의 하기 위해 자본주의를 한다'라고 말한다. 혹은 '비사회주의를 해서라도 사회주의를 지키자'라고 말한다. 7.1조치 이후 군수업체로서 고급인력들이 많았던 C기업소에는 시장주문이 공장 안에 들어오는 일이 잦아지게 되었고, 이후 더벌이가 더욱 활성화되었다.

4. 공장 내 행위자들의 사회적 관계 변화

　7.1조치 이후 과거 공장사회에서 행위자들의 사회적 관계에서 다음과 같은 변화가 두드러지게 나타났다.

　우선 사회주의를 위한 조직생활과 학습이 강화되었다. 2경제 산하의 C군수기업소의 경우, 조직생활에 대한 강조가 더욱 강력해졌으며, 과거 항일정신과 전쟁복구정신으로 살며 일해야 한다는 교육이 더욱 빈번하게 실시되었다. 그럼에도 불구하고 사람들에게서 수령의식은 점점 사라져갔다.

　무엇보다도 7.1조치 이후 공장기업소에서 일어난 가장 큰 변화는 직장에서의 사회적 관계가 능력중심으로 재편성된 것이다. 당시는 7.1조치가 활성화되면서 분권화되고 국가에서 외화를 버는 것은 말리지 않겠다. 해외진출도 해라. 해외 나가서 주문생산을 받아라. 7.1조치 테두리 안에서 다 승인하겠다는 정부 발표에 힘입어 C기업소에 새로 온 젊고 능력 있는 지배인은 해외에 나가 많은 주문을 받아왔다. 이제 생산품을 시장에 나가서 팔 수 있게 되면서 유능한 숙련기술자에 대한 수요가 증가하고 이에 따라 고급두뇌를 확보한 기업소가 더 유리한 세상이 열린 것이다.

능력중심으로 사회가 빠르게 편성되는 한편, 이제 직장에서 무능력자들은 미움의 대상 혹은 쓸모없는 존재가 되었다. 심지어 뒤에서 이들이 공장에서 나갔으면 좋겠다고 다른 노동자들은 수군거렸다. 과거에는 "나는 공산주의 사회까지 동무를 데리고 가겠소."하던 것이 "저런 머저리까지 먹여 살려야 하나?"란 소리로 바뀌는 데에는 그다지 오랜 시간이 걸리지 않았다. 심지어 "너는 왜 사니? 죽어버려."라는 극단적인 말도 심심치 않게 기업소 내에서 들리게 되었다.

7.1조치를 기점으로 생긴 공장 내에 생긴 또 다른 변화는 '패거리문화의 형성'과 능력자의 등장이다. 돈 있는 사람들끼리 모이거나 장사능력을 가진 이와 돈을 가진 이가 만나는 패거리 관계가 형성되었다. "장사를 마음껏 하니까 누가 장사하지 말래니? 너도 장사하면 잘 먹고 잘 살 수 있어." "똑같이 공장 나와도 나는 먹고 살아. 그런데 너는 왜 못 먹고 살아?" 대부분의 사람들이 돈과 관련하여 새로운 평가를 받게 되었다. 과거에 평등했던 관계들이 돈에 의해 자연스럽게 나누어지면서 서로 무언가를 주고받을 수 있는 사람들끼리만 상호관계가 형성되었으며, 아무것도 줄 게 없는 사람들은 사회적 관계망으로부터 배제되었다. 7.1조치 이전에는 허물없이 함께 앉아서 이야기를 나누었던 사람들은 이제 돈 없는 사람들의 이야기는 들으려 하지 않았으며 이들의 존재감은 사라지게 되었다.

이제 공장에서 새로이 등장한 능력자는 바로 직접 시장에서 주문을 받아와 공장의 일감을 만들어주는 사람들이었다. 소장이 외부에서 주문을 받아오면 기업소에서 전체 노동자들이 달라붙어 집체적으로 생산이 이루어졌다. 그렇지만 소장이 오더를 받아 국가계획 외에 돈 되는 일감을 노동자들에게 직접 가져다가 생산한다는 점 외에 기업소의 사회주의적 운영은 변함이 없었다.

특기할만한 일은 고학력자 노동자들의 지식 습득 열망이 높아진 점이다. 고학력자 집단에서는 새로이 더 많은 지식을 습득하고 더 많이 공부하려고 하는 열망도 높아졌다. 그러나 이 같은 변화에도 불구하고 기업소에서 노동자들에게 식량은 가능한 골고루 나누는 방식을 취하였으며, 근로 의욕을 위한 인센티브의 차이 또한 그다지 크지 않았다.

5. 북한 공장사회와 생존의 정치:
비사회주의라도 해서라도 지키려는 그것은 무엇인가?

이 연구의 당초의 문제의식은 고난의 행군시기 배급체제가 와해된 이후 20년 동안 "북한 공장에서 노동자들의 무보상 노동이 어떻게 지속될 수 있었는가?"에 대한 의문에 있었다. 종전에는 북한의 무보상 노동체제 지속의 원인을 주체사상의 감화 혹은 당과 동맹조직을 통한 지속적인 이념관리활동, 북한당국의 주민에 대한 강한 물리적 억압 때문으로 보았다.

그러나 본 연구는 '일'을 중심으로 촘촘하게 짜여진 공장사회 내면의 사회적 관계에서 무보상 노동체계의 지속원인을 찾고자 하였다. 2000년대 북한 공장사회의 노동자, 기술직, 지배인, 당비서 등 노동주체들의 각자의 입장에서 행위자 중심의 제도적 문화기술지적 접근을 통해 배급제도 및 7.1조치에 관한 일경험과 일지식을 분석하였다. 그 결과는 아래 세 가지이다.

첫째, 북한공장사회의 사회적 조직화를 살펴보았다. 각 공장기업소는 7.1조치 이후 공장사회의 노동행위자들은 당간부 및 행정간부, 핵심노동자, 기층노동자, 주변노동자, 공장외부의 개인(8.3)노동자, 일탈자의 순으로 다층적 위계화가 이루어져 있다. 각 층위에 따라 노동행위자들은 각각 중국대방과의 담합과 횡령, 뇌물, '먹을 알' 있는 자리 채용이나 승진비리, 원자재의 절취(혹은 조절), 시장가격과 국정가격 간 차이를 이용한 절취 등의 다양한 방식으로 간부와 노동자 간의 일상적인 담합을 통해 거미줄같이 얽혀있으며, 노동위계 권력의 중심에는 전체를 꿰뚫는 당간부 중심의 관료조직이 존재한다.

둘째, 이 같은 사회적 조직화가 가능하게 하는 식량공급 제도와 실태를 살펴보았다. 7.1조치 이후 배급제도 실태를 보면 소속 단위 간, 노동자와 간부 간 차별이 뚜렷하다. 노동여부에 따라 배급이 주어지는 것이 아니라 지역, 소속 공장/기업소, 직업지위에 따라 배급유무가 결정된다. 또, 동일한 공장단위 내에서도 간부우선의 식량공급이 이루어지고 있었으며 노동자는 소외되었다. 7.1조치의 핵심인 '배급은 국가책임에서 기업책임으로' 라는 정책은 중앙/지방 공장기업소간, 간부/노동자를 차별하는 식량정치를 정당화하는데 기여한다. 7.1조치의 핵심 중 하나는 식량의 차별적 공급의 제도화이며, 이는 '생존의 정치'에 다름 아니다.

셋째, '사회주의를 위한 비사회주의' 라는 명분과 실제사이의 괴리에서 모순에 직면하여 오늘날 북한 노동자들의 행태를 충성노동자들과 신입노동자의 직업생애와 의식을 통해 살펴보았다. 노동자들은 '사회주의를 위한 비사회주의' 행위를 실천하는 충성노동자로 살면서 동시에 직무를 통해 기회 닿는 대로 자신의 사익을 추구한다. 이 이율배반적인 상황을 통합하는 가치는 바로 생존의 논리이다. 그럼에도 불구하고 공장기업소는 공동체로서 노동자들 간의 정서적 일체감의 근원이기도 하다.

2000년대 이후 등장한 신 '충성노동자'는 과거처럼 사회주의 의식으로 무장되어 있는 노동자가 아니라, 공장기업소의 '직무가 곧 나의 이익'이 될 수 있도록 개인적 이익과 국가의 이익을 적절히 조절하는 노동자이자, 공장의 위계 속에서 주어진 일을 하는 것이 아니라 자신의 역할을 스스로 재구성하여 사익을 취하는 노동자들이다. 그럼에도 불구하고 간과하지 말아야 할 점은 북한공장이 정치사회적 공동체로서 오랜 전통과 힘을 가지고 있었으며, 그 힘의 근간에는 오랜 조직생활과 교양사업으로 형성된 노동자들의 동지의식이 존재한다는 점이다. 이는 오늘날 엄혹한 경제제재와 어려움 속에서도 북한 사회를 지탱하고 있는 집단주의의 근원이기도 하다. 생계를 시장에 의존하면서도 자본주의에 대해 거부감을 갖는 노동자들 역시 오늘날까지 북한공장과 북한체제를 지탱해온 강력한 동맹이다.

　북한 공장사회의 구성원들이 이처럼 비사회주의라도 해서라도 지키려는 그것은 무엇인가? 사회주의를 지키자는 선전과는 달리 지키려는 것은 실상은 '사회주의'가 아닌 사회구성원 '각자의 생존'이라 할 것이다. 북한의 생존주의는 당조직을 근간으로 서로 끌어주는 오랜 안면관계와 연줄관계를 기반으로 이루어진다는 점에 시장경제 모델의 각 개인의 '각자도생적인 생존'과는 대비된다.

　오늘날 북한 공장사회를 끌어가는 주요 동력은 간부층으로부터 나오는 이유는 배급제도에 기반 한 것이다. 7.1조치이후 배급제도는 이제 기업으로 책임이 이관되었으며, 중앙직할/지방산업 간 각기 다른 방식으로 차별적인 식량공급이 이루어지는 제도적 근거가 되었다. 이 같은 차별정책에 기반 하여 지속적인 수혜를 받는 공장 간부들은 정권을 지키는 체제수호세력으로 다시 세워진다. 그들은 위계적 공장구조 속에서 자신들이 누리는 특권을 지속하기 위해 공장체제를 지탱해야 하며 노동자의 무상노동을 끊임없이 조직해야 한다. 이 같은 공장기업소 간부들의 유리한 자리를 지키고자 하는 생존투쟁이 오늘날 북한 공장사회를 끌어가는 핵심적 동력이 되고 있다. '비사회주로 사회주의를 지키자'는 허구적인 구호는 결국 공장기업소의 간부 특권층을 위한 체제옹호 담론과 다름 아니다.

▶간부들의 생존투쟁, 노동자 없이 간부도 없다

오늘날 북한의 공장사회는 '생존의 정치'가 지배한다. 이 연구는 북한 공장을 유지하는 동인으로 강력한 국가의 힘이나 오랜 사상적 통제 때문이라는 기존의 견해를 비판한다. 북한의 무보상 공장사회가 유지될 수 있는 비밀은 '수령주의'로 집약되는 국가관료제의 낡은 틀과 7.1조치로 상징되는 시장화의 영향력이 '차별적인 식량공급과 공장의 위계적 질서'로 접합하여 재구성된 데 있다. 거기에 자리보전을 위한 간부들이 생존투쟁을 주도하면서 이에 가세한 신 충성노동자들이 동맹관계를 형성하면서 공장 내 새로운 주도층으로 정착하면서 북한공장 사회를 유지하는 동력이 만들어지게 되었다.

이 같이 구성된 새로운 질서 하에서 극소수를 제외한 대부분의 기층노동자들은 '아무 보상 없이 국가에 노동을 제공하는 노동자'로 자리매김한다. 이때 기층노동자들은 8.3비를 낼 능력이 없으므로 소속만 남겨놓고 몸은 사라지게 된다. 마치 매미애벌레가 허울만 남기고 몸은 사라지는 격(蟬蛻殼, 선태각)이다. 그렇지만 국가의 감시체계로부터 상대적으로 덜 속박당하는 영세기업의 간부들일수록 이를 모르는 척 눈감아준다. 노동자 없이 간부도 존재할 수 없기 때문이다.

7.1조치 이후 기업책임의 식량공급제도 하에서, 자신들의 특권적 지위를 지속하기 위해 간부들은 생존투쟁을 하고 있다. 여기에 먹을 알 있는 자리 즉 '공장직무가 곧 나의 이익'이 되는 새 충성노동자들이 가세하며, 관념적이나마 자본주의에 거부감을 지니고 갈등하는 극소수의 옛 충성노동자들이 연대하는 가운데 오늘날 북한 공장 기업소는 명맥이나마 근근히 유지되어왔다. 여기에 오랜 생활공동체인 공장사회가 가진 공동체성은 사람들 간의 정

서적 교류를 매개한다.

　이처럼 7.1조치 이후 북한의 공장사회는 생존을 위한 간부들의 주도하에 핵심노동자들이 연대하면서 '사회주의 지키기를 명분삼아' 자신보다 하층에 있는 노동자를 딛고 서는 '생존 정치'의 장이 되었으며, 구성원들의 '정치사회적 생명을 공유하는 공동체'가 터한 공간으로 북한 체제유지의 낡은 거점이 되고 있다.

5장_ 신 충성(忠誠)노동자들: 비사회주의로 사회주의 지키기

본 장에서는 세 명의 노동자들의 사례를 살펴본다. 사회주의를 지키기 위해 비사회주의적인 장사활동을 하는 충성노동자 신기화, 노동에 대한 긍지를 가진 노동자이지만 '조절'행위로 도둑인 국가로부터 자신의 것을 되찾는 충성노동자 김충성, '나의 문제가 우리의 문제'임을 선배 노동자들로부터 배워나가는 신입노동자 황신입의 일경험과 생존을 위한 노력을 통해 우리는 주체사상의 신봉자가 아닌 자신의 정치사회적/육체적 생명을 지키고 생존하기 위해 출근하는 노동자들을 발견하게 된다.

1. '사회주의 위해 비사회주의'하는 충성노동자

이제 북한사회 어디에도 고전적인 의미의 충성노동자는 존재하지 않게 되었다. 그럼에도 불구하고 자본주의적 물질추구적 삶의 지향성과 다른 방식을 추구하는 또 다른 의미의 충성노동자가 여전히 존재한다. 제2경제 군수기업소에서 일하는 당정책 해설강사 인 신기화는 '사회주의를 위해 비사회주의를 하는 삶'을 실천해왔다. 그녀는 공장에서 전심을 다해 당정책을 노동자들에게 선전하는 강사로 일했는데, 생계유지를 위해 간헐적으로 의류도매장사를 해서 돈을 벌었다. 신기화는 2000년대 이후 10년간 이렇게 살면서 스스로 장사꾼 되기를 거부해왔다. '사회주의를 위해 비사회주의' 하는 충성노동자의 정의에 들어맞는 노동자인 셈이다. 이처럼 장사꾼으로서 직업적 정체성을 갖는 삶과 사회주의 노동자로 생계를 위해 시장을 잠깐 활용하는 삶 사이에는 커다란 간극이 존재한다. 그녀는 제 2경제 소속 1급 군수기업소에서 1999~2010년까지 11년간 공장해설 강사로 일했다. 그녀가 다니던 기업소는 제2경제 산하이기에 북한 국가시스템이나 계획경제, 정치조직이 비교적 잘 유지되고 있는 기업소였다. 기업소 구성원들도 대학을 나온 지식인들이 대부분이었다. 신기화의 일은 매일같이 기업소 노동자들을 대상으로 당정책해설, 혁명역사 해설, 긍정강화교육을 실시하는 일이었는데 한 달에 60회 이상 교육을 하라는 업무지시를 받았다. 이 같은 교육의 목적은 노동자들에게 그들이 자신의 뜻이 아니라 당의 뜻대로 살아야 한다는 규범을 강제하는데 있었으며, 그녀는 노동자들에게 매일같이 긍정감화교육을 실시하였다.

그녀는 현장을 샅샅이 훑으면서 노동자들을 만나 공장 내에서 교육자료로 쓸 만한 모범사례를 수집하였으며, 이런 긍정감화사례들을 발굴하여 우리는 당의 요구에 따라 어떻게 살아야 하며 당의 뜻에 따라야 한다는 메시지를 계속 끊임없이 생산했고, 이를 노동자들에게 전달하는 일을 수행하였다.

신기화는 그 일이 너무 재미있었지만 한편 괴로웠다. 재미있었던 이유는 그녀는 그 일을 통해 남을 설득하는 자신의 재능을 발견하였기 때문이다. 그녀는 자부심이 높아 다른 북한여성들하고 자신을 다르다고 여겼으며, 공장해설강사 직무를 수행함에 있어 대중심리를 통찰하고 대중을 설득하는 방법을 익힌다는 마음으로 혼신의 힘을 기울였다.

한편 괴로웠던 이유는 일을 마치고 집에 온 후 본래의 자신으로 돌아가기 때문이었다. 기업소에 나가면 공적으로 당정책을 해설하고 선전선동하는 강사로 일했지만 집에 들어오면 신기화 개인으로 돌아갔으며, 공장 내에 돌아가는 모든 상황이 비판적으로 보였다. 당정책은 현실성이 없어 보였으며 북한의 미래가 비관적으로 보였다. 마치 내 머리 속에 두 개의 완전히 다른 생각이 동시에 존재하면서 '너는 왜 이렇게 살아야 되는가?'라고 묻는 듯 했다. 자신의 내적 갈등을 타인에게 노출할 수도 없었다. '남들은 먹고 사는 데만 신경 쓰는데 너는 이상한 소리만 한다' 는 핀잔을 받기 때문이었다. 그래서 그녀는 공적영역에서는 당정책 및 교시의 열성강사로서 그녀는 매달 당을 통해 내려오는 당정책 해설강의자료를 토대로 교육사업계획서를 작성하고 노동자들에게 전달할 내용에 대해 당비서 앞에서 매주, 매월 강의 시연을 하였다. 그녀의 공장에 해설강사라는 직무를 하는 노동자는 그녀 한 명 뿐이었지만 매월 다른 공장의 해설강사들과 모여 당방침에 관한 직무교육을 받았다.

무엇보다 시급한 문제는 본인의 생계였다. 배고픔은 정말 참기 어려웠다. 제2경제에 속한 군수기업소라고 했지만 입직한 1999년 이후 3년간 배급을 거의 받지 못하는 나날들이 지속되었다. 1년에 서너 번 배급을 받을 정도였으며 식량은 1년에 한 달 치 정도를 받은 정도였다. 신기화는 거의 굶다시피 기업소를 다녔다.

이 같이 굶주림 가운데도 그녀가 출근을 지속한 이유는 무엇인가? 신기화는 여자였으므로 남자와 다르게 합법적으로 기업소를 빠져나갈 수 있었을 것이었다. 결혼이나 혹은 결혼을 빙자하여서라도 기업소 출근을 면제받고 장마당에 나가 자신의 생계를 도모하는 일도 가능했을 것이다. 직장에서 노동자들은 동료의 눈을 들여다보면서 '너는 도대체 뭘 먹고 숨이 붙어있니?' 하고 무언의 말을 주고받았다. 그럼에도 불구하고 그녀와 그녀의 동료노동자들은 매일 출근하기를 중단하지 않았다. 기업소에는 점심 도시락을 싸오는 사람들도 있었지만 도시락을 싸올 수 없었던 형편의 노동자들이 훨씬 많았다. 점심을 싸오지 못하는 이들은 점심시간이 되면 숨죽여 밖에 나가 시간이 되기를 기다린 후에 점심시간이 끝나면 다시 직장으로 돌아오곤 했다. 그녀가 속한 군수기업소의 노동자들은 대부분 대졸이었는데 충성심이 강해 이유 없이 출근을 하지 않는 사람들은 거의 없었다. 8.3노동자의 비중도 20~30%로 다른 공장기업소에 비해 비교적 적었다. 신기화는 높은 출근율의 이유를 사회주의 원칙에 충성하고 고지식한 북한 인텔리의 특성으로 설명한다.

그렇다면 사회주의 운영원칙에 투철한 신기화와 그녀의 동료직장인들은 일감도 없고 배급도 주지 않는 기업소에 나오면서 어떻게 먹고 살아갔을까? 노동자들 각자의 방식은 모두 달랐지만 결국은 하나의 방식 즉 시장을 통한 생계의 해결로 귀결된다. 신기화가 취한 방식은 도매장사를 하는 일이었다. 한 번의 장사를 통해 얼마간 이익을 남기면 그녀는 그것을 조금씩 아껴가면서 먹고 살았다. 불행 중 다행이랄까. 그녀는 장사에 대한 안목이 있었다. 어떤 옷이 시장에서 팔릴지 아는 감각이 있었으며 그녀 자신은 그 동네에서 가장 옷 잘 입는 사람으로 통하였다. 기업소 근무를 하면서 간간히 짬을 내어서 그녀는 대도시의 큰 시장에서 의류를 사다가 동네 장마당의 매대상인들에게 넘겼다. 그녀는 장사일을 최소화하는 전략을 선택했다. 쌀이 떨어질 만하면 그때 장사를 해서 쌀을 마련하고, 쌀이 떨어지면 또 장사를 해서 임시방편으로 생계를 근근이 해결해왔다. 신기화에게 장사는 중요한 생계수단이었지만 그녀는 장사꾼이 아니었다. 그녀는 보다 고상한 일, 보다 중요한 일을 하고 싶었다. 당정책 해설강사로서 자신의 직업적 긍지와 자존심을 지키고 싶었으며, 그녀는 전문 직업인으로서 사람사업을 통해 생계를 해결하는 사람으로 인정받기를 원하였다. 그녀의 이 같은 열망은 당간부 중심의 위계사회를 살아가는 상층 노동자들의 진로포부가 어디를 향하는지를 보여준다.

필자와의 면접에서 그녀는 자신이 속했던 기업소를 돌아보건대 그 때의 생활이 좋았노라고 회고하였다. 동무들과 얼굴을 보면서 일했고 조직에 대한 소속감이나 자부심도 있었다. 일할 게 없더라도 아침에 직장에 출근하면 자신이 사회로부터 고립되지 않았다는 사실을 매일 확인할 수 있었다. 그녀는 본래 장사꾼이 될 수 없는 사람이었다. 만약, 기업소를 그만 둔다면, 자신은 이 사회로부터 끈이 떨어져나가리라. 그녀가 기업소를 선택한 근본적인 이유는 무엇인가. 그것은 '공동체로부터 고립되지 않고' 자신의 정치사회적 생명을 이어나가고 싶었기 때문이다.

2. 생존을 위해 '조절'하는 충성노동자들

"공장의 직무는 곧 나의 이익"

김충성은 지방산업 공장의 숙련노동자들의 '조절'형 생존전략을 보여주는 전형이라고 할 수 있다. 2000년대 북한 공장사회에서 김충성의 행동은 매우 일반적이라고 할 수 있으며 향후에도 북한 전역에서 생산을 하는 모든 공장에서 수없이 많은 김충성이 존재할 것이다. 그는 일용제품을 만드는 지방산업 공장의 핵심노동자이자 숙련노동자였다. 그는 물감 만드는 일을 하는 노동자였는데, 그는 손의 감각만으로 '칠(漆)감'을 마치 실험실의 측정기인양 정확하게 만들어냈다. 그는 국경연선지역의 한 도시에 소재한 지방산업 목재일용품공장에서 2003~2009년까지 만 7년간 일했는데, 그는 명절에도 쉬지 않고 하루도 빠짐없이 공장에 출근하였다. 물론 다른 모든 지방산업공장이 그러하듯이 그의 공장역시 노동자들에게 정말 어쩌다 한번 간헐적으로 배급을 주었을 뿐이었다. 그럼에도 불구하고 그가 다른 노동자들하고 달랐던 점은 자신의 일에 높은 몰입감과 긍지를 지니고 있었다는 사실이다. 그가 물에 푹 젖어 일하는 모습을 본 시당 책임비서가 지배인에게 "지배인. 저 동무래, 이 공장에서 일 제일 잘해"라고 칭찬을 남길 정도였다. 그는 날마다 자전거를 타고 지나가면서 자신이 제조한 물감들로 칠해진 건물들을 바라보며 스스로 감탄사를 발했다. 멋있구나! 멋있구나! 그는 배급을 받지도 않고 보다 나은 인센티브를 받지도 않았다. 그럼에도 불구하고 그가 이처럼 노동에 대한 긍지감을 가지고 열심히 일할 수 있었던 동기는 무엇 때문이었을까? 그는 공장에서 일에 대한 대가를 받을 수 없었지만 '조절 행위'를 통해 그만의 돈을 벌수 있었다. 처음에 그는 자신이 하는 칠감 일이 돈이 될 수 있다는 생각은 하지 못하고 그 자리에 왔다. 우연히도 '먹을 알' 있는 일을 맡아 돈을 벌게 된 속사정은 이러하다.

> 청록색을 3kg 줘라. 주시오 하는 지표를 주면 내가 창고장에게 가서 받아서 그 지표 가지고 나는 한 톤 500kg을 생산합니다. 생산품의 질이 좋겠어요? 나쁘겠어요? 항상 질은 떨어지죠. (그렇지만) 우리는 質을 따지지 않습니다. 하기만 하면 되는데.

놀랍게도 그는 자신이 생산한 제품의 질은 중요하게 여기지 않았다. 우리는 그가 지닌 달인적 마인드와 노동에 대한 몰입과 긍지, 동시에 자신이 생산한 제품의 질을 따지지 않는다는 사실 간에 인지적 부조화를 느끼게 된다. 여기서 당사자인 김충성 본인의 말을 들어보자.

> 김충성: 그런데 내가 한 톤만 생산하면 내가 먹을 게 없잖아요. 한 톤 500kg(을 만드는 게) 도둑질이 아니잖아요.
> 연구자: 그럼 그것을 무어라고 불러야 할까요?
> 김충성: 조절!(당당하게) 도둑질이라고 안 합니다. 조절! (중략) 우리는 도

둑놈이 아니거든요(큰 목소리로). 원래 도둑놈은 '나라'잖아요. 나라가 우리에게 일을 시키고 돈을 주지 않는 게 큰 도둑놈이잖아요. 우리는 그렇게 살았습니다.

김충성은 도둑놈인 나라가 자신들에게 일을 시키고 돈을 주지 않았으므로 완제품의 일부를 자신이 갖는 것은 도둑질이 아니라고 생각한다. '조절' 행위라는 것이다. 그는 원자재를 '조절'했기에 생존할 수 있었다. 이 같은 김충성의 행태는 같은 공장의 비누제조 노동자들에게도 동일하게 나타난다. 비누제조공들은 비누에 돌가루를 넣어 100개의 비누를 150개로 불렸다. 이들은 50개의 비누를 자신의 이익으로 챙기며 사익을 추구하는 노동자이자, 비누를 생산하기 위해 전기가 들어오기를 기다리면서 공장에서 주야 24시간 대기하는 충성스러운 노동자들이다. 김충성은 원료를 '조절'하는 것 외에도 국정가격과 시장가격 간의 격차를 이용하여 차익을 얻는다. 김충성은 창고장이 빼돌린 공장제품을 국정가격보다 조금 높은 가격으로 사들여 시장에 되팔아 이익을 남기기도 하였으며, 창고장으로부터 하자 있는 기름을 아주 싸게 사서 공장의 정상적인 기름과 맞바꾸어 다시 시장에 판매하는 수법으로 자신이 1년 동안 벌 수입보다 많은 돈을 한 번에 벌기도 하였다.

김충성의 사례는 2000년대 북한 공장기업소에서 과거처럼 사회주의 의식으로 무장되어 있는 충성노동자와 차별화된 새로운 충성노동자의 출현이 구조적으로 어디에서 발생하였는지를 보여준다. 새로운 충성노동자란 누구인가? 그들은 공장사회에서 '나의 생존과 공장의 이익' 사이에서 균형점을 찾아 스스로 '조절'하고 자신의 역할을 재구성하는 노동자들로 이들의 수는 김충성이 속한 일용공장의 경우 전체노동자의 약 10%에 이른다.

3. 그래도 함께 하는 공장 공동체

'나의 문제는 우리의 문제'

정치사회공동체의 기본 단위인 북한 공장 공동체의 힘은 아직도 크다. 공동체의 힘. 즉 집단주의가 갖는 정서적 교감은 오늘날까지 북한 노동자들을 공장사회를 지탱하는 중요한 힘이다. 이 같은 사례는 20대 청년노동자인 황신입에게서 발견된다. 신입은 국경연선지역에서 한미한 집안에서 출생했으며 어려운 가정 형편에도 불구하고 발군의 실력으로 평양의 대학까지 진학한 수재였다. 결국 가정형편으로 자퇴하게 되었고 어쩔 수 없이 3급 지방산업공장 기계공장 노동자로 2007년에 입직하여 노동자로 살아가게 되었다. 황신입은 아버지가 일찍 돌아가신 터였고 도움을 줄만한 친척조차 없는 까닭에 그는 거의 가동이 멈춘 전망 없는 어떤 기계공장에 배치되었다. 이 공장은 200명 정도가 소속되어 있었지만 약 100명만 출근하였으며 공장가동이 거의 되지 않아 도로수리 등의 동원노동이나 더벌이로 하루 일과를 때우고 있었다. 황신입이 공장에 들어가던 당시 그의 심리상태는 자살을 생각할 정도로 최악이었다. 수재라는 소리를 늘 들어왔던 황신입에게 있어 공장노동자란 밑바닥으로의 전락을 의미하였다. 자신이 가질 수 없는 것들에 대한 미련이 많던 시절이었다.

그러던 황신입은 어느 새 공장 노동자들과 만나서 힘과 위로를 얻는 자신을 발견하게 되었으며, '내 문제가 우리의 문제'였다는 사실도 깨닫게 되었다. 일찍이 부친을 여읜 황신입은 예순이 넘은 한 아저씨를 따르고 좋아하게 되었다. 그 아저씨는 '세상에 무슨 일이 와도 닥쳐와도 헤쳐나갈 수 있는 그런 게 있는' 사람이었다. 신입은 그 아저씨를 만나는 재미로 공장을 다녔다고 술회한다. 위에서 주는 사회적 과제는 주로 길을 닦는 막노동이었지만,

여러 사람들이 함께 하기에 부끄러운 줄 몰랐으며 즐겁기까지 했다. 나이든 아저씨들과 어울려 함께 일하고 노는 가운데 불안했던 청년의 심리는 안정되었고 그는 세상 그 무엇도 다 받아들일 것 같다는 자신감도 생기게 되었다. 공장에서 만난 사람들과 함께 도로 수리나 건설과 같은 동원노동을 하면서, 그는 어린 시절부터 앞만 보고 달려왔던 엘리트의 길이 아니라 인생에 또 다른 길도 있다는 사실을 점차 받아들이게 되었다.

〈부표 5-1〉 공장연구 참가자 인적사항(3장~5장)

연	분류	성	연령	지역	탈북	부문
1	중간1	남성	50대	량강도	2012	중앙산업
2	중간2	남성	50대	함북	2013	제2경제
3	중노1	남성	40대	함북	2011	중앙산업
4	중노2	여성	40대	함북	2010	제2경제
5	중노3	여성	20대	평양	2016	중앙산업
6	중노4	남성	40대	평양	2015	중앙산업
7	중노5	여성	40대	함북	2010	제2경제
8	중노6	여성	60대	함북	2003	중앙산업
9	중개1	남성	40대	함북	2014	중앙산업
10	중개2	남성	40대	평양	2015	2경제
11	중개3	여성	30대	함북	2015	외화벌이기관
12	중개4	남성	40대	한북	2014	중앙산업
13	지간1	남성	60대	함북	2013	지방산업
14	지간2	남성	60대	량강도	2013	지방산업
15	지간3	남성	40대	함북	2013	지방산업
16	지간4	남성	50대	함북	2013	지방산업
17	지간5	남성	60대	량강도	2014	지방산업
18	지노1	남성	30대	함북	2013	지방산업
19	지노2	여성	20대	량강도	2015	지방산업
20	지노3	남성	40대	함북	2009	지방산업
21	지노4	남성	20대	량강도	2016	지방산업
22	지개1	여성	40대	함북	2010	지방산업
23	지개2	남성	30대	량강도	2015	지방산업
24	상급1	남성	40대	함남	2015	인민위원회
25	상급2	여성	60대	함북	2011	도급
26	상급4	남성	40대	평양	2015	내각
27	상급5	여성	50대	함북	2011	내각

* 사례 1~12까지는 중앙직할관리 공장 기업소, 사례 13~23는 지방산업 공장시업소. 사례 24~27까지는 상급단체에 소속된 행정일꾼임. 여기서 중노는 중앙직할조직 노동자, 중간은 중앙직할조직 간부, 중개는 중앙직할조직 개인노동자, 지노는 지방산업노동자, 지간은 지방산업 간부, 지개는 지방산업 개인노동자의 줄임말.

6장_ 국가와의 불화, 다섯 북한 여성들의 삶과 일

북한에서 여자가 온 가족의 생계를 책임지는 실질적인 가장의 역할을 하지만 남성인 "세대주"의 권위 하에 하나의 가족으로 통합되며, 정치사회적 생명체를 구성하는 세포인 각 가정은 국가에게 세대주의 노동력을 큰 저항 없이 무상으로 상납한다. 이 기이한 구조는 역사적으로 형성되어 온 가족을 넘어선 국가주의에 대한 주민들의 가치관에 뿌리박은 것이다. 더 중요한 것은 국가적으로 모든 정책 즉 분배나 배급정책이 가족을 기본 세포로 하고 세대주를 중심으로 이루어지기 때문이다. 오늘날 북한의 가족은 세대주를 정점으로 하는 가족가부장제의 구조를 유지하는데, 이는 수령을 정점으로 하는 국가 가부장제와 프랙탈(fractal)을 이루는 형태라고 할 수 있다.

1. 신소에 휘말린 여교사 목련의 이야기

우리 당 비서가 돈을…뇌물을 먹여서 산겁니다. 중앙당도 뇌물이라면 깜짝 못하는데, 근데 허용이 되두라구요. 우리 교원들두 많이 실망이 돼

가지구 학교를 떠났습니다. 그래서 저두 (선생) 안 하겠다…

목련은 국경연선지역에서 살던 20대 여성이다. 부모님들은 모두 대졸이었으며 '천리마운동' 세대 안 부부교사로서 자녀들에게 '사람은 돈에 물 젖으면 인간이 안 돼버린다'며 돈에 대한 관심을 갖지 말라고 훈계하는 고전적 사회주의적 인간형이었다. 그들의 가정은 비록 경제적으로 어려웠지만 자녀들 모두 대학까지 갔으며, 목련은 2007년도에 대학교원으로 임용되어 전문대학교에서 4년간 교원으로 일했다. 목련이 받은 전문대학교 교원으로서의 보수는 한 달에 2.5kg의 쌀이었다. 이는 약 5일치 식량(3.5kg)에도 못 미치는 양으로 이것만으로 목련은 생명을 부지할 수도 없었다. 그렇다면, 목련은 어떻게 하였는가? 목련이 대학을 졸업하고 대학교 교원으로 입직한 이후 4년 동안 교사출신인 목련의 부모는 농사일과 장사일을 병행하면서 목련을 부양해왔다.

> 사실은 어떻게 살았는가 물어보면 엄마가 직장에 가면 아빠는 농사를 지어야 하고, 아빠가 직장에 가면 엄마는 장사를 해야 되는 겁니다. 직장인이라는 게 농사를 지어야 되는 겁니다. 그렇게 밖에 못 사는 겁니다. 장사를 안 하면 못 사니까… 가정 두 명이 직장일 하는 거는 북에는 없습니다. 간부직 내 놓구는. 한 명이 직장에 가면 한 명이 무조건 벌어야 됩니다. 그건 국가상으로 허용이 되는 겁니다. 남편이 직장이라면 여자는 장사해도 되는 겁니다. 여자가 직장이라면 남편은 놀아도 되는 겁니다. 두 개가 다 허용돼야만 가능한 일이기 때문에… 저는 그렇게 어울리며 살았던 것 같습니다 다… 엄마가 대주신 걸루 저는 미안하긴 한데 제 손으로 돈 십 전두 못 벌어 봤습니다. 엄마가 원하지두 않았구… ─목련

목련의 구술은 북한사회에서 부인이 남편을 부양할 뿐만 아니라 미혼자녀가 직장을 나가게 되더라도 결혼 전까지 부모가 계속해서 이들을 부양해야

하는 현실을 말해주고 있다. 공식일 13유형을 다시 소득원에 따라 배급을 주 소득원으로 하는 유형과 뇌물을 주 소득원으로 하는 유형, 다른 가구원의 수 입에 의존하는 유형의 세 가지 타입으로 재분류할 수 있다[1]고 할 때, 목련은 부모들의 수입에 의존해서 사는 세 번째 유형에 속한다.

　이처럼 직장에 다니는 미혼여성들 중에는 다른 가구원(부모)의 수입에 의 존하여 생계를 유지하는 사람들이 북한사회에는 꽤 존재하는 듯하다. 그렇 다면, 미혼인 아들들은 어떠한가? 그들도 딸들처럼 부모에게 의존하여 생계 를 유지하는가? 고등중학교를 졸업한 이후 대부분의 남자는 약 10년간의 군 대생활을 하는데, 군 제대 직후 일정기간 동안 쉬면서 어머니나 누이들에게 생계를 의존하는 경우도 없지 않은 것으로 보인다.

　목련은 어느 날 4년간 성실하게 근무해온 학교를 떠날 수밖에 없는 어처 구니없는 사건에 휘말리게 된다. 그간 전문학교를 책임지던 당비서는 학교 에서 여러 가지 부패와 비리를 저질러왔는데 교원들은 단결하여 군당과 도 당 심지어는 중앙당에까지 신소(申訴)를 제기하고 당비서의 해임을 요구하 고 나선 것이다. 그러나 이 신소투쟁에서 교사들이 강력한 권력의 뒷배에 기 대던 당비서에게 패배하면서 이로 인해 많은 교사들이 교직을 떠나게 되 었다. 목련도 당비서의 성추행에 관한 신소 사건에 관여되어 있는 처지인지 라, 부패와 비리의 당비서가 승리하는 쪽으로 일이 기울자 학교에 더 이상 다닐 수 없는 처지가 되어버리고 말았다.

　　맨날 그 사람(당비서)이 총화를 짓구 그러니까 저는 눈을 내려감구 …
　　그 사람하구 눈을 안 맞출려는 게 완전 최악이었습니다.

---

1) 김화순, 「북한주민의 일자리유형 연구」, 『북한연구학회보』 16권 1호, 2012.

20대 초반의 어린 여교사인 목련은 당비서라는 학교 최고권력과의 긴장관계를 더 이상 견딜 수 없어 결국 탈북을 결심하기에 이른다.

2. 외화벌이 회사의 부기 자스민의 이야기

그러니까 딱 느껴져요. 아, 딱 칠 거 같다 이런 예감이…
검열을 너무 받으니까 이제는 알잖아요. 그렇게 살아가죠.

자스민은 국경연선지역에서 태어나 경제대학을 졸업한 이후 외화벌이 군부대의 부기로 입직하였다. 그녀는 북한에서 드물게도 결혼 이후 계속하여 성공적인 직업경력을 이어온 40대 여성이었다. 그녀가 이렇게 경력관리를 하게 된 데에는 부모의 영향이 컸다. 중국에서 성공한 조선족이었던 부모는 문화대혁명을 피해 북한으로 오게 되었다. 자스민의 부모는 북한뿐 아니라 세계 어디 가서도 활용 가능한 기술을 배워야 한다는 소신을 가지고 있었고, 자스민은 부모의 뜻에 따라 경제를 전공하였다. 자스민이 입직을 한 1992년도에는 군외화벌이가 붐을 이루고 있어, 자스민은 군의 외화벌이 기지에서 부기로 첫 직장을 시작하게 되었다. 이곳에서 자스민은 1999년도에 결혼하기까지 7년간 일하면서 외화벌이 회사의 부기로 생존하기 위해 꼭 필요한 핵심기술들을 익히게 되었다.

마침 1990년대는 북한에서 각 권력기관들이 산하에 외화벌이를 통해 돈을 벌면서 회사경제를 구축하던 시기였으며 군대에서는 각 군단들이 나서서 경쟁적으로 자신의 사업영역들을 넓혀나가고 있었다. 자스민이 소속된 군 외화벌이 기지에서도 선철수출과 같은 불법적인 일에 손대고 있었는데, 이 일은 이권이 컸던 만큼 위험 또한 컸다.

부기는 일선에 서서 각종 검열을 받아내야 하는 위치였으며, 자스민은 여러 차례 검열을 받으면서 검열을 피해나가는 감각과 노하우를 갖게 되었다. 자스민은 이 같은 극심한 스트레스 속에서 일하면서 어느 정도의 수입을 올렸을까? 놀랍게도 자스민은 일 년에 벌어들인 수입은 수만 달러에 달했다. 주위사람들은 자스민의 수입이 이처럼 클 것이라고 전혀 짐작하지 못하였다. 가장 소득이 높은 중앙당 간부와 비견해도 손색이 없을 정도이다.

> 자스민: …제가 중국대방한테 "자 이번에 일곱 빵통인데 한 빵통 더 들어간다. 한 빵통은 내 개인의 것이다. 너희 이거 얼마 해주겠냐?" 하면 "아, 그거 회계 꺼요?" 주문을 해줘요. 하도 다니니까 이런 간단한 말은 해요. "그게 회계 꺼요? 회계 돈이에요?" 그러거든요. "네, 제거에요.", "내 400달러 해줄게요." 딱 이러는 거예요. 그러면 한 번 떨어지는 게 몇 십장이죠. 그렇게 돈 벌었어요. 남의 눈치 볼 것도 없고 짭짤한 제 돈이잖아요.

자스민도 무역거래상대인 중국대방과의 거래에서 자신이 투자한 물건의 가격을 좀 더 높게 받는 방식으로 자신의 부를 은밀하게 축적해나갔다. 자스민은 영리하고 절제력이 있는 여성이었으므로 주위사람들에게 결코 자신이 부유하다는 내색을 하지 않았다. 다른 또래 친구들처럼 집을 꾸리지도 않았다. 심지어 회사 본부에서 자스민을 사장으로 발탁하고자 할 때에도 그녀는 고사하였다. 부기보다 사장은 더욱 위험한 자리라는 사실을 너무나도 잘 알았기 때문이다. 회사의 부기 역시 위험한 직업인데, 여러 가지 검열과정에서 부정이나 비리가 적발되는 경우에는 감옥을 가야 한다.

권력기관 산하의 외화벌이 사업과정에서 비사회주의 검열을 헤치고 나가면서 단련된 철의 부기인 자스민은 어떤 사람을 남편을 선택하였을까? 자스민은 권력이 있는 사람이 아니라 부모의 뜻에 따라 가난하고 인품이 좋은 사람을 선택하였다. 자스민이 택한 삶의 방식에는 부모가 문화대혁명을 피해온 조선족이라는 출신성분의 특성이 반영되는 것 같다. 자스민은 숨겨진 부자였지만 그 사실을 드러내지 않도록 조심스럽게 처신하면서 일신의 안위를 도모하였다.

3. 화폐개혁의 직격탄을 맞은 조중접경지역의 밀무역꾼, 민들레 이야기

남편도 내 알쌈이 누군지는 몰랐어요.

민들레는 막 마흔 줄에 들어선 대졸 출신의 밀무역상이다. 함경북도에서 태어났지만 모친은 원래 중국에서 출생한 조선족 출신이었다. 모친이 중국 출신이었기에 어릴 적에는 손해도 보지만 나중에는 덕이 되었다. 손해를 본 일은 부친은 핵심계층이었으나 모친과의 결혼으로 인해 당비서까지 승진하지는 못한 일이다. 모친이 중국출신이기 때문에 겪었던 어려움은 고난의 행군 이후 남들의 부러움을 받는 처지로 바뀌었다. 1994년부터 본격적인 미공급상태로 들어가면서 배급은 완전히 끊기자 민들레의 모친은 중국을 오가면서 약장사, 사금장사를 해서 돈을 모았고 부친은 소토지에서 경작을 하였다. 특히 모친이 중국에 한 번 갔다 오면 그 돈으로 한두 해는 살 수 있었다. 민들레는 대학교를 졸업한 1993년 말, 유치원 원장님에게 예물을 드리고 고위간부의 자녀들이 다니는 좋은 반의 담임을 3년 동안 맡게 된다. 유치원 교사의 생활비 규정에는 월 2,500원으로 되어 있었으나 생활비 중에서 국가에서 부여한 사회적 과제 등 각종 명목의 비용을 제외하고, 실제로는 1,500원 정도를 매달 받았다. 비록 월 급여는 큰 의미가 없었지만, 삼 년간의 재직기간동안 아이들의 부모로부터 많은 혜택과 지원을 받을 수 있었다. 특히 결혼할 때 아이들의 부모들로부터 많은 선물을 받았던 일은 잊을 수 없는 추억이다. 배급이 제대로 이루어지지 못했던 당시에 민들레의 생계를 유지하는 데 큰 힘이 되었다.

유치원에서는 고난의 행군을 극복하기 위해 8.3제품을 만들기도 하고, 꽃을 키워서 김일성역사연구실에 납품해서 돈을 벌기도 했는데, 결국 꽃 납품이 빌미가 되어 비사회주의 검열대상으로 조사를 받게 되었다. 이 사건을 계기로 민들레는 결혼을 핑계로 유치원을 그만두고 장사에 나서게 된다. 유치원에서 만들어졌던 안면관계는 후일 민들레가 장사를 하는 데 큰 도움이 되었다. 알쌈 관계[2]는 유치원을 그만 둔 이후에도 계속 이어지면서 민들레가 장사하는 데 지속적인 도움을 주었다. 그러나 누가 민들레의 알쌈이었을까. 민들레는 자신의 알쌈이 누구인지에 관해 끝내 남편에게조차 함구할 정도였으며 필자와 면접 시에도 끝내 알려주지 않았다.

민들레는 결혼비용을 마련하기 위해 첫 장사를 시작하였다. 첫 장사는 나진 선봉지구에 들어가 계란을 파는 되거리장사였다. 매번 300~1,000알씩 계란을 가지고 기차를 타고 다니면서 원 가격의 2.5배 정도를 받고 팔았다. 일주일에 두 번 가서 하루나 이틀정도 숙박을 하면서 팔고 들어오는 장사였다.

1997년 결혼을 하면서 아이를 낳은 후에 2002년부터 아이를 시어머니에게 맡기고 본격적인 장사를 하였다. 2002년도 당시 사금장사(사금을 캐서 중국에 넘기는 일)는 두 배 벌이 장사여서 수익성이 좋았다. 나중에는 많은 사람들이 이 장사에 뛰어들면서 2003년도에는 보다 수익성이 좋은 동과 구리 장사로 품목을 바꾸게 되었다. 그러나 동·구리 장사는 세 배 벌이 장사일 정도로 벌이가 좋았지만 목숨을 걸어야 하는 장사였다. 1년 동안 장사해서 3년

---

[2] 후견 피후견 관계로 러시아의 blat과 유사함.

동안 먹고 살만큼 벌었다. 그러나 2004년경이 되자 동·구리 장사를 하던 일
가족이 잡혀 총살을 당하는 사건이 생기면서 분위기가 일변하였다. 민들레
는 숨을 죽인 채 엎드려 구리와 동장사를 접은 채 8개월간 계란장사만 하다
가 다시 나진 선봉지구가 개방되면서 다시 의류장사로 나서게 된다.

2004년도 말경 북한 돈 1만 원이면 중고의류 한 마대를 받았는데, 이것을
온성군으로 가져가면 의류 한 점에 만 원을 받고 팔 수 있었으므로 많은 돈
을 벌 수 있었다. 이때는 한국 중고의류 바람이 불던 때이기도 했는데, 한국
마크를 뜯어서 팔았다. 내놓고 입지도 못하면서 청바지를 사는 사람들도 많
았다. 그녀는 입지도 못하는데 왜 사는지 하는 생각도 들었다. 그러다 중고
의류의 인기가 시들해지면서 다시 장사품목을 바꾸기에 이른다. 그녀는 중
기(重機, 가전제품)장사로 바꾸라는 어머니의 권유를 받고 2007년 말부터는
중기장사를 시작하게 되었다.

북한사람들은 일본 제품을 선호하는 것처럼 보였다. 그러나 막상 해보니
일본 제품보다 중국의 가전제품을 가져다가 파는 게 더 이익이 되었다. '색
텔레비전'을 세 대 사 가지고 국경에서 변방수비대의 도움을 받아 군대 차에
물건을 싣고 다시 달구지로 실어오는 등 뇌물을 주면서 장사를 했다. 들어갈
때 경비대에게 10만 원 정도를 주면 두 주일을 중국에서 지낼 수 있었고, 다
시 북한으로 나올 때는 담배 2보루 40개피를 주면 되었다. 3개월 간격으로
들어갔는데 1년에 서너 번씩 들고 날면서 장사를 하였다. 밀무역을 해서 돈
버는 게 남들에게 발각될까봐 민들레 네는 농사를 병행했다. 밭 2,000평을
사서(당시 옥수수 200kg 가격에 해당) 시집식구들에게 맡겼다. 강냉이 2kg
정도를 주면 일당노동도 살 수 있었다. 점심과 저녁을 먹이면 일당노동자들
에게 하루 종일 일을 시킬 수 있었다.

장사는 잘 안 될 때도 있기에 장사와 농사를 병행하였는데, 주변 사람들은
민들레가 장사를 해서 많은 돈을 벌고 있다는 사실을 알지 못하였다. 민들레의

집은 민들레가 열심히 장사를 해서 돈을 버는 덕분에 재산도 모으고 쌀밥은 물론 고기까지 먹을 정도로 형편이 피었지만, 내놓고 먹지는 못했다. 돈을 많이 벌더라도 남의 눈이 무서워 보란 듯이 내색할 수는 없었던 것이었다.

한창 장사가 잘 되어나가던 중 2009년 12월에 있었던 화폐개혁은 민들레에게 큰 충격을 안겨주었다. 민들레는 장사를 하면서 모았던 돈은 모두 북한 돈이었는데, 이를 사전에 바꾸어놓지 못했다. 상층은 정보를 가지고 다 교환을 했다고 하지만 민들레는 그렇지 못했다. 한 가구당 새 화폐로 바꿀 수 있는 돈은 10만 원으로 제한되었다. 민들레는 거의 정신이 나가다시피 되어 현금재산이 십만 원도 채 되지 않는 주변 사람들에게 돈을 주고 바꾸어 달라고 부탁하기도 했다. 그렇지만 가지고 있던 돈을 모두 바꿀 수는 없었다. 결국 민들레는 일부는 물건으로 가지고 있었지만, 현찰로 보유했던 재산 중에 한 30% 정도(약 500만 원)를 날리게 되었다.

민들레는 그간 벌었던 돈을 달러나 위안으로 바꾸지 않고 북한 돈(국돈)으로 가지고 있었던 것이 자신의 크나큰 실수였음을 알게 되었다. 민들레뿐만 아니라 민들레 주변의 사람들도 화폐개혁으로 대부분 큰 손해를 보았다. 나진 선봉에까지 같이 장사를 하러 다니던 부부 역시 번 돈의 대부분을 화폐개혁으로 날렸다. 결국 이들은 분을 참지 못하고 미국으로 갔다. 이들 부부 역시 권력 있는 사람과의 연줄이 약해 사전에 화폐개혁 정보를 입수하지 못했기에 큰돈을 날렸던 것이다. 민들레의 후견인이었던 '알쌈(보위부)' 역시 마찬가지로 가진 돈을 다 바꾸지 못하고 날리고 말았다.

화폐개혁으로 열심히 벌었던 돈이 없어지고 나니 민들레는 삶의 의욕이 나지 않았고 장사할 생각도 나지 않았다. 장사하려고 해도 물건 값이 뛰니 장사할 요량도 생기지 않았다. 중국에 다니면서 한국에 기회가 있으면 가야겠다는 생각을 가끔 했지만 이제는 그 생각이 굳어지게 되었다. 민들레는 남은 돈을 들고 한국으로 향하였다.

4. 장마당의 터주대감 원추리 이야기

> 그러니깐 저한테 돈밖에 모 바랄 게 있어요.
> 저는 권력도 바라지 않고 … 모 그렇잖아요.
> 근데 돈만 있으면은 그래도 사람들이 쫌 부러워 할 거 아니에요.
> 아 나는 어떻든 간 난 돈으로 해결해보자.
> 난 돈이 많아야 된다. 너네 암만 쑬쑬거려도 난 돈이 많아야 된다.
> 오직 그 생각만 있었어요.

원추리는 아주 밝고 친화력 있는 50대 후반의 여성이다. 부모가 적대계급 출신이라는 사실은 원추리의 운명을 결정지었다. 원추리의 부모는 원래 남한 출신으로 서울의대 출신의 의사들이었다고 한다. 아버지는 큰 병원의 외과과장이었지만, 북한에서 농장원으로 일하였다. 부모가 적대계층이라는 사실은 떼어낼 수 없는 굴레와도 같아 원추리는 머리가 좋은 최우등생이었지만 대학에 갈 수 없었다. 그래도 한 가지 큰 행운은 고등중학교 졸업을 석 달 앞두고 학교 전체가 집단으로 직장진출을 한 점이다. 이제 그녀는 농민을 면하고 한 등급 높은 노동자로 평생을 살아갈 수 있게 되었던 것이다.

원추리는 같은 적대계층 출신의 남자를 만나 결혼하였는데, 원추리는 북한사회에서 '돈밖에 바랄게 없었기에' 날마다 돈을 목표로 열심히 일했다. 원추리는 결혼하고 난 후에는 편직기를 가지고 옷 제조업을 하였으나 실 공급이 원활하지 않아 5년 만에 그 일을 그만두고, 1992년부터는 사사여행자(합법적으로 해외여행 비자를 받은 사람들)들에게 옷을 받아 중고의류 장사를 본격적으로 시작하였다.

불행 중 다행이랄까, 원추리는 적대계급 출신인 까닭에 고난의 행군에 들어서기 전에 남들보다 먼저 장사에 눈뜨게 되었다. 매일같이 원추리는 새벽 4시부터 나가 밤에는 11시에 들어오는 생활을 하면서 장사에 열성을 내었다.

원단장사를 시작한 것은 1998년 즈음이었는데, 그 때부터 2006년까지는 주위에 소문이 날 정도로 원추리는 장사가 잘 되었다. 결국은 동네 장마당에서도 손꼽히는 장사꾼이 되었다. 좋은 장소에 매대도 두 대나 되었다. 이 시절은 북한에서 시장화가 가장 활발하게 이루어졌던 시기이자 원추리에게 있어 전성기이기도 했다. 원추리는 장사를 위해 장마당 가까운 곳에 집을 사가지고 이미 한 번 이사를 한 적이 있었지만, 2002년도에는 나도 좋은 집을 가져보자는 생각으로 두 칸짜리 아파트를 사서 두 번째 이사를 하게 된다. 원추리를 닮은 아들은 머리가 좋았는데 대학원까지 들어가 원추리의 못 배운 한을 풀어주었다. 아들은 컴퓨터 때문에 대학에서 자면서 집으로 들어오지 않는 날이 많았다. 이때 원추리는 아들의 공부를 위해 큰마음을 먹고 컴퓨터와 노트북까지 사주게 되었는데, 이 컴퓨터가 장차 원추리 가족에게 큰 화근이 될 줄은 몰랐다.

2006년도에 불시에 들이닥친 검열 과정에서 한국노래와 영화 등이 소장된 숨겨놓은 하드가 적발되었다. 컴퓨터의 소유주였던 아들은 경찰서로 연행되었다. 사건은 거기에서 그치지 않았다. 경찰에서 수사 받던 도중 아들은 경찰서 2층에서 뛰어내려 도망을 갔고, 이제 도망간 아들을 대신하여 원추리의 온가족이 유치장에 들어가게 된 것이다. 결국 원추리의 가족은 지난 세월동안 온 가족의 삶의 터전이 되어주었던 매대와 아파트를 다 빼앗기고 정든 ○○시를 떠나 산골로 쫓겨나게 되었다.

> 원추리: … 매대도 뺏겼지, 집도 뺏겼지, 다 뺏겼죠. 빈 몸에 짐을 다 산골에 가서 판가지고 빈 몸에 산골에 겨우 도망쳐왔지요. 그다음에 ○○에서 살고 있었는데 그때부터 그러니까 내가 장마당에 앉지 못하게 되지 않았습니까. 매대도 없고 내가 ○○시 시민이 아니잖아요. 거주권이 내가 ○○시 없는데 장사하게 되면 또 법에서

또 금방 어떻게 할 거 아니에요. ○○시 사람 아닌데 장마당 매대
도 없어지고 그다음부터 뭘 하겠어요. 할 게 있어요? 환전하기
시작했죠.

아들의 컴퓨터에서 한국노래가 발견된 시점이 원추리의 집안에서 처음으
로 당원이 탄생하기 직전이었다는 사실은 매우 시사적이다. 원추리의 집안
이 이제 장마당에서 벌어들인 돈을 기반으로 집안에 처음으로 '당원'을 배출
하고 막 북한의 주류사회로 진입하기 직전이었다. 컴퓨터에서 한국영화와
노래가 발견된 사건은 사실 권력을 지닌 주류출신 집안이었다면 돈으로 쉽
게 무마될 수 있는 사안이었다. 그러나 적대계층출신인 원추리의 집안은 권
력 있는 사람과의 안면관계가 없었고 마땅히 손 쓸 만한 수단도 없었다. 작
은 불씨와도 같던 이 사건은 아들이 경찰서에서 조사 중에 도망치면서 확대
되었고 온 집안의 몰락을 가속화시켰다. 원추리는 이제 생활터전인 장마당
으로부터 완전히 분리되어 산골로 추방되기에 이른다.

원추리가 아무리 이름난 장사꾼이라 할지라도 이제 ○○시의 시민이 아니
기에 그녀는 장마당에 앉아서 장사할 수 없는 신세가 되어버렸다. 원추리는
당국의 허가 없이 산골을 떠나 길가에서 환전하는 일을 하다가 다시 기차를
타고 다니면서 물건을 부치고 파는 되거리장사를 하며 여기저기 떠도는 신
세가 되었다. 그녀는 공민증도 없이 불안한 상태에서 어렵사리 장사를 하면
서 추방이후 2년간을 하루하루 버티어 나갔다.

그러던 어느 날 북한의 시장은 2009년도에 화폐개혁을 맞이하면서 큰 충
격에 빠졌는데, 시장화세력의 전형이었던 원추리는 이 타격을 빗겨가지 못
하였다. 이제 원추리는 집도 매대도 없을 뿐 아니라 그나마 감추어두었던 돈
의 대부분을 날리고 망하여 한국으로 향하였다.

원추리의 삶은 적대계급 출신의 한 여성이 고난의 행군 시기를 겪으면서 어떻게 성장하고 몰락했는지 보여주는 전형적 사례이다. 원추리처럼 일찍 장사를 시작한 여성들 중에는 북한의 주류 사회에 들어갈 수 없었던 사람들이 꽤 있었던 것으로 보인다. 원추리는 적대계급 출신인 자신의 운명을 개척하기 위해서는 돈을 버는 것 외에는 북한사회에서 다른 기회가 없다는 사실을 통찰하고 있었기에. 돈을 버는데 진력했다. 한편으로는 원추리는 성실하게 조직생활에 참여함으로써 사람들의 구설수에 오르지 않도록 조심스럽게 처신했다. 결국 원추리는 밤잠을 아끼면서 장사를 통해 돈을 벌고자 무한히 노력한 결과, 두 개의 매대와 아파트를 장만하였고, 아들을 대학원에까지 진학시키는 성공을 거두었지만, 당원이 집안에서 배출되기 직전, 단 한 번의 검열을 겪으면서 몰락하게 된다.

이처럼 2009년도의 화폐개혁은 시장세력을 겨냥한 것이었다. 이는 정치신분이 하층인 사람들이 경제적인 중층으로 올라서고 다시 주류사회로 들어가려는 집단적 움직임에 결정타를 가하였다. 그 결정타를 맞은 시장세력의 한 사람이 바로 원추리였다.

5. 모성의 여맹위원장 선인장 이야기

> 내가 새끼를 엄마라서, 새끼를 찾아다니는 게 죄인가?
> ─보위부 지도원에게 선인장이 한 말

선인장은 2010년 탈북하기 두 해전인 2008년까지만 해도 수천 명의 여맹원을 관리하는 여맹위원장이었다. 그녀는 어떻게 탈북하기에 이르게 된 것일까?

선인장의 첫 직장은 방직 공장이었는데, 이 직장에서 6년간 근무하면서 일찍이 입당하는 행운을 누릴 수 있었다. 입당과정에서 아버지가 남한출신이라는 문제가 제기되었지만 그녀가 입당을 할 수 있었다. 그 이유를 선인장은 자신이 워낙 일을 잘했기 때문이라고 설명한다. 선인장은 1985년에 결혼을 하게 되었는데, 남편은 잘 생긴 외모를 가진 청년이었지만, 이 때 이미 몸에 병을 가지고 있었다. 선인장은 남편을 대신해서 결혼 후 퇴직하지 않고 직장 생활을 계속하였다.

선인장은 결혼한 해인 1985년부터 3년간 군부대의 축산분 저장일을 시작으로 군부대 일을 8년간 지속했고, 1996년도부터는 약초관리소의 여맹위원장이라는 국가적 직분을 맡게 된다. 선인장이 장(長)으로 있는 여맹의 인원은 약 3,000명에 달하였다. 여맹위원장이란 국가의 직함이라 영예스럽기도 하고 여맹 위원장 일을 해서 생기는 약간의 부수입도 있었지만 여기서 나오는 돈으로 생계유지까지 되지는 않았다. 그래서 선인장은 여맹위원장을 하면서 어쩔 수 없이 다른 여자들처럼 장사를 하였다. 여맹위원장을 하면서 남의 눈을 피해 장사를 병행하기란 쉽지 않았다.

선인장은 소속 조직원들이 알지 못하게 하기 위해 자기가 맡은 ○○지역하고 멀리 떨어진 ○○지역까지 가서 장사를 하곤 하였다. 선인장이 두 배 이상 이윤이 남던 인조고기 장사를 1년 반에 그만 둔 이유도 자신의 얼굴을 드러내기 싫어서였다. 인조고기 장사를 하려면 얼굴을 드러내지 않을 수 없었으므로 선인장은 인조고기 장사를 그만 두고 이제 신발 도매장사로 바꾸었다. 이 일은 오후 두 시부터 네 시까지 두 시간 동안만 멀리 떨어진 00장마당에 가서 신발을 팔면 되었다. 이 일은 그런대로 수익성도 좋아 2000년부터 2003년까지 3년 동안 신발 장사를 지속할 수 있었다.

남편과 사별한 시기도 신발장사를 하던 즈음으로, 긴 병을 앓던 남편이 세상을 떠나자 선인장은 이제 나이 마흔 셋에 홀몸으로 아이들을 키우면서 장사에 더욱 매진하였다. 선인장은 신발보다 수익성이 나은 장사품목으로 바꾸게 되었는데 그것은 자전거 장사였다. 원산에서 제작한 자전거를 열 대씩 들여다가 팔았는데, 자전거 도매는 열차원과 담당 보위원에게 뇌물을 주어야 했다. 그러나 이 일은 사람들 보기에 체면을 유지할 수 있다는 점에서 이제까지 했던 그 어떤 장사들보다 나았다. 선인장은 다시 2005년부터 원단을 나진에서 중국대방들에게 받아다가 소매상에게 다시 파는 원단도매 장사를 하였다. 원단장사는 이제까지 했던 장사들 중에서 가장 수익이 좋은 장사였다. 선인장은 눈썰미가 있어서 품목을 바꾸면서 점점 수익성이 좋은 장사를 하게 되었고 생활도 나아졌다. 그래서 선인장이 장사와 여맹위원장 일을 병행하는 가운데서도 자식들을 대학까지 보냈고 사람들의 신망도 적지 않게 얻어왔다.

그러던 중 2009년도에 선인장의 스물한 살 먹은 작은딸이 동무를 따라 중국으로 장사를 하러 갔다가 인신매매를 당하게 되었다. 선인장은 작은딸을 찾기 위해 중국 땅으로 먼 길을 떠나게 되었다. 인신매매범을 찾아 딸의 몸값을 주고 다행히 풀려날 수 있었으나, 딸과 함께 나오려는 순간 중국 공안한테 잡혀 북한으로 압송 당하게 되었다. 선인장은 심문과정에서 심한 매를 맞으면서 몇 번이나 죽으려고 하였으나, 그 때마다 살아났다.

> 내가 제 새끼를, 제 새끼가 남의 나라 간 거, 제 새끼를 짐승도 나가면 찾는데, 제 새끼를 찾을 권한이 부모한테 없는가? 나는 이제라도 내가 살아서 나가면 새끼를 찾아, 태평양에 있대도 나는 내 몸을 태워서래도 가서 데리러 가겠다. 내가 뭐 잘못했는가? 국가에서 이거 해줘야 되지 않는가? 해주지도 않으면서 내가 찾아가는데 뭐 잘못됐냐니까…
> ─선인장이 심문과정에서 보위부지도원에게 한 말

결국 선인장은 재판을 일곱 번이나 거친 끝에 단련대에 열 달간 잡혀 있다가 나오게 되었다. 그 후에도 계속 선인장은 행동거지를 하나하나 주시당하면서 도망을 모의했다는 죄로 연행되는 일을 겪기도 하였다. 선인장은 결국 탈북을 결심하고 떠나게 되었다. 선인장은 스스로를 '한 개 직위를 지고 있는 사람'이라고 정의한다. 선인장은 여맹위원장으로 14년간 일하면서 스스로 표현하듯이 제일 빨간 사람이었고 탈북을 생각지도 않았던 사람이었다. 그런데, 그녀의 자존심은 이제 땅에 떨어져버렸다. 선인장의 모성은 그녀에게 국가가 하지 말라던 일 즉, 인신매매당한 딸을 찾으러 국경을 넘게 하였다. 그 대가로 국가는 선인장을 심하게 때리고 모욕하였으며 그 죄를 엄하게 물어 처벌하였다. 처벌로도 모자라 국가는 그녀의 범죄를 계속 기억하면서 감시하고, 결국에는 선인장이 북한을 떠날 때까지 그녀의 등을 계속 떠밀어댔던 것이다.

다섯 명의 여성사례들은 여성들이 국가권력과 모종의 강한 긴장관계에 놓여 있음을 보여준다. 국가는 여성의 노동력을 공짜로 사용하면서 권력이 여성의 성을 착취할 때 비호하기도 하며(목련, 미혼 여교사), 화폐개혁을 통해 시장에서 얻은 노동의 성과물을 일거에 빼앗아 가기도 한다(민들레, 밀무역상/원추리 되거리 상인).

한편, 정권기관에서 일하는 자스민(군 외화벌이 부기)과 선인장(여맹위원장/장사)의 경우 국가가 부여한 직업지위를 이용해서 일정한 이익을 누리기도 하였지만, 이들 역시 권력의 칼날을 피해갈 수 없었다. 자스민은 정권기관의 힘을 빌려 큰돈을 벌었지만, 동시에 국가의 권력을 앞세운 검열 앞에서 언제 감옥에 갈 지 모르는 위태로운 처지였으며 결국에는 모종의 사건을 겪으면서 하루아침에 탈북을 감행하는 처지로 바뀐다. 선인장의 경우에도 국가의 말단 조직의 장으로 열성적으로 일한 그녀에게 국가의 사법권력은 국경을 넘은 죄를 물어 가차 없이 가혹한 형벌을 내린다. 이처럼 국가권력의 비호와 처벌은 양날의 칼로 작용한다.

이들 여성들과 가족과의 관계는 어떠한가? 여기서 기혼여성은 가족을 부양하고 미혼여성은 부모에게 부양당하는 관계를 보여준다. 이들 다섯 사례의 여성들은 자신의 가족과 깊은 정서적·경제적 유대관계를 보여주는데, 가족의 생존 즉 생계유지야말로 그녀들의 가장 중요한 역할이자 사명이고 존재이유이기도 하다. 여교사 목련은 미혼여성이며 부모에게 의존하여 생계를 유지한다. 외화벌이 회사에 다니는 부기 자스민은 기혼여성으로 남편을 부양하는 한편, 조선족 출신의 친정부모에게 사업적으로 도움을 받기도 한다. 민들레(밀무역꾼)과 원추리(되거리꾼), 선인장(여맹위원장/되거리꾼)는 시장의 상인이며 기혼여성이며 동시에 실질적인 가장이다.

미혼여성인 목련을 제외한 다른 네 명의 기혼여성들은 온가족을 부양하는 실질적 가장이다. 그녀들의 남편들은 경제적으로는 무력한 존재로서 한낱 부양자나 보조자의 역할에 불과하지만, 세대주로서 정치사회적 권력을 여전히 가지고 군림하고 있다.

7장_ 직행 탈북이주자의 노동이동과 탈북

1. 탈북현상을 어떻게 이해할 것인가?

2016년에는 북한주민들의 탈북을 둘러싸고 정치권과 시민사회에서 뜨거운 공방이 벌어졌다. 그 해 4월에는 총선 직전 북한음식점 종업원 집단탈북 사건에 대한 통일부의 이례적 공개발표가 있었는가 하면, 이어 10월 1일 국군의 날 기념사에서 박근혜 대통령은 직접 북한주민의 탈북을 권유하기도 하였다. 박근혜정부는 북한주민의 탈북과 '북한붕괴론'을 상호연계하여 국민들의 안보경계심을 일깨우고자 했던 것으로 보인다. 그러나 대규모의 북한주민 탈북이 발생한다 할지라도 이를 곧 북한체제 붕괴의 전조로 해석할 수 있을까? 과거 고난의 행군시기 수십, 수백만 명의 북한주민이 국경을 넘어 탈북하였음에도 불구하고 북한체제가 붕괴되지 않았던 역사적 경험으로 비추어볼 때, 몇몇 고위급인사의 망명이나 북한주민의 탈북을 북한체제의 급변사태나 붕괴의 전조로 간주하는 해석은 적절치 않다.

그렇다면 우리는 탈북현상을 어떻게 이해해야 할 것인가? '탈북현상'을 둘러싸고 빚어지는 다양한 사건들의 맥락과 본질을 이해하기 위해서도 먼저 탈북이 왜 발생하는지 그 원인을 진단하는 게 시급하다. 지난 20여 년간 탈

북자 국내정착에 관해서는 수많은 연구가 이루어져왔으나 탈북의 발생 원인
에 대한 연구는 부재하며 탈북의 원인규명은 엄중한 학문적 검토를 요한다.
　본 연구는 이 같은 정책적 수요에 부응하여 북한주민의 지속적인 탈북의
원인을 북한체제의 변동과정에서 활성화되고 있는 노동행위자들의 '노동이
동(labor mobility)'과 관련하여 검토한다. 1990년대 고난의 행군 당시 탈북했
던 북한주민들 중 일부는 한국에 입국했지만 상당수는 중국에서 식량을 구
한 뒤에 북한으로 돌아가거나 중국에 계속 거주 혹은 제3국으로 가는 등 다
양한 진로를 선택했다. 또한 국내에 정착했던 탈북주민 중 상당수가 불법적
방법으로 해외로 나가 망명을 신청하면서 국제적인 물의를 빚기도 하였다.
이 글은 과거 해외탈북자 연구가 식량난민을 중심으로 이루어졌던 것과 달
리 식량난민이나 식량위기 이후 오랫동안 중국에 체류해온 식량난민들을 제
외한 집단, 즉 2000년대 중반부터 북한내부에서 한국을 목적지로 하여 이동
하기 시작한 이른바 '직행파' 탈북이주세대를 연구대상으로 한다는 점에서
선행연구와 차별화된다.
　2000년대 이전 식량난 시대에는 탈북사유가 아주 단순하고 자명했다. 미
증유의 기아사태는 북한주민들이 죽음을 무릅쓰고 두만강을 건너지 않을 수
없게 만들었다. 그러나 북한의 시장화가 진전된 이후에 식량난 시대와 비교
하여 생활여건은 나아졌음에도 불구하고 북한주민의 탈북규모는 계속 증가
해왔다. 1990년대의 북한의 식량위기는 수많은 식량난민들을 배출하였으며
고난의 행군시기 식량을 구해 국경을 넘었던 북한주민의 탈북행위는 그 이
후 20여 년 동안 지속적이고 집단적인 탈북이주의 흐름을 끌어내는 결정적
계기가 되었다. 김정은 정권의 등장 이후 국경감시가 강화되었음에도 불구
하고 매년 수 백 명의 사람들이 목숨을 걸고 조중 간 국경을 넘어가고 있다.
　시장경제에서 '노동이동(labor mobility)'이란 노동력 공급자와 구매자 간의
자발적 교환을 촉진하며 노동배분을 통해 근로자들과 소비자들 모두의 최대

만족을 달성하는 합리적인 방법이라고 정의되며, 시장경제에서는 지역 간, 산업 간 노동력의 이동이 활발하게 이루어지게 된다. 반면에 기업의 노동력 비축경향과 노동력 부족이 구조적으로 만성화되었던 현실사회주의 명령경제하에서 노동이동은 최대한 억제되었다. 직장을 '제2의 집'으로 여겼던 소련에서 이직자는 도덕적으로 불성실한 사람이라고 비난받았으며, 노동력 이동을 제한하기 위해 직장을 이직하면 사회보장서비스를 제한하기도 하였다.

북한은 소련보다 노동이동에 대해 더욱 엄격한 태도를 유지하여 노동이동을 근본적으로 봉쇄하는 정책을 취하였다. 북한노동자의 자발적 의사에 의한 노동이동은 최대한 통제되고 국가 계획에 의한 이동만이 인정되었다. 이때 노동자의 이동을 가장 효과적으로 억제했던 제도가 배급제도이다. 이러한 노동이동의 자발적 이동금지의 관행이 깨지기 시작한 시기는 고난의 행군 시기이다. 고난의 행군 이후 배급제도가 일부 지역과 일부 기업에서만 제한적으로 작동되면서 노동자를 강하게 속박하던 틀이 느슨해졌으며, 무상의료체제와 무상교육제도의 실질적인 와해도 이러한 틀을 느슨하게 만든 한 요인이 되었다. 국가가 배치한 직장을 떠나 새로운 소득원을 찾아 이동하는 북한주민이 점차 늘어나고 있다.

이 연구는 보다 나은 소득을 찾아 시장으로 이동하는 북한주민들의 '노동이동'이 탈북현상의 중요원인의 하나라고 가정하며, 탈북이주현상을 국제이주이론에 비추어 검토한다.

본 연구에서 새로이 제기하는 시각은 북한사회의 구조변동과정에서 활성화된 노동이동(labor mobility)의 맥락에서 탈북행위를 설명하고자 하는 것이다. 지난 50여 년 동안 북한사회에서 노동이동은 극도로 억제되어왔으나 고난의 행군 이전에 존재하지 않았던 시장과 비공식부문은 노동이동을 할 수 있는 새로운 공간으로 조성되었으며, 노동이동 역시 보다 다양한 형태로 활성화되기 시작하였다. 이제 사람들은 생존을 위해 국가가 제공한 직장보다 나은 일자리와 소득을 기대하면서 국가에서 제공한 자신의 직장을 8·3노동자, 결혼퇴직, 병을 빙자한 사회보장 등 여러 가지 방식으로 벗어나 이동한다.

'노동이동(labor mobility)'이란 보다 포괄적인 의미로 노동력의 집단적 흐름을 가리키는데, 경제활동참가(labor force participation)와 더불어 노동공급의 양과 규모를 결정해 주는 요소이다. 시장경제에서 노동이동은 생산활동에는 신축성을 제공하고 노동시장에서 노동의 분배를 효율적으로 이루어지게 해주도록 기능한다. 노동이동은 근로자들의 지역 간 이주(migration)나 산업 간 이동(inter-industry mobility), 직종 간 이동(occupational mobility), 직업 간 이동(job mobility) 및 기업 간 이동(inter-firm mobility)까지를 포괄하는 개념이다. 노동이동에는 동일기업 내의 직업상 상향 이동(upward mobility) 및 전직에 의한 직업상의 상향이동(upward mobility)이 있는데, 근로자 개인을 주체로 보자면, 시장경제하에서 근로자가 생애에 걸쳐 경력(life career)을 추구하는 과정에서 상향이동(upward mobility)을 지향하게 된다.

북한에서는 근로자 개인이 생애경력(life career)을 추구하는 과정에서 직업을 선택하는 것이 아니라 국가가 개인에게 직업을 배치하는 방식으로 이루어졌기 때문에 개인이 직장을 이동하거나 직업을 바꿀 수 없었으며 국가의 명령으로 직장을 옮기는 것 외에는 직장을 이동할 수 없었다. 이 같은 국가의 강압적인 직업 배치제도가 강고하게 존속할 수 있었던 데에는 직장과 연동된 강력한 배급제도와 사회보장제도의 존재, 일터를 '제2의 집'으로, 직장 동료를 가족처럼 여기는 특유한 사회경제 공동체적 분위기가 중요한 역할을 하였다. 그러나 2000년대 이후 시장화가 진전되면서 남녀별 노동공간의 분리가 더욱 뚜렷해지게 되었으며 국가정책적으로 젠더별로 다른 진로가 제시되었다. 국가정책으로 남녀별로 다른 진로가 제시된다. 즉, 여성은 결혼과 동시에 국가로부터 강제되는 집단노동 참여의 강제성으로부터 벗어나 가구원의 생계유지를 책임지게 되었으며 이에 따라 여성들은 남성들과는 차별화된 진로(career)를 밟아나가게 되었다.

배급제도도 차등적으로 기능하면서 개인들의 활동이나 격차도 더욱 다양해진다. 개인의 사적경제활동이 증가하면서 배급제도도 공식부문에 속한 기업인가 아니면 외국과의 합영기업인지, 비공식부문에 속한 기업인지에 따라 차별적으로 작동하게 되었다. 이제 북한 근로자들도 주어진 직장에서 일하지 않고 개인의 사적이익을 추구하면서 상향 이동(upward mobility)하려는 경향을 보이며 음성적인 노동이동행위가 활발해지게 된 것이다. 그렇다면 공식부문과 비공식부문이 혼재된 북한 경제사회에서 노동자들은 어떤 노동이동 형태를 보이는 것일까?

조한범 외[1]는 Wallace의 구분을 기초로 아래와 같이 북한사회의 경제를 다섯 개로 구분한 바 있다(〈그림 7-1〉 참조). 공식경제부문으로 국영경제(state economy)와 공식시장경제(formal market economy)를, 비공식경제부문으로 비공식 시장경제(informal market economy), 비공식 국영경제(informal state economy), 가계 경제(household economy)이다.

---

[1] 해당 연구에서 북한 경제활동의 영역을 공식성과 시장성이라는 두 가지 기준을 가지고 재구성한 각 영역의 개념은 아래와 같다.
첫째, 국영경제(state economy)는 대체로 국가의 정치적인 결정과 통제 하에서 경제활동이 이루어지는 경제부문이다. 둘째, 공식 시장경제(formal market economy)는 국가가 공식적으로 허용, 관리하고 있는 종합시장을 중심으로 이루어지고 있는 거래활동의 영역이다. 셋째, 비공식 국영경제(informal state economy)는 소위 '돈주'라 불리는 신흥자본가들이 공식 부문에 대한 사적인 투자활동을 통해서 이윤을 추구하는 경제활동 영역이다. 넷째, 비공식 시장경제(informal market economy)는 국가의 관리 영역 밖에서 이루어지고 있는 경제활동 영역이다. 다섯째, 가계 경제(household economy)는 주민들이 자신들의 소비를 위해서 생산하고 교환하는 모든 종류의 경제활동 영역이다.(조한범 외, 『북한에서 사적경제활동이 공적부문에 미치는 영향』, 통일연구원, 2016, 20~24쪽)

2. 북한사회에서 노동이동의 유형

북한출신주민 남성사례 12사례, 여성사례 11사례 총 23사례를 분석한 결과, 북한주민들은 극소수 사례를 제외한 모두가 공식부문 국영경제에 속한 영역(Ⅰ)에서 첫 직장을 시작하지만 일정기간이 지나면 공식시장경제부문 (Ⅱ), 비공식 국영경제(Ⅲ), 비공식 시장경제(Ⅳ) 영역을 향해 마치 부채살처럼 퍼지며 이동하는 것을 볼 수 있었다. 물론 노동이동을 하지 않는 사례도 있는데 이들은 부수입이 좋은 직업직위를 가진 경우이다.

노동이동의 방향은 공식 국영경제(Ⅰ) 내에서 관리자형을 제외한 다른 사례들은 공적 시장경제부문(Ⅱ), 비공식국영경제(Ⅲ), 비공식 시장경제(Ⅳ)영역을 향해 이동한다(Ⅰ→Ⅱ, Ⅰ→Ⅳ, Ⅰ→Ⅳ→Ⅲ, Ⅰ→Ⅲ). 이 같은 지향성을 보이는 이유는 당간부나 행정간부를 맡아 뇌물을 받을 수 있는 소수 외에는 국영경제 영역에 속한 근로자들은 생활비로 기본적인 생계를 유지하기 어렵기 때문이다. 〈그림 7-1〉에서 보는 바와 같이 북한주민들은 생계유지가 가능한 Ⅱ, Ⅲ, Ⅳ 부문들을 향해 이동하게 된다.

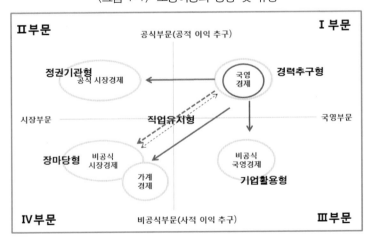

〈그림 7-1〉 노동이동의 방향 및 유형

이때 북한 노동자의 노동이동 유형을 '집단노동참여형'과 '개인이익추구형'의 두 가지로 대별할 수 있다(〈표 7-1〉 참조). 집단노동참여형은 어떤 사람들인가? 이들은 사회주의 북한이 원하는 노동자상이다.

〈표 7-1〉 북한주민의 노동이동 유형

직종		남자	이동	여자	이동
집단노동참여형 (12)	경력추구형	사례 1 행정간부 사례 2 의사 사례 3 인민위원회 부원 사례 8 노동자 겸 세포비서 사례 9 지방산업 노동자 사례 11 러시아파견노동자	I 이동 안함	사례 2 연합기업소 부기	I
				사례 3 도급간부	I →II (국가 명령)
	직업유지형	사례 6 운전기사 사례 7 기술자	I ↔IV	사례 9 여맹위원장 사례 10 편의사업소	I ↔IV
이익추구이동형 (11)	장마당형	사례 10 중국취업(불법)	I →IV	사례 4 밀무역상 사례 5 미용사	I →IV
		사례 12 현실체험자	IV	사례 6 되거리꾼 사례 7 담배제조업자 사례 8 연유상	
	정권기관형	사례 4 금광개발업자(외화벌이)	I →II	사례 1 외화벌이 부기	II
	기업형	사례 5 사진업자	I →III	사례 11 철강판매업자	I →IV →III
합계		12		11	

'집단노동참여형'에 속한 사람들은 개인의 의사에 따라 이익을 추구하여 이동하지 않으며, 국가가 정한 위치에 남아 공동체 내에서 인정을 받으며 생산노동에 참여하고자 하는 사람들이다. 이들은 국가가 만든 직업질서의 테두리 내에서 북한사회의 성실한 공민(公民)으로 살고자 한다. '집단노동참여형'은 다시 당간부나 행정간부를 경력목표로 삼아 상향적 노동이동을 추구하는 '경력추구형'과 생산노동에 참여하면서 생계를 위한 벌이를 병행하는

'직업유지형'으로 나눌 수 있다.

개인 이익추구형은 누구인가? 이들은 시장화 이후 새로이 등장한 노동자들이다. '개인 이익추구형'은 문자 그대로 개인의 사익을 추구하며 노동이동을 하는 유형으로, 공동체보다 개인의 이익을 중시한다. 목적지를 어디로 하느냐에 따라 장마당형, 기업형, 정권기관형의 세 가지로 나눌 수 있다. '개인 이익추구형' 중에는 장마당을 터전으로 가족의 생계유지를 목적으로 하는 '장마당형'이 가장 많으며, 기업의 이름을 빌어 개인장사를 하는 '기업형'과 정권기관에서 와크를 받아 외화벌이를 하는 '정권기관형'이 그 뒤를 잇는다.

보다 권력 있는 직업지위를 추구하면서 상향이동을 하고자 하는 '경력추구형'은 I 영역 국영경제부문 안을 거의 벗어나지 않는다. 특히, 관리직들은 남녀를 막론하고 이 유형에 속한다. 남성 관리직과 여성 전문직이 모두 여기에 속한다. 이들은 일정한 범위 내에서 상향이동 혹은 수평이동을 하거나 아예 이동하지 않으면서 자신의 경력을 발전시켜나가되, 실리(돈)는 은밀하고 조심스럽게 추구한다.

'직업유지형(I ↔IV)'은 국영경제에 속한 공장(I 부문)과 비공식 시장경제인 장마당(IV부문) 사이를 병행하되, 기본적으로는 국가에서 배치한 직업 지위를 벗어나지 않으려고 노력한다. 직업유지형 노동자들은 아침에는 사회주의 근로자의 신분을 유지하면서 열심히 출퇴근을 하지만, 저녁에는 비공식 시장경제 부문에서 벌이를 하느라 바쁘다. 경력추구형들이 앞에 나서 다른 노동자들을 지휘하는 사람 즉 간부들이라면 직업유지형은 그 뒤를 묵묵히 받쳐주는 사람들이다. 직업유지형의 대표적인 직업은 기술직이나 사회단체 관리자들이나 핵심노동자들이다. 이들은 권력 있는 자리를 추구할 만큼 직업적 야망이나 포부가 높지 않으며 단지 현재의 자신의 직업지위를 지켜 사회적 질서 속에서 살아가는 것을 중요하게 여긴다. 현재 북한 공장기업소 체제가 이 정도나마 유지할 수 있는 데에는 이들의 숨은 헌신이 있다.

'개인이익추구형' 중 양적으로 가장 많은 비중을 차지하는 유형은 역시 '장마당형(the jangmadang type)'이다. 이들은 비공식시장경제 영역에서 일하는 개인자영업자들로, 여성들이 대부분이며 IV부문(비공식시장경제)에 속한다. 여성들은 주로 장마당을 주요공간으로 하며 가족의 생계유지를 목적으로 활동한다. 여성들이 가족의 생계를 지탱해주지 않는다면 북한남성들의 "국가가 배급을 안 주지만 나는 생산노동에 참여해야 한다"는 애국심도 유지될 수 없다. 시장활동에 참가하는 남성들은 보다 나은 소득을 올리기 위해 마약이나 CD 등 국가에서 금한 물품에 손을 대는가 하면, 밀수를 하기도 한다.

'기업활용형(the corporate utilization type)'은 '장마당'형에 비해 한층 업그레이드된 유형이다. 이들은 국영기업(혹은 정권기관)에 일정금액을 내거나 이익을 나누어주고 기업의 명판(이름)을 빌어 국가의 강력한 규제를 피해 시장활동을 한다. 이들은 III부문(비공식국영경제)에 있으며, 이번 연구에는 남성사례 4(금광개발업자), 남성사례 5(사진업자), 여성사례 11(철강판매업자)가 있다. 이들의 관심은 기업의 합법성이나 자원을 이용하여 이익을 추구하는 데 있다.

'정권기관형(Party-State Agency)'은 특권기관들의 유지를 위해 국가의 비준을 받아 무역활동을 한다. 이들은 외화벌이 기지를 차리고 군기관이나 각종 정권기관의 와크를 받아 일한다. 외화벌이 기지장과 부기가 가장 대표적인 직업이다. 본 연구의 여성사례 1(군외화벌이 사업소 부기)과 여성사례 3(도급 무역간부), 남성사례 4(금광개발업자)가 이에 속한다. 정권기관형은 가장 많은 돈을 벌지만 불법적인 일에 연루되어 일순간에 범죄인으로 전락할 위험성도 가장 높다. 실제로 여성사례 1(외화벌이 회사 부기)의 경우에는 부기를 하면서 중국대방과의 음성적인 거래를 통해 큰 재산을 만들었으나 결국 탈북하였다. 여성사례 3(도급간부)의 경우, 전임자나 후임자 모두 감옥으로 갔으며 그녀 역시 한국으로 오게 되었다. 남성사례 4(금광개발업자)도 갑작스러운 회사간부들의 구속으로 인해 그는 투자한 돈을 건지지 못한 채 탈북의 길을 걷게 되었다.

북한 내에서의 노동이동과정에서 부문 내 이동(mobility in sector)인가 아니면 부문 간 이동(mobility between the sectors)인가, 개인이 스스로의 의지에 의해 자발적 이동(voluntary mobility)을 하는가, 국가의 명령에 의한 비자발적 이동(involuntary mobility)인지에 따라서 북한주민의 노동이동 유형은 '집단노동참여형'과 '개인이익추구형'으로 분화하게 된다.

집단노동참여형은 다시 내부에서 상향이동을 하여 권력을 갖는가 아니면 직업을 그냥 유지하는 수준인가에 따라 간부로서 노동대중을 이끌고 가는 '경력추구형'과 기층에서 묵묵히 생산을 담당하는 '직업유지형'으로 나누어진다. 이 같은 경력추구형 행위자들은 국가를 대리하는 간부(관리자)로서 기층노동자들을 지도하는 리더십을 발휘하며 중국 등과의 무역거래를 성공시키고 소속 조직의 노동자들에 대한 배급을 일부라도 보장하면서 국가가 부여하는 사회적 과제를 수행하기 위해 노동자들을 동원하는 이중, 삼중의 임무를 수행하게 된다. 이때, 회계나 기술력 등 전문성을 가진 전문가들은 관리자를 보조하는 일을 수행하게 된다.

그렇다면 집단노동참여형 행위자들은 왜 탈북하게 되는가? 경력추구형들은 일상적으로 뇌물을 받으며 성과를 올리기 위해 국가에서 법으로 금지된 행위들을 하게 되는데 이런 과정들은 필연적으로 사회주의 원리에 반하는 과오를 발생하게 된다. 직업유지형 행위자들은 국가가 자신에게 부여한 직업지위(jib position)을 지키며 일하면서 몰래 부업을 하는 정도이므로 큰 과오가 없는 편이다. 국가로부터 무상의 노동을 강요당하면서 북한사회의 미래가 어둡다고 생각하여 탈북을 선택하게 된 경우이다.

한편, 개인이익추구형은 노동이동의 도착지점에 따라 다시 장마당형(the jangmadang type), 정권기관형(the Party-State Agency type), 기업활용형(the corporate utilization type)의 세 가지 유형으로 나누어진다. 본 연구에 참가한 장마당형 행위자들은 화폐개혁으로 인한 몰락을 경험하면서 자신의 재산을 빼앗아 간 데에 대한 분노를 인터뷰 시 보여주었다. 이들은 더 나은 삶을 찾아서 즉 더 나은 여건에서 장사하고자 떠난 경우이다. 정권기관형은 국가권력기관의 도움으로 사업을 하기에 가장 좋은 위치를 차지한 것처럼 보이지만 이들을 둘러싼 법기관과 권력기관들의 끝없는 요구에 시달리고 있어 그들의 요구를 채워주지 못할 경우 한번에 일자리에서 쫓겨나거나 감옥에 가는 불안한 존재들이다. 이들은 위기에 처했기 때문에 북한을 떠나지 않을 수 없었다.

3. 북한주민은 왜 탈북하는가?

북한주민들은 왜 탈북하는가? 본 연구에서는 노동이동 유형을 분류한 후 유형별로 탈북사유를 살펴보았다(그림 7-2 참조).

〈그림 7-2〉 노동이동 유형별 탈북사유

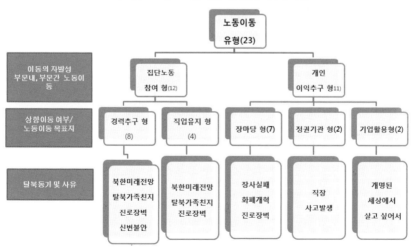

집단노동참여형 행위자는 자신의 가치를 공동체에 두며, 이들의 직업 태도를 상징하는 표어는 '국가가 배급을 안 주더라도 우리는 생산노동을 참여한다'이다. 이들은 '권력'과 '인정'을 추구한다. 그렇다면 왜 탈북하게 되는가? 경력추구형은 관리자로서 리더십을 갖거나 혹은 전문가로서 인정을 받고자 한다. 그런데 자신과 가족의 진로가 장벽에 부딪혔을 때 업무상의 과오나 정치사상적으로 의심받아 자신의 안전이 국가권력으로부터 위협받고 있다고 느껴질 때, 공동체 자체의 미래가 불투명하고 회의적일 때, 그들은 탈북을 선택한다.

직업유지형이 탈북하게 되는 이유도 경력추구형의 탈북사유와 큰 차이는 없다. 국가를 위한 노력이 무용하다고 느낄 때, 공동체의 미래가 없다고 느낄 때 탈북을 선택하게 된다는 점에서 경력추구형과 같다. 그러나 이들의 사회적 과오가 크지 않으며 직업유지형의 직업적 위치가 기층이라는 점에서 이들에게 더 주목할 필요가 있다. 이들 두 유형 모두 자기 인식과 정체성 (identity)이 변해서 탈북한 것이 아니다. 단, 공동체를 위해 자신의 위치를 떠나지 않고 집단노동에 참여해온 자신의 노력이 부정당하고, 자신과 가족의 진로가 막히고, 앞으로도 공동체의 전망이 없다고 판단한 결과 탈북을 선택하기에 이르렀다.

반면에 '개인이익추구형' 행위자들은 북한 내부에서 노동이동을 하는 가운데 이미 내적으로 가치체계의 변화를 경험한 사람들이다. 그들은 달라진 돈의 개념을 경험한 사람들이다. 국가가 정해준 길을 벗어나 스스로 자신의 길을 찾아 자발적인 노동이동을 하면서 자유로운 개인으로 살고자 한다. 기업이든, 장마당이든 정권기관이든 가리지 않고 어떤 명분에 얽매이지 않고 자신의 개인적 이익을 당당하게 추구한다.

'개인이익추구형'들은 과거 식량난민세대들이 가졌던 '돈에 대한 양가적 태도'[2]나 모호함을 이미 벗어났으며 자신의 경쟁력을 체험하면서 시장경제에 대한 우호적 태도를 체화한 사람들이다. 이들은 과거 사회주의적 근로자로서 가졌던 집단적 가치에 대한 긍정적 태도를 버리고 돈을 목표로 집단의 일원이기 보다는 한 명의 개인으로 경쟁하면서 세상을 헤쳐나가고자 한다. 이것이야말로 이들을 한국으로 끌어당긴 요인(pull factor)이다.

1) '국가에서 벗어나기': 집단노동참여형의 탈북사유

연구참가자들의 노동이동 경로분석 결과, 공동체에서 집단적으로 생산노동참여를 중요하게 여기는 집단과 자신의 이익추구를 우선하는 두 개의 집단으로 분화된 것으로 나타났다. 생산노동참여를 중시하는 집단은 보다 나은 지위를 추구하면서 사회를 이끌어나가는 '경력추구형(the career-seeking type)'과 별도 벌이를 통해 생계를 유지하면서 국가에서 배치한 위치를 지키는 것을 중시하는 '직업유지 집단(the job-keeping type)'으로 나누어진다.

'경력추구형' 연구참가자들은 북한사회의 주류 혹은 리더로서 그들은 국가가 정한 자신의 자리를 지켜 상향이동하고자 노력했지만, 해외동포나 출신성분의 굴레, 가족친지의 탈북과 같은 문제는 그들과 가족의 출세에 결정적인 하자가 되었다. 경력추구형들은 노력에 대한 보상이 없고 미래가 없으며 감시와 신변위협이 존재하는 환경을 떠나기로 결정하고 탈북하게 되었다.

'경력추구형'이 중상층 이상이라면 '직업유지형'은 폭넓은 중하층을 이루면서 북한사회의 근간을 구성하는 사람들이다. 이들의 탈북사유는 이들이 북

---

2) '양가감정'이란 한 사람 안에 공존할 수 없는 감정이나 인식이나 충동이 갈등하고 있는 심리상태를 가리키는 용어인데, 탈북식량난민들을 연구한 전우택은 에서 탈북자들이 돈에 대한 양가적 감정을 가지고 있음을 지적한다. 그는 탈북자들이 남한사회에 적응하는 과정에서 돈에 관해 무서워하는 심리와 우습게 여기는 심리, 돈을 절실하게 필요로 하면서도 동시에 돈의 노예가 되기 싫다는 양가감정을 보인다고 보고한다.(전우택, 『사람의 통일을 위하여』, 오름, 2000, 298 · 301~303쪽)

한사회의 미래에 대한 부정적 전망과 가족이나 친척의 탈북으로 인한 불안
감 등으로 경력추구형과 크게 다르지 않다. 이들 집단노동참여형 행위자들
이 행한 탈북의 의미는 주어진 국가의 질서에 순응하여 성실하게 일해왔던
사람들이 더 이상 질서에 복종하지 않고 '국가에서 벗어나기(escaping from
the State)'를 선택했다는 것을 의미한다.

2) 문명한 세계에의 기대와 자유인의 등장: 개인이익추구형의 탈북사유

　개인이익추구형(the personal benefit pursuit type)은 '이익추구 이동형' 행위
자들은 자신의 이익을 직접적으로 추구하며, 이를 위해 노동이동의 중간 기
착지로 장마당이나 기업, 아니면 정권기관을 선택하는 것으로 나타났다(그림
7-2 참조). 장마당으로 이동하는 여성들은 가족의 생계유지가 목적이지만, 기
업활용형 행위자들은 기업 내에 들어가 어떤 방식으로든 장사를 하는 사업자
들로서 자신의 재산을 지키면서 보다 안전하고 쉽게 이익을 내고자 한다.
　그러면 '개인이익추구형' 행위자들은 어떤 과정을 거쳐서 탈북에 이르는
가? 2009년 화폐개혁으로 그간 모은 재산을 일거에 몰수당한 장마당세력은
국가에 대한 불신이 커졌다. 보다 안전하게 장사하고자 하는 욕구가 커진 일
부 장마당 행위자들은 탈북대열에 합류하기도 한다. '기업활용형'을 대표하
는 김영순(여성사례 11, 철강판매사업자)은 결혼 이후 '돈에 대한 개념이 달
라지는 경험'을 하였고, '사람이라면 한 번 문명한 세상에 살아보자' 결심하고
급기야는 탈북하게 된 경우이다. 신광철(남성사례 10, 기술자)을 보면, 이런
자신감은 중국의 시장경제사회를 경험한 이후에는 더 커지는 듯하다. 중국
에서 2년간 불법취업을 했던 신광철은 시장경제에서 스스로 살아갈 수 있다
는 자신감을 다음과 같이 구술하고 있다.

저는 뭔가를 할 수 있는 신심이 생겼기 때문에 (한국에) 온 겁니다. 저 사회는… 사회주의가 관리(하는) 자본주의 체제는 비정상이다. 자본주의가 되든지 사회주의가 되든지 할 것이다. 결국 망하는 길밖에 없다. 미래가 없다. 중국에 있으면서 (그런) 확신이 섰기에 … 내가 가진 기술로 얼마든지 새로운 세상을 얼마든지 살아갈 수 있다. 사회주의보다는 이런 세상에서 더 잘 살아갈 수 있다. 나 스스로.

본 연구는 식량난민 이후 새로이 등장한 '직행파 탈북이주자(North Korean migrants escaping directly from North Korea)'에게 초점을 맞추어 이들의 탈북 과정을 노동이동의 맥락에서 살피고자 하였다. 선행연구에서 탈북이주의 결정요인, 과정 그리고 유형에 대한 연구들은 전혀 이루어지지 않고 있다는 점에 착안하여, 북한에서 출발하는 사람들이 탈북이라는 특수한 형태의 이주 행위를 하기 전까지 어떤 과정을 거치는지 살피고자 하였으며, 특히 이 연구는 북한주민의 탈북결정요인을 북한내부에서 시작한 '노동이동(labor mobility)'의 맥락에서 분석하고자 하였다.

이 연구는 북한체제의 구조변동과 이에 수반되는 북한내부에서의 노동이동을 새로운 '직행파 탈북이주자(North Korean migrants escaping directly from North Korea)'의 탈북의 발생배경이라 가정하고 북한사회경제를 구획하는 공식/비공식, 시장/국영부문의 네 가지 영역을 분석틀로 하여 직행파 탈북이주자 23사례의 노동이동 양상과 탈북원인을 분석하였다.

남녀 모두 첫 직장을 국영경제부문(the North Korean formal economy sector)에서 시작하지만 남녀는 다른 경로를 걷게 된다. 여성 연구참가자들은 권력과 혈연이나 혼맥관계가 있는 소수를 제외하고는 20대 초중반에 결혼한 이후에는 비공식 시장경제영역(the informal market economy sector, IV)으로 이동해 장사에 종사하였다. 반면에 남성들은 비공식 시장경제영역뿐 아니라 비공식 국영경제 부문(the informal state economy sector, III)이나 공식 시장경제부문(the public market economy sector, II)으로 향하는 마치 부채살처럼 뻗쳐나가는 형태의 노동이동의 흐름을 보였다.

　남녀주민 모두 첫 직장은 공식부문인 국영경제(I)에서 시작하지만, 점차 시장경제가 혼합되어 있는 영역, 즉 공적시장경제부문(II)이나 비공식국영경제(III), 비공식 시장경제(IV)영역을 향해 이동하게 된다. 남녀를 막론하고 이 같은 시장 혹은 비공식영역을 향한 이동하는 이유는 무엇인가? 그 이유는 당간부나 행정간부를 맡은 극소수를 제외한 국영경제 영역에 속한 근로자들은 배급이 제대로 이루어지지 않아 기본적인 생계를 유지할 수 없기 때문이다. 북한노동자들은 생계유지가 가능한 시장경제 영역의 일자리나 벌이를 향해서 이동한다. 이 때 어떤 방향으로 움직이는가에 따라, 북한노동자들은 집단노동참여형, 개인이익추구형으로 갈리게 된다.

　'집단노동참여형(the collective labor participation type)'의 핵심키워드는 '권력'과 '인정'이다. 경력추구형(the career-seeking type)은 관리자로서 리더십을 갖고자 하며 전문가로서 인정을 받고자 한다. 그런데 공동체 자체의 미래가 불투명하고 회의적일 때, 자신과 가족의 진로가 장벽에 부딪혔을 때, 자신의 안전이 국가권력으로부터 위협받고 있다고 느껴질 때 그들은 탈북을 선택하게 된다.

　'직업유지형(the job-keeping type)' 역시 국가를 위한 노력이 무용하다고 느낄 때, 희생해도 공동체의 미래가 없다고 느낄 때 탈북을 선택한다. 두 유형 모두 자기 인식(self awareness)과 정체성(identity)이 변해 탈북한 것이 아니다. 단, 공동체를 위해 자신의 위치를 떠나지 않고 사회적 집단 노동에 참여해온 자신의 노력이 부정당하고 자신과 가족의 진로(career)가 막히고 앞으로도 공동체의 전망이 없다고 판단해 탈북을 선택한 것이다.

　반면에 '개인이익추구형(the personal benefit pursuit type)' 행위자들은 북한 내에서 노동이동을 하는 가운데 이미 가치체계의 전환을 경험한 사람들이다. 그들은 돈의 개념에 대해 과거와 달리 사고한다. 국가가 정해준 길을 벗어나 집단에서 나와 스스로 자신의 길을 찾아 '자발적인 노동이동(voluntary labor mobility)'을 통해 한 개인으로 살고자 한다. 그 길이 기업이든, 장마당이든 정권기관이든 가리지 않고 과거 사회주의사회에서 내재화되었던 명분에 얽매이지 않고 자신의 개인적 이익을 추구하고자 한다. 한국이주도 이러한 노동이동 과정의 일부로 인식하고 자신감을 보이기도 한다. '개인이익추구형'들은 과거 식량난민 세대들이 돈에 대해 가졌던 '양가적 심리(ambivalent mind)' 상태를 이미 벗어났고, 스스로의 경쟁력을 인식하면서 시장경제에 대한 우호적 태도를 체화하며 과거 사회주의적 근로자로서 가졌던 가치를 버리고 한 개인으로 경쟁하면서 세상을 살아가고자 한다.

앞에서 제기했던, 사회의 체제변동과정에서 발생한 북한 내 노동이동의 활성화가 탈북현상과 인과관계가 있는가라는 질문으로 다시 돌아가 보자. 식량난민 이후 새로이 등장한 '직행파 탈북이주자'에게 초점을 맞추어 이들의 탈북과정을 노동이동의 맥락에서 살펴본 결과, 보다 나은 소득을 찾아 다양한 형태로 이동하는 북한주민들의 노동이동은 탈북현상의 중요한 요인으로 작용하고 있었다.

북한 내부에서 연구참가자들의 노동이동 경로를 분석한 결과, 북한내부에서의 직업이동의 방향은 공식부문 국영경제(I)에서 공적시장경제부문(II), 비공식국영경제(III), 비공식 시장경제(IV)영역을 향해 부채살처럼 뻗어나가고 있었다. 국영경제 근로자들이 기본적인 생계를 유지하기에도 어렵기 때문에 개인의 이익을 추구하면서 시장경제 영역의 일자리 혹은 벌이를 향해 이동하는 경향성이 뚜렷하다. 그렇지만 국영경제부문에서 배치된 직장에서 이동하지 않고 집단노동에 참여하는 노동자들도 발견되었다.

이 연구는 노동이동 유무에 따라 직행탈북이주 사례들을 집단노동참여유형과 개인이익추구유형의 두 가지로 대별하였으며, 다시 이들을 상향이동여부 및 이동의 정착지에 따라 경력추구형, 직업유지형, 장마당형, 정권기관형, 기업활용형의 다섯 가지로 분류하였다. 각 노동이동 유형별로 탈북사유를 분석한 결과, 이들에게는 북한에서 밀어내기 요인과 한국으로 가면 더 잘 살 수 있다는 유인요인이 복합적으로 작용한다. 그러나 집단노동참여유형에게는 북한당국의 탄압 등 밀어내기 요인(push factor)이 더 강하게 작용하였으며, 개인이익추구형에게는 밀어내기 요인과 더불어 한국에 가면 더 잘 살 수 있다는 기대감이 탈북에 유인요인(pull factor)으로 더 강하게 작용하는 것으로 보이는데, 이 같은 개인이익추구형의 자신감의 밑바탕에 깔려있는 것은 북한 내 노동이동 경험이다. 이 연구에서는 연구범위가 북한에서 탈북에 이르는 과정까지 한정되지만, 공간적 범위를 중국 내 탈북자들에게까지 확장할 수 있었다면 이 같은 경향은 더욱 뚜렷하게 드러날 것으로 생각된다.

결론적으로 이 연구는 북한 내부에서 이루어지는 지역 간, 부문 간의 '노동이동'의 활성화가 직행파의 탈북행위를 추동하는 데 중요한 배경요인으로 작용하고 있음을 확인할 수 있었다. 그러나 한국으로 들어오는 북한출신주민 중에 직행파가 절반에도 미치지 못하고 계속 줄어드는 상황을 미루어볼 때, 아직 북한 시장경제의 활성화가 체제 내에서 어떤 방식으로 발전하는지가 불투명한 상태에서 연간 천여 명대의 탈북자 발생을 근거로 수년 내 북한체제가 당장 붕괴하거나 급변사태의 전조라고 해석하는 것은 적절하지 않으나 직행파의 탈북추이에 대한 지속적인 관찰은 향후 북한사회변동과 관련하여 지표로서 중요한 의미가 있다고 보인다.

〈부표 7-1〉 남성연구참가자들의 탈북사유

직종	직종세부	사례	탈북사유
집단 노동 참여 형	경력추구형	사례 1 기업소 행정간부	개인과 북한의 미래가 보이지 않아서
		사례 2 의사	친구의 탈북으로 인한 감시
		사례 3 인민위원회 부원	진로가 막혀서
		사례 8 노동자 겸 세포비서	자녀의 탈북
		사례 9 지방산업 노동자	북한의 미래가 안 보여서
		사례 11 러시아파견노동자	러시아에서 한국방송 청취 적발로 인해서
	직업유지형	사례 6 운전기사	친척의 탈북
		사례 7 기술자	북한의 미래가 안 보여서
개인 이익 추구 형	생계형 장사	사례 10 중국취업(불법)	처벌의 두려움과 신변안전
		사례 12 현실체험자	사촌의 탈북 후 진로가 막혀서
	정권기관 외화벌이	사례 4 금광개발업자	소속 조직의 간부들이 성녹화물 단속에 걸린 것에 연루되어
	기업활용형	사례 5 사진업자	시장경제 동경
합계: 12명			

〈부표 7-2〉 여성연구참가자들의 탈북사유

직종	직종세부	사례	이동	탈북사유
집단 노동 참여 형	경력추구형	사례 2 연합기업소 부기	I×	가족의 탈북
		사례 3 무역관련 간부	I→II (비자발적 이동, 국가명령)	신변 안전을 위해(사고 대비)
	직업유지형	사례 9 여맹위원장	I↔IV	탈북한 딸을 찾으러 갔다가 구속
		사례 10 편의사업소	I↔IV	미상
개인 이익 추구 형	생계형 장사	사례 4 밀무역상	I→IV	화폐개혁 충격과 장사를 위해 좋은 조건을 찾아
		사례 5 미용사	I→IV	김정은 이후 북한의 미래가 없다고 생각되어
		사례 6 되거리꾼	I→IV	화폐개혁, 아들의 수배, 추방, 사업이 안됨
		사례 7 담배제조업자	I→IV	미상
		사례 8 연유상	I→IV	본인의 장사실패와 남편의 간부 승진 실패로 인해
	정권기관형	사례 1 외화벌이 부기	II	회사일로 인한 사고
	기업활용형	사례 11 철강판매업자	I→IV →III	개명한 세상에서 살고자
합계: 11명				

제2부
북남이동과
직업전환

여는 글_ 다시 생존의 경쟁선에 서다

북한에서 남한으로 온 북한출신 근로자들은 다시 생존의 경쟁선에 서게 된다. '제8장 아! 대한민국과 조기정착'부터 '제11장 일터, 타자들의 공간'까지 는 탈북이주 1세대인 식량난민들이 겪었던 한국 노동시장 적응기이다. 1990 년대 고난의 행군 시기에 기아를 견디다 못해 식량을 구해 북한을 떠났던 식량난민들이 2000년대 초반에 한국에 온 후 겪어야 했던 입국과 구직, 취업 눈높이의 파행적 형성 그리고 일터 정착에 이르는 일련의 과정을 기술하였 다. 국가의 직업배치밖에 몰랐던 이들은 자신에게 동남아 외국인 노동자들 이나 취업하는 염색공장에 자신을 알선한 국가 즉 고용센터의 직업상담원에 게 배신감을 느끼기도 하며, 직장에 들어간 이후에도 이질적인 노동관행과 직장문화에 부딪히면서 이직이나 파국적인 해고를 경험하기도 한다.

하지만 그 와중에서도 북한사람들은 남한에서 다시 성공을 꿈꾸게 된다.

성공과 타락

대한민국에서 성공했는가는 특별히 부자가 되거나 그런 게 아니고 저 는 성공이라면 대한민국 사회에서 정부에서 주는 보조금이 없는 상태에

서 나 혼자 자립해 정확한 월급을 받고, 수입이 제대로 있고, 가정이 안착
되고 정부에 내는 세금을 다 바치고, 질서 같은 거 다 지키면서 사는 것을
성공이라고 하고 싶어요. ─박미향(여성, 30대, 면접당시 생산직 노동자)

처음에는 이 사회에 적응하겠다, 성공하겠다는 의지를 확고하게 가지
다가 자꾸 배척당하다 보니 이 세상에서는 내가 아무리 노력해도 되지 않
아 라고 생각하게 되어요. 그러면 남는 건 악밖에 없지. 탈북자라서 항상
무시만 당하지 열심히 노력해도 그게 그거고, 술이나 먹고 살아가자. 이
런 것이 타락이다. ─김윤홍(남성, 30대, 면접당시 구직자)

북한사람들이 말하는 성공이란 무엇인가? 그들에게 있어 성공이란 '보조
금이 없는 상태에서 자신이 버는 수입'으로 살아갈 수 있는 것이며, '가정이
안착(=안정)되는' 것이다. '타락'이란 성공하겠다는 마음을 포기하고 의지마
저 저버린 자포자기 상태이다. 이처럼 '성공과 타락'은 북한출신주민이 정착
과정에서 삶을 설명하는 의미 있는 개념이며, 적응과 부적응을 표상하는 어
휘이며, 그들 스스로의 운명을 스스로 개척하는 데 있어 중요한 개념이다.
그런데, 성공을 하기 위해, 돈이 하늘에서 뚝뚝 떨어진다고 생각되는 대한
민국에 들어온 북한사람들을 기다리고 있는 것은 완전히 별세계이다.
문제는 북한과는 완전히 다른 직업세계에서 적응하는 일이다. 이제 북한
출신근로자들은 과거 북한에서 해왔던 일이나 직업지위에 대한 생각은 버리
고 새로운 일을 해야 한다. 의사는 노래방 점주가 되고 청소노동자가 되기도
한다. 제12장은 서울시 거주자 413명의 자료를 토대로 하여 북한에서 중국
그리고 남한으로 이동하면서 겪었던 직업전환 과정을 분석하였다. 이어서
제13장과 14장은 북한출신 근로자들을 채용하는 기업들이 항시적 인력부족
업체임을 밝히고, 이들 기업이 외국인이나 내국인에 비교하여 북한출신 근
로자들을 어떻게 평가하고 있는지를 살펴보았다. 북한출신근로자들을 고용

한 기업에서는 추가 채용의사를 밝히고 있지만 이들이 내국인이 기피하는
열악한 근로조건의 기업이라는 점에서 사회통합에 있어 어두운 전망을 던지
고 있다.

8장_ 아! 대한민국과 조기정착
: 식량난민 세대들의 입국을 중심으로

1. 국적취득과 신분상승

북한출신주민이 대한민국에 올 때 가진 생각은 무엇일까? 와서 무엇을 하려고 오고 어떤 기대를 갖고 들어오는 것일까. 한국에 와서 무엇을 하고 어떻게 살려고 했느냐 물어보았다. 그들 대부분은 해보고 싶은 것이 없거나 별 생각이 없었고, 나아가 어떻게 돈을 벌자는 생각도 없었으며, 단순히 돈을 벌고 싶었다고 대답했다.

처음에 올 때는 딱히 해보고 싶은 것은 없었어요. 한국에 가면 자본주의니까 돈 많이 벌어야 한다. 올 때는 그 어떤 것도 다 감수해서 우선 돈 벌자. 밑바닥에서 시작해서라도. ─문예봉(여성, 33, 면접당시 구직자, 북 전차기능원)

올 때는 깊이 생각을 못했어요. 중국에서 6년을 살면서 너무 많이 힘들었어요. 그때까지는 한국에 가서 무엇을 하겠다, 그런 생각은 못하고 저의 욕심은 일단은 한국 국적을 취득하겠다였죠. 그런데 한국에 와서 보니

까 그 생각이 달라지더라구요. 국적을 취득하니까 하나 가지면 하나 더
가지고 싶은 게 사람의 욕심인가 봐요. 지금은 돈도 많이 벌고 싶어요.
(류경, 여, 27, 면접당시 구직자, 중국에서 사무원)

'일단은 너무 많이 힘들었다'는 말에 담긴 의미는 무엇일까? 대한민국 국적
을 취득하기까지 북한인으로서 중국에서 당한 어려움에 대해 30세 된 남자
의 이야기를 들어보자.

불과 3년 전까지만 해도 이런 자리에 있으리라고 생각 못 했습니다 …
(중략) … 조선 남성인데 우리 여성이, 조선의 어머니들이 외국 남자들에
게 짓밟히고 그거 하나 지켜주지 못한다는 게 원통해서 막 울었어요. 남
편들이 와서 칼에 맞고. 중국에 넘어와서 그런 것을 보면서 눈물이 났고.
고발하고. 찍어 죽이고. 여기서 고지식하게 살면 못산다. 우리 약혼자도.
제 여자 친구가 납치되어서 얼굴이 이쁘게 생겼는데. 저도 악을 먹고 강
도질하고. 하루 살아도 먹고 싶은 것 다 먹고 살아야겠다. 잡혀가 죽고.
그래서 타락해지고 탈북자들이 본심이 나빠서가 아니고. 깡패들이 들어
와서 여자만 갖고 가고. (제 여자 친구가) 노래방에서 몸 파는데 내 몸 다
버렸기 때문에 북한 가자해도 안 가겠대요. (중략)

세상은 공평치 못하다. 북한에서 인권도 없이 살다가 자유롭게 살고
싶어서 왔는데 살자고 중국으로 넘어왔는데. 일하면 돈도 안 주고. 나도
부자가 되고 싶고. 나도 통일되고 뭔가 해야 되는데 이 땅에 하나님이 계
셨으면 좋겠다. 이놈들은 잘 먹고 잘 사는데 우리는 언제 죽을 줄 모르는데
내가 작가가 아니라서 다 말로 표현을 못하겠는데 이 새끼들은 지옥을 보
내야 된다 … (중략) … 그러면서 끌고 왔는데. 국경 넘을 때 추격당하고.
경찰한테 쫓기고 하니까 … 한국사람, 일본사람 오면 중국사람들이 사장
님, 사장님 하는데 (북한사람들은) 인간 취급을 못 받았어요. 그런데 순간
에 처지가 바뀌어진 거예요. ─최정민(남, 31, 면접당시 구직자, 북 군인)

이처럼 북한인으로서 대한민국 국적을 취득한다는 것은 '순간에 처지가 바뀌는 것'을 의미한다. 경찰에게 쫓기고 깡패에게 죽임을 당하면서 언제 죽을지 모르는 생명의 위협으로부터 벗어나는 것은 물론, 여성의 경우에는 성적 약탈이나 위협으로부터 자유스러워진다는 특별한 의미가 있는 것이다. 그것은 또한 중국인들에게 인간 취급을 못 받고 무임노동을 강요당하던 불법적인 체류자의 신분에서 '사장님 대접을 받는 부자 나라의 국민'으로 신분이 껑충 뛰어오른다는 신분상승의 의미까지를 아우르는 감격적인 것이다.

최정민 씨가 말하듯이 북한출신주민에게 있어서 대한민국 국민이 된다는 것은 위기적 상황으로부터의 탈출, 곧 '~로부터의 자유'를 의미하는 것으로써, 북한과 중국에서의 비참한 생활로부터 벗어난다는 의미로서 이탈주민들은 한국 국적 취득을 당면한 최우선 목표로 삼을 수밖에 없었다. 그런 처지에 있는 북한출신주민에게 '대한민국에 와서 무엇을 하고 싶냐'라는 질문은 사치스러운 질문일 수 있다. 그런 상황 탓인지 북한출신주민은 '한국이라는 자본주의 사회'에 대한 이해가 대단히 피상적이다. 그들은 남한사회를 자기 나름대로 이해해버리고 쉽게 자신감을 가지고 큰 어려움을 겪지 않아도 돈을 벌 수 있는 것으로 생각하는 경향이 있다.

> 저는 한국에 오면 돈이라는 것은 쉽게 벌 수 있다고 생각했어요. 아무런 문제가 없다. 한국은 민주주의 국가고 일한 만큼 돈을 벌고, 부자가 될 수 있다고 하니 나도 몇 년 만 열심히 일하면 큰 부자가 될 수 있다. 한국에 대한 소식을 많이 들었어요. 돈을 벌 수가 있잖아요. 한국에서는 아침에 일해서 저녁에 퇴근할 때 돈을 벌 수가 있잖아요. 그래서 한국에 가면 돈 버는 것은 쉽다. 이렇게 생각했어요. —서원평(남, 30, 면접당시 인쇄소 직원, 북 외화벌이)

> 어떤 기반이 중요한 게 아니잖아요. 몇 년 동안 살았다고 해서 그 사람

이 나보다 앞서간다는 보장이 없어요. 집중해서 틈을 잘 파고들면 얼마든지 누구보다도 월등할 수 있어요. ─최은영(여, 33, 면접당시 대학생, 북부기).

대한민국 국적을 취득했을 때 그들이 느끼는 감격과 기대감은 말할 수 없이 크다. 하지만 하나원에서 나옴과 동시에 한국사회에서 뿌리를 내리고 살아가려고 애쓰는 그들은 수많은 장벽에 부딪혀야 한다. 그들의 감격과 기대는 서서히 식어가기 시작한다.

첫 취업의 경험: 남한사회의 냉정함 배워가기

첫 취업경험은 매우 중요하다. 북한 사람들은 남한 사람들의 속을 알 수 없다는 말을 자주 하는데, 북한출신주민에게 있어서 직장생활이야말로 남한 주민들의 속내와 남한 사회를 제대로 이해할 수 있는 가장 중요한 계기임에 틀림없다. 취업을 해야 비로소 남한 주민들과의 피상적인 관계를 벗어나 남한 주민들이 무슨 생각을 하는지, 남한 직장에서의 노동의 강도가 어떤지를 체험적으로 알 수 있고, 남한 사회가 얼마나 냉정한 사회인지를 알게 된다고 한다.

그러면 남한 사회에서 첫 직장의 경험은 어떻게 시작되나? 북한출신주민의 첫 직장을 알선하는 사람들은 누구일까? 상식적으로는 고용안정센터에서 북한출신주민의 취업보호를 담당하고 있는 취업보호담당관, 즉 직업상담원이 그 일을 하리라고 예상을 한다. 그러나 뜻밖에도 신변보호담당관, 곧 담당경찰관이 주로 첫 취업알선을 하고 있었다. 아니면, 입국 이전 제3국에서부터 알고 지냈던 알고 있던 지인들이 그 역할을 담당하기도 한다.

사례를 통해 본 바로는 신변보호담당관이 첫 취업을 알선해주는 경우가 많았다. 그렇다면 신변보호담당관들이 왜 본연의 업무와 상관없는 일을 하게 되는 것일까. 그리고 신변보호담당관들은 주로 어떤 직종을 알선하고 있으며, 북한출신주민은 첫 직장에서 어떤 경험을 하며 직장에 대한 만족도는 어떠할까?

> 첫 직업으로 주차장 아르바이트를 했는데, 돈 받는 일을 했어요. 그게 대한민국에 와서 첫 직업이에요. 담당형사님하고 주차장 사장님하고 친구더라구요. 그러면 아르바이트를 해 보겠는가 물어보더라구요. 하겠다고 했더니, 바로 출근해라 하더라구요. 바로 출근했어요. 한 3개월 정도 일했나. 하나원을 2월 말에 졸업하고 3월에 지방으로 내려가서 6월까지 일했어요.
> 그때는 차종 이름도 몰랐어요. 소형·중형·대형 얼마나 많아요. 주차장은 버스도 드나드는 큰 주차장이거든요. 경차는 주차요금이 50% 할인되잖아요. 저는 그런 것도 몰랐어요. 금액이 나오면 DC를 해주어야 하는데 상대방도 모르는 사람이면 그냥 가는데 왜 이렇게 나오냐고 하더라고요. DC란 말도 몰랐어요. 사람들과 많이 싸웠어요. 모르면 그럴 수도 있다. 사장님이 저를 불쌍히 여겼죠. ―이혜룡(남, 30, 면접당시 기계공, 북 노동자)

> 담당 형사님의 도움으로 어느 음식점에 들어갔어요. 성실 하나로 인정받았어요. 그런데 있으면서 서빙하는 사람들의 생활이 안 좋은 것을 알게 되었어요. 같이 일하는 언니가 담배 피우고, 퇴근 후에 손님들이랑 나가고, 거기 있으면 돈에 빠지게 되고 안 좋은 데로 빠지겠다고 생각했어요. 돈은 괜찮았어요. 월급만 90만 원에 팁이 10만 원, 20만 원이 더 붙었어요. 그래도 그만뒀죠. ―박미향(여, 30, 면접당시 구직자, 북 전차공)

박미향 씨나 이혜룡 씨 두 명의 사례에서 보듯이 신변보호담당관들은 자신이 보호하는 북한출신주민이 요청하면 신변보호담당관 자신이 알고 있는 서비스업의 업주나 친구들에게 부탁해서 북한출신주민의 취업을 알선하고 있었다. 두 사람 다 신변보호담당관이 취업을 알선한 경우인데 주차요원과 음식점 종업원으로 취업하였다. 이혜룡 씨는 직업훈련을 받기 위해, 박미향 씨는 '안 좋은 데'로 빠지게 될까 봐 3개월간 일한 후 이직했다고 밝히고 있다. 이처럼 북한출신주민이 취업하는 첫 직장은 이직률이 아주 높고 일손이 항상적으로 부족한 요식업, 배달업, 주차관리 등 단순 서비스 직종에 주로 취업하는 경우가 많았으며, 어떤 문제에 부딪히는 경우 북한출신주민들은 쉽게 직장을 그만두곤 하였다.

언어, 북한출신이라는 인식표

북한출신주민은 '언어가 통하지 않는다'는 표현을 의외로 많이 했다. 첫 정착기간 6개월간 가장 스트레스를 많이 받는 영역이 언어라고 말한다. 그러면 언어 문제가 어떻게 첫 직장에서 나타나는지 살펴보자.

> 하나원에서 나온 지 한 달 후 담당형사의 소개로 부산횟집에 들어가서 서빙을 3개월 동안 했어요. 그런데 이상했어요. '상추'라고 말해도 나에게는 '향추'라고 들리는 거예요. ─박미향(여, 30, 면접당시 생산직 노동자, 북 전차기능원)

북한출신주민은 같은 한민족인데도 불구하고 남한 말이 이상하게 들린다고 한다.

> (하나원에서 나오자) 대한민국에서 직업을 찾고자 꿈에 부풀어 있었어요. 그때 슈퍼에 들어갔는데 북한에서는 '세척제'라고 하면 다 통하고 미원은 '맛내기'라고 하면 다 끝나는데 슈퍼에 가서 물건을 보면서도 이름을

몰라서 못 사는 거예요. 이래서 내가 어디에 가서 무얼 하겠나 하는 생각
이 들었어요. 최하층 서민들이 살아가는 곳에서 유통을 배우려고 시장에
서 일자리를 구하게 되었죠. 6개월 지나니까 물건 이름도 알게 되고 자본
주의가 어떻게 돌아가는지 알게 되었죠. ―최정민(남, 31, 면접당시 자영
주, 북 군인)

경상도와 전라도의 언어 차이가 주로 억양과 발음의 음운학적인 차이에서
비롯된 것이라면, 남북 간의 언어 차이는 음운학적 차원뿐 아니라 의미의 차
이까지 아우르는 것으로서 그 간극이 매우 크다. 다음의 사례를 보면 용어
사용의 차이 이상의 문화적 장벽이 가로막고 있음을 알 수 있다.

언어가 잘 통하지 않으니까. 그게 힘들었고 오해를 많이 사게 되었죠.
경상도 지방에 내려갔을 때는 하루가 멀다 하고 싸움을 했어요. 오해가
생겨서요. ―이혜룡(남, 30, 면접당시 기계공, 북 노동자)

언어가 통하지 않았기 때문에 오해를 했고, 그래서 싸움을 하게 되었다고
밝히고 있다. 일반적으로 사람들은 외국인들과 말이 통하지 않아서 싸우는
경우는 없다. 그렇다면 어떤 언어상의 문제 때문에 싸움으로 번지게 되는 것
일까. 한 북한출신주민의 말에서 그 단서를 찾을 수 있었다.

(남한에) 3년 동안 있었지만, 지금도 말은 못 고친다. 현재는 많이 부드
러워졌다. 쓸데없이 '농질'을 하는 것은 북한 사람들에게는 무시하는 게
된다. 그런 문제로 남한 사람들과 싸움도 많이 했다. ―김윤홍(남, 31, 면
접당시 전산원, 북 탄광사무원)

그렇다면 이런 언어문화의 차이가 직업장면이나 직장에서는 어떤 양상으
로 나타날까. 언어가 직장에서의 업무에 미치는 영향에 대해 무역사무원으

로 일했던 한 북한출신여성의 이야기를 들어보자. 그녀는 첫 직장에서 "일단은 언어 때문에 많이 속상했어요" 라고 잘라 표현한다.

> 구술자: 전화 건 사람에게 왜 나에게는 말을 안 하냐고 물어보면, "당신은 조선족이라서 몰라." 이렇게 말하는 거예요. 제가 왜 조선족이냐고 저도 한국 사람이라고(얘기하다 다소 절규하듯이 흥분하는 태도를 보이면서) 따졌다. 그런데 우리 사장님이 당신네 업체에서 일하는 게 누구냐고 물어보면 조선족이라고(거래처에) 얘기했나 봐요. 솔직히 한국의 언어와 북한의 언어는 똑같잖아요. 내가 화가 나서 내가 왜 조선족이냐고 그랬어요. 일단은 언어가 많이 속상했어요.
> 연구자: 대인관계에서 어려우신 점은 없으셨어요?
> 구술자: 위축되죠. 일단 대인관계라고 하면 저를 다 중국 애로 알았으니까요. 언어를 구사하기가 힘들잖아요. 그래서 말을 안 하고 위축되어 있었어요.
> 연구자: 자신 있게 하셔도 괜찮아요.
> 구술자: 나라가 못 살아서. 중국에 있을 때 한국 분들이 와서 괜히 얼굴도 제대로 안 주고 그러잖아요. 한국은 잘 사는 나라니까 우대를 받는데 북한은 못 사는 나라니까.
> —류경(여, 27, 면접당시 구직자, 중국 사무원)

류경 씨의 사례가 잘 보여주듯이 북한출신주민이 직장에서 말을 못하고 위축이 되는 표면적인 이유는 언어 때문이었지만, 근본적으로는 그녀가 북한 출신이기 때문이었다. 이와 같은 언어상의 문제는 앞으로 전개될 구직활동이나 재취업 장면에서는 보다 심화된 양상으로 전개되는데, '북한 출신'이라는 언어상의 인식표를 감춤으로써 불이익을 당하지 않으려는 북한출신 주민들의 안타까운 노력들이 직장에 들어간 후나 구직과정에서 계속된다.

2. 남한사람의 성공과 북한사람의 성공

2003년 3월 어느 날 북한이탈청년들이 주로 모이는 한 온라인 카페 게시판에는 "어 흥~~~~" 하는 호랑이 포효소리와 함께 자신의 승진을 자축하는 한 젊은이의 글이 올랐다.

> "어 흥~~~~"
> 드디어 드뎌 저도 해냈음다.
> 오늘 사내 승진 발령을 받았음다.
> 축하해주세요.
> 종각의 옥토버훼스트 회식자리에서 동료들의 환호소리 아직 뭔가에 홀린 듯 실감이 안 나지만 정신 나갈 것만 같은… 휴~~~
> 그에 걸맞은 대만족의 연봉 계약 협상 시 승진 발령에 대한 얘기를 듣고 흥분해 아무 일도 안 하고 미친넘처럼 서성 허덕이다가 회식자리에서 다른 승진 동료들과 같이 받았는데도 젤 축하의 인사를 받으니 감동 그 자체… 휴~ 뭐라고 표현해야 하죠?
> 뒤돌아보니 정신없이 달려왔네요 (모 북한출신주민단체의 게시판)

이 글에 대한 반응은 뜨거웠다. '남한 사람의 안 좋은 감정을 깨고, 아름다운 북한이탈주민의 모습을 보여달라'는 주문부터 '살아온 문화와 사고방식이 다른 이 사회에서의 거둔 당신의 자그마한 성공은 같은 탈북자로서 큰 성과라 본다'는 격려와 칭찬의 글로 게시판이 달아올랐다. 승진의 주인공이 이 북한인 모임의 임원이어서 그러기도 했겠지만, 워낙 북한출신주민에게 있어 '직장에서의 승진'이란 그만큼 드물고 성공적인 정착의 상징이라고 할 만큼 '아주 뜻깊은' 사건이었기 때문이다.

남한 사람들로서는 일상적인 작은 성공 하나가 그들에게 '아주 큰 성공'이자 '우리의 성공'으로 받아들여지는 이유는 무엇일까. 그만큼 조심조심 유리

벽을 넘어서 남한 사회의 직장에 정착하는 것이 쉽지 않기 때문이다. 지원금을 받는 '사회적 불구자'의 신분에서 자립하여 '직장에서 승진하고 정착하는 것'을 그들 스스로도 가장 당당한 성공으로 뜻깊게 여기고 있는 것이다.

'성공'이라는 어휘는 북한출신주민이 남한 정착 과정에서 아마도 가장 의미 깊게 쓰는 어휘 중의 하나일 것이다. 연구자들은 북한출신주민의 상황을 외부에서 가리켜 적응, 부적응으로 정의하는 데 비해 내부자인 북한출신주민들은 자신들의 정착 목표를 '성공과 타락'으로 정의한다. 그들은 타락이라는 용어를 가끔씩 쓰는데 맥락으로 보건대 진로 주제를 '성공과 타락'으로 표현해도 무방할 듯하다. 북한출신주민의 진로상담 과정에서 그들 스스로 성공과 타락이라는 용어를 의미심장하게 사용하는 것을 여러 번 보았고, 성공 사례 발표 시 가장 많이 등장하는 용어가 바로 '성공'이었다. 왜 그들은 이렇게 성공에 대해 자주 말하는 것이며, 그들이 정의하는 성공은 남한 사람들이 말하는 성공과는 같은 것일까? 여기서 그 차이를 들여다보자.

남한 사람들의 성공, 북한 사람들의 성공

2004년도의 대한민국을 살아가던 남한 사람들에게 있어서 성공이란 돈으로 계량화할 수 있는 개념이었다. 당시 서점의 베스트셀러 서가에는 '10억 모으기'와 '재테크'를 다룬 책들이 빼곡하게 채우고 있었다. 월급을 꼬박 모아서 종자돈을 마련한 후, 그것을 잘 불려서 5억~10억 원까지 재테크를 통해 모으면 그것이 곧 성공이라는 분위기다. 그즈음 가장 잘 나갔던 10억 시리즈들이 이러한 분위기를 반영하는 사회적 현상이었다.

반면에 제조업 회사에서 일하는 박미향 씨는 북한사람들이 말하는 성공의 의미를 다음과 같이 정의하였다.

대한민국에서 성공했는가는 특별히 부자가 되거나 그런 게 아니고 저는 성공이라면 대한민국 사회에서 정부에서 주는 보조금이 없는 상태에서 나 혼자 자립해 정확한 월급을 받고, 수입이 제대로 있고, 가정이 안착되고 정부에 내는 세금을 다 바치고, 질서 같은 거 다 지키면서 사는 것을 성공이라고 하고 싶어요.

그녀에게 성공은 '국가의 보조금이 없는 상태에서 자신이 버는 수입'으로 살아갈 수 있는 것이며, '가정이 안착(=안정)되는' 것이다. 이 같은 소박한 성공의 개념은 어디에서 비롯된 것일까? 여기서 보조금이란 「북한이탈주민 보호와 정착에 관한 법률」에서 정한 정착금 외에 고용지원금, 기초생계비와 같이 보호기간 5년 동안 받는 지원금을 의미한다. 현재의 북한출신주민이 이루기에는 너무나 힘겹고 지난한 과정을 거쳐야 할 뿐 아니라 그조차 가능할 것이라 믿기 어려운 게 현실이다. 주체가 남한 사람인가 북한 사람인가에 의해 같은 단어의 의미도 이렇게 달라지는 것이다.

성공과 타락

남한에서는 성공과 실패를 대비시키는 데 비해 북한 사람들은 성공의 반대어로 '타락'을 말한다. 그러면 김윤홍 씨의 입을 빌어 그들이 말하는 타락의 정의가 무엇인지 알아보자.

처음에는 이 사회에 적응하겠다, 성공하겠다는 의지를 확고하게 가지다가 자꾸 배척당하다 보니 '이 세상에서는 내가 아무리 노력해도 되지 않아'라고 생각하게 되어요. 그러면 남는 건 악밖에 없지. 탈북자라서 항상 무시만 당하지 열심히 노력해도 그게 그거고, 술이나 먹고 살아가자. 이런 것이 타락이다.

그들이 말하는 타락이란 흔히 말하는 '실패'와는 다르다. 성공하겠다는 마음을 포기하고 삶의 의지마저 저버린 자포자기 상태를 가리켜 그들은 '타락'이라고 했다. 이처럼 '성공과 타락'은 북한출신주민 스스로 자신의 삶을 설명하는 데 의미 있는 개념이며, 적응과 부적응을 표상하는 어휘일 뿐 아니라 그들의 진로개발에 있어 중요한 개념이다.

새로운 나의 발견

북한 사람들이 남한에 왔을 때 가장 크게 스트레스를 받는 부분은 '선택의 어려움'이다. 북한과 같은 집단주의 사회에서 경험하지 못했던 일들이 이제는 개인의 선택의 영역이 되기 때문이다. 자신이 의지에 의해 직업을 선택하고, 그 직업에 종사해서 성공이든 실패든 간에 개인이 책임을 져야 하는데 이 사실을 받아들이기가 집단주의 체제하에서 평생을 살아온 그들로서는 쉽지 않다. 우선 내가 누구인지, 내가 무엇을 원하고 무엇을 좋아하는지, 나의 적성이 무엇인지 알지 못하고, 알 필요도 없는 사회에서 살아왔다는 북한 고유의 사회화 과정에 기인한 것이다. 모든 것을 당이나 김정일, 김일성이 책임지는 사회에서 태어나고 살아온 사람들이기 때문에, 박상훈 씨는 남한에 온 후에도 어려움을 겪을 때마다 김정일을 원망했다고 한다.

> 과거에 굉장히 관료주의, 권위주의가 굉장히 강해 첨에 떨쳐버리지 못하고, 정착 과정에서 가장 어려운 것이 내가 누구인지 모른다는 것이었다. 과거 내가 이랬지. 여기 이 자리에 선 내가 누구인지 발견해야 되는데. 구두를 닦으면서 김정일이 개새끼지. 이런 직업밖에 못 얻어준 개새끼지. ─박상훈(남성, 36세, 당시 자영업자, 자유시민학교 대학의 성공창업 사례 발표회, 2003.5.11.)

박상훈 씨는 남한에 온 후 돈을 벌기 위해 가족들과 부지런히 노력한 끝에 정착금을 포함하여 약 3,000만 원의 돈을 정착 1년 만에 모을 수 있게 되었고, 이를 기반으로 창업하기에 이르렀다. 그는 그 과정에서 "나에게 이런 직업밖에 못 얻어준 김정일이 개새끼"라던 생각에서 '내 자신이 개새끼다'라는 의식으로 비약적 전환을 경험했다. 그것은 곧 내 자신이 개새끼가 되든 재벌이 되든 내가 스스로를 책임져야 한다는 생각으로의 전환을 의미하며, 이는 집단이 모든 것을 결정하고 받아들이기만 하면 되던 것으로부터의 분명한 결별을 의미한다. 즉, 집단주의 사회를 결별하고 개인이 책임을 지는 사회의 시민으로서 스스로 결정하며 그에 따른 책임을 받아들이는 것을 의미하는 것이다. 자신의 진로에 대한 자각이 맹아적인 형태나마 형성되는 순간이다.

> 그런데 알고 보니까 내가 개새끼더라구. 나라는 존재를 인정을 딱 하니까 편해졌어. 존재의 의미를 배우는 과정에서 승화되고, 잃어버린 시간에 대한 아쉬움이 있었지. 성공할 수 있다는 말을 안 쓰는 이유는 성공이 어렵기 때문이야. 통일이 되었을 때 고향에 갈 때 떳떳하게 돌아갈 수 있는… 부끄럽게 안 살았다고 말할 수 있도록.

그는 비로소 자신의 운명에 대한 책임을 '김정일이 아닌 자기 자신'에게 돌리면서 자신의 존재를 인정하는 삶의 의식의 전환이 일어나는 순간을 맞이하게 된 것이다. 진로발달이라는 관점에서 말하자면, '자신에게 알맞은 진로를 인식하고 선택하며, 계획하고 수행하는 것'을 스스로 인식하고 그 가운데 '자신이 누구인가'를 발견하는 자기 탐색 단계에 뒤늦게나마 들어선다는 것을 의미한다. 이 단계에 이르면 북한출신주민은 남한에서 살아가는 북한 사람으로서의 자신의 정체성을 찾고, 자신이 북한 사람이라는 것을 남 앞에서 떳떳이 밝히게 된다.

돈의 가치

북한출신주민에게 있어서 돈을 어떻게 볼 것인가의 문제는 갈등적 요인들
이 복합적으로 얽힌 문제이다. 그들은 북한에서 돈을 천시여기는 가치관에
사회화되어 왔으나 한편으로는 살기 어려워서 남한에 왔으며 남한 사회에서
는 조금만 노력하면 쉽게 돈을 벌수 있다는 환상을 가지고 입국했다. 그러나
자본주의 사회에서 자신들의 능력으로는 돈을 벌기가 매우 어렵다는 것 그
러면서도 자본주의 사회에서 돈 없이는 못산다는 사실에 직면해 있다. 그들
은 남한 사람들이 돈밖에 모르는 것 같다고 비판하고 그런 점에서 강한 불만
을 느끼면서도 자신은 돈을 벌기를 극도로 갈망한다. 이러한 심리에 관해 전
우택은 '겉으로는 돈을 중시 여기지 않는 것처럼 보이면서 속으로는 돈에 대
해 집착하는 태도를 보인다'고 말하고 있다.[1] 돈의 문제가 그들이 진로를 선
택해 나갈 때 매우 중요하게 작용하여, 지원금을 중심으로 한 현금지향적 가
치체계가 그들의 진로지향성에 영향을 미치는 닻(anchor) 역할을 한다.

자유시민학교의 졸업생들은 사회에 나간 이후에도 3개월마다 학교에 모
여 홈커밍데이를 갖는데 자신의 근황에 대해 이야기하거나 간단한 레크리에
이션 등을 하며 놀곤 한다. 홈커밍데이에서는 팀별로 "노래 가사 바꾸어 부
르기"도 하는데, 그 가사에는 그들의 다양한 가치의 지향이 잘 드러나 있다
고 생각되어 당시의 요약노트의 내용을 여기에 소개해본다.

"우리의 소원은 통일" 에 맞추어 개사곡

1절 우리의 소원은 통일
꿈에도 소원은 통일

---

[1] 전우택, 『사람의 통일을 위하여』, 오름, 2000.

이 목숨 바쳐서 통일
통일을 이루자

2절 우리의 소원은 돈벼락
꿈에도 소원은 돈벼락
이 목숨 바쳐서 돈벼락
돈벼락을 맞자

3절 우리의 소원은 정착
꿈에도 소원은 정착
이 목숨 바쳐서 정착
정착을 이루자

4절 우리의 소원은 사랑
꿈에도 소원은 사랑
이 목숨 바쳐서 사랑
사랑을 하자

돈벼락의 자리에 취업이나 창업이 들어갈 수는 없을까. 취업이나 창업의 성공사례의 경험들이 축적되어간다면 그 때는 가능할 것인가. 이제 북한출신주민의 대거입국이 시작한지 수 년에 불과한 2003년도 시점에서 북한출신주민의 남한 사회에서의 진로가치가 무엇인지 묻는다는 것은 시기상조일 것이다. 아직 그들의 진로는 아무도 가지 않는 길이며 가리워진 길이다. 돈벼락을 맞지 않더라도 그들 자신의 노력과 능력만으로 돈을 벌 수 있는 길을 열 수는 없을까.

9장_ 북한사람 남한에서 일자리 구하기
: 식량난민 세대의 노동시장 진입

1. 빗나간 기대: 공공취업지원

　대부분의 북한출신주민은 남한사회에 입국할 당시만 해도 자본주의 사회로 가면 쉽게 돈을 벌 것이라는 장밋빛 기대에 부풀어 있다가 첫 취업을 경험하면서 크게 좌절한다. 남한사회가 녹록하게 돈을 벌 수 있는 사회가 아니며, 일하고 싶다고 일할 수 있는 사회가 아니라는 점을 머지않아 혹독하게 깨닫게 된다. 첫 직장을 그만두면서 대부분의 북한출신주민은 직업훈련을 받게 되는데, 직업훈련을 받고 나면 새로운 기대를 가지고 취업을 시도해본다. 이즈음, 직업훈련에서 접하게 되는 기관이 바로 취업보호를 담당하는 각 지역의 고용안정센터이다. 고용안정센터를 통해 직업정보나 직업훈련 정보의 제공, 그리고 취업알선까지 받게 되는데 이 과정에서도 북한출신주민이 취업에 성공하는 경우는 매우 드물다. 취업보호담당관들은 그들 나름대로 북한출신주민을 '취업의지가 없고 지원금에 의존하려는 사람들'이라고 판단하는 경향이 있으며, 북한출신주민 역시 정부의 취업지원에 일정 정도의 기대를 가지고 왔다가 실망과 불만을 갖게 되고, 불만의 도가 심해지면 '너희들한테는 절대로 부탁도 안 한다'는 정도까지 나아가기도 한다.

구직활동을 열심히 한 어떤 북한출신주민의 이야기에 의하면, 북한출신주
민과 취업보호담당관 사이의 골은 의외로 깊었다.

> 노동부를 두세 번 갔어요. 취직이 안 되니까. (내 생각에 노동부 사람
> 들) 너네들 사람도 아니다 너네들하고 만나서 말도 안 한다… 중략… 북
> 한에서 왔다면 반갑게 맞이해줄 줄 알았어요. 그런데 정반대로 실망을 저
> 에게 줬거든요… 그 다음부터는 내가 너희들한테 절대 부탁도 안 한다.
> ─이혜룡(남, 30, 현 기계공, 북 노동자)

어떤 기대를 했다가 어떤 실망을 줬길래 자신의 취업업무를 담당하는 취
업보호담당관을 사람도 아니라고 했을까? 계속 그의 이야기를 들어보자.

> 북한에서 왔다니까. 이것밖에 할 일이 없다고 알선하더라구요. 염색하
> 잖아요. 통에다가 염색물을 놓고 발로 밟는 일을 하라는 거예요. 그냥 맨
> 발로. 몸에도 안 좋고, 내가 뭐가 못해서 이 일을 해야 하나 싶더라고요.
> 내 나이도 젊은데. 인도네시아사람이나 흑인들과 같이 그런 일을 해야 되
> 겠나.

이혜룡 씨가 불만을 가진 1차적 이유는 취업보호담당관이 알선해준 직업
의 질에 있었다. 그들은 남한 정부가 어느 정도 괜찮은 직업을 알선해주리라
는 기대를 가지고 품고 고용안정센터에 온다. 그런데 북한에서 왔다고 사람
을 얕봐서 외국인 노동자들이 몸으로 때우는 하찮은 일을 취업 알선을 했다
는 데 대해서 강한 분노를 표출하고 있다. 이혜룡 씨는 강한 의지를 가진 적
극적인 이십대 청년이었는데, 한국에 온 후 자동차 정비 직업훈련을 6개월
받은 후에 고용안정센터(2018년 현재 고용센터로 개명)에 취업을 의뢰하여

모두 세 번의 알선을 받았다. 염색공장에서 외국인 노동자들과 함께 맨발로 염색물을 밟는 일, 통근거리가 집에서 왕복 4시간이 걸리는 직장 등 세 번의 알선을 받은 후 그는 고용안정센터와는 발을 끊어버렸다.

여기서 두 가지 의문이 생긴다. 북한이탈주민 법에 의하여 북한출신주민을 채용하는 고용주들은 최대 매달 70만 원의 지원금을 정부로부터 받을 수 있었으며 이는 다른 취약계층과 비교하여 아주 유리한 고용조건이었다. 취업보호담당관은 보다 유리한 근로조건의 사업장에 북한출신주민을 알선할 수 있지 않았을까? 기능을 배우는 것도 아니며, 늘 일손이 모자라 불법체류 외국인 노동자들 외에는 선택의 여지가 없는 3D의 대표적 업종인 염색 공장 일을 알선한 것일까? 그 해답을 이혜룡 씨 자신의 말을 통해 유추해보자.

> 말이 취업담당 보호관이지 저만큼도 모르더라구요. 제가 찾아가니까 그제야 책을 꺼내 뒤적거리기에 북한이탈주민 업무를 오히려 제가 가르쳐주었어요. 이렇게 하는 거라고… 제가 그 지역에 있는 동안 취업보호담당관이 일곱 번이나 바뀌었어요.

그의 말을 그대로 수용한다면 취업보호담당관이 북한출신주민 취업업무를 미처 파악하지 못한 데에서 비롯된 미숙한 알선일 가능성도 배제할 수 없다. 문제는 순환보직을 시키는 고용안정센터의 정책상 북한출신주민을 담당하는 취업보호담당관들이 늘 바뀐다는 데 제도적인 맹점이 있다. 북한출신주민 관련 업무는 일단 이들의 특성을 이해해야 하기 때문에 난이도가 높고 재정적 지원을 결정하는 업무이다.

북한출신주민의 특성에 대해 전혀 교육을 받을 기회도 없었고 북한에 대해 '굶주려 죽어가는 나라'라는 피상적인 이해 정도만 가지고 있는 취업보호담당관들은 미처 업무지침조차 숙지하지 못한 채 북한출신주민들과 만나는 과정에서 자꾸 어긋나게 된다. 북한출신주민 구직자들을 취업알선하는 과정

에서 겪는 가장 전형적인 사례는 '출근하기로 해놓고, 출근 안 하기' 사례이
다. 대강의 상황은 이렇게 전개된다. 북한출신주민 취업보호담당관들은 흔
히들 겪는 사건이라고 하는데, 남한출신의 취업보호담당자와 북한출신주민
구직자가 함께 회사로 동행 면접을 간다. 회사 측에서 채용하기로 결정한다.
북한출신주민 구직자 역시 내일부터 출근하겠다고 약속한다. 그런데, 다음
날 출근을 하기로 했던 북한출신주민 구직자가 갑자기 연락을 끊고 나타나
지 않는다.

> (북한출신주민 구직자와 취업보호담당관이 같이 회사에 동행) 면접을
> 가서 다음날(부터) 출근하기로 다 해놓고선 갑자기 그 다음날 안 나오는
> 거예요. 휴대폰도 꺼놓고. 그날 (면접에서) 돌아오면서 싫으면 싫다. 이렇
> 게 충분히 말할 수도 있는데 한마디 말이 없다가. 뒤통수 맞는 거죠. 그러
> 고선 한 일주일 있다가 다시 나타나서 아무 일 없던 것처럼 행동하는 거
> 예요. 우리하곤 뭔가가 달라요. (인천지역 고용안정센터 취업보호담당관)

왜 이런 일이 생기는 것일까. 이 같은 일을 당하는 취업보호담당관들은 황
당해하면서 '그들은 우리하곤 뭔가가 다르다'라고 말하게 된다. 남한의 구직
자들 역시 간혹 출근 약속을 어기는 사람이 있기는 하지만, 북한출신주민의
경우처럼 이렇게 연락을 끊어놓고 시치미를 떼지는 않는다는 것이다. 이런
일을 경험한 취업보호담당관의 입장에서는 그들은 우리와는 좀 다른 사람들
로서 '지원금에 의존적이고', '취업의지가 없는' 수동적인 사람들이라고 판단
하고 그들에 대해 일정한 고정관념을 형성하게 된다. 항상 친절하게 해야 하
는 직업의 성격상 겉으로 내심을 잘 드러내지는 않지만, 속으로 북한출신주
민 구직자에 대한 기대를 접어놓고 냉랭해지게 된다. 열심히 알선해서 북한
출신주민을 꼭 취업시켜야 한다는 부담감을 밀어놓고, 그냥 직업훈련 상담
정도로 해주고 끝내는 업무라고 생각하게 된다. 그 이유는 바로 '그들의 취

업의지가 약하기 때문'이라고 정리하게 된다. 필자는 취업보호담당관들과의 인터뷰를 통해 그들이 북한출신주민은 직업훈련을 받는 이유는 단지 지원금을 받기 위해서'라고 생각한다는 사실을 알게 되었다.

그러면 이 문제를 이번에는 북한출신주민의 시각에서 다시 들여다보자. 북한출신주민은 나름대로 공적인 취업지원 체계에 대해 국가가 무언가 자신을 보장해주리라는 일정 정도의 기대를 가지고 온다. 북한 주민들은 국가의 권위에 대해서는 무조건 복종해야 한다고 사회화되어 왔다. 북한체제의 특성이 내면화된 북한출신주민들은 취업보호담당관이 공적 권위를 가지고 취업을 알선하는 경우에 마음에 들지 않는 일자리라고 거기에 대해 쉽게 "노"라고 말하기를 매우 힘들어한다. 남한의 취업보호담당관들이 그들의 그런 내면적인 특성에 대해 이해를 가지고 있는 경우는 극히 드물다. 이혜룡 씨는 고용센터의 취업보호담당관이 '외국인 노동자가 일하는 직장에 취업알선'을 해주었다는 사실에 깊은 충격과 분노, 좌절과 배신감을 느꼈다. 결국 그는 한국에 온 것을 후회하면서 중국으로 다시 돌아가고 싶다고 생각하기에 이른다.

> 마음속으로 안 좋죠. 북한에서 왔다니까. 한국 온 게 후회됐죠. 다시 가고 싶었어요. 북한에 가면 안 되는 것을 알고 다시 중국에 가고 싶었어요.

자신에게 적절치 못한 직업을 알선했던 취업보호담당관에 대한 북한출신주민의 분노는 하늘을 찌르면서 고용안정센터가 대표하는 정부 전반, 나아가서는 남한 전체 사회에 대한 불신으로 증폭된다. 위의 사례에서 보듯이 이혜룡 씨 담당 취업보호담당관은 북한출신주민의 강한 자존심이나 영웅의식, 보상의식들을 이해하지 못했던 것으로 보인다. 또한, 북한출신주민을 고용하면 사업주가 3년간 고용지원금을 받을 수 있다는 점을 활용한다면, 그들의 실력으로 갈 수 있는 일자리보다 좋은 직장에 갈 수 있었을 터인데. 취업보호담당관은 좀 더 나은 자리에 이혜룡 씨를 알선해주려는 시도는 전혀 하지 않은 채 보통 외국인 노동자들이 주로 가는 일자리에 그를 소개했던 것으로 보인다. 결국 이혜룡 씨는 깊은 좌절감과 분노를 경험하게 되면서 공공 취업 지원체계를 멀리하기에 이른다.

취업보호담당관들의 이야기대로 북한출신주민은 근로의욕은 없고 취업의 지가 없는 것일까. 혹은 누가 자신을 취업을 시켜주는 것만을 기다리는 의존적인 존재들일까? 2004년 4월 구직활동에 관한 인터뷰를 했던 북한출신주민 4명 중 3명은 구직활동을 하는 과정에서 남한사회가 북한 사람이라는 이유로 자신을 차별한다고 느꼈다고 말했다. 그들은 자신들이 차별받는다고 느꼈던 경험들을 다음과 같이 설명했다.

2. '북한사람이라는 이유로' 차별받는다는 생각

우선, 북한사람이기에 차별받는다는 북한출신주민의 생각은 과연 어디까지 진실이고 어디까지가 허구일까. 고용안정센터의 북한출신주민 취업보호담당관들이 누차 지적했다시피 북한출신주민들은 남한 사회를 살아가면서 자신의 기대가 어긋나는 문제가 발생할 때마다, '내가 북한사람이어서 차별받는구나'라고 생각하는 경향이 두드러졌다.

> 고용안정센터에도 찾아갔거든요. 직원을 뽑는다고 해서. 그 자리에서 월요일부터 출근하라고 했어요. 기분이 좋아서 나왔죠. 9시부터 6시까지 고용보험에 대한 거 서초구 내를 다니면서 자료를 주면 받아가지고 돌아다녀야 한대요. 일당 33,000원. 2시간도 안 돼서 전화가 온 거예요. 그 자리에서 오지 말라고. 나중에 전화한다고 하더니 끝이었어요.
> 고용안정센터에서도 북한 사람들을 외면하는데. 다른 사람들도 해봐서 알겠어요? 교육시키고 해봐서 무조건 한국 사람을 쓰자는 관점이죠.

　　무조건 한국 사람을 쓰자는. (문예봉, 여, 33, 면접당시 구직자)

　　위에서 고용안정센터의 해당 직원이 하루 일당 33,000원의 일용직 채용을 약속했다가 갑자기 취소한 이유는 무엇일까. 연구자가 그 이유를 알려고 여러 고용안정센터에 문의하였지만 북한출신주민의 채용을 거절한 사유는 알 수 없었다. 한 상담원 개인이 편견을 가지고 북한출신주민의 채용을 기피했을 가능성이 높다고 결론을 내리기에 이르렀다.

　　문제는 한 개인의 편견이나 차별일지라도 북한출신주민은 바로 '내가 북한 사람이어서 차별 받는다'는 것으로 받아들이게 되고 남한 사회 전체가 자신을 외면하는 것으로 느낀다는 점이다. 이런 식의 문제가 발생할 때마다 피해의식이 강한 북한 사람들은 모든 문제를 '내가 남한 사람이 아니어서 그러나' 라는 해석으로 모든 것을 북한과 관련하여 귀인하는 경향이 있다. 북한출신주민의 이와 같은 특성에 관해 한 북한출신주민 정착지원 실무자는 다음과 같이 직설적으로 설파하고 있다.

　　　　자기 기대대로 안 되면, 남한이라는 거대한 조직사회가 자신을 소원시
　　　　여겨서… 자기를 특별히 그렇게 대우하는 것으로 착각하는 거죠.

　　그렇다면 북한출신주민은 왜 남한 사회가 자신들을 집단적으로 왕따시킨다고 착각하는 것일까. 그리고 이것은 북한출신주민의 착각에 불과한 것일까?

3. 구직 장벽(Barrier of Getting a Job)

　　북한출신주민 자신의 설명은 '그들이 취업의지가 약하고 정부의 지원금에

의존적'이라는 보는 취업보호담당관의 견해와는 전혀 달랐다. 필자는 북한출신주민이 잘 가는 한 인터넷 커뮤니티에서 이 연구에 참가할 한국사회에서 구직경험이 있는 북한출신주민들을 공개적으로 모집하였다. 그 결과 4명이 자원하였고 2004년도 3월에 그들을 심층 면접하였다. 류경(여, 27), 문예봉(여, 33), 최정민(남, 31), 최은영(여, 33)이 그들이다. 당시 서울지역의 대학에 다니는 최은영을 제외하고 나머지 세 명은 모두 공공취업 알선과 관계없이 자력으로 구직활동 중이거나 자력으로 취업을 한 경험들을 가지고 있었다. 즉 공공취업지원의 도움의 빌지 않고 그들 나름대로 별도의 구직활동을 하고 있었다. 현재 구직 중인 북한출신주민 세 명은 모두 이력서를 인터넷으로 보내도 탈북, 입국이라는 말이 쓰인 이력서를 보내면 판매직이나 다단계 외에는 응답이 없었다고 말했다.

구직자 1. 최정민(북한에서 군인 출신)
무역하고 영업 쪽에 넣었죠. 반응이 없어요. 다단계에서는 찾아다니면서 오라고 해요. 그러나 다른 쪽은 그러지 않아요. 오라는 데는 대부분 나쁜 데이죠. 그런 데나 탈북자를 오라고 하지, 좋은 데는 끝이죠.

구직자2. 문예봉(북한에서 부기 출신)
이력서를 보내도 이력서만 보고 탈북자라고 알게 되면 전화도 안 오는 경우가 많죠. 저는 전화가 안 와도 찾아가요. 중략…(면접 보라는)전화가 오기는 하는데 어떤 데서 오냐 면요. 한국 아가씨가 일하려고 하지 않는 회사요. 하루 종일 서서 늦게까지 일한다거나 판매하는 데요. 현대백화점 아르바이트 면접까지 봤어요. 지금 전화 온 데도 의료기구 판매. 이런 데서 전화 와요. 아니면 화장품.

구직자 3. 류경(중국에서 사무원 출신)
이렇게 취직하기가 힘든 줄은 몰랐어요. 중국에서는 취직이 그런대로 쉬웠거든요.

　남한의 젊은이들도 이력서를 100통 보내고 겨우 몇 군데 면접을 보는 고학력 실업시대라 북한 사람이기 때문에 이력서가 탈락되었다는 그의 이야기가 그다지 설득력 있게 들리진 않았다. 북한에서 전문대를 졸업하고 경리로 2년, 한국에서 경리업무로 반 년 일한 경력이 있는 문예봉 씨의 희망직업은 경리였지만, 경리로 채용해주는 데가 없어서 2004년 3월부터는 구직전략을 바꾸어 직종을 하향화했다고 했다. 문예봉 씨는 한국 아가씨들은 일하려고 하지 않는 장시간 서서 일해야 하는 백화점이나 화장품 판매직이라도 해보려고 인터넷으로 혼자서 여기저기에 이력서를 넣고 전화해서 찾아가는 작업을 반복하고 있었다. 이 여성은 회사에 정규직사원으로 들어가는 것은 이미 포기한 상태였다.

　　대학생들도 많고. 한데 저 같은 거 쓰려고 하겠어요. 차라리 다른 데나. 3월 달에는 방법을 달리했죠. 안내 카운터. 전화 오기도 하고… 당분간 몇 년이라도 회사의 움직임이라도 배우려고 회사에 취직하려고 했지요. 많이 생각했는데 남한의 회사에서도 대학생들이 얼마나 많아요. 저 쓰겠어요? 괜찮은 회사면. ―문예봉(여, 33, 면접당시 구직자, 북 부기)

　'괜찮은 회사면 저 같은 것을 쓰려고 하겠냐'는 확신은 어떻게 생긴 것일까. 취업 면접에서 막 돌아온 이 여성을 인터뷰하게 된 연구자는 면접에서 만났던 남한 고용주의 반응을 들으면서 왜 그녀가 북한 사람이라서 차별받는다고 느끼는지 공감할 수 있었다.

　〈문예봉 씨의 구직기〉
　구술자: 대치역 근처의 ○○ 스포츠 센터에 가서 면접을 보았어요. 카운터

에 이력서를 내고 사람을 만났는데 북한에서 왔다니까 표정이 달라져요. 계산대에서 돈을 받고 하는데 그런 거 할 수 있겠냐고 물어요. 그냥 그러세요.

연구자: 신용이 없을 거라는 뜻인가요. 사장님의 표정이라든가를 더 자세하게 말씀해주세요.

구술자: 워크넷. 찾아보고서 갔지요. 1시에 만나자고 해서 1시 반엔가 갔어요. 사장이 아줌마더라고요. 교회 다니는 아줌마인데요. 얘기하는 것이 자기네는 여기서 돈도 받고 해야 하는데 신용을 보증 못하니까. 자기는 알아봐야 된대요. 알아보세요. 그냥 그랬지요. 이따 전화한다고 그래요.

연구자: 알아봐야 한다는 말씀을 북한 사람이어서 못 믿겠다. 그렇게 받아들이셨나요.

구술자: 그런 거나 같겠죠. 못 믿겠다는 말로. 나쁘다고 할 건 없겠지만. 사장 입장에서 그런 게 중요했겠죠. 신용보다도 책임감에 대해 얘기하다 보니 그랬겠죠. 좋게 생각해야죠.

연구자: 몇 분 동안 얘기했는데요?

구술자: 이력서를 보시더니만 단방에 '북한에서 왔군요' 해요. 그러고는 '나중에 전화할게요' 하지요.

연구자: 담당형사도 있잖아요. 신원을 보증할 수 있는.

구술자: 그렇게까지 하고 싶지 않았어요.

위 면접 사례에서 보이듯이 북한 사람을 채용하기를 꺼려하는 남한 고용주들의 부정적 반응이 북한 사람들에게 감지되는 과정에서 북한출신주민의 피해의식이 더욱 강화되는 것으로 보인다. 그렇다면 남한 고용주들이 북한출신주민을 채용하려고 할 때 우려하는 점은 무엇일까? 최정민 씨 이야기를 통해 이 문제를 더 깊이 들어가 보자.

북한에서 왔다고 하면 그냥 기다리라고 하고. 북한에서 왔다고 하면

일단 대화가 안 됩니다. 저는 도무지 취직이 되질 않아서 (그 회사 사장님
의) 운전기사라도 하려고 했습니다. 정말 사람도 많이 알게 되고 사장님
과 가까워지고 나서. (사장은) 북한 사람들이 어떻게 왔냐 하고 걱정하는
투로 말은 하지만 자기 밑에서 출고나 하라는 거죠. 다른 것은 죽을 때까
지 할 것은 못 되고. 차라리 (사장의) 운전기사로 써달라고 했는데, 사장
얘기로는 당신은 우리 문화하고 다른 데서 살다 와서 자기 비위를 못 맞
춘다고 해요.

위의 사례에서 보듯이 남한 고용주들은 '문화가 달라서 대인관계가 불편
하리라는 예상'을 하거나, '신원을 보증할 수 없다'는 점 등을 우려하여 북한
사람을 채용하려 들지 않는다는 것이다. 다른 연구에서도 고용주들이 신변
보호담당관들에게 신원보증을 요구하기 때문에, 취업알선 기관을 통해 알선
이 이루어지기 힘들다는 말을 취업보호담당관들이 하고 있다고 보고한다.

구직자 중에서 여성인 문예봉 씨는 구직활동 중에 북한 사람이기 때문에
차별받았다는 생각이 들었던 일화(逸話)를 들려주었다. 은행의 비정규직 채
용 면접 시에 엑셀을 다루는 자신의 실력이 다른 남한 구직자에 비해 월등했
는데도 남한 출신 구직자를 채용했다는 것이다. 실력보다 나이와 이력을 우
선시하는 남한 사회의 일면을 보았고, 그녀는 남한 사회가 한층 더 냉정하다
고 느꼈다고 했다. 구직활동을 하기는 하지만 스스로를 이미 사회의 주변부
로 밀려난 것으로 규정하는 이 내성적인 여성의 자신 없어 하는 모습은 다른
여성의 사례(류경, 27세)에서도 볼 수 있었다.

어렸을 때부터 자본주의에서 자란 사람들하고 사회주의에서 자란 사
람하고 또 많이 다르겠죠. 경쟁심에서는 자본주의에서 자란 사람들이 이
기겠죠? 저는 그렇게 생각해요.

류경 씨나 문예봉 씨처럼 이처럼 구직활동에서 이미 남한 사람들과 경쟁하는 것에서 패배하고는 소극적으로 움츠러드는 구직자들이 있는가 하면 이와는 반대로 적극적으로 동등하게 대우해줄 것을 항의하면서 자신의 일자리를 차지해나가는 구직자도 있다. 북한 군인출신의 최정민 씨이다.

> 인천공항에 한번 들어가봤어요. 서류를 작성하려고 했는데 탈북자는 안 된대요. "좋다. 나를 탈북자라는 이유로 못 쓴다는데 악이 나서 왜 안 되느냐. 나도 같은 사람인데 나는 내 자신을 자신한다. 대한민국도 내 또래 사람이 많다. 일하는 데나 머리 쓰는 데서 그 사람들에게 떨어진다고 생각지 않는다. 당당히 그 사람들과 시험을 치겠다"며 항의를 했다. 시험을 치게 해달라고 해서 시험을 쳐서 당당하게 붙었습니다. 거기서도 놀라고.

최정민 씨는 인천공항에 취업하고 1년간 해외에 보내는 물건을 통관하고 운송하는 업무를 담당하였는데 빠르고 친절한 서비스, 탁월한 지리적 감각 등으로 회사로부터 능력을 인정받았다고 말했다. 그는 신입사원 교육을 한동안 맡기도 했다.

적극적 항의로 취업의 문턱을 넘어서는 최정민 씨같은 구직자가 있는가 하면 발로 뛰는 저인망식 구직운동을 근 1년간 끈질기게 계속한 끝에 취업에 성공한 아둔하리만큼 성실한 구직자도 있다. 북한에서 노동자로 일한 이혜룡 씨다. 그는 대구지역의 직업훈련 기관에서 자격증을 딴 뒤 자격증을 활용하여 일을 배울 수 있는 일자리를 찾아 혼자 샅샅이 뒤지고 다녔다. 그에게 실망만 안겨준 고용안정 센터와는 담을 쌓은 채로. 그는 혼자 힘으로 월 70만 원을 받는 직장에 들어간 사실을 연구자에게 이야기하면서 대단히 자랑스러워했다. 그 후 그는 그 직장에서 성실하게 일을 배워서 더 나은 직무를 찾아 이직하는 데 성공했으며, 회사로부터 성실성을 인정받아 2003년에는 통일부 장관의 만찬에 초대받는 영광을 누리기도 했다.

대구지역의 회사라고 생긴 데는 70%는 다 다녀본 것 같아요. 너무 많으니까 기억조차 잘 나지 않고. 어쨌든 북한에서 왔다니까 받아주는 데라고는 외국인 노동자들 일하는 데뿐이었어요. ─이혜룡(남, 30, 면접당시 생산직 노동자, 북 노동자)

과연 그들의 취업의지는 어디쯤 위치하고 있는 것일까. 월 70만 원의 취업처를 위해 1년간 끈질기게 구직활동을 해온 이혜룡 씨의 사례가 존재하는 한, 그들의 취업의지를 적어도 취업보호담당관이 보는 것처럼 단순하게 생계급여를 받기 때문에 취업의지가 저조하다고만 폄하할 수는 없을 것 같다. 북한출신주민이 낯선 나라 남한에서 경제적인 자립을 성취하기 위해 넘어서야 할 장벽은 남한 사람들이 생각하는 것만큼 단순하지 않기 때문이다. 또 취업의 장벽을 넘어선다 할지라도 그들에게는 '직업능력의 남북 간 격차', '직업전환', '대인관계의 어려움'이 입을 벌리고 기다리고 있다.

4. 직업전환: 상향이동과 하향이동

북한에서 남한에 왔을 때 가장 힘든 일 중의 하나는 전에는 자신의 직업적 능력이 한국 사회에서 하향평가 되거나 갑자기 무용지물화 되는 문제이다. 이에 따라 그들은 다시 한국의 직업훈련 기관에 가서 직업교육을 받거나 한국의 학교로 돌아가야 한다는 새로운 문제가 생기게 된다. 그러나 더 큰 문제는 그 다음이다. 북한출신주민이 설사 학교에 가서 교육을 받거나 직업교육을 받아 자격증을 취득한다 할지라도 학력이나 자격증이 그들의 취업을 보장해주지 않기 때문이다. 이제 생소한 환경에서 북한출신주민이 다른 직종으로 전환하고 있는 사례들을 알아보기로 한다.

〈표 9-1〉 각 사례별 직업전환

이름	성	나이	북 전직(前職)	구직 방향	남 구직 결과
가. 박미형	여	30	전차공	기계공	김밥집 직원
나. 류 경	여	27	무역사무원	무역사무원	-
다. 문예봉	여	33	부기(경리)	판매	-
라. 김윤홍	남	31	탄광사무원	전산원	전산원
마. 최정민	남	31	군인	무역사무원	
바. 이혜룡	남	30	노동자	자동차수리	기계연구원
사. 최은영	여	33	부기(경리)	-	-
아. 서원평	남	30	무역사무원	무역사무원	인쇄소 직원
자. 이경숙	여	35	미싱사	패턴사	미싱사
차. 최강철	남	40	의사	창업	노래방 창업

위의 〈표 9-1〉에서 보는 바와 같이 10명의 사례 중 단 한 명만이 북한에서의 전직(former job)을 활용하여 취업할 수 있었다. 그러나 남한에서의 직업전환이 꼭 100% 부정적인 방향으로 귀결되는 것만은 아니다. 남한에 온 이후 북한에서 자신이 가질 수 없었으나 원했던 직업을 얻기 위해 또 과거에 가졌던 직업보다 보다 나은 직업으로 상향 이동(upward movement of labor)하려고 시도하는 경우도 많다. 그들은 때로는 실패와 좌절감을 맛보기도 하지만 때로는 성공한다. 보다 나은 직업으로 상향이동을 시도한 경우는 위 사례 중 김윤홍 씨와 최정민, 이경숙 씨이다. 이들은 북한에서 가질 수 없었으나 원했던 직업을 남한사회에 온 이후에 가지려고 노력한다. 북한에서 탄광에서 일했던 김윤홍 씨는 자신이 원하는 구직방향에 맞추어 직업을 구한 경우로 전직에 성공하였다. 북한에서 탄광에서 일했지만 그는 한국에 온 후에는 컴퓨터를 배워서 전산직 사무원이 되었다. 최정민 씨의 경우는 직업훈련 전문 기관에서 1년 동안 교육과 훈련을 받은 게 힘이 되었다. 꾸준한 인맥관리, 직업훈련 그리고 고용지원금 활용 등을 통해 그가 원했던 IT직종으로 전직하는 데 성공했다. 그러나 똑같이 1년여의 직업훈련을 받은 후에도 나이와 여성이라는 장벽을 넘지 못해 미싱사에서 패턴사로 상향이동을 시도하다 실패한 이경숙 씨 사례도 있다. 이는 직업훈련의 한계를 보여준다. 이경숙씨는

35세의 미싱사인데 직업배치가 이루어지는 북한 사회에서 군수공장에 배치되어 노동자로 일했던 사례이다. 그녀는 군수공장 일을 하면서도 틈틈이 옷을 만들어 왔다. 그녀는 남한에 와서는 패턴사로 입직할 것을 강력히 희망했다.

> 패턴사로 들어갈 수만 있다면 월급은 얼마든 상관치 않겠어요. 교통비만 주어도 괜찮아요. 패턴사로 일할 수만 있다면 아무리 밑바닥이라 할지라도. ―이경숙(여, 35, 면접당시 구직자, 북 미싱사)

그녀는 어린 시절부터 자신의 적성에 맞는 일을 하고자 하는 욕구가 강했다. 남한 사회는 그녀에게 직업교육의 기회를 제공하기는 하였다. 그녀는 복장학원에 시작 시간보다 항상 두 시간 먼저 나가 준비하고 예습하는 생활을 근 1년간 해오면서 자신의 기량을 닦았다. 학원에서도 그녀는 실력을 인정받았지만 그녀는 노동시장의 냉혹한 벽을 넘어서지는 못하였다. 실패의 결정적 사유는 패턴사의 경우 젊은 20대 남자들을 선호하는 업계의 환경 때문이었다. 나이도 많고 여성인 그녀에게 패턴사로 전직할 기회는 끝끝내 주어지지 않았다. 그녀는 다시 한번 좌절을 경험했고 그 후 한동안 미싱사로 일하다가 그 후 10여 년이 흐른 후에 북한출신주민을 가르치는 훈련강사로 일하고 있다.

상향이동에 성공한 사례도 있다. 이혜롱 씨는 '직업훈련→구직활동 1년→1차 취업→2차 취업하기에 이른다. 그러나 이혜롱 씨는 취업 중에 다시 휴직을 하고 서울시내에 있는 명문대학교에 진학하였다. 아무래도 한국사회에서 살아가기 위해서는 대학 학력이 중요하다는 것을 취업 이후에야 깨달았기 때문이다. 대학생들도 취업 후에 다시 긴 구직운동을 해서 취업하는 현실을 모르는 바는 아니나, 그는 거의 1년에 걸쳐 대구시내에서 취업을 위해 바닥까지 쓸고 다녔던 과거의 쓰라린 경험이 있기에 대학 졸업 이후 취업에도 자신이 있다고 말하였다.

10장_ 취업눈높이는 어떻게 결정되는가?
: 2005년 정착지원법 개정 전 시기를 중심으로

1. 북한출신주민은 취업의지가 없는가?

> "작년에는 참담했습니다. 저희가 정말 궁금한 건 하납니다. 북한이탈
> 주민이 취업하려는 의지가 과연 있는가 입니다."

2003년 11월 북한출신주민 취업박람회를 담당했던 리쿠르트의 취업담당
자는 이렇게 말했다. 2002년과 2003년 민간취업알선업체인 리쿠르트는 2개
년동안 '북한 이탈주민을 위한 채용박람회'을 열었다. 이 박람회에는 수백 명
의 이탈주민과 수십 개의 업체가 참석했는데, 기대와는 달리 성과는 전무하
였다. 결국 2003년도의 행사역시 구직자와 업체의 동상이몽 속에 속절없이
행사는 마무리되었고, 취업박람회를 준비한 행사담당자는 이탈주민들의 "낮
은 취업의지"를 파행의 최우선 원인으로 거론하였다.

북한출신주민의 입국이 연 1,000명대를 넘어선 2002년도 이래 북한출신주
민들의 취업을 담당한 공공기과 민간 막론하고 그들을 담당한 취업담당자들

은 공통적으로 하나의 벽에 부딪혀있었다. 그것은 북한출신주민의 낮은 취업률이었다. 취업의 부진은 기술부족이나 능력부족이 아니라 무엇보다도 북한출신주민 당사자의 적극적인 취업의지의 부족 때문에 발생된 일이라고 여겨졌다. 북한출신주민은 새로운 삶을 찾아 사선을 넘어온 사람들이 아닌가? 그런데 취업하려는 의지가 부족하다니. 이 글은 북한출신주민 취업지원 현장에서 벌어지는 취업의지의 부족현상을 설명하려는 시도이다. 북한출신주민이 취업에 대해 정말 소극적인지, 직업을 갖기 위해 어떻게 노력하고 있는지, 소극적이라면 무엇 때문에 그들이 소극적으로 될 수밖에 없었는지, 구직활동에서 어떤 어려움을 겪는지, 왜 취업담당자들은 그들을 왜 취업의지가 없다고 생각하게 되었는지 등과 이것이 남한 사회가 그들에게 제공하는 지원체제의 문제인지 북한 사회가 지닌 사회화 과정에서 획득한 인성의 문제인지에 대해 구체적으로 살펴보고자 한다.

이 글은 북한출신주민이 직업영역에서 어떤 경험을 통해 재사회화 과정을 겪는지 구체적으로 되살려 피드백함으로써 낮은 경제적 자립의지, 또는 '취업의지가 없다'고 지적되고 있는 북한출신주민의 직업생활의 수많은 현상들의 배후에 있는 작동기제를 찾아보고자 한다. 일상성에 대한 미시적 접근을 통한 발견연구로서 자리매김하고자 하며, 한편으로는 일상의 문제점을 현상적으로 잡다하게 열거하기보다는 그 배후의 작동기제를 포착함으로써 이 문제에 대한 개인주의적 해결이 아니한 언론 설문조사에서 "현재의 생활이 어려워 합법적으로 북으로 돌아갈 기회가 있다면 그렇게 하겠느냐?"는 질문에 33%의 북한 이탈주민이 '그럴 수도 있다'고 답하였다. 목숨을 걸고 떠났던 북한으로 왜 이렇게 많은 수의 북한사람들이 도로 북한으로 돌아가겠다고 답하였을까? 이것은 2000년대 이후 남한에 들어오는 북한출신주민의 수가 급증한 이후 생겨난 북한출신주민들의 적응의 어려움과 관련되어 있다. 북한출신주민이 새로 이식된 사회에 대한 적응은 사회·문화·경제 등 다양한 삶

의 측면에서 논의되어야 하겠지만 취업문제는 다른 적응의 토대가 된다는
점에서 늘 최우선 과제가 된다. 취업의 측면에서 볼 때, 국내 이탈주민들의
적응 상황은 매우 열악하다. 조사자료들에 의하면, 실업률은 35~40%에 이르
며, 이들 중 2/3는 장기 실업상태로 보고되고 있다. 취업자들 중에서도 비정
규직이 70%에 이른다. 이러한 이탈주민들의 열악한 취업 상황에 비추어 보
면, 다음과 같은 설문조사 결과도 이해할만하다. 각종 설문이나 면접조사에
서도 북한 이탈주민은 '현금'보다 취업을 절실하게 원한다고 답하고 있다. 이
러한 조사결과는 현상에 대한 개략적인 모습을 보여준다. 그러나 이 현상이
의미하는 바를 이해하기란 쉽지 않다. 다른 사회 현상과 마찬가지로 이탈주
민의 취업 문제에도 설문에서 드러내지 못하는 복잡한 요인들이 얽히고설켜
있기 때문이다. 실제로 현장의 목소리를 들여다보면 다른 모습도 그려질 수
있다.

이러한 '취업의지 부족' 담론은 취업보호담당관들과 그들의 관점을 대변한
연구들에서도 잘 나타나고 있다. 취업을 절실히 원하는 북한출신 구직자와
낮은 취업의지 담론과의 괴리는 그동안 북한출신주민들의 높은 '취업눈높이'
라는 개념으로 해소되어왔다. 즉 구직자의 눈높이가 노동시장의 수요보다
높으며, 여기에는 기존의 지원정책의 역기능이 개재되어 있다는 것이다. 하
지만 북한출신주민들의 낮은 취업률 현상을 이해하는 데 매우 중요하고 또
정책적 함의도 풍부한 개념임에도 불구하고 이 개념은 학술적으로 심도 있
게 다루어지기보다는 주로 암묵적 지식(tacit knowledge)의 형태로 공유되어
왔다. 이 연구는 질적 연구의 방식을 통해 이탈주민들의 '취업눈높이' 현상을
다루고자 한다. 개인의 기대수준은 매우 복합적인 요인들로부터 형성된다.
이탈주민들의 취업눈높이가 형성되는 데에도 개인적 요인에서부터 정책적
환경, 시장의 요구와 흐름, 그리고 준거집단의 영향력 등 다양한 요인들이
상호작용 가운데 설정되는 것이다. 따라서 사례연구 방식을 통한 취업눈높

이에 대한 연구는 이 현상을 중심으로 얽혀있는 복합적 요인들을 확산적으로 조망할 수 있는 기회가 될 수 있다. 더불어, 보다 구체적으로는 정부의 지원정책에 대해 북한출신주민들은 어떤 배경 아래 어떻게 '실제로' 반응하고 있는지, 지원정책은 현장에서 어떤 효과와 부작용을 낳는지 그 역동적 상호작용을 살펴봄으로써 현장에서 이루어지는 정책의 메커니즘을 드러내고자 한다.

2. 취업눈높이 형성의 조건과 적응전략

자료수집의 장은 크게 두 곳으로 나눌 수 있다. 하나는 북한 이탈주민들의 사회재적응기관인 자유시민학교(구 굿피플대학)이고, 다른 하나는 북한출신주민들의 인터넷 커뮤니티 게시판이다. 여의도 순복음교회의 사단법인 '선한 사람들'에서 설립한 자유시민학교는 북한출신주민의 창업과 취업 등 사회재적응 훈련을 1년과정으로 운영하고 있는 2004년 당시 국내 유일의 비영리 교육기관이었다. 이곳에서 저자는 자원상담자로 활동하면서 참여관찰을 하였다. 취업반에 등록한 북한출신주민들을 위한 진로상담 프로그램을 운영하면서 현장의 자료 수집을 했고, 그들 중 12명을 주요제보자로 하여 심층면담을 실시하였다.

이에 대한 보완으로 북한출신주민들이 많이 접속하는 인터넷 사이트에서 광고를 통해 구직활동 중이거나 취업경험이 많은 자원자 4명을 추가 정보제공자로 선정하였다. 이들에 대한 심층면접을 통해 자료를 보강하고, 또한 앞서 '취업반'에서 수집한 자료를 다른 각도에서 검토하였다. 자료수집과 연구진행을 시기별로 살펴보면, 2003년 7월~2004년 4월까지 참여관찰을 수행했고, 2003년 10월~2004년 4월까지 심층면접을 수행하였다.

여기서는 북한 이탈주민들의 취업눈높이가 형성되는 배경을 개관하기 위한 것이다. 그들의 삶의 조건과 취업이라는 당면과제가 어떻게 상호작용하여 현실적인 문제로 구체화되는지를 살펴보면 아래와 같다.

'괜찮은 직장'의 조건

서두에서 제시한 취업박람회의 파행을 이해하기 위해서는 북한출신주민들의 역동적인 취업눈높이가 먼저 설명되어야 한다. 그런데 자유시민학교의 학생들은 상당히 높은 취업눈높이를 보이고 있었다. 그들이 말하는 의미의 '괜찮은 직장의 조건'을 알아보기로 하자.

> 제가 원하는 직장은 둘 중 하나입니다. 사실은 개인사업체를 갖고 싶은데 능력과 자금이 없고… 그 전에 자금과 능력을 마련할 수 있는 회사에서 일하고 싶습니다. 잘하면 돈도 많이 벌 수 있고. 성과급 있고, 라인이나 장사하는 사람들도 많이 알 수 있는 직업. 그게 아니라면, 안정적인 직업으로 가정을 유지하고. 200~300만 원 정도 벌면서 여가시간도 있고. 주말에도 즐길 수 있는 직장이든가. ─최정민(남, 31, 현 자영주, 북 군인)

위에서 '괜찮은 직장'의 조건을 말한 사람은 고등중학교를 졸업한 정착 3년째 군인 출신의 최정민 씨인데, 남한에서 평생 살아온 고졸자와 비교해보아도 높은 눈높이라 볼 수 있다. 하지만 이 눈높이는 높아지기만 하는 것이 아니라 보다 때로는 낮아지면서 심하게 출렁거리기도 한다. 자유시민학교를 담당하는 책임자는 '취업눈높이의 다이내믹스'라고 표현하면서 다음과 같은 흥미로운 이야기를 들려준다.

> 올해 특별히 눈높이가 더 높아졌어요. 작년에는 초기에 눈높이가 높았

는데 교육과정 중에 강연을 듣고 눈높이가 낮아졌어요. 올해 경우에는 다 이내믹이 반대로 나타났어요. 한 사람의 영향을 받아서요. 이 사람들은 주변의 입김에 굉장히 많이 휩쓸리는 사람들이에요. 작년에는 눈높이가 낮아졌는데 올해는 눈높이가 올라가버린 거예요. 이 사람들은 자기네 중에서 가장 이상적인 모델을 보고는 나도 그렇게 대우 받아야 한다고 여기죠. 그런데 중요한 것은 반대 현상도 동시에 보인다는 겁니다. 좌절감을 심어주고 무기력하게 만드는 거죠. 의기소침하게 만드는… 이게 눈높이 다이내믹입니다.

취업기관에서 북한출신주민들을 수년간 대해온 한 상담자에 의하면, 이들은 집단적·평등주의적 사고체계에서 살아온 탓에 한사람의 예외적 성공을 자신에 투영하여 쉽게 좌절감과 열등감에 사로잡힌다고 한다. 자본주의 사회에서의 차별적 성취를 논리적으로는 이해하나 정서적으로 수용하지 못하는 것이다. 특히, 최대 관심사인 취업은 '자존심'과 결부되면서 큰 진폭의 눈높이를 만들어낸다. 따라서 '긴밀한 관계의 작은 준거집단'의 영향력은 취업 눈높이 다이내믹스 현상의 주요 요인이 된다. 정부의 고용안정센터 직업상담원에 의하면 취업현장에서 "구직자의 취업의지가 없다"고 표현할 때 주로 "구직자의 취업눈높이가 조절이 안 될 경우"를 의미한다고 한다. 북한출신주민 나름의 참조체계가 설정되어 있는데 알선되는 직업이 이에 맞지 않다고 판단되면 소극적이고 부정적인 반응을 보이고 이는 일견 취업의지 결핍으로 비추어지게 되는 것이다. 그러므로 북한출신주민들의 취업 참조체계가 형성되는 과정을 집중적으로 조명하여야 취업의지 문제를 제대로 파악할 수 있을 것이다.

심층면접에서 북한출신주민들이 밝힌 희망급여 수준은 여자는 120만~140만 원 정도였으며, 남자는 최소 150만 원에서 200만 원 이상으로 나타났다. 이 결과를 남한의 취약 계층과 비교 시에 직업능력에 비해 '눈이 높다'는 노동부 취업보호담당관들의 지적이 그다지 틀리지 않는 것으로 보인다. 그렇다면, 북한출신주민 구직자들은 어떤 근거에서 이런 액수의 임금을 제시하게 된 것일까?

차라리 아르바이트를

북한출신주민들의 실업률을 숫자 그대로 수용할 수 없는 이유는 아르바이트 등 비공식 일자리를 가진 사람들이 많기 때문이다. 몇 가지 이유가 개입되어 있는데 우선 북한에서 경력이나 기술이 한국에 활용될 경우가 적다는 점이다. 그 결과 비공식 일자리로 하향 전직되는 경향이 높다. 또한 공적지원체계를 통한 취업은 활동이 미미하고 기대에 미치지 못하는 데다, 고용상태가 행정전산에 입력되어 생계비 수급에 지장을 주므로, 손해를 상쇄할 만큼 임금수준이 높지 않다면 공공취업 경로를 택할 이유가 없다. 보통은 생활정보지나 지인 등 개인적 연계망을 통해 구직과 취업이 이루어지게 되는데 그러다보니 공식통계에 잡히지 않는 비공식 일자리로 전전하게 되는 것이다.

앞의 이유와 관련되어 있기도 한데, 무엇보다도 아르바이트를 하게 되는 이유는 정부에서 주는 생계비 지원을 계속 받을 수 있기 때문이다. 따라서 북한출신주민들은 '아르바이트 + 생계비지원금'이라는 취업형태를 기본 생존전략으로 채택한다. 시간제이고 경력인정이 안되지만, 취업이 쉽고 생계비지원금이 합산되면 총소득이 높아진다는 현실적인 이익을 무시할 수 없기 때문이다. 그리하여 북한 이탈주민들이 말하는 '괜찮은 직장'의 임금수준은 '아르바이트비 + 생계비지원금'를 합한 금액이 기준이 되는 것이다.

직장과 유리장벽

취업이 바로 안정된 직장과 안정된 삶으로 이어진다면, 그들도 취업에 보다 열성적일 수도 있을 것이다. 하지만 현실에서 북한출신주민들이 직장에서 부딪히는 높은 장벽과 난관들은 전직(轉職)과 실업의 악순환으로 이어지게 된다. 그 과정에서 이탈주민들은 취업 이외의 방법으로 살 수 있는 비공식일을 하는 방안을 모색하기도 하고, 취업눈높이를 더 높이기도 한다. 남한 직장에서 북한출신주민들이 부딪히게 되는 경험을 살펴보자.

남북 노동관행의 차이로 인한 어려움

직업능력이 우수하다고 해도 여전히 문제는 남는다. 북한식 행동 및 사고방식, 조직생활 방식으로 인한 직장 내 갈등이 그것이다. 고용주들로서도 남한의 조직관행이나 행동의 내면적 원리까지 일일이 가르치기란 피곤한 일이다. 그러다보니 남한 직장의 노동관행을 벗어나는 북한출신 근로자를 사전경고도 없이 어느 날 갑자기 해고해버리는 냉정한 기업도 있다. 이런 파국적인 경험을 할 때 북한사람들은 '사람들이 돈밖에 모른다. 이렇게 험한 사회를 어떻게 살겠냐'는 막막함과 슬픔을 느낀다. 북한출신주민들이 친숙한 북한의 노동관행은 결근하더라도, '책임자와 한 잔'하거나 '옷 한 벌'이면 해결되는 정(情)의 사회였다. 이경숙 씨(여성, 35세)는 자신이 공장에 다닐 때 결근을 봐달라고 공장책임자에게 바지를 만들어주기도 하였는데 나중에 세어보니 아홉 벌이나 되었다.

직장 내 대인관계 갈등

김포공항에서 포장 및 배달 통관업무를 하던 한 북한출신주민 이혜룡 씨(남성, 30세, 면접당시 구직자)는 회사로부터 업무능력을 인정받아 신입생 교육담당자가 됐다. 그렇지만 북한출신이라는 것이 알려지면서 신입생들의 거부, 왕따 등으로 심각한 스트레스를 받았다. 정황을 직접 들어보자.

> 처음에 업무를 주잖아요. 벤처에서 물건을 만들어 미국에 수출한다 하
> 면 양이 얼마다 하면 그 물건을 실어가지고 패킹 다하고 실어다 주고. 저
> 는 빨리 OK 하거든요 … 한 기업은 나만 딱 보내달라고 전화하는 거예요.
> 북한 사람 보내달라고. 제가 성실적으로(성실하게) 일해 주었어요. 제가
> 몸을 쪼갤 수 없잖아요. 질투하잖아요. 제가 40분이면 오는 걸 다른 사람
> 은 1시간 걸리니까 땀장봤다고(느긋하게 일처리하는 것) 지적받으니까
> 이 사람들, 나만 왕따하는 거예요. 신입생 교육시키는 일을 했는데 (내 출
> 신을) 알고 나면 물어보지 않는 거예요. 탈북자한테 배울 게 뭐가 있느냐
> 고 … 탈북자라니까 말도 잘 안 듣고 그래서 스트레스도 많이 받았어요.

위의 이야기에 대해 남한사람인 자유시민학교 교육실무자는 북한 사람 대
인관계 방식의 차이이자 문화적 차이라는 관점에서 다시 조명할 필요가 있
다고 말한다. 북한사람들은 자신에 대한 남한 사람들의 생각이나 반응에 둔
감하다는 것이다. 직장에서 오랜 기간 잠복하여 진행되어온 문제인데도 북
한출신 근로자들은 어느 날 갑자기 문제가 터진 것으로 안다. 여기에 대해서
북한 사람들로서도 할 말이 많다. "우리는 솔직한데 남한 사람의 속을 알 수
가 없다. 특히 서울 사람들은 표정에 드러나지 않는다."

남한 사람들의 이야기는 다르다. 북한 사람들이야말로 속을 알 수 없는 사
람들이라고 생각한다. 북한에서 '입조심'을 하면서 정해진 것만 말하던 그들
만의 독특한 생활양식 때문이라는 것이다.

북한식 대인관계 기술이 갈등을 초래

자유시민학교의 한 실무자는 나에게 들려준 이야기는 보다 흥미롭다. '북

한식의 대인관계 기술'이 존재하는데 이것이 남한 직장에서 독특한 갈등구
조를 형성한다는 것이다.

> 북한에서는 직장에서 갈등구조가 생기면 상대를 제압해야만 살아남는
> 구조에요. 물리적인 힘을 쓰든 당의 힘을 써서 빽을 동원하든, 주변 사람
> 을 동원해서 몰아세우든, 어떻게 해서든 제압해야 해요. 상대도 전투적인
> 기제를 발동시키죠. 북한에서는 갈등이 생기면 전쟁이 터지는 거예요. 그
> 것은 막을 길이 없는 전쟁예요. 여기서도 전투기제를 발동시키는 거예요.
> 그것을 통제해보려고 무지하게 노력했는데도 상당히 많은 경우에 통제가
> 안 돼요.
> 이분들은 그게 대인관계의 기술이에요. 북한이라는 사회에서 살아오면
> 서 체득한 서바이벌 기술이지요. 남한에서는 치명적이라는 것을 아무리
> 주지시켜도 어느 상황에서는 본인이 감당을 못해요. 감정적으로 감당이
> 안 되고, 판단력이 거기까지 따라오지를 않아요. 조직에서 함수관계를 다
> 따져보고, 내가 지금 무시를 당하는데 역전시키려면 폭력이든, 주변 사람
> 을 동원하든 내가 가벼운 대상이 아니라는 것을 시위해야겠다는 자기에게
> 가장 익숙한 논리가 작동하는 것이지요. 그러니까 직장에 갔을 때 '서바이
> 벌 전술'을 이곳에서는 절대로 써서는 안 된다고 누누이 강조하지요.

특히 예외와 특권에 익숙한 북한사람의 태도는 남한사람들이 대부분인 직
장에서 갈등을 낳게 하는 커다란 원인이 된다.

> 직장에서 조직의 지도자가 자신에게 신경써준다 싶으면 그걸 꼭 써먹
> 으려고 해요. 조직생활에서 예외를 만든다는 의미죠. 남들은 정신없이 일
> 하는데 이유를 대고 일찍 나간다든지, 퇴근을 일찍 하는 상황을 만든다든
> 지, 또는 중국에 간다든가 하는 배려를 받는다든지. 그 카드를 반드시 써
> 요. 그러면서 동료들과의 소소한 갈등을 스스로 유발시켜요. 본인들이 그
> 걸 야기한다는 것을 못 느끼면서. 그러다가 그로 인해 갈등상황이 발생하

면 전혀 대처를 못해요. 무조건 이럴 수가 있냐, 내가 북한 사람이라서 그러지 하면서요. 북한 사람들이라서 특혜를 받으려고 하지. 문제가 발생하도록 조성을 하고 문제가 발생하면, 그 책임은 조직이 지게 되죠.

그러나 북한사회야말로 개인주의를 부정하는 집단주의 사회가 아니던가? 어떻게 특권과 배려를 개인 차원에서 받으려고 하겠는가? 실무자의 설명을 들으면서 저자는 또 다른 의문이 생기게 되었다.

차라리 조선족으로 통하는 게 편해

직장에서 이직하거나 퇴직한 경험을 가진 북한출신주민들은 새로 직장에 들어가게 된다면 다시는 북한 출신임을 밝히고 싶지 않다고 말하기도 한다. 실제로 직장동료들에게 자신이 북한 출신임을 밝히지 않는 사람들이 많다. '낮춰보거나 동정 어린 눈길과 거리감'이 싫기 때문에 차라리 조선족으로 통하는 게 더 편하다고 한다.

> 미나리를 안 먹는다니까 '북한에서 굶어죽어 간다면서 왜 그걸 안 먹냐고 해요. 매스컴에서 이탈주민 범죄사건이 방송되면 면전에서 '해준 게 얼마인데 배은망덕하게시리…' 그래요. 방송사도 그렇지 그냥 누구누구 하면 될 걸 꼭 탈북자라 하더라고요. ─박미향(여, 30, 면접당시 생산직 노동자, 북 전차공)

류경 씨는 공인중개사 자격증을 따기 위해 직업훈련을 받다가 같이 공부하던 아주머니들로부터 "주제를 알고 공부해라. 한국 사람도 힘든데…"는 말을 듣고 실랑이를 벌였다. 네 식구 중 아버지와 동생이 굶어 죽자 어머니와 죽기 살기로 국경을 넘어 중국 대륙에서 6년간이나 체류한 끝에 마침내 한국에 온 이 여성은 이제는 눈물이 말랐다면서도 다시 눈시울을 적셨다.

북한 말씨, '문화적 장벽의 표상'

직장 내 차별이 싫어서 '출신'을 숨길 때 가장 큰 장애가 되는 것은 바로 말투이다. 도대체 어디 사투리인데 이렇게 이상하냐고 물어본다고 한다. 그들의 대응 노하우는 '강원도 출신'이다. 대부분 고개를 갸우뚱하면서도 그냥 넘어가지만, 언어에 붙어있는 인식표(認識票, identification tag)는 언제 모습을 내밀지 모른다. 이 가운데 말투를 남한식으로 바꾸기 위한 북한출신주민들의 노력들이 이어진다.

> 저는 TV도 그냥 보지 않아요. 거기서 말하는 대로 따라 하면서 봐요.
> ─박미형(여, 30, 현 김밥집 직원, 북 전차공)

> 이번 직업훈련이 끝나고 나면 스피치 학원에 들어가서 말하는 것을 배우려고 해요. 터미널에 있는 ○○학원에 다녀왔어요. 원장이 한 달 배우면 된다고 하더라구요. 일단 취업하기 전에 바꾸는 데까지 바꿔보려구요.
> ─이경숙(여, 35, 현 구직자, 북 미싱사)

일부 북한출신주민들은 사투리를 고쳐 북한출신으로서의 정체성을 감춤으로써 불필요한 마찰을 피하려고 한다. 하지만 대부분의 경우 그리 성공적이지 못하다.

> 스피치 학원이요? 별 소용 없더라고요. 지난 학기에 스피치학원 원장이 와서 북한 이탈주민들에게 볼펜을 물고 말하는 것을 실습했는데, 그렇게 한 달 한다고 무슨 효과가 있겠어요? (자유시민학교 교육실무자)

사실 그들이 말하는 '언어상의 문제'란 단순히 남북 간 말투의 음운학적인, 혹은 용법상의 차이를 넘어 체제와 문화, 심리적인 장벽까지 포괄하고 있기 때문이다.

고용지원금 고용주와 밀고 당기기

박미향 씨(30, 남한 생산직 노동자, 북한 전차운전공)의 경우 입사 2년 만에 손이 빠르고 기계 수리가 가능하며, 제안을 통한 생산성 향상 등이 인정돼 7년차 임금과 동일한 임금을 받았다. 그렇지만, 회사동료들과의 불화로 2년 만에 퇴사하고 만다. 문제는 온정적 기업주가 박미향 씨에게 고용지원금을 추가한 임금을 지급하자 남한 동료와의 임금격차가 커지면서 동료 간 갈등의 불씨가 된 것이다.

매달 50~70만 원의 적지 않은 금액이 사업주에게 주어지는 고용지원금은 북한출신주민의 취업을 돕는 데 효과적인 지원책이지만, 직장에서 의외의 역기능도 하고 있었다. 즉, 직장동료와의 갈등 때로는 고용주와의 갈등요인으로 등장한다. 북한출신주민들은 고용지원금을 자신이 의당 받을 국가의 시혜로 생각하고 있으며, 자신이 직접 지원금을 받기 위해 회사 측에 장부조작을 요구하기도 한다.

많은 북한출신 근로자들은 고용주가 고용지원금을 받아 챙기고 절반의 임금만 지불함으로써 자신의 노동력의 가치를 격하시키는 데 대해 억울해 하고 분노한다. 반면, 고용지원금을 북한출신 근로자를 고용하는 데 대한 인센티브라 여기는 고용주는 "순진하다"고 들은 것과는 달리 북한출신주민이 돈을 악착같이 챙기려는 태도에 실망하게 되고, 이를 둘러싸고 노사 간에 감정적인 대립전선이 형성되게 된다.

그런가 하면, 고용지원금을 북한출신 근로자들의 월급에 얹어주는 온정적인 고용주들도 존재한다. 이들은 고용지원금을 임금위에 그대로 더해서 준다. 북한출신 근로자는 당장은 돈을 많이 받으니 좋지만, 그에 따르는 혹독한 대가를 치르게 된다. 다른 동료들로부터 '왜 북한 사람들에게 특혜를 주나'라는 비난에 직면하며 종국에는 직장 동료들과 심각한 갈등상황으로 발전하기까지 한다. 어려운 북한동포를 따스하게 대하고자 하였던 고용주의 선심은 또 다른 갈등의 도화선이 된다.

'내가 북한 사람이어서 이렇게 차별하나'

'내가 북한 사람이어서 이렇게 차별하나'라는 생각을 한 번도 하지 않고 직장에 다니는 북한 사람은 아마 한 명도 없을 것이다. 실제로 이런 차별은 존재한다. 그러나 문제는 어디까지가 북한 사람이어서 하는 차별인지의 경계선이 모호하다는 것이다. 하지만 이것이 쌓이면 피해의식으로 발전하고, 적응문제로 비화한다.

박미향 씨는 남한에서 만 2년간의 직장생활을 통해 자신이 차별이라고 느껴온 일들 중 약 80%는 차별이 아니라 스스로의 '선입관'이었다는 점을 분별하게 되었다. 하지만 여기까지 오기란 쉽지 않다. 자유시민 대학의 실무자는 "선별적으로 편애하는 것을 북한에서 워낙 많이 경험해서 여기서도 그런 것"으로 여기는 경향이 있는 것 같다고 풀이한다. 연구자의 관찰에 의하면 이런 심리적 특성은 직장 선택 시에도 "자신의 뒤를 봐줄 사람이 있는 회사에 들어가고 싶다"는 소망과도 관련이 있다. 이처럼 북한출신주민들은 그 어렵다는 취업에 성공한 이후에도 직장 내에서 많은 문제를 안고 남한 사람들과 장벽을 사이에 둔 채 유리 위를 밟듯 긴장한 채 살아나가고 있다.

3. 취업눈높이의 다이내믹스

북한출신주민 취업눈높이 현상에서 정부의 지원금은 취업눈높이와 역동적 상호작용하는 와중에서 그 중심에 서있다. 북한출신주민들은 다양한 경우의 수와 조합이 낳는 수익의 차이에 민감하게 반응하며 나름대로 대처한다. 그 과정에서 외부에는 잘 드러나지 않는 집단내 참조체제가 설정되고 취업눈높이가 형성된다. 여기서는 다양한 현장 사례의 분석을 통해 그동안 이 분야에서 '인지적 부조화'를 낳았던 낮은 취업률에 대한 상반된 해석의 접점을 찾아보기로 한다.

지원제도의 활용에 따른 월소득의 격차

각종 지원제도를 어떻게 활용하느냐에 따라 북한출신주민이 손에 쥐는 '소득의 실수령액'의 크기는 2배까지 차이가 난다. 그리고 이는 그들의 취업눈높이를 정하는 내적 참조체계로 자리 잡게 된다.

〈그림 10-1〉 지원체계 활용에 따른 소득의 격차

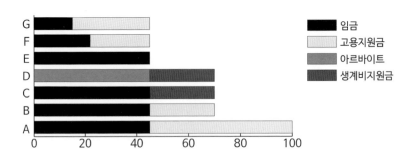

각종 지원제도와 자신의 근로형태를 조합하는 방식에 따라 A부터 G까지의 7가지 소득 유형이 만들어지는데 이를 우선 개괄하면 〈그림 9-1〉과 같다.

A, B, C, D, G형은 모두 북한출신주민 측에서 정부의 지원제도를 불법적으로 이용하여 자신의 이득을 최대화하려고 한다는 점에서 모두 공통적이다. 고용지원금을 덤으로 월급 위에 얹어주는 온정적 기업인을 만난 행운형으로는 A와 B가 있다. A형은 기업에 다니면서 임금을 받고 그 위에 고용지원금 전액을 받는다. 매우 너그러운 기업주를 만난 것이다. B형은 기업에 다니면서 임금을 받고 고용지원금을 받되, 고용주와 반반 나누어 갖는 식이다. B 사례의 고용주는 너그럽기는 하지만 자신도 받아야 할 몫은 절반 정도를 취한다.

그 다음으로 C 사례와 D 사례에서 북한출신 근로자는 취업을 했지만, 생계비 수급을 하기 위해 취업사실은 보고하지 않는다. C 사례의 북한출신 근로자는 고용보험가입사업장에 취업을 하지만, 생계급여를 위해 각종 보험에 가입하지 않는다. 물론 이 같이 하는 데에는 사업주의 협조가 필요하다. 한편, D형은 아예 고용보험가입 사업장에 취업하지 않고 아르바이트만을 하면서 생계급여를 받는다. 아르바이트생들은 4대보험에 가입하지 않으므로 취업사실이 드러나지 않는다.

반면에, E형은 기업에 취업하여 임금을 받을 뿐 다른 일체의 정부지원금은 받지 않는 경우이다. E형을 자력형이라고 하자. F형은 월급여의 50%를 고용지원금으로 지원 받아서 괜찮은 기업에 취업하였다. 이는 정부의 고용지원금 취지를 가장 잘 살렸다는 점에서 고용지원금 취지형(F)이라고 부를 만 하다.

연구과정에서 남한 기업주의 불법사례도 발견되었다. 남한 기업주는 임금대장을 조작하여 북한출신 근로자에게 100만 원 주면서 150만 원 주는 것처럼 장부를 조작하여 70만 원을 정부로부터 지원받는다. 그리고 30만 원을 보태 100만 원을 임금으로 준다. 이는 임금액을 속여서 고용지원금에서 과다

지원받아 싼값에 북한출신주민을 채용하는 불법 형(G)인데, 심층 면접과정에서 발견되었다.

이처럼 정부의 고용지원금과 생계급여를 어떻게 활용하느냐에 따라 북한출신 근로자는 받는 돈의 격차가 거의 2배까지 나게 된다. 예를 들어 임금 100만 원을 기준으로 추산하면, A 사례의 경우, 고용지원금 지원액인 50만 원(임금의 50%)을 더 얹어 월급여가 150만 원이 된다. 이처럼 북한출신주민에게 자신이 받아야 하는 고용지원금까지 양보하는 고용주의 마음을 헤아리기는 쉽지 않지만 드물지 않게 발견된다.

급여의 50%에 해당하는 40만 원을 덤으로 지원받는 B 사례는 80만 원 + 40만 원으로 120만 원을 받는다. C 사례는 취업 보고를 누락한 단기간 고용 사례인데, 고용보험을 들지 않는 경우이다. 월급 80만 원에 생계지원비를 50만 원이라고 가정할 때 50만 원을 더해서 130만 원이 소득이 된다. 이 경우 고용기간이 길어지면서 이제는 정부에 취업보고를 해서 고용지원금을 받겠노라고 고용주가 통보하는 경우 북한출신주민 노동자는 스스로 그만두기도 한다. 취업보고를 하지 않을 새로운 고용주를 찾아서이다. D 사례는 아르바이트 80만 원과 생계비지원액 50만 원을 합쳐 130만 원, E 사례는 지원금 없이 정해진 월급만 받는 80만 원. F사례도 고용지원금은 고용주가 가지고 책정된 월급여액만 받는 형태로 80만 원을 받게 된다(북한출신주민 지원법 취지에 맞는 경우임). G 사례와 같은 경우는 기업주가 불법적으로 북한출신주민에게 주는 월 급여액을 속여서 정부로부터 최대치의 고용지원금 70만 원을 받아 10만 원을 보태 80만 원의 월 급여를 지급하였다고 한다. 월 10만원을 주고 북한출신 근로자 한 명을 고용한 셈이다.

A 사례와 가장 적게 받는 E, F, G 사례와의 차액은 70만 원이다. 이와 같이 자신의 노동능력과 상관없이 지원금을 어떤 식으로 받느냐 또는 어떤 취업 형태를 취하느냐에 따라 80만 원에서 110만 원, 120만 원, 150만 원에 이르기

까지 꽤 큰 차액이 발생함을 알 수 있다. 이때 고용주가 자신이 받아야 고용지원금을 포기하고 최대의 지원금을 받을 수 있도록 배려하는 A사례가 수입 면에서는 북한출신주민에게 가장 많은 돈을 확보해준다는 점에서 가장 이상적인 것이다.

실제로 취업상담 시에는 직업상담사들이 북한출신주민에게 "얼마를 받기를 원하십니까?"하고 물어보면, 북한출신주민들은 대부분 A사례와 같은 형태를 염두에 두고 이를 준거로 이야기를 개진하는 경우가 많다. 그래서 남자의 경우에는 200만 원을 받기를 원한다고 답하는 것이다. 본인의 노동력을 130만 원 정도로 하고, 지원금 70만 원을 더한 계산인 것이다. 북한출신주민의 의중임금을 들은 취업상담자의 입장에서는 남한 주민에 비해 지나친 고임금이므로, 딱히 알선할만한 사업장을 구할 수가 없어 난감해진다. 겉으로 당사자에게 이야기는 못하고 속으로 '이탈주민들은 현실감각이 없구나'라고 생각한다. 취업보호담당자는 다른 사람들에게 '이탈주민들은 취업대란에 대해 이야기해도 받아들이려고 하지 않는다'고 말하게 된다.

이런 상황에 대해 취업눈높이가 조절되지 않는 일반 구직자에 대해 취업현장에서 자주 사용하는 상투화된 표현이 있다. "구직자의 취업의지가 없다"라는 표현인데 이것을 그대로 가져다 쓰게 된다. "북한출신주민은 취업의지가 없다." 이렇게. 그리고 북한출신주민 집단 전체는 취업의지가 없으며 이는 '사회주의 국가에서 자란 사람들은 의존적이다'는 생각으로 다시 비약되면서 일반화된다. 그러나 물론 이는 현실과 다르며, 북한출신주민 경우에 들어맞는 적확한 표현도 아니다. 그들은 취업의지가 없어서 취업하지 않는 것이 아니라 월 임금 200만 원 이하로는 정식 취업해야 현재와 같은 지원금체제하에서는 실리가 없다고 보기 때문에 취업하지 않을 뿐이다. 아니 소리 없이 아르바이트를 할 뿐이다. 그리고 무직이라고 이야기한다. 이처럼 북한출신주민들은 그들 나름의 합리적인 논리와 준거가 존재하는데, 그것은 최대의 수입을 올리기 위한 생존전략이다.

B·C·D 타입은 수입액에서 비슷해 보이는 외관을 지닌다. 그러나 그 구성내용은 다르다. 임금의 50%를 보조받는 고용지원금을 북한 이탈주민에게 월급 위에 얹어 덤으로 주는 것이 B 타입이다. 동포애적인 차원에서 선의를 가지고 북한출신주민을 돕는다든지, 종교단체의 도움을 받아 취업한 경우, 온정적인 고용주를 만나는 경우로 기본 성격은 A 타입과 같다. 그 외에 취업한 것을 보고하지 않고 그대로 생계비를 타서 2중 수급이 되는 C 타입과 고용보험에 가입하지 않은 사업장에서 아르바이트하는 D 타입의 경우 불법적이지만, 가장 일반적인 형태이다. 이 경우의 북한출신주민은 실업자로 잡히므로, 실수입이 있는 경우에도 무직자로 처리되어 실업률을 높이는 작용을 한다.

수입 면에서 가장 하위인 E·F·G 사례의 그룹은 월급만으로 생활하며 법규에 따라 원칙대로 살아가는 경우로, G 사례는 고용주가 최대의 잇속을 챙기면서 불법적으로 정부지원금을 타는 경우이다. 법 취지에 맞추어 원칙대로 행동하는 F사례는 경제적 측면에서 보면 가장 열등한 선택이 된다. 현실적으로 아르바이트를 하면서 생계비를 지원받는 D 사례의 경우, 회사 임금에만 기대면서 생계비지원이나 고용지원금을 못 받는 F 사례에 비해서 훨씬 수입이 높다. 이러한 현실은 북한출신주민들로 하여금 "회사에서 스트레스를 받으면서 일하느니 차라리 아르바이트를 뛰고 말겠다"라는 말로 표출되기에 이르는 것이다.

위에서 살펴본 사례들은 북한출신주민들의 취업눈높이가 높은 이유와 더불어 그들이 구직 시 내세우는 괜찮은 직장의 조건을 설명해주고 있다. 그들 입장에서는 아르바이트를 하지 않고 고용보험가입 사업장에서 일하려면 생계비지원금을 포기해야 하기 때문에, 그들이 내건 취업하고 싶은 직장의 조건은 점점 더 까다로워질 수밖에 없는 것이다. 그들의 높은 눈높이는 현실감각이 없어서가 아니라 정부의 지원체계라는 배경 속에서 그들이 선택할 수 있는 가장 현실적이고 합리적인 대안인 것이다.

고용지원금의 활용은 왜 저조한가

북한출신주민을 위해 만들어진 고용지원금 제도는 1993년 12월 북한출신 주민에게 적용되던'국가유공자에 대한 의무고용제'가 폐지되고, 상대적으로 "취업문제가 심각했던, 특히 정착금이 부족했던, 1994년 이후 보호 결정된 북한 이탈주민을 대상으로 안정된 직장생활을 보장해주기" 위해 만들어진 제도이다. 1994년 이후 입국한 북한출신주민들은 모두 이 법의 적용을 받았으며, 2000년 이후 2003년까지 전체의 3~5% 정도만이 고용지원금 제도를 활용하여 취업하였다. 결국은 2015년에 폐지되기에 이른다.

고용지원금의 활용이 저조한 이유는 국민기초생활보장법상의 생계비 지원과의 관계 때문이다. 북한출신주민에게 주는 현금급여(생계급여+주거급여)는 당해 보장가구에 1인을 추가한 가구원수를 기본으로 하여 지급하는데, 취업해서 월급을 받아 보호기준에 해당되지 않으면 생계급여는 지급되지 않게 된다. 즉, 고용지원금이나 생계급여 중 하나만을 택일해야 하므로 생계급여를 선택하게 되는 것이다. 북한출신주민의 2003년 국민기초생활보장 현금급여 기준액은 다음과 같다.

〈표 10-1〉 북한출신주민들의 국민기초생활보장법상 현금급여 기준(2003년 기준)

가구규모	1인 가구	2인 가구	3인 가구	4인 가구	5인 가구
금액(원/월)	519,000	714,000	897,000	1020,000	1,151,000

이와 같은 액수는 같은 남한 사람의 경우에 비해 1인분이 더 지급되는 것이다. 이러한 상황에서 남한의 기초생활 대상자들 가운데 나타나는 부작용,

즉 고용보험상 노출되는 취업을 기피하고 아르바이트 등의 부수입을 올리면서 수입의 일정 부분을 계속 지원금에 의존하려는 경향이 북한출신주민에게는 더 강하게 나타나리라고 예상할 수 있다.

이런 지원체계상의 허점은 북한출신주민들의 의식에 어떻게 반영되는 것일까? 또한 생계비냐 고용지원금이냐의 양자택일적인 지원체제하에서 배급제도에 익숙한 북한출신주민들은 고용지원금 제도를 어떻게 인식할까?

고용지원제도를 바라보는 북한 이탈주민의 관점

고용지원금의 입법 취지는 원래 사회적응이 아직 안 되어 취업이 어려운 북한출신주민을 위해 고용주에게 주는 일종의 인센티브로서 만들어졌다. 그러나 문제는 이를 바라보는 북한출신주민들의 시각이 그렇지 않다는 데에 있다. 다양한 교육기회를 통해 고용지원금은 자신들에게가 아니라 고용주에게 주는 돈임을 누누이 듣게 되지만 시장경제에 익숙한 남한의 주민들과는 달리 이를 정서적으로 수용하지 못한다.

첫째, 고용지원금은 국가가 고용주에게 주는 것이 아니라 내게 주는 돈이다.
자본주의하에서는 노동력과 임금을 교환하는 노동시장에서 구매자와 판매자 간에 맺어지는 매매관계는 자연스럽고, 취업도 고용지원금도 이런 견지에서 이해된다. 하지만 사회주의 국가가 주민에게 제공하는 배급제도에 익숙한 북한출신주민들은 취업을 하면 고용지원금을 지급하고 대신에 생계비지원이 끊기는 지원체계야말로 고용지원금에 대한 소유를 주장하는 만드는 이유가 된다. 분배에 의해 제반 물자가 수급되고 국가는 분배할 때 공정하게, 되도록 직접 주는 방식을 합당한 것으로 알고 있다. 북한에서 이와 같이 살아왔던 북한출신주민에게 있어 고용지원금의 의미가 통하기 힘들다.

오랜 설득과 교육 끝에 지식으로 납득되었다 치더라도, 결국 그들은 기업주가 자신의 몫을 가져간다고 생각하고 울분을 느낀다.

남한 사람의 경우 고용지원금에 대한 기업주의 활용을 기업행위의 일환으로 바라보는 반면에, 북한출신주민들은 자신들을 고용함으로써 기업주가 고용지원금을 받는 행위를 "내 몫을 얹어주느니 마느니 하는 괘씸한 행위"로 인식한다. 이와 같이 "취업지원금은 자신들에게 주는 것이니, 자신들은 고용주에게 좋은 일을 시켜주는 것"이라는 식의 논리는 남한 취약 계층들에게는 찾아볼 수 없었던 새로운 주장으로 북한체제 사회화의 결과로 보인다. 남한의 취약계층들이 각종 지원금을 활용하여 일단 취업이라는 문턱을 넘어서는 데 관심을 갖는데 비해, 북한출신주민들은 정부의 지원금은 그들 자신을 위한 것이며, 기업주는 그들을 도와야 한다는 암묵적인 전제를 가지고 있는 듯하다. 이러한 생각은 고용지원금이 바로 자신들에게 직접 지급되어야 한다는 주장으로 이어진다.

둘째, '고용주가 국가로부터 고용지원금을 받는 것은 노동착취다'

고용지원금을 북한출신주민을 위해 국가가 주는 일종의 금전적 지원으로 바라보는 시각은 자연스레 고용주가 고용지원금을 받는 행위를 일종의 노동착취로 바라보게 한다. 그들의 말을 들어보자.

> 100만 원만 주고 이용하는 거죠. 애초에 이런 의도를 가지고 북한 사람을 뽑는 거예요. 취업박람회 때 모이는 회사들 다 그런 회사라고 생각을 해요. 회사에서 100만 원 받고 제대로 하면 70만 원, 170만 원이거든요. 정부 지원 이런 거는 회사를 돈 벌게 해주는 거죠. 뼈 빠지게 일하고 피를 빨아내는 거죠. 도와주는 게 아니죠. (남, 30)

이런 논리는 나아가 '취업=기업주 돈 벌게 해주는 행위'로 비약하고 종국에는 고용지원금을 둘러싼 노사 간 갈등으로 비화하는 경우가 있다. 북한사회에서 학습된 사고방식은 남한사회에서 이제 '고용지원금의 소유'를 둘러싸고 남한 고용주와 북한출신 노동자 간에 첨예한 대립으로 나타난다. 고용지원금 제도에 편승하여 불법적으로 인건비를 아껴보고자 하는 기업인들의 불법적인 행태는 이러한 갈등구조에 더욱 불을 붙이는 격이다. G 사례유형에서 기업주는 고용이 6개월이 지난 시점에서 지원금을 받아 인건비를 절약하고자 정부에 취업보호 신청을 넣었는데, 이 때 더 많은 고용지원금을 받기 위해 허위로 임금액을 부풀려 과다하게 신고하기도 하였다. 이 사태에 이르면 남한 사람들의 불법행위와 북한 사람들의 불법행위 중 어느 쪽이 더 나쁜지 가늠하기 어려운 지경이다.

진로의 왜곡인가 아니면 합리적인 생존전략인가

여기서 유의할 점은 북한출신주민의 수입이 가장 높아지는 A 타입이 북한출신주민의 입장에서 이상적인 취업 및 수입모형이 되고, 다른 북한출신주민들의 취업눈높이의 준거가 되고 있다는 점이다. 그러나 직장에서 A 타입은 남한 동료와의 임금격차를 넓히면서 동료들과 벽을 만들어간다. 더욱 문제가 되는 것은 고용지원금이 매달 지급되는 2년이 지난 이후에는 갑자기 급여가 낮아지게 되면서 생기는 문제이다. 갑자기 자신의 월급이 70만 원이 줄어든다고 상상해보자. 이를 감수하기란 쉽지 않다. 이 때 북한출신 노동자는 이 직장을 다녀야 하나 라는 고민을 하게 되는데 대부분은 직장을 떠난다고 한다. 기업주로서는 호의를 베풀어 자신이 받아야 할 고용지원금까지 더 얹어주었더니 그 돈만 받고 나서 직장을 떠나는 셈이다.

이처럼 취업눈높이 현상의 배후에는 한시적으로 주어진 기간과 여건 하에서 최선의 조합을 찾아내어 불확실한 미래를 위해 필요한 "목돈"을 마련해보자는 북한출신주민들의 필사적인 생존전략이 숨겨져 있다. 이때, 외부자(남한사람)의 관점에서 보다 중요하다고 여겨지는 장차의 안정된 직업을 위한 '기술'이나 '진로', '경력' 등은 북한출신주민의 눈에는 사치일 수도 있을 것이다. 진로나 경력의 개발 등을 한쪽으로 치워버리고 아르바이트를 찾아 일하는 많은 북한출신주민들의 존재는 무엇을 말하는가. 이 또한 남한사람들의 눈으로 보자면 이는 일종의 '진로의 왜곡' 현상이겠지만 북한출신주민으로서는 합리적인 생존전략인 셈이다.

4. 맺음말: 취업의지 결핍담론의 허구성

'취업눈높이' 현상은 국외자인 남한 사람들에게는 언뜻 이해가 잘 되지 않는, 취업현장에서는 암묵적 지식으로 통하는 현상이자 북한출신주민들에게는 그들의 이식된 삶의 면면이 응축된 독특한 사회문화적 현상이었다. 그것은 '취업의지결핍' 담론과 북한출신주민들의 '취업열망'간의 인지적 부조화를 설명하며, 중심에 공공지원금을 축으로 주변의 여러 사회적·문화적·제도적·사회심리적 요인들을 아우르고 있었다.

북한주민의 일부로서 주목받아온 북한출신주민들은 적응을 위해 긴밀한 내부 연계망과 그에 따른 뚜렷한 참조체계를 구성하고 있다. 북한에서 내면화된 평등의식은 눈높이를 조절하는 데 어려움을 겪게 한다. 자본주의 사회에서 생존하는 데 필요한 눈높이 조절을 위한 순발력을 제공해 주지 못하는 것이다. 예외적인 성공일지라도 '공적 지원금의 최대수혜'는 이들에게 쉽게 이상적 성취의 준거로 매력적으로 다가온다.

현실적 삶의 장면에서는 경제활동의 준거는 "차라리 아르바이트나 하지"라는 말 속에 내포되어 있다. 북한출신주민이 가장 손쉽게 수용할 수 있는 취업 시 임금의 조건이란 '아르바이트 수입 + 생계비 지원금'(지원금 수혜 유형 D)이다. 하지만 이 말 속에는 또 다른 영역들과 연계된 함의가 포함되어 있다. 아르바이트는 이미 확보된 "자신의 몫"을 보전해준다. 즉 기초생계비 수급자격을 유지시켜주고, 5년 내 혹시 있을지 모를 취업 시 고용지원금의 최대수혜 기회도 보전해 주므로 가장 일반적으로 선호하는 기준이 된다. 그리고 '아르바이트 선호' 논리 속에는 또한 쉽게 드러내지 않는 이탈주민들의 문화적 적응의 난관이 숨어있다. 웬만한 임금수준으로는 상쇄되기 힘든 직장에서의 제반 적응문제를 고려할 때, 아르바이트는 이를 일소할 수 있는 손쉬운 대안이다. 하지만 외부인의 관점에서 이는 가장 소극적 대안이고 '진로 왜곡'으로 비칠 수밖에 없다. 이는 통계수치화되면 어마어마한 실업자의 군 혹은 기초생계비 수급자의 거대한 온상으로 되기도 한다.

이들에게 「북한이탈주민 정착과 보호에 관한 법률」에 의해 제공되는 '국가지원금'은 눈높이 현상과 관련된 복합적 요소들의 상호작용 결과가 응축되는 지점이다. 북한출신주민들은 그들의 여러 삶의 조건들을 배경에 두고 지원금의 다양한 조합을 통해 최선의 합리적 방안들을 도출한다. 그 과정에서 북한출신주민 집단 내에서 참조체제가 만들어지게 되고 이들 나름의 취업눈높이가 형성된다. 이는 단순히 수익의 다소만의 문제라기보다는 그들이 처한 삶의 상황에서 최선의 적응전략을 모색하는 활동으로 보아야 할 것이다.

2005년부터 북한이탈주민 보호와 정착에 관한 법률이 개정되면서 이제 북한출신주민들은 또 다른 삶의 조건의 변화를 맞이하게 되었다. 제도적(정책적) 환경이 달라지고 있다. 그동안 익숙했던 기존의 지원금 체제가 만들어낸 합리적인 생존전략은 외부인들 눈에는 많은 부작용(근로보다 복지)의 온상으로 지목되어왔다. 이제 그 보호막이 걷혀버린 이후 어떤 변화가 일어나게 될지 알 수 없다. 하지만 그 방향은 현장에서 기존 정책이 경험한 변용의 역동성을 통해 드러났듯이 북한출신주민들의 생존전략에 크게 달려있을 것이

다. 왜냐하면 기존의 정책이 그랬듯이 어떤 새 정책이라 할지라도 그 변용의
역동성을 세세히 예견할 수는 없기 때문이다.

취업눈높이의 역동성, 구체적으로 공공 지원금제도의 변용이 다양한 관련
요인들의 복합적 상호작용의 결과라는 사실은 북한출신주민 지원정책과 관
련하여 '주변시(周邊視)' 개념을 되새기게 만든다. '주변시(周邊視)'는 군대의
보초수칙 중에서 야간경계의 원리이다. 어두워서 사물 식별이 되지 않을 때,
그 사물에 시선의 초점을 맞추면 맞출수록 더욱 분간이 어려워지고 착시까
지 낳게 된다. 이 때 초점을 그 사물의 주변에 맞추면 그 사물은 스스로 모습
을 드러내게 된다는 인지의 원리이다. 북한출신주민들의 삶의 주변을 물끄
러미 보라.

11장_ 일터, 타자(他者)들의 공간

북한출신주민들은 취업 이전에는 '취업=행복 시작'이라고 믿는다. 그렇지만 막상 취업되어 직장에 들어가 일하기 시작하면 무수한 장벽에 부딪혀 좌절을 경험하게 된다. 이 장에서는 남한 직장에서 북한 사람들이 구체적으로 어떤 모습으로 살아가는지를 직장 내 사례를 통해 살펴본다. 맨 처음에 부딪히는 문제는 직무능력의 부족이다.

1. 직무능력의 부족

북한출신주민의 직업 기초능력은 상당히 낮다고 평가된다. 이들을 고용한 고용주들도 지원금을 감안한다하더라도 오히려 남한인 구직자들을 고용하는 것이 더 이득이라는 말을 한다고 한다. 사무직의 경우나 학력이 높을수록 본인의 능력이 부족하다고 느낀다고 한다. 학원에서 기초적인 컴퓨터를 배웠다고 하더라도, 또 북한이나 중국에서 직장경험을 쌓아 어느 정도의 사무 역량을 갖추고 있는 경우에도 여전히 남한의 직장에서 기능을 발휘하기에는 역부족이다. 아래의 두 사례는 무역 관련 사무를 보던 회사에서 일하는 여성

의 경우이다. 그 두 사람 다 직장에서 자신의 직업능력상의 문제를 느끼고
있었다.

> 한국 사람들은 저희보다 배운 게 많잖아요. 저는 배운 게 없잖아요. 아
> 무튼 저희는 많이 부족해요. …중략… (직무기술이) 엉성해가지고요. 엑
> 셀도 사장님한테나 이렇게 하면 어떨까요? 물어보지 않아도 (한국 여자들
> 은) 한번 하면 사장님이 만족을 하더라구요. 다른 한국 여자들 보니까 단
> 방에(연구자 주: 한 번에의 북한식 표현) 갖다 바치면 깨끗하게 잘하잖아
> 요. 저는 엉성해요. 부족해요… 옛날에는 중국어를 자신 있게 한다고 생
> 각했는데 사이버 대학에 다니면서 내가 부족하다는 것을 알게 되었어요.
> 중국어를 한족에게 배웠는데 언어가 표준화되었어요. 한국 분들을 보니
> 까 너무 잘하더라구요. 내가 모르는 글자도 그분들은 알고 계시고. (제 실
> 력을 믿고) 자신만만했는데 엉성한 실력으로는 안 된다는 것을 알았어요.
> ─류경(여, 27, 중국에서 한국무역회사 종사 경험 3년)

> 사람들이 일하다 보면 …거기에서 무슨 일을 했냐고 자꾸 묻는 거예요.
> 나도 대학 나왔다고. 회사도 다녔다고 하지요. 그런데 자꾸 물어보면 그
> 것도 모르느냐는 시선으로 쳐다봐요. 그렇게 대하는 게 많더라구요. 그것
> 도 모르면서 주임하느냐 내가 모르니까 미안하잖아요. 내가 모르는 것 있
> 어요. 속으로 꿍꿍 앓고. ─문예봉(30대, 경리·회계 업무 2년, 북한, 3년
> 제 전문학교 회계학 전공, 남한에서 경리주임으로 입직)

이처럼, 그녀는 사무능력 면에서 남한 사람들과 비교해서 열세를 느끼고
있고 이런 것이 대인관계에서도 부담으로 작용하고 있었다. 그러나 이 같은
직무능력의 부족은 시간이 가면 해결될 수 있는 문제이다. 더 큰 문제는 남
북한의 노동관행 차이나 직장문화로 겪는 어려움으로 이는 본인의 자발적인
이직 혹은 회사 측의 해고로 이어지는 경우가 많다.

2. 남북 노동관행과 직장문화의 이질성

용접공에서 고물상으로 이동한 북한의 약제사

이용철은 북한의 약제사로 일하였으나 남한사회에 온 이후 고물상에서 일용직으로 일하고 있는 사람이다. 그는 북한에서 약학대학을 나오고 난 후에 질병관리소에서 근무했다. 남한에서 약제사로 일하기는 조기에 포기하고 그는 남한에 오자마자 용접과 전기기능사 자격증을 취득하여 관련 분야에 취업하였다. 그러나 건설현장에서 공사일을 하던 그는 직장문화에 회의를 느끼고 차라리 고물상에서 일용직으로 일하기로 한다. 그는 남한의 직장문화가 '너무 좁쌀처럼 놀아서 못하겠다'고 표현한다.

> 연구자: 그런데 거기(건설현장)을 그만두신 이유는?
>
> 이용철: (중략)… 공사 현장으로 갔는데 가면 7시 40분정도, 일 시작하기 전에 도착하잖아요. 다른 사람들은 오는 길이고 도착하면 8시, 8시 5~10분이고 이 사람들은 자기 마음이지 내가 현장에 7시 40분에 도착하면 전화가 '띠리리' 와요 내가 어디까지 왔는데 자기네 도착하면 무엇을 해달라고 그래요 처음에는 별 상관없이 했죠. 공사를 빨리 끝내려면 빨리 움직여야 하니까 그래서 했는데, 그런데 계속 이어지더라고요. 그렇게 하고도 저녁 6시까지 일하는데, 한 4시쯤 끝나지 않았어요? 4시쯤 철수하잖아요. 철수하면 차에다 짐 다 싣고 저러러 그냥 퇴근하라고 하면 좋잖아요. 근데 회사까지 데리고 가요. 그러면 5시 30분 되요. 마지막까지 30분 하다못해 청소라도 시킨단 말이에요. 그래 내가 마지막에 못하겠다고 일을 시켜도 그렇게 시키지 말라고 아침에 7시 40~50분정도에 내가 혹시 일 안 나올까봐 물어볼 수가 있지 나 왔다 하면 우리 거의 왔는데 담배 한 대 피우면서 쉬고 있어라 이래야지 고

시간이 뭐라고 일 준비를 시키면서 그것도 한두 번이 아니고 계
속 그리고 현장 철수 했으면 4시에 일이 끝나고 현장에서 철수하
면 회사까지 들어가면 5시 되고 그리고 5시부터 6시, 한 시간 가
지고 청소시키고 데리고 오니 너무 좁쌀처럼 놀아서 못하겠다하
니 자기네는 그런 거 못 느꼈다고 하더라고요 그래 거 앞으로 느
끼고 다른 사람 취직하면은 그렇게 해 달라 하고 그만두었죠.

연구자: 다른 일을 하셨을 텐데 무슨 일?

이용철: 일용직을 했죠. 일용직이 쉽기는 해요. 나도 노는 날이면 2번 정
도 나가요. 일용직이 나아요. 내가 보기엔. 돈도 좋고, 일용직에
나오는 사람들이라 한국에서 제일 가난한 사람들이라 통하는 면
도 있어요. 그런 게 있어요.

이용철 씨는 한국에서 가난한 사람들과 일할 때 가장 마음이 통하고 편안
했다고 술회한다.

남북한 건축설계사 김인혜:
"당이 알아주듯이 사장님도 언젠가는 알아줄 것이다"

마음이 불편하기로는 전문직의 경우가 오히려 더하다. 김인혜 씨는 평양
에서 유수한 대학을 졸업한 40대의 전문직 여성이다. 그녀는 남한에 오자마
자 자격증 시험을 보아 토목건축분야의 기사 자격증을 인정받고 동일한 직
종의 설계사 사무실로 입사하는데 성공한다. 여기까지 보면 인혜 씨는 북한
에서 했던 동일한 직종의 전문직을 남한에서 계속하는 아주 희귀한 성공사
례이다. 그녀는 정착 초기인 2005년에 처음 받았던 월급보다 2008년도 현재
월급이 인상되었다. 그는 과장으로 승진하여 성공정착사례로 인정받아 하나
원에 가서 후배 탈북자들 앞에서 강의를 하기도 하였다. 그러나 알고 보면
그녀의 속사정은 편치 않은 상태였다.

그를 불편하게 하는 점은 우선, 북한과는 다른 조직문화와 특히 젊은 직원들이 그녀를 대하는 태도였다. 그녀가 도저히 같이 일하는 남한의 젊은 사원들의 업무에 대한 무책임함을 도저히 이해할 수 없었다. 위에서 사장은 무리한 요구를 해오는 가운데, 사장과 부하직원들의 비협조 사이에서 인혜 씨는 온몸으로 일을 감당하고 있었다. 그녀는 날마다 혼자서 꾸역꾸역 남아 끝없이 책임감을 가지고 수개월째 토요일도 일요일도 없이 매일 몸부림을 치고 있었다. 무리한 야간업무가 수개월간 누적되면서 그녀의 몸에서는 여기저기 몸에 이상증후가 나타나고 있었다. 그녀는 침을 맞으러 병원에 다니는 상황이었지만 그래도 책상 앞에 한없이 매달려 있었다. '당이 알아주듯이 언젠가는 사장님이 알아줄 것이다.' 그녀가 정작 내가 이렇게 사는 게 맞나 회의를 느낀 것은 연말 임금인상 때였다. 토요일, 일요일마다 꼬박꼬박 쉬었던 남한의 다른 직원들과 토요일, 일요일을 모두 반납하고 일했던 인혜 씨 사이에 임금인상액의 차이가 전혀 없었다.

> 그래도 결국 연말에 임금인상 시 보니까 아무런 생각도 해주지 않았어요. 돈은 돈대로 쓰고, 그렇게 일할 필요가 없는 거죠. 저도.

인혜 씨는 허탈했다. 그녀의 상식으로 자본주의란 이렇게 하면 안 되는 것이었다. 도저히 이해할 수 없는 이 상황을 어떻게 해야 할지 막막했다.

3. 대처와 파국

인혜 씨와 같은 극단적인 경우 외에 다른 북한출신주민들도 나름대로 열심히 직장생활을 하면서도 업무능력이나 용어상의 차이 등 여러 어려움을 겪고 있었다. 그러나 가장 어려운 방정식은 직장문화와 인간관계였다. 처음에는 노동관행과 직장문화의 차이에서 비롯되었다 할지라는 이는 곧 북한사람이라서 무시하고 배제 당한다는 의식으로 발전하게 되고 마음속으로 심각하게 괴로워하는 지경에 이른다.

이직하기

업무능력과 이질적인 노동관행으로 북한출신 근로자들은 깊이 속앓이를 하게 된다. 인사이동이 많고 안정성이 없는 고용환경 속에서 업무능력이 뒤따르지 않아 큰 스트레스를 받았다. 하지만 무엇보다 참을 수 없었던 것은 남한사람들의 은근한 거부와 배제의식이다. 이에 대한 대처로서 가장 흔한 방식은 다른 직장으로 이직하기이다. 그러나 잦은 이직을 거듭하는 가운데, 더 이상 그렇게 살아서는 남한사회에 정착할 수 없을 것이라는 불안감이 엄습한다. 그래서 다음 선택지로 '직장에 맞추어 나를 바꿔 나가기'를 시도한다. 대부분의 북한출신 근로자들은 나의 문제가 무엇인지 알면 직장에 맞추어 나를 바꾸려고 노력한다. 문제는 근로자가 이러한 선택을 시도하기도 전에 갑자기 회사 측에서 해고를 당하는 경우이다.

> 회사생활에서도 처음부터의 인정과 아량은 없다. 강한 거부와 배제의식을 강하게 견디는 힘이 필요하다고 생각된다. (김순돌)

> 북한사람이면 알게 모르게 무시의식, 편견 등이 사회적으로 팽배하다. 북한사람은 자기들보다 못하다는 의식… 등. (이석수)

결국 그들은 이직을 선택하였다. 문제는 동일한 일이 다른 직장에서도 되풀이된다는 점이다.

직장에 맞추어 나를 바꿔 나가기

북한식 사고방식으로 인한 직장 내 갈등으로 어려움을 겪다가, 상사의 조언을 수용하여 직장에서의 태도를 완전히 바꿈으로써 직장생활을 유지하게 된 어떤 북한이탈 청년 김윤홍 씨의 이야기를 들어보자.

> 남한에서는 팀장이면 나이가 더 어려도 숙이고 들어가야 합니다. 북한에선 그러지 않습니다. 사람이 우선이기 때문입니다. 처음에는 그걸 몰라서 실수를 많이 했습니다. 그런데 저를 채용해주신 상무님이 불러서 얘기하셔서 그 다음부터는 나이가 더 어려도 네네 하면서 일하니까 다른 사람들이 놀라서 왜 그러냐고 그러더군요. 왜 갑자기 바뀌었냐고.
> … 중략… 지금도 직장이 바뀌었지만, 아침이면 일찍 가서 회의하기 전에 제가 원두커피를 끓여두었다가 한 잔씩 돌려 마시면서 회의를 합니다.
> ─김윤홍(30대, 북 탄광노동자)

이처럼 북한과는 다른 남한의 조직관행까지 일일이 가르치면서 북한 주민을 데리고 일하기란 남한의 고용주들로서도 피곤하고 손이 많이 가는 일일 수 있다. 더구나 구체적인 상황에 따라 그때마다 달라지기 때문에 상황에 따라 달라지는 규칙을 일일이 가르쳐주기도 힘들다.

북한에서 명문대학 출신으로 한국에 온 후 다시 서울소재 명문대학을 졸업한 김명문 씨는 한국에서 유명한 중견기업체에서 일하고 있다. 그는 한국에서 직장생활 중에 이 같은 문제점을 스스로 풀어나갔다고 말한다.

> 갈수록 더 노동경쟁이 심하고, 대기업에는 우수한 사람들이 많이 오잖아요. 그런데서 일을 하다보면 어떤 간판이라든가, 혜택이라든가 그런 것보다는 저한테 내재적으로 있는 경쟁력이 중요하다 그렇게 보는 거죠. 그

리고 탈북자이기 때문에 장단점이 다 있어요. 불이익도 받고, 어떨 때는 이익도 받아요. 그래서 그게 상쇄가 돼서 없어진다고 보면 개개인의 능력이 중요하지 않을까 그런 생각은 해 보거든요. 능력이라는 게 타고난 능력일 수도 있지만, 어렸을 때부터 살아오면서 받은 교육이라던가, 환경이 중요한 영향을 미치겠죠.

김명문 씨는 북한의 명문 공대 출신의 북한출신주민답게 매사에 논리적으로 생각하려고 노력한다. 그는 남한사회에서 살아가면서 탈북자라는 존재가 자신에게 때로는 유리한 경우도 있었고, 탈북자라는 이유로 불리한 경우도 있었다고 생각한다. 결국은 개인의 능력이 중요한 게 아닌가 생각한다. 이 같은 긍정적 견해를 피력했던 이 젊은 청년은 필자에게도 매우 인상적이었는데 면접 후 8년이 흐른 2018년 현재 연락이 끊긴 상태이다.

어느 날 갑자기 해고

북한출신 근로자에게 한 마디 말도 없다가 어느 날 갑자기 해고해버리는 냉정한 기업도 있다. 북한에서 부기를 했던 문예봉 씨가 경험한 일이다. 그녀에게 남한의 직장이란 북한에서 온 상대를 전혀 배려하지 않고, 경고 한 번 없이, 단칼에 해고해버리기도 하는 냉혹하고 무서운 사회이다.

연구자: (직장이) 재미있다면서 왜 나왔어요? 그 정도의 직장을 또 구하기가 힘들 텐데.
문예봉: 힘들죠. 아직 남한 사회를 모르는 거죠. 남한 사회가 냉정하고 그런 거 몰랐어요. 아는 사람이면 괜찮겠다 하고. 일할 때는 열심히 했는데. 내가 북한 선교단체 단원이었어요. 어려서부터 예술 부문의 그것을 했거든요. 같이 미국 선교단체에 가는데 같이 가자

고. 제가 그 준비 때문에 하루 이틀 얘기하고 빠졌어요. 1시간 먼
저 퇴근하고. 나중에 경리부에서 찾더라구요. 사업부 내에서 보
는 눈도 있고 계속 얘기한다는 거죠. 아랫사람들이 여러 사람 얘
기하는데 문예봉 씨가 남들보다 일찍 퇴근하고 일 있다고 안 나
오고 그런다는데. 다른 데 가서 일을 찾아보라고.

연구자: 바로 다른 데 일을 찾아보라고 해요?

문예봉: 갑자기 탁. 그 정도까지 생각 안 했거든요. 그러면 안 된다 기회
를 주고 그럴 줄 알았어요. 우리 회사 나가면 어떡하지. 울먹울먹
했어요. 화장실 가서 울다가 앉아 있다가 갔어요. 그동안 남들보
다 일 배우고 해야 되는데 빨리 나갔고. 불찰이라고 생각한다고
경리 책임자에게 말했어요… 중략… 직장을 소개한 분(전 김일성
대학 교수)의 얘기로는 남한 사회는 이렇게 냉정하고 능력이 없
으면 안 되고 하루라도 빠지면 안 된다고 했어요. 아파도 나와야
한다고.

이런 파국적인 경험을 할 때 북한출신주민은 무슨 생각을 할까. 해고당한
북한이탈여성 문예봉은 '사람들이 돈밖에 모른다. 이렇게 냉정하고 험한 사
회를 어떻게 살겠냐'는 막막함과 슬픔을 느꼈다고 한다.

12장_ 북남이동과 직업전환

1. 들어가는 말

지난 10여 년 동안 북한에서 비공식부문의 대두는 북한주민들의 의식변화 및 직업생활의 변화를 가져왔다. 북한사회는 이제 '돈만 주면 뭐든지 구할 수 있는' 시장이 자생적으로 빠르게 형성 발전되는 과정에 있다. 남한으로 이주하는 북한출신주민들 중에서 비공식부문에서 일하던 비공식일자리 종사자들의 비중도 점차 더 커져가고 있다. 북한출신주민들은 북한 특유의 공식/비공식부문의 대두 속에서 공식/비공식 부문의 일경험들을 쌓고, 다시 그 위에 제3국과 남한으로 이동하면서 상이한 체제에 적응하면서 여러 종류의 노동을 경험한다. 과연 이러한 상이한 체제 속에서 경험한 다양하고도 잡다한 직업경험들이 이들의 경력으로 체화되어 누적적으로 작용할 수 있는 것인가가 본 장의 문제의식이다. 인적자본이론에 의한 접근은 시장을 중심으로 한 경력형성이 인정받는 사회를 전제로 한 것이다. 우리는 북한사회와 제3국, 자본주의 국가인 한국사회를 배경으로 하여 이들의 직업생애사를 추적한다.

본 장에서는 '북한출신주민이 입국 이전 북한과 제3국에서 쌓은 직업경험을 어떻게 보아야 할 것인가라는 문제의식을 가지고 북한→제3국→남한으로 단계적으로 이동하는 가운데 누적되어온 북한출신주민의 직업전환과 경력 형성을 기술하며 이는 아래와 같은 두 개의 연구주제로 구성된다.

첫 번째는 북한출신주민이 북한→제3국→남한으로 이동하면서 겪는 직업 생활의 경험을 기술한다. 특히, 일자리유형, 직종변화, 업종분야에서 직업전 환이 어떻게 이루어지는지를 살펴, 세 개의 공간 이동과정에서 경험한 직업 전환 과정을 연구한다. 이를 위해 본 연구에서는 2010년도에 필자가 조사한 413명 고용실태에 대한 자료를 분석한다. 북한에서 제3국, 남한에 이르는 과 정에서 어떻게 직장이동이 어떻게 일어나고 있으며 특히 북한에서의 직업경 험이 어떻게 이루어지고 있는지를 살펴보고 이 과정에서 북남간의 경력연계 와 단절, 새로운 경력의 형성이 어떻게 이루어지고 있는지 북남이동에 따른 직업전환의 과정을 살펴본다.

두 번째는 일자리 문제를 둘러싼 일반적인 공식담론 외에, 남북의 직업세 계의 양자를 다 경험한 행위주체이자 당사자인 북한출신주민의 직업세계에 대한 의식이나 관점을 질적 면담결과를 통해 보여준다.

북한출신주민 스스로의 북한과 남한을 아우르는 직업생애에 대한 주관적 인 관점이 표출되는 면담내용을 분석하여 현재 북한의 시장경제에서 파생되 는 공식/비공식 일자리 경험이 의식세계에 어떤 변화를 일으키고 있는지 살 펴본다. 이를 통해 북한주민의 계층분화와 의식변화에 대한 시사점을 얻고 자 한다.

2. 직업관련 선행연구 검토

현재 북한출신주민 취업 및 직업관련 연구는 어디에 초점을 맞추느냐에
따라 제도개선 연구와 북한출신주민 특성에 대한 연구로 대별할 수 있다.
북한출신주민들의 특성에 주목하는 연구들은 북한출신주민의 취업이나
임금, 고용형태, 경제적 적응에 영향을 미치는 요인들에 대해 연구하며[1], 정
책연구는 주로 제도개선에 초점을 둔다. 여러 가지 지원프로그램이나 직업
훈련제도, 취업지원제도의 문제점, 각종 지원금의 효과 및 지원서비스 전달
체계의 개선방안 등이 주요 논제이다.[2]

---

[1] 윤덕룡·강태규, 「북한이탈주민의 실업과 빈부격차에 의한 갈등 및 대책: 북한이탈
주민들의 경제문제에 관한 설문조사 결과를 중심으로」, 『통일연구』 1, 연세대학교
통일연구원, 1997; 손문경, 「북한이탈주민의 사회 적응에 관한 연구」, 이화여자대학
교 석사학위논문, 2002; 이기영, 「북한이주민의 노동시장 활동과 경제적 자립에 영
향을 미치는 요인」, 『통일문제연구』 18(1), 2006; 윤인진, 「북한이주민의 사회적응
실태와 정착지원방안」, 『아세아연구』 50(2), 2007; 백경민, 「탈북자의 경제적 적응에
대한 인적 자본과 사회적 자본의 효과」, 고려대학교 석사학위논문, 2007; 김창권, 「북
한이탈주민의 남한 노동시장에서의 취업 결정요인 연구」, 『경상논총』 25(2), 한독
경상학회, 2007; 김화순, 「북한이탈주민의 고용에 미치는 요인에 관한 연구」, 한국
기술교육대학교 테크노인력개발전문대학원 박사학위논문, 2009.

[2] 강일규 외, 『북한이탈주민의 취업촉진을 위한 직업능력개발방안』, 한국직업능력개
발원, 2003; 『북한이탈주민 취업능력 향상을 위한 제도개선 방안연구』, 한국직업능
력개발원, 2004; 김화순·신재영, 「북한이탈주민의 취업눈높이 유형에 관한 사례연
구: 고용지원제도와의 관계를 중심으로」, 『통일문제연구』 17(1), 2005; 박성재·김
화순, 「탈북이주민 직업훈련의 노동시장 성과」, 한국직업능력개발원,
『직업능력개발연구』 11(2), 2008; 고지영, 「북한이탈주민의 사회적 지위와 취업요인
분석」, 『북한이탈주민 노동시장과 정체성』, 이화여대 통일학 연구원 추계학술회의,
2010; 김화순, 「고학력 북한이탈주민이 인지하는 차별과 직업계층 변화에 대한 인
식」, 『통일과 평화』, 서울대학교 통일평화연구소, 2010a; 「북한이탈주민 맞춤형 취
업프로그램의 성공요건, 북한이탈주민 맞춤형 취업지원의 활성화를 위한 토론회」,
(사)전국실업극복연대, 2010b; 김선화, 「북한이탈주민 취업지원 정책 연구: 정착장
려금제도를 중심으로」, 서울여자대학교 사회복지학과 박사학위논문, 2011; 이금순
외, 『북한이탈주민 지원 분야별 지원체계 개선방안』, 통일연구원 합동연구총서,

그런데, 북한의 학력이나 경력이 남한에서의 고용이나 경제적 적응에 미치는 영향에 대한 연구결과들 간에는 이견(異見)이 존재한다.

북한 학력이 높을수록 취업률이 높다고 보고한 각종 연구들이 있는 반면,[3] 북한의 학력이나 경력들이 남한에서의 경제적 적응이나 고용에 영향을 미치지 못한다는 연구결과들이 동시에 존재한다.[4]

여기서 쟁점은 북한의 학력이나 특히 경력이 무엇을 말하는지 구체적인 내용을 확보하는 일이다. 지난 1990년대 이후의 십수 년간의 북한 교육과 직업상황 및 북한의 시장발달의 특수성을 반영하여 북한의 학력이나 경력을 재정의할 필요가 있다. 특히, 인적자본의 변수 중 북한의 근속기간 변수는 그대로 반영하기가 곤란한데, 그 이유는 국가에서 배치한 공식직장의 '근속기간' 변수가 새로운 시장변화에 부응하여 생겨나는 사적 노동인 비공식노동을 포함하지 못할 뿐 아니라, 별도의 벌이 즉 직장에 적을 두고 별도의 벌이를 하는 이중일의 상황을 반영하지 못하기 때문이다.

그렇다면, 북한직장에서의 직장경력과 시장활동 둘 다를 북한의 인적자본을 대리하는 변수로 볼 것인가? 이 문제에 대해서는 결론을 내리기는 이르

2004; 선한승 외, 『북한이탈주민 취업실태와 정책과제 연구』, 한국노동연구원, 2005; 안혜영, 「북한이탈주민의 자립정착을 위한 취업정책 모형개발 연구」, 『통일정책연구』 14(2), 2005; 유길상 외, 『새터민에 대한 효과적인 직업훈련 방안』, 노동부 용역과제, 2007; 박정란 외, 「북한이탈주민의 노동시장 진입을 위한 직업능력개발지원 개선방안」, 『직업능력개발연구』 11(1), 한국직업능력개발원, 2008; 『북한이탈주민 일자리 현황 및 연계방안: 일자리생애 사례분석을 중심으로』, 북한이탈주민지원재단, 2010.

[3] 김학성, 「북한이탈주민(탈북이주자)의 남한사회적응에 관한 연구」, 서울대학교 석사학위논문, 2000; 손문경, 2002; 이기영, 2006; 백경민, 2007; 유시은, 「북한이탈주민의 경제적 적응영향 요인분석: 7년 패널조사를 중심으로(2001~2007년)」, 연세대학교 박사학위논문, 2010.

[4] 김창권, 2007; 정지은, 「북한이탈주민의 국민기초생활보장 수급탈피 요인에 관한 연구」, 숭실대학교 석사학위논문, 2008; 김화순, 2009.

다. 각 개인이 놓인 구체적인 상황이 다르고 다양한 일상적 상황을 구체적으로 무엇이 어떻게 다른지 북한출신주민들이 놓인 특수한 북한의 직업과 일자리 상황에 대한 연구가 축적되어 있지 않기 때문이다.

이 같은 의문에 답하기 위해서는 북한에서의 일상 직장생활과 직업계층 변화에 대한 미시적 연구로부터 출발해야 할 것이다. 북한출신주민이 북한→제3국→남한으로 이동하는 과정에 겪는 인권상황이나 법적 지위, 직업가치 등에 대한 기존의 연구들이 소수 존재하나, 북한→제3국→남한 노동시장에서의 직업경험이나 고용실태에 관해 직업이동을 주제로 하여 이루어진 연구는 부재한 형편이다. 본 연구는 북한출신주민의 북한 직업생활에서 경험한 일의 내용과 이주 후의 직업생활과 직업전환 양상들을 직종과 업종, 일자리 유형을 중심으로 살펴본다.

3. 연구 방법

비공식일자리(informal employment)

본 연구에서는 '공식/비공식일자리(formal/informal employment)'이라는 개념을 북한과 남한에서 일했던 북한출신주민들의 일자리 형태를 분석하는 데에 활용한다. 이 '비공식일자리'란 개념은 제도의 보호를 받지 못하는 광범위한 노동시장의 사각 지대를 분석하기 위한 개념으로서 최근에 논의되기 시작한 용어이지만 국제적으로 광범위하게 사용되고 있다. 각 용어들은 각 사용주체별로 그 개념이 내포하는 바와 부르는 용어 간에 차이가 있다. ILO, OECD는 비공식일자리(informal employment)로 부르는데 그 외에도 EU의 은폐된 고용(undeclared work), UN은 지하경제(underground economy), 검은 경제

(black activity), 그림자 경제(shadow economy), 숨겨진 경제(hidden economy)
가 있다.[5] 이러한 용어의 차이는 각국에서 이러한 형태의 일자리가 생기게
된 상황이나 제도를 반영한다.

ILO에서 정의한 '비공식일자리'란 개념을 설명하기 위해 제17차 노동통계
작성자들의 국제회의(International Conference of Labor Statisticians, 2003)의 논
의 시 가이드라인으로 정한 내용을 요약하면 아래와 같다.

먼저 '비공식 부문'과 '비공식일자리'의 개념 차이를 명확히 하는 것이 필요
하다. '비공식 부문(informal sector)'이란 법인의 형태로 등록되지 않은 기업
으로서 개인이나 가구에 의해 소유된 기업들을 의미한다. 소유자들로부터
독립적인 법적인 실체는 없고, 즉 법인이 아닌, 소유자의 모든 경제 활동이
곧 기업의 생산 활동이고 재정활동이며 소유자의 재정이 그 기업의 재정과
분리되는 어떤 형태도 갖추지 않은 기업이어야 한다. 생산되는 재화나 서비
스의 모든 또는 일부는 판매나 교환을 위한 것이어야 한다. 그들은 상법이나
세법, 사회보장법, 각종 규제 당국 하에 등록되지 않는다. 여기서 기업
(enterprise)이란 재화와 서비스의 생산과 관련된 어떤 단위도 포함되는 것으
로, 종업원을 고용하고 있는 생산단위 뿐 아니라 독립 노동자로 일하는 개인
이 운영하는 생산·서비스 단위들도 포함된다. 식별 가능한 점포나 고정된
위치가 없어도 되며, 노점, 택시도 모두 기업으로 간주된다.

반면에 '비공식일자리(informal employment)'란 일자리 자체를 중심으로 하
는 개념이다. 비공식일자리의 개념은 비공식 부문을 넘어서 공식 부문에도
비공식일자리가 있는 한편 비공식 부문에도 공식일자리가 있을 수 있다는
인식이 발전하면서 등장하였다. 제17차 국제회의에서 채택된 가이드라인에
따르면 종업원으로 고용형태가 판별되는 사람들은 다음과 같은 경우 비공식

---

5) Pedersen, 2003(성재민·이시균, 「한국노동시장의 비공식 고용」, 『산업노동연구』 13
권 2호, 2007, 89쪽에서 재인용).

일자리에 있는 것으로 간주된다. 비공식일자리는 법적으로든 관행상으로든 국가 노동법규, 소득세, 사회보호, 혹은 어떤 고용관련 혜택-해고 시 사전통지, 퇴직금, 유급휴가, 유급 병가 등을 받아서는 안 된다. 가이드라인에서 언급된, 일반적인 비공식일자리에 해당되는 경우는 아래와 같다.

> 일자리 혹은 종업원 지위를 은폐하는 경우, 짧은 기간 일하는 일자리이거나 일일근로의 경우, 기준 이하의 근로시간 또는 임금을 받기 때문에 법의 경계를 벗어나 있는 사회보험 의무적용 제외자, 비법인 기업에 의한 고용, 혹은 가정부 같이 가구 내에서 고용되어 있는 경우, 일자리의 장소가 사용자 기업의 건물 밖에 있는 일자리 즉, 고용계약이 없는 외부근로자(outworker), 기타 이유로 인해 노동법규가 적용되지 않거나 집행되지 않거나 순응되지 않는 일자리.

이처럼 비공식일자리의 개념은 비공식부문에서의 일자리를 포함한다. 북한출신주민의 경우에 북한과 같이 비공식부문이 대두한 국가에서 일해왔고, 중국에서는 불법체류자로서 비공식일자리를 경험한다. 또, 한국에 온 이후에는 정착 초기부터 사회적 보호를 위해서 다시 사회보험이 되지 않는 비공식일자리를 찾게 된다. 따라서 북한출신주민의 북한에서 남한까지 아우르는 일자리 상황을 분석하는 데에 정규직/비정규직과 같은 고용의 안정성을 기초로 한 개념보다 더 적합한 개념인 것으로 생각되었다. 이상과 같은 ILO의 공식/비공식 일자리의 개념에 입각하여 생산단위의 유형과 고용의 지위에 의한 직업유형을 기준으로 매트릭스(matrix) 형태로 표시하면 〈그림 12-1〉과 같다.[6]

---

[6] International Labor Officer, *Seventeenth International Conference of Labor Statisticians Report of the Conference* (Geneva, 2003. 11. 24).

〈그림 12-1〉 ILO에서 정한 일자리의 개념적 틀

생산단위에 의한 유형	고용의 지위에 의한 직업								
	독립노동자		고용주		가족근로종사자	고용인		생산조합의 구성원들	
	비공식	공식	비공식	공식	비공식	비공식	공식	비공식	공식
공식 영역 기업			15	14	1	2	13		
비공식 영역 기업	3	11	4	12	5	6	7	8	
가족	9					10			

* 비공식일자리(Informal employment): 셀 1, 2, 3, 4, 5, 6 그리고 8, 9, 10까지(하얀색)
* 비공식 기업부문에서의 고용(Employment in the informal sector): 셀 3, 4, 5, 6, 7, 8
* 비공식 영역 밖에 존재하는 비공식일자리(Informal employment outside the informal sector): 셀 1, 2, 9, 10

출처: International Labor Officer, Seventeenth International Conference of Labor Statisticians Report of the Conference (Geneva, 2003. 11. 24)

- 셀 1, 5: 가족 종사자는 고용의 계약이 없고, 직업을 수행하는 데 발생하는 문제에 대해 법적인 근거나 사회적 보호가 없다. 이러한 직업의 비공식적인 본질은 직접적으로 고용의 지위에 의해서 따른 것이다.
- 셀 2, 6, 10: 공식 영역의 기업에서(셀 2) 일을 하던, 비공식 영역의 기업(셀 6)에서 일을 하던, 가족 내에서 근로자(셀 10)이든 고용인은 비공식적인 일을 하고 있다.
- 셀 3, 4: 자기계정의 근로자(셀 3)와 고용주(셀 4)는 그들의 비공식 영역 기업에 고용되었고, 그들 직업의 비공식적인 본질은 그들이 소유한 기업의 특징에 의한 것이다.
- 셀 7: 고용인은 비공식 영역 기업에서 공식적인 일을 하고 있다.
- 셀 8: 비공식 생산자의 협력자는 그들이 일원으로 있는 생산자의 기업의 특징 때문에 그들의 비공식적 본질을 가지게 된다.
- 셀 9: 자기 계정근로자는 자신의 가족에 의해 최종적으로 사용되는 것을 제외하고 상품의 생산에 관련되어지는 것이다.

연구의 틀

북한출신주민은 북한→제3국→남한으로 이동하면서 이질적인 노동체제를 거치게 된다. 남북한의 이질적인 노동체제는 서로 다른 일자리 상황을 제공한다. 본 연구모형은 공간적으로 다른 상황에서 경험하는 과정과 단계를 일자리유형, 산업의 업종, 직종을 중심으로 보여준다.

북한에서는 공식/비공식부문 속에서 공식/비공식일자리가 존재하고, 남한에서는 분절된 노동시장에서 북한출신주민들은 비정규직, 비공식일자리에서 일하게 된다. 북한주민들은 16세 고등중학교 졸업이상이면 대학생이나 전업주부, 노인 등을 제외하고는 국가가 운영하는 공식부문 산업에서 공식적 일자리에 배치된다. 그러나 주민들은 아예 배급이 잘 이루어지지 않거나 배급이 부족한 상황 하에서 국가가 배정한 공식일자리에 있으면서 비공식부문의 일자리를 동시에 병행하거나, 아예 생계를 유지할 수 없는 공식일자리를 벗어나서 비공식일자리에 전념하기는 한다. 그 결과, 북한주민들은 공식일자리집단과 공식일자리에 적을 둔 채 비공식일을 병행하는 이중일집단, 비공식일자리 집단으로 나누어지게 된다.

제3국으로 이동하고 난 후에는 이들은 공민으로서의 신분이 없어지고 불법체류자가 되면서 정상적인 직업생활이 불가능해진다. 그래서 이들은 다시 비경제활동집단, 일탈노동집단, 비공식일자리집단의 세 집단으로 나누어지게 된다. 2010년 고용실태 조사대상자 413명 중 150명의 취업자응답자들은 중국에서 비공식일자리이기는 하지만 서비스업이나 공장노동에 종사해온 경험들을 주로 술회하고 있다. 제3국 체류 시 비경활동집단은 주변의 도움으로 생활하는 경우인데, 친척의 도움이나 선교사의 도움, 혹은 주로 인신매매 성격을 지닌 강제혼으로 인해 생활을 영위한 많은 탈북여성들이 이에 해당한다. 일탈노동집단은 직업이라고 할 수 없는 불법적 성격의 일을 통해 생활

을 영위하는 경우이다. 연구자료의 한계상, 본 연구의 범위에서 일탈노동집
단은 제외하며, 비경제활동집단 역시 논외로 한다.

중국 등 제3국에서 북한출신주민들은 불법체류하면서 북송될 수 있다는
위협 때문에 합법적인 일자리를 갖지 못하고 체류기간 내내 신분을 감출 수
있는 비공식 일자리에서 생활하지 않을 수 없다. 따라서 북한에서의 직업경
력과 상관없는 직종에 종사하거나 제3자의 도움을 받아 생활하는 비경제활
동집단이 되거나 혹은 일탈된 주변부 노동에 종사하면서 착취를 경험하기도
한다. 제3국 체류단계에서는 응답자들이 응답하였던 직업을 중심으로 일의
직종이나 업종을 살펴보기로 한다. 이 시기에 겪은 비공식일자리 경험역시
저임금과 불평등한 처우에 노출되어 있다. 그럼에도 불구하고 경력형성으로
이어진 사례들도 없지 않다. 본 연구에서 중국에서 중요한 직업경험을 이룩
한 사례를 면담자료를 통해 발견하였다.

북한출신주민들은 남한에 입국한 이후에는 일자리가 부족한 노동시장에
서 경쟁에 내몰리는 상황을 경험하면서 비경제활동집단, 사회적 보험이 되
지 않는 비공식일자리, 사회적 보험이 되는 공식일자리라는 세 가지의 집단
으로 다시 나뉜다. 마찬가지로 이 시기의 직업은 직종과 업종으로 분류가능
하다. 남한사회의 특징은 기초생활보장법에 의한 보호가 공식일자리를 꺼려
하고 비공식일자리의 비중을 크게 만드는 유인으로 작용하고 있다는 점이다.

여기에서 유의할 점은 공식/비공식일자리라는 개념은 북한, 중국, 남한이
라는 각기 다른 체제와 환경 속에서 각기 다르게 쓰인다는 점이다. 본 연구
에서는 북한에서 비공식일자리라고 했을 때에는 국가가 배정한 일자리가 아
니고 시장화 현상으로 대표되는 비공식부문에서 생겨난 일자리라는 뜻으로,
제3국에서는 신분이 은닉된 상태에서 은폐된 일자리—음성적으로 존재하는
일자리라는 뜻이지만 본 연구에서 사용하는 남한사회에서의 '비공식일자리'
는 사회적 보험(고용보험 등)이 되지 않는 일자리라는 의미로 각각 조작적으

로 정의하고자 한다. 따라서 여기에서 사용되는 '비공식일자리'는 통상 근로형태의 안정성을 기준으로 하여 사용하는 정규직과 비정규직 개념과는 다른 개념이다.

북한출신주민들은 세 단계를 각각 경과하면서 그전 단계와는 질적으로 다르거나 혹은 유사한 직업으로 전환을 경험한다. 그렇지만, 인적자본이론에 의거한다면, 이전 단계에서 쌓는 직업경험은 다음 단계의 직업선택과 성과에 영향을 미칠 것이며, 각각 단계별 영역의 특성에 따라 다르게 변형될 것이라고 가정한다.

[직업전환]단계별 이동과정 중에 이루어지는 직업전환 양상은 어떠한가?

－북한출신주민이 각 단계를 이동하는 과정에서 각각의 일자리유형별로 어떤 직업생활을 영위하는가?

－북한출신주민이 각 단계를 이동하는 과정에서 직종별, 업종이 어떻게 바뀌고 있는가?

[직업생애에 나타난 경력형성]

－각 단계별 직업경험이 다음 단계의 직업생활에 어떤 영향을 미치는가?

－북한학력(교육경험)이 남한사회에서의 취업이나 직업생활에 어떤 영향을 미치는가?

－북한경력(직업생활 경험)이 남한사회에서의 취업이나 직업생활에 어떤 영향을 미치는가?

4. 북한출신주민의 북남이동과 직업전환

현재 북한의 시장에서는 많은 사람들이 비공식 일을 하여 생계를 영위하고 있다. 이처럼 국가에서 정한 공식일자리의 영역외의 비공식부문에서 북한주민들이 경험하는 별도의 돈벌이 경험은 북한주민의 의식과 이들이 남한에 온 이후 시장경제에 적응하는데 어떤 영향을 미치고 있을까? 여기서 '별도의 돈벌이'란 구체적으로 어떤 활동을 말하는지에 대해서 이를 직업적으로 정의할 필요가 있을 것이다.

위의 의문에 답하기 위해서 본 연구에서는 413명의 고용실태자료에 나타난 개방형 설문문항에 대한 응답자료를 토대로 하여, 북한에서의 공식/비공식일자리의 내용과 경제활동들, 남한에서의 공식/비공식일자리들의 구체적인 직업명과 경제활동에 관한 텍스트자료들을 질적으로 분석하였다.

분석을 위해서 사용한 기준은 세 가지이다. 첫째는 ILO에서 제시한 공식/비공식 일자리의 범주틀이다. 이 범주틀을 근거로 북한과 남한에서의 공식/비공식 일자리를 분류하였다. 그 다음으로는 한국표준산업분류 9차와 한국표준직업분류를 기준으로 하여, 남북한에서의 각 직종과 업종분포를 분류하고, 북한출신주민이 북한에서 남한으로 이동하면서 업종과 직종분포가 어떻게 변화하였는지, 그 변화추이를 살펴보았다.

ILO기준의 공식/비공식 일자리 유형분류를 기준으로 북한주민들이 탈북후 남한사회에 온 후에는 일자리 유형들은 어떤 변화를 나타내고 있는지 살펴보았다. 마지막으로 북한에서 남한으로 오면서 발생한 직업적 변화에 대해서 사람들의 생각과 의견을 제시하고 경력의 단절과 지속사례를 대조하여 그 원인을 파악하고자 하였다.

북한출신주민의 북남이동과 취업업종의 변화

2008년도 북한인구센서스 자료에 의하면, 북한의 산업별 구성비는 농림어업 36.0%(439만 명), 제조업 23.7%(288만 명), 사업·개인 공공서비스업 20.3% (247만 명) 순이다. 북한의 산업구조는 1차산업 36.0%, 3차산업 34.4%, 2차산업 29.6% 순으로, 세부 업종별로 나누어보면 1위 농림어업이 35.0%, 2위 제조이 23.7%, 3위 사업서비스업이 20.3%의 순이다. 1993년 산업구조가 공업 37.5%, 농림어업 30.7%, 사회간접자본 및 서비스업 22.4%, 기타 9.4%였던 것에 비해 농림어업의 비중이 늘어나고, 제2차 산업부분이 현저하게 감소한 것으로 나타난다.

이는 1990년대 이후 북한의 중공업산업이 쇠퇴하고 서비스산업이 성장하고 있다는 사실을 말해준다. 서비스산업의 증가현상은 남한을 비롯한 서구 국가들에게서도 많이 나타나는 추세이지만 농림어업이 증가한 것은 식량난 이후 북한이 식량생산에 주력하고 있다는 점을 시사한다.

북한에서 남한으로 오면서 변화한 업종추이를 살펴보면, 북한에서 제조업 분야(30.8%), 사업 및 개인공공서비스 분야 62명(24.5%), 농림어업분야, 16.2% 이던 것이 사업·개인 공공서비스업의 비율이 94명(36.9%) 〉 도소매 음식숙박 업종, 78명(30.6%), 제조업은 10.0%로 종사자 수가 많은 분야가 변화하였다.

이는 북한에서는 16.2%에 달했던 농림어업분야 종사자는 한 명도 없었다. 특히, 개인공공서비스 분야에서 상승을 보였으며, 제조업 분야에서는 종사자의 수가 30.8%에서 10.0%로 감소세를 보였다.

도소매 음식숙박업종 종사자 수는 북한에서 4.3%에 지나지 않았으나 남한으로 온 이후에는 30.6%로 늘어나 종사자 수가 가장 증가한 분야이다. 북한출신주민의 여성 비율이 70%에 달하는데, 이들이 주로 음식점의 주방원이나 홀 서빙원으로 일하는 경우가 많기 때문이다. 이처럼 북한출신주민들은 업종분야에서는 1차산업(농어업)과 2차 산업(제조업)에 종사하였으나 남한에 온 이후에는 주로 3차산업(도소매업, 개인 공공서비스업) 쪽으로 급격하게 이동하였다.

취업직종의 변화

2008년도 북한인구센서스 자료에 의하면 아래 〈표 12-1〉에서 보는 바와 같이 직업별 구성비는 농림어업 숙련직 34.8%(425만 명), 기능원 17.4%(212만 명), 기계조작·조립원 14.3%(174만 명) 순이다. 직업별 분포는 농림어업 숙련직의 비중(34.8%)이 가장 높고, 특히 사무원(0.8%)의 비중이 가장 낮고 그 다음으로 관리직의 비중(1.6%)이 낮다. 북한의 경우 관리직이 차지하는 비중은 남성은 2.5%, 여성은 0.5%로서 여성은 남성의 1/5에 불과하다.

〈표 12-1〉 북한주민의 직종별 직업분포

	남녀합		북한남자		북한여자	
계	12,184,720	(100.0)	6,359,938	(100.0)	5,824,782	(100)
무응답						
관리직	189,554	(1.6)	158,408	(2.5)	31,146	(0.5)
전문직	1,011,034	(8.3)	667,710	(10.5)	343,324	(5.9)
기술직	442,042	(3.6)	154,856	(2.4)	287,186	(4.9)
사무원	102,146	(0.8)	18,565	(0.3)	83,581	(1.4)
서비스판매직	816,899	(6.7)	54,197	(0.9)	762,702	(13.1)
농림어업 숙련직	4,244,642	(34.8)	1,920,030	(30.2)	2,324,612	(39.9)
기능원	2,124,061	(17.4)	1,398,470	(22.0)	725,591	(12.5)
기계조작·조립원	1,743,180	(14.3)	1,114,793	(17.5)	628,387	(10.8)
단순 노무직	1,503,526	(12.3)	868,797	(13.7)	634,729	(10.9)

출처: 2008 북한 인구센서스 자료.

남북한의 직업분포를 비교해보면 기준선을 중심으로 북한은 농림어업 숙련직 취업자 수가 3배 이상 많으며(북 34.8%, 남 10.6%), 단순노무직(12.3%),

기계조작조립원(14.3%) 11.6%), 기능원(17.4%) 10%) 취업자 수의 비중이 남한
에 비해 높다. 반면, 남한은 서비스판매직(20.7%) 6.7%)과 사무원(16.3%) 0.8%)
을 필두로 하여, 기술공 및 준전문가(9%) 3.6%), 전문직(9.9%) 8.3%), 관리직
(3.6%) 1.6%)의 수가 북한보다 크다.

　이 같은 남북한 직업구조의 특성 간의 차이는 현재 북한출신주민에게 나
타나는 직업선호도를 설명한다. 예를 들면, 한국에 온 이후 북한출신주민들
은 매우 강한 사무직 선망성을 나타내는데, 북한의 사무직 취업자 수는 남한
에 비해 1/20배에 불과하며 사무직이 북한에서는 매우 희소한 직업이라는 사
실과 관련이 있을 것으로 생각된다. 또한, 북한출신주민들은 농업에 대해서
는 선호를 보이지 않는다. 북한에서 농어업숙련직이 34.8%로서 가장 많은 비
중을 차지하는 직종이다. 북한출신주민들 중 북한에 있을 당시 직업이 있었
다고 기재한 251명의 사람들의 직종분포는 아래 〈표 12-2〉와 같다. 특히 북
한 사무원 비중은 0.8%에 불과한데, 북한출신주민의 사무원 비율은 10.4%로
서 15배 이상 증가하였다. 북한에서 농림어업직에 속하는 주민의 비율이
34.8%인 것에 비해 북한출신주민들이 응답자 중 13.1%만이 농업직에 종사했
다고 응답했다. 북한주민 중 기능원이나 기계조작 조립원들의 비중이 각각
17.4%, 14.3%인 것에 비해서 북한출신주민들은 각각 35.2%, 3.2%라고 응답해
북한출신주민의 경우 여성비율이 높다는 점을 감안한다 하더라도, 북한출신
주민 251명이 응답하는 직종분포와 북한주민의 직업분포도 간에는 상당한
차이를 보인다. 단, 단순노무직의 경우는 북한주민의 경우 12.3%인 데 비해
서 북한출신주민들은 14.7%라고 응답해 비슷한 비율을 보였다.

〈그림 12-2〉 남북한의 직업분포의 비교

(단위 : %)

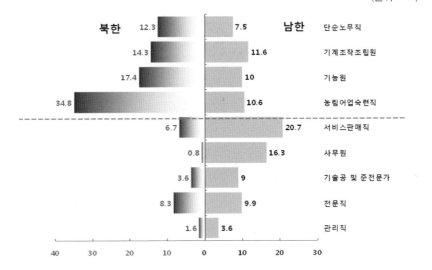

〈표 12-2〉 북한출신주민의 북한에서의 직종별 직업분포

구분	남녀합		남자		여자	
계	251	100.0	74	29.5	177	70.5
군인	1		0	0.0	1	0.4
관리직	7	2.8	6	2.4	1	0.4
전문직	19	7.6	6	2.4	13	5.2
기술직	17	6.8	7	2.8	10	4.0
사무원	14	10.4	29	5.6	43	11.6
서비스 판매직	21	17.1	3	3.2	18	7.6
농림어업 숙련직	33	13.1	8	3.2	25	10.0
기능원	47	5.2	13	5.2	34	13.5
기계조작·조립원	37	3.2	8	3.2	17	6.8
단순 노무직	37	14.7	9	3.6	28	11.2

북한출신주민들이 남북한에서 했던 직업의 직종을 비교하면 아래와 같다
(〈표 12-3〉, 〈표 12-4〉, 〈표 12-5〉).

〈표 12-3〉 조사대상자 북한 직종별 직업명

대분류	구체적 직업명	인원
관리직	보안원, 어장장, 보위대원, 농근맹 위원장, 영화총국 책임지도원, 담배공장 청년동맹비서, 선전부 지도원	7
전문직	교원, 내과의사, 치과의사, 예술인(화술), 철도위원회 아나운서, 외교관, 피부과 의사, 도 예술단, 미술원, 초등학교 교사, 디자이너, 방송원, 정책해설강사, 광물지질조사연구원	19
기술직 및 준전문가	광산 기동선전대 대원, 건축과, 기계설계, 기계공학연구소 실험원, 협동농장 교양원, 조산원, 제지공장 체육조(축구), 선전대 예술단원, 직물공장 1급기사, 수의사, 운전원, 경비행기 발동, 자동차부자재 설계원, 무역회사 원천지도원, 세관 통관물자 검사원, 축구선수, 닭공장 수의사	17
사무직	저금소 출납원, 부기원, 통계원, 인사지도, 무역회사 부기. 설계원, 생산일보 작성사무원, 재정관리 부기원, 사도공, 식량인수원, 노동정량원, 편의사업소, 자재지도원, 선전선동원, 원천과 지도원, 재정부기 지도원, 원가부기 지도원, 자재인수원, 자재창고원	43
서비스/판매	병원음식 봉사원, 구내식당 접대원, 역 안내원, 전화국 교환수, 물건판매원, 이발사, 미용사, 접수원, 계산원, 교환수, 열차원, 사회급양관리소 봉사원	22
농림어업 숙련직	농장원(농산물, 채소 등), 어부, 오리 양육사, 담배농사, 작업반장, 가축생산 분조원, 염소관리공, 원예보조사, 온실관리원, 우유생산공, 꽃바구니 생산공	33
기능직	선반공, 봉제사, 재단사, 지절공, 톱니바퀴 가공, 옷수선공, 쇠를 깎는 일, 수예, 버섯관리공, 변전공, 전기관리, 석탄채취공, 집짓기건설원, 화약출납원, 자재과직원, 주물공, 굴진공, 가구수리, 주강공, 장식도장원, 가구제작공, 양묘장관리원, 목재검사, 부품생산검사원	47
기계조작 및 조립공	과자제조공, 오리가공품 생산, 제지공, 종이생산, 타일생산, 전동기 수리공, 편직공, 밀링공, 부품깎기, 국수기계운전, 마광기운전공, 직포공, 속도전 돌격대, 채탄공, 기중기 운전공, 콘베이어 운전공, 탄광운전공, 전동기 생산공, 가구생산공, 벨트베어링 부품공, 수송지휘원	25
단순 노무직	생산직, 건설공, 시멘트 원료건조공, 운반공, 국수가공원, 원료삶기(황마공장), 포장원, 도로관리원, 잎담배 선별공, 기통수(문서연락병)	37
계		251

* 구체적 직업명은 조사대상자의 응답을 가급적 그대로 수록한 것이다.

〈표 12-4〉 조사대상자 남한 직종별 직업명

대분류	구체적 직업명	인원
관리직	무역회사 임원, 사회단체 사무국장, 특전사 소령	3
전문직	PD	2
기술직	간호조무사, 의류디자인, 방송편집, 음향실장, 전도사, 치기공사, 프로그래머	13
사무직	경리, 부장, 계산원, 조명관리, 무역직원, 법무사무원, 보조기자, 사무원, 세무대리인, 시험원, 총무, 카운터관리	40
서비스	홀서빙, 가이드 강사 교원, 판매사원, 미용스텝, 약국보조직원, 보안직원, 보험설계사, 자영업, 여행서비스, 사회복지사, 상담원, 유통업, 영양조리사, 판매직원	79
농림어업 숙련직	어업직원	1
기능직	가스설비공, 경호원 차량정비원, 전기기사, 도배기사, 제빵제과사, 설비원, 봉제사, 운송원, 운전기사, 인쇄출판원, 전기안전관리자, 용접기술자, 전기설치사, 에어컨설치직원, 내장목수	29
기계조작 및 조립공	가방생산원, 패턴제작사, 반도체생산기술원, 공원, 생산공정사원, 기계제작기술자, 니트생산원, 석유난로생산원, 유리가공품사원, 핸드폰부품조립원, 버스조립사원, 빙과류생산원, 핸들커버생산원, 회사공	19
단순 노무직	광고물 신문에 넣기, 이사짐센터 직원, 객실관리원, 청소부, 아파트경비, 아파트공사직원, 과자포장원, 건어물포장원, 생산부속품 불량 점검원, 김치생산직, 파출부, 급식보조직원, 박스포장원, 슬렛타공, 도우미, 배달, 세탁원, 수금원, 시다, 야간지도관리사, 택배직원, 장례식장 도우미, 와이셔츠 포장원, 한약다림 직원, 족발제조원, 만두제작직원, 주유원, 육류가공직원, 충전원, 인조잔디 시공원	64
계		250

　　북한에서 직업을 가졌다고 응답한 사람의 수는 총 413명 중에서 251명(남자 74명 - 29.5%, 여자 177명 - 70.5%)이었으며 남한에 온 이후 일경험을 가졌거나 취업한 사람의 수는 250명으로 나타나 일하는 사람의 수의 변동은 거의 보이지 않는다.

　　그러나 북남이동 이후 직종에 있어 커다란 변동이 나타난다. 가장 큰 변화를 보이는 것은 농림어업숙련직의 급감추세이다. 재북 시 33명(13.1%)의 사람들이 이 일에 종사하고 있었지만, 남한에 온 이후에는 단 한 명(0.4%)만이 농림어업직에 종사한다. 서비스와 사무직(7.1→16.0%)과 단순노무직(14.7→

〈표 12-5〉 조사대상자의 북한과 남한에서 직종비교

대분류	북한			남한		
	인원수	남	녀	인원수	남	녀
관리직	7(2.8)	6	1	3(1.2)	2	1
전문직	19(7.6)	6	13	2(0.8)	1	1
기술공	17(6.8)	7	10	13(5.2)	5	8
사무직	43(7.1)	14	29	40(16.0)	11	29
서비스판매직	22(8.8)	3	19	79(31.6)	12	67
농림어업숙련직	33(13.1)	8	25	1(0.4)	1	0
기능원	47(18.7)	13	34	29(11.6)	21	8
기계조작조립원	25(10.0)	8	17	19(7.6)	6	13
단순노무	37(14.7)	9	28	64(25.6)	27	37
계	251(100.0)	74(29.5)	177(70.5)	250(100.0)	86(34.4)	164(65.6)

25.6%)은 남한에 온 이후 늘어나지만 관리직, 전문직, 기술공, 기능원, 기계조작조립원과 같이 직업기술을 필요로 하는 직종에서 종사원들의 수가 줄어드는 추세를 보인다.

북한에서 남한으로 이동하면서 발생한 직종의 전환결과는 아래 〈표 12-6〉과 같다.

〈표 12-6〉 북남이동과 직종전환 결과

남한 직종 북한 직종	관리직	전문직	기술직	사무직	서비스직	기능직	기계조립직	단순노무	군인	계
관리직	1	0	1	0	0	3	0	0	0	5
전문직	1	1	1	2	2	0	0	3	0	10
기술직	0	0	3	3	1	1	0	3	0	11
사무직	1	1	2	9	8	1	2	3	0	27
서비스직	0	0	0	1	5	4	0	1	0	11
농어업	0	0	0	2	5	2	0	7	0	18
기능직	0	0	2	6	13	5	2	7	0	35
기계조립직	0	0	0	1	7	2	2	3	0	15
단순노무	0	0	0	3	7	2	5	11	0	28
군인	0	0	0	0	0	0	0	0	1	1
계	3	2	11	27	48	20	11	38	1	161

일단 북한에서 직업을 가졌던 사람들이 남한에 온 후에 계속해서 직업을 갖는 경우는 413명 중에서 총 161명이다. 교차분석 결과, 북한에서 했던 직종을 남한에 온 이후에도 계속 유지하는 사람들의 수는 총 38명으로 413명 중 9.23%에 지나지 않았다. 38명이 속했던 직종은 서비스직(5명, 45.5%)와 단순노무직(11명, 30%)이 가장 많았다.

북한에서 종사해온 직종 중에 남한에 온 이후에도 계속 취업하는 비율이 가장 높은 직종은 서비스 직종이다. 북한에서 서비스직종에 종사하던 사람들은 총 11명인데, 남한에 온 이후 5명이 서비스직종에서 일하고 있어 45.5%의 지속률을 보인다. 그 다음으로 단순노무직의 직종유지비율이 28명 중 11명으로 39.3%로서 그 다음을 차지한다. 이는 주방에서의 조리사나 주방보조가 서비스 직종으로 분류되는 데에 기인한다. 이처럼 하위직종에서만 직업이 지속되는 경향을 보였다.

그렇다면 직업위세가 높은 관리직이나 전문직의 상황은 어떠할까? 북한의 관리직은 인민반 주민관리, 보안원(소좌), 어장장, 상무, 보위대원, 농근맹 위원장(비당원 관리), 세금징수비서, 영화총국 책임지도원, 군 장교 등 군대나 지도원과 같은 당원들과 어장장과 같은 지배인들이다. 이들 중 남한에 와서 계속 직업생활을 하고 있는 북한 관리직 5명 중 한 사람만이 남한으로 온 후에도 관리직종에서 일하고 있다. 그렇다면 남한에서도 관리직에서 일하는 사람은 어떤 직업을 가지고 있으며 북한에서는 무엇을 하였던 사람일까? 이 사람은 남한에 온 후 북한출신주민 사회적 기업에서 관리자로 일하고 있었다.

재북 시 고급직종에 속하는 관리직, 전문직, 기술직에 종사하던 사람들 26명 중 남한에 온 이후에도 자신의 직종에서 일하는 경우는 다섯 명에 불과했다. 나머지 21명의 경우는 단순노무직, 사무직, 서비스직 등으로 전환하였다. 이처럼 북한에서의 고급직종(관리, 전문, 기술직)에 속했던 사람들 26명의 경우, 타 직종으로 이동하였는데, 주로 단순노무직(6명)과 사무직(5명)으로 이동하였다.

　재북 시 사무직 종사자 27명의 경우에는 주로 사무직(9명), 서비스직(8명)으로 많이 이동하였다. 북한의 기술직 11명 중 세 사람은 계속해서 기술직 업무에 종사하고 있다. 북한에서 사무직 출신이었던 27명 중 9명인 1/3이 계속 사무직으로 일하고 있다. 이처럼 사무직이었던 사람들의 직종 지속률이 상대적으로 높은 이유는 구조적으로 남한사회가 북한사회에 비해 사무직 종사자들의 수가 많기 때문일 것이다.

일자리유형의 변화

　2010년 고용실태 조사결과를 보면 북한출신주민들은 국가의 공적부문과 민간이 주도하는 시장활동부문의 경계선을 넘나들면서 다양한 경제활동을 벌여온 것으로 나타난다. 주로 어떤 영역에서 활동하느냐에 따라서 개인의 일자리는 공식일 종사자와 비공식일 종사자, 그리고 공식일자리와 비공식일을 병행하는 이중일 종사자로 나누어진다. 2010년도 북한출신주민 고용실태 조사에 나타난 북한출신주민의 재북 시 일자리 유형별 상황은 〈그림 12-5〉와 같다.

〈그림 12-5〉 조사대상자의 재북 시 일자리 유형별 상황

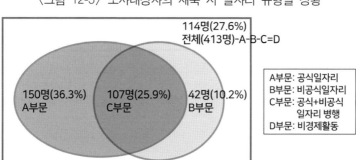

　　조사대상자의 응답에 기초하여 북한에서 경제활동을 살펴보면, 북한에서 노동당이 배정해준 직장만 다녔다고 응답한 사람들의 비중이 36.3%(150명)로 가장 높게 나타났고 경제활동을 전혀 하지 않았다고 응답한 사람은 27.6%(114명)이다. 국가에서 배정한 직장 외에 별도의 돈벌이에 참여하여 이중적 직업생활을 영위한 사람들은 25.9%(107명)이며, 특히, 직장 없이 장마당 등 별도의 돈벌이에만 종사한 사람들의 비중은 10.2%(42명)이다. 별도의 돈벌이 활동에만 종사한 사람들의 성비를 보면 여성들이 남성에 비해 훨씬 높은데 (41.3% 〉 25.0%), 이는 남성들은 국가의 통제가 여성보다 강해서 공식직업을 이탈하기가 힘들기 때문이다.

〈표 12-9〉 입국 이전 북한에서 경제활동상태

(단위: 명, %)

		전체	재북 시 경제활동 상태								돈벌이 활동 참여자 비율
			이중일 일자리집단		공식 일자리집단		비공식 일자리집단		아무 것도 하지않음		
			명	%	명	%	명	%	명	%	
성별	남성	132	21	15.9	55	41.7	12	9.1	44	33.3	25.0
	여성	281	86	30.6	95	33.8	30	10.7	70	24.9	41.3
연령	20대	113	13	11.5	18	15.9	7	6.2	75	66.4	17.7
	30대	144	45	31.3	55	38.2	15	10.4	29	20.1	41.7
	40대	110	34	30.9	52	47.3	15	13.6	9	8.2	44.5
	50세 이상	46	15	32.6	25	54.3	5	10.9	1	2.2	43.5
북한 학력	고등중 이하	59	5	8.5	4	6.8	2	3.4	48	81.4	11.9
	고등중 졸업	265	71	26.8	105	39.6	33	12.5	56	21.1	39.2
	전문학교 이상	89	31	34.8	41	46.1	7	7.9	10	11.2	42.7
탈북 연도	2000년 이전	162	37	22.8	58	35.8	12	7.4	55	34.0	30.2
	2000~2004년	124	35	28.2	43	34.7	13	10.5	33	26.6	38.7
	2005~2009년	127	35	27.6	49	38.6	17	13.4	26	20.5	40.9
입국 연도	2000~2004년	171	39	22.8	58	33.9	18	10.5	56	32.7	33.3
	2005~2009년	242	68	28.1	92	38.0	24	9.9	58	24.0	38.0
	전체	413	107	25.9	150	36.3	42	10.2	114	27.6	36.1

*주: 직장만 다님＝공식일자리집단, 별도의 돈벌이만 함＝비공식일자리집단,
　　직장을 다니면서 별도의 돈벌이를 함＝이중일 집단

홍미로운 사실은 탈북연도가 증가할수록 북한에서 별도의 돈벌이를 경험
했다고 응답한 비공식일 종사자들이 점점 늘어나고 있다는 사실이다. 2000년
이전 1990년대에는 7.4%였다가 다시 2000~2004년에 탈북한 북한출신주민 중
별도의 벌이를 경험했다는 응답자들의 비율이 10.5%로 늘어났으며, 2005~
2009년 탈북한 응답자들 중에서는 13.4%가 별도의 벌이를 했다고 답하고 있다.
반면에 아무 일도 하지 않았다는 비경제활동 집단은 점차 줄어들고 있다.
이러한 응답 추이는 북한의 시장이 확산되면서 소속 직장 외부에서 별도의
벌이를 하는 사람들이 늘어나고 있는 북한의 현실을 보여주는 것이다.

5. 고난의 행군기 노동자 의식의 변화:
"우리는 전처럼 그렇게 돌아가지는 못할 것이다"

각 일자리 유형은, 구체적으로 어떤 직업들로 구성되어 있는지를 살펴보
기 위해 '2010년 북한이탈주민 고용실태 조사' 중 413명의 응답자들이 "국가
에서 배치 받은 일만 했다", "국가에서 배치 받은 일자리에 적만 두고 별도의
돈벌이를 했다", "별도의 돈벌이만 했다"의 세 가지 문항에 응답한 내용에 기
초하여 사람들의 직업을 분류하였다.

각 일자리에 종사하는 사람들의 상황과 직업의식은 어떠했을까? 북한에
있을 당시 우선 국가가 정한 공식일자리에서만 주로 일했던 북한출신주민들
의 경험을 들어보자.

공식일자리 종사자의 일자리 상황과 직업의식

설문조사 결과 150명의 사람들은 북한에서 공식일자리 즉 국가가 배치한

직장만 다녔다고 응답하였다. 일해도 국가가 배급을 주지 않는데 이들은 어떻게 생계를 유지할 수 있었던 것일까? 한 탈북여성의 수기를 보면 북한에서 김일성이 사망하고 배급이 끊어진 직후 엄혹한 시절을 어떻게 살아냈는지 엿볼 수 있다. 최금희라는 여성이 채혈을 해서 어린 자식들을 먹였던 자신의 어머니를 회고하는 장면이 나온다.[7]

> 〈최금희의 수기〉
> 　새벽 한 시를 훌쩍 넘겨 어머니가 돌아왔습니다. 얼굴이 핼쑥한 어머니의 손에는 밀가루 포대가 들려있었습니다 … 그날 밤 부모님이 하시는 말씀을 들었는데, 어머니는 쌀을 이래저래 구해보다가 도저히 방법이 없자 병원에 가서 피를 뽑으셨다고 했습니다. 그것도 보통 뽑는 양의 두 배를. … 피를 뽑고 영양 보충하라고 주는 돈으로 십리나 떨어져 있었던 시장에 가서 밀가루를 사왔던 것입니다.

북한당국은 비록 배급을 주지 않았지만 가장들에게 출근을 강요했으며, 졸지에 온가족의 생계를 책임지게 된 아내들은 가족이 굶어죽지 않기 위해 수단방법을 가리지 않았다.

> 면접자: 남편이 일했던 탄광에서 배급이 끊긴 것이 언제인가요?
> 구술자: 97년돈가 98년돈가 다 끊겨가지고 그 때부터는 죽어나가는 사람이 한 해에도 한 500명씩 한 고장에서 죽는 것이 제일 먼저 죽는 것이 노인네들과 아이들. 하도 죽으니까 관에 넣지 못하고 그냥 가마니짝에 … 97년도에 최고로 많이 죽은 것 같아요.
> 면접자: 배급이 끊긴 이후에는 어떻게 생활하셨어요?

---

7) 오원환, 「탈북 청년의 정체성 연구: 탈북에서 탈남까지」, 고려대학교 박사학위논문, 2011, 재인용.

구술자: 배급이 딱 끊기고 나니깐. 그 때 사람들이 배급만 먹고 살다가
　　　　갑자기 생각나는데 석탄인 거예요. 팔고 살게 석탄밖에 없잖아
　　　　요. 엄마가 시집올 때 해준 것 다 팔아서 … 저는 죽어도 석탄은
　　　　못 팔겠는 거예요. 자존심이 있어서 …중략… 석탄배낭을 메고
　　　　다른 집에 팔러는 못 간다. 그래서 아기자기하게 꺼내놓고 살던
　　　　엄마가 해준 가구, 이불, 혼수품, 그릇, 밥식기를 다 농촌에 갔다
　　　　팔았어요.

　　　　　　　　　　　　　　　　　　－유명선(여, 40대, 부양/탄광노동자 아내)

　그러나 여자들이 채혈이나 가재도구를 파는 등의 방법으로 계속 가족들의
생계를 유지하는 데에는 한계가 있었으므로, 이제 사람들은 각자의 일터에
서 만든 생산물을 몰래 가지고 나와 판매하는 방향으로 발전하게 된다. 결혼
전에 탄광에서 운전공으로 7년간 일했던 유명선 씨는 자신이 일했고, 남편이
일하고 있는 탄광의 석탄을 배낭에 담아 달리는 열차에서 뛰어내리는 일을
했던 경험을 생생하게 전해준다.

구술자: 다 몽땅 농촌에 가서 쌀하고 바꾸든 옥수수하고 바꾸든 다 팔고
　　　　떨어지고 나니까 팔 게 없잖아요. 어쩔 수 없이 석탄밖에 없는
　　　　거예요. 다른 사람들을 보니까 다 석탄을 파는 거예요. …중략…
　　　　석탄을 배낭에 넣어가지고, 열차가 14칸인데 석탄 바가지에 사람
　　　　들이 안 타 있는 차가 없어요. 석탄을 가지고. 수북하던 석탄이
　　　　다 까이는 거예요. 화력발전소에 가는 석탄이잖아요. 역에서 지
　　　　키는 사람들에게 가지고 있던 석탄을 빼앗기지 않으려면 역전에
　　　　도착하기 전에 중간에서 역전 들어가기 전에 달리는 차에서 다
　　　　뛰어내려야 해요.
면접자: 위험한데요. 여자들이 그 일을 했단 말이에요?
구술자: 여자고 남자고 없어요. 누구든지 할 수만 있으면.

그 뒤로도 유명선 씨의 고생은 끝이 없었다. 이 주부는 장마당까지 매일 백 리를 걸어 국수를 만들어 옥수수와 바꾸었고 밤 9~10시에 집에 도착하면 옥수수 가루로 다시 밤새 국수를 만들어 25kg의 국수를 머리에 이고 그 다음 날도 다시 백 리를 걷는 생활을 반복했다. 그 일로도 먹고 살기가 힘들어 산을 깎아 농사를 하는 일을 1990년대 중반부터 탈북 전인 2002년까지 계속하다 결국은 먹고 살기가 낫다는 중국으로 옷가지와 식량을 얻으러 떠나기에 이른다. 그러나 부유한 부모가 있거나 가족의 또 다른 수입원이 있는 경우 별도의 돈벌이 없이 직장에만 다니는 경우도 없는 것은 아니다. 아래는 김영선 씨(여, 40대, 북한 고등중학교 교사)의 구술이다.

> 면접자: 자신의 직업일만 했다. 많은 사람들이 이렇게 답했잖아요. 그런데 왜 면담을 하면 자신의 직업에서 받은 배급으로 먹고 살았다 이런 사람들이 없지요??
>
> 구술자: 누구나 직장 말고 다른 일을 하지요. 배급을 받아서 사는 사람들은 거의 없지요. 소토지 경작도 하고, 엿이나 두부를 만들어 시장에서 팔고. 북한은 엿이나 두부를 집에서 만들어 먹으니까.
>
> 면접자: 그렇다면 선생님은 어떻게 10년 동안 교사 일에만 전념하실 수 있으셨어요? 배급으로만 먹고 살 수는 없었을 텐데.
>
> 구술자: 저희는 시댁이 워낙 땅이 많았어요. 시댁에서 살았는데, 시부모님은 소토지 관리하는 일을 주로 하셨고, 아이를 키워주셔서 저는 교사 일에만 전념할 수 있었어요. 도시락도 싸갈 수 있었지요. 쌀밥으로. 교사 일을 해도 중국 신발 두 켤레 정도 살 수 있는 돈을 받는 정도여서 그 돈으로는 먹고 살 수 없었지요. 그리고 남편의 직장도 좋았고. 그러다 보니까. 다른 일을 하지 않고 저는 아이들을 가르치는 일에만 몰두할 수 있었는데, 저 같은 경우는 거의 없지요.

김영선 씨 시댁은 북한의 상층에 해당한다. 이제 토지를 가진 사람들은 그간 사회주의 국가에서 금지해왔던 지대를 취하게 되었다. 토지를 대여해주고 그 대신 생산물의 일부를 받거나 돈을 가진 사람들은 높은 고리대를 받기도 하였다. 선행연구에 의하면 1990년대 말 즈음에는 현직 교사들 중 30~50% 정도가 음식을 만들어 파는 장사를 했다고 한다. 당시 대학생이었던 김명문 씨(남, 30대)는 아래와 같이 회고한다.

제일 충격적인 게 중학교 때 선생님이 장마당에 나와서 제자들에게 두부 좀 사달라고 하고. 그게 정말 충격이었어요.

그 당시 교사들은 직접 음식을 만들어 시장에서 파는 일 외에도 학부모로부터 식품이나 현금 등을 받아 생활에 보태는 일이 많았는데, 이런 경우 학부모의 청탁이 뒤따랐다. 식량난 이전 북한의 교사는 매우 권위가 높다고 하는데, 고난의 행군 시기를 경과하면서 교사의 권위는 땅에 떨어지게 되었다. 그러나 권위가 떨어진 전문직은 교사만이 아니었고 의사 역시 마찬가지였다. 의사들이 환자에게 보급해야 할 의약품을 시장에 내다파는 일 또한 많았다. 1990년대 중반 북한의 약품 보급 상황은 심각했다. 그나마 보급된 의약품들조차 환자에게 제대로 전달되지 않았다. 의약품은 한 달 동안 필요한 최소한의 필요량에서도 겨우 절반에 불과했지만, 그 중에서 다시 50%는 의사들의 주머니로, 10%는 간호원의 주머니로 들어갔다. 그래서 실제 환자들에게 지급된 의약품은 지급된 의약품의 30~40% 정도였으며, 그나마 이 시기를 경과하면서 이제 환자들은 의약품을 장마당에서 직접 구입해서 병원에 가지고 가는 일이 관행화되기에 이른다. 이처럼 소속 직장은 직접 배급을 주지는 못하지만 돈벌이를 할 수 있는 수단이 되어주기도 하였다. 그러나 사회가 금지했던 비법적인 일이나 뇌물들을 받으면서 교사나 의사처럼 사회적 위신이 높고 존경을 받아온 지식계층들의 위신은 과거보다 훨씬 낮아지게 되었다.

이중일 종사자: 공식일자리와 비공식 일을 병행

직장에 다니는 사람들도 자신이 속한 기업소나 공장에서 생산한 물건들을 이제 당당하게 암시장에 내다팔게 되었다. 한 북한출신주민은 이를 "생산물을 조절하는 방법으로 생활에 많이 보탰죠."라고 표현한다. 조분남 씨는 기업소의 부기로 일했던 50대 여성인데 공장과 기업소에는 이와 같은 일이 일상의 관행으로 정착해나가고 있음을 확인해준다.

> 면접자: 다니시던 직장에서 배급(임금지급)은 어떻게 이루어졌나요?
> 구술자: 월급은 97년부터 끊기고 또한 배급 또한 95년부터 거의 끊어져 자체 외화벌이로 충당하였어요.
> 면접자: 그렇다면 선생님은 어떤 방법으로 생계를 유지하셨는지요?
> 구술자: 공장에서 생산하는 생산물을 로획하여 시장에서 암거래하는 방법으로 생계유지하였어요. 북한에서 로동자들은 노골적으로 해먹고 당일군은 당당히, 안전원은 안전하게 해먹는다는 말처럼 생산물을 조절하는 방법으로 생활에 많이 보탰죠. 생산물을 빼돌려 시장에서 몰래 매매하는 방법으로 생계를 유지하였어요. 우리 공장에서 생산되던 물품들은 특히 함흥에서 유명한 장판지, 니스, 소다, 비닐대야, 사카링, 맛내기 등 화학제품들이 주로 생산물이었거든요. 생활에서 없어서는 안 될 품목들이었죠. 판로걱정을 안 해도 될 정도로 잘 팔려서 큰 문제가 없었어요. ─조분남(여, 50대, 북 비날론회사 사무원)

북한 의학대학을 나와서 대학병원의 소아과 의사로 10년 동안 일해온 선명준 씨의 삶은 "공식일자리→공식일자리 + 별도의 돈벌이 병행→탈북"에 이

르는 전형적 과정이다. 선명준 씨가 1987년 9월에 이과대학을 졸업을 할 당
시만 해도 북한경제는 그렇게 심각한 상태는 아니었다. 그가 의사로 있던
1987년부터 1997년까지 10년 동안의 일자리 상황을 살펴보자. 그가 첫 출근
을 했을 때 받은 월급은 140원이었다. 그러던 것이 해마다 병원에서의 배급
상황은 갈수록 나빠져 갔다. 다른 예로, 역시 의사였던 김인수 씨가 입직한
후 3년이 지난 1990~1994년경에는 배급을 주기는 했지만 그 양이 하루 1인당
200g 정도로서 턱없이 부족했고, 그 결과 의사들은 자신의 환자에게 진료비
조로 별도의 식량을 받게 되었다. 1995년부터는 그나마 모든 배급이 끊겼고,
특히, 1997년은 명절 때 주던 1~2kg의 쌀마저 한 톨도 주지 않는 최악의 상황
이 연출되었다.

　이와 같은 상황에서 김인수 씨가 선택한 일은 집에서 술을 만들어서 시장
에 내다 파는 일이었다. 물론 밀주는 불법이었다. 김인수 씨는 직장인 대학
병원에 매일 출근하지 않으면 안 되었으므로, 직장이 끝난 후에 집에서 밤이
면 밤마다 부인과 함께 술을 만들었다. 장마당에서 술을 파는 일은 부인의
몫이었다. 인터뷰에 응한 북한출신주민들은 공통적으로 1990년대 고난의 행
군 시 제일 먼저 죽었던 사람들은 원칙을 지키던 사람들, 주로 김일성 사후
에 눈물을 흘리던 사람들이 가장 빨리 죽었다고 말한다. 살아남은 사람들은
살아야 했으므로, 이제 북한주민들은 원치 않았던 불법과 이전에는 미처 생
각지도 못했던 비사회주의 행위 통칭 비법행위(非法)을 저질러야 살아갈 수
있는 새로운 현실에 맞닥뜨리게 되었고. 일부 사람들은 보다 적극적으로 시
장을 터전으로 하여 보다 다양한 품목과 돈벌이를 개발해나갔다. 이와 같은
상황 하에서 장마당을 일터로 삼았던 사람들은 어떤 생각을 했을까?

비공식일자리 종사자들의 일과 의식

이처럼 1990년대 중반 이후 북한사회는 계획경제가 붕괴되고, 공장가동이 중단되고 배급이 못 받아 굶주린 노동자들은 자신의 생존을 찾아 장사에 나서는 형국이 벌어지게 되었다. 이 때 북한주민들이 한 비공식일은 '개인 텃밭에서 부업 생산하기', '도시를 오가면서 쌀이나 술, 수산품 등을 팔아 차익을 남기기', '중국으로 나가 변경무역을 통한 외화벌이' 등 다양하다. 이와 같은 일들은 정도의 차이는 있지만 식량난 이전에 북한당국에서 '일탈'이나 '불법적인 행위'로 규정하고 엄격하게 규제하였던 일들이다.

'2010년 북한이탈주민 고용실태조사'에서도 직장 외에 별도의 돈벌이로 무엇을 했는지에 관해 개방형 질의를 하고 있는데, 가장 빈도수가 높은 답변은 응답자들은 시장에서 장사를 하였다는 응답인데, 장사품목으로 다양한 품목을 취급하였음을 보여준다. 시장에서 장사를 통해 돈을 버는 행위 중에서 가장 먼저 손쉽게 시작할 수 있는 일이 우선 음식물 장사이다. 만들기도 비교적 쉽고, 비법행위에 걸릴 가능성도 상대적으로 적은 품목이기 때문이다. 물론 모든 음식물 장사가 역시 비법이 아닌 것은 아니다. 특히 술장사의 경우는 국가에서 금하던 품목이다. 뿐만 아니라 물건을 가지고 타 지역으로 나르면서 장사를 하자면 힘 있는 친척의 인맥이 있거나 뇌물을 필요로 한다.

장사를 하기 위해 나선 주체는 이제 남자들이 아니라 공식적인 소속직장이 없었던 여성들 혹은 상대적으로 조직의 통제가 약한 학생들이었다. 비공식일에만 전념했던 사례로서 대학생, 중학생, 주부, 노동자의 네 명의 이야기를 들어본다. 그러면 이들이 어떤 방식으로 생계를 유지해왔는지 보자.

〈북한의 고등중학생 김명옥〉 (면접당시 30세, 여성)

고난의 행군을 맞이하면서 김명옥 씨는 고등중학교 2학년의 어린 나이(당

시 만 15세)로 학교를 그만두고 장삿길에 나선다. 북한의 명문대학을 나와
직장을 다니고 있던 고지식한 부모대신 장사를 하기 위해서였다.

> 구술자: 저희 아파트 옆이 배급소였어요. 밤새 사람들이 못 자고 배급 타
> 겠다고 아우성을 하는 그런 소리 다 들었고 그런 상황에서 배급을
> 안 주다보니 엄마는 공부를 하라고 했는데 저는 장사를 선택을
> 한 거죠. 사실 엄마 아빠는 일을 하시고 제가 먼저 장사를 했어
> 요. 나중에는 엄마까지 같이 장사를 하였죠.
>
> 면접자: 북한에서 주로 어떤 장사를 하셨어요?
>
> 구술자: 저는 어린 나이에 장사를 할 수 있었던 조건이 좋았던 게 저희
> 외삼촌이 기차를 타세요. 삼촌이 돌아갔다가 돌아오는 날짜가 있
> 거든요. 제가 살던 ○○을 통과하거든요 그때 당시 기차이름이
> ○○○이었는데, 외할머니 삼촌이 ○○ 쪽에서 살아요. 그리고 ○
> ○이라면 평양을 돌아가지고 오는데 돌아오는 기간이 3일이에요.
> 그리고 ○○에서 3일 휴식하고 이렇게 한 번씩 돌거든요 그래서
> 나갈 때 물건을 사가지고 돌아오고 김책에 내리고 평양 돌고 들
> 어올 때 여기서 ○○타고 저는 들어오는 거예요. 근데 그 ○○에
> ○○○ 아시죠? 저희 이모가 직매점과 다 관리가 돼서 물건을 넘
> 겨주고 넘겨받고 했었어요. ○○○공장이라고 있는데 거기서 8.3
> 제품과 관련된 시 직매점에 넘기는 거예요. 그러면 ○○-○○공장
> 에서 시 직매점에 넘기기 때문에 시 직매점과 관련된 물건들을
> 다 이모를 통해서 살 수 있는 조건이 됐었어요. 8.3제품은 국가의
> 공급이 끊겼을 때 거의 여기에서 물건을 담당하다시피 했었거든
> 요 거의 국가가격이라고 볼 수 있는 거죠 그 돈을 내고 제가 원
> 하는 물건을 다 살 수가 있었어요. 그걸 사가지고 삼촌 기차에
> 나오는 거예요 그때 주로 날아왔던 게 뭐냐면 소금, 비누, 그리고
> 그 뭐지? 북한말로는 크레용이라고 하는데 여기는 파스텔이라고
> 하나 색깔 그림그릴 때 하는 거 학용품이랑 다 끊긴 상태에서 그

런 것들이 이런 라인을 끼지 않으면 도저히 시장으로 나올 수가
없었거든요.
　　　　—김명옥(30세, 여성, 2002년 입국, 남한에서 대학과 대학원 졸업)

　김명옥 씨가 8.3 직매소에서 일하는 이모와 철도 역무원이었던 삼촌을 끼
고 장사를 시작한 시기는 1996년도, 그녀가 중학생일 때였다. 명옥 씨가 해서
번 돈으로 온 집안이 먹고 살았다. 그럴 수 있었던 이유는 원가에 비해 열
배 가까이 돈이 남았기 때문이었다. 고난의 행군기를 거쳐 살아남은 사람들
은 어떤 식으로든 친인척의 도움을 받고 살아남은 사람들이 많다. 그래서 지
금도 북한사회의 가족주의의 틀은 견고하다.

　　　구술자: 그렇죠. 예를 들어서 파스텔 하나가 1원 30전이라고 했는데 시장
　　　　　　　에 넘기는 게 13원이었어요. 거의 열 배 가까이였거든요. 그래서
　　　　　　　그렇게 한 번씩 몇 백 통을 가지고 오면 엄청나게 큰돈을 벌었죠.
　　　　　　　저는 처음엔 그렇게 장사를 했어요.

　처음에 생존을 위해 시작된 장사는 더 큰 장사로 연결되고 돈은 더 큰 돈
을 끌어들인다. 온성탄광에서 일했던 한 노동자 이길재 씨(30대, 남)가 그러
한 경우이다. 처음에는 식량이 없어 조그만 기름 장사로 시작했지만 점차 장
사가 커져 차들이(중고차) 장사까지 했던 자신의 경험을 아래와 같이 술회하
고 있다.

　　　구술자: 장사라는 게 제가 저는 작은 장사부터 시작해서 차례차례 올라갔
　　　　　　　어요. 처음에는 기름을 몇 리터 가지고, 예를 들어 5만 원 가지고
　　　　　　　시작하면, 여기에서 여기 옮기면 2만 5천 원 떨어져요. 그걸 먹지
　　　　　　　않고 아끼고 하다가, 옮기고, 옮기고 하다 보니까 돈이 점점 모이고

면접자: 아까 기름이라는 게 먹는 기름이에요? 아니면 휘발유?

구술자: 먹는 기름이죠. 콩기름이니까 콩을 짜는 거죠. 두박은 두박대로 팔고, 콩 찌꺼기. 두박도 집에서는 먹거든요. 반찬 해서도 먹고, 가공해 놓은 게 있어요. 그렇게 점점 늘어간 것이 신발장사 엄청나게 크게 나가다가 마지막엔 큰 장사까지 했죠.

면접자: 그걸 생산하는 사람한테 사서요? 식용유 같은 것을…

구술자: 제가 직접 만들죠. 만들어서 팔다가 그게 점차 커져서 마지막에는 일본에서 차가 들어오거든요. 도요다 그런 차가 들어오거든요. 북한으로 들어오기 때문에

면접자: 일본에서 들어오는 차가 있는데.

구술자: 네. 일본에서 들어온 차 같은 것도 북한에서 받은 거죠. 북한 돈으로 그때 당시에는 5만 원, 10만 원이면 사거든요. 5만 원에서 10만 원 꼴이에요. 근데 그걸 사서 중국에다 팔면 엄청난 이익을 보죠. 한 대만 팔아도 약 100만 원이라는 돈을 가지거든요. 북한 돈이 100만 원이라면 어마어마한 돈이에요. 가지기 정말 힘든 돈이죠. 북한이 5만 원 가지고 그 차를 한 대 산다는 걸 보면, 경비만 주고 딱 된다면 100만 원이라는 돈이 나오거든요. 그런데 거기서 경비 빼고 뭐 빼고 해도 굉장히 많이 남죠.

면접자: 그럼 경제적으로는 괜찮았겠네요?

구술자: 그것만 한 거는 아니에요. 여러 사람이 해가지고 저도 거기에 묻혀서 했는데, 일단은 그런 것들, 일단 경제적으로, 먹고 사는 건 괜찮았어요.

북한에서 일탈행위나 위반행위 중에서도 가장 강력한 범죄행위에 속하는 상행위는 차들이(중고차거래상), 도강, 밀수 등이다. 건당 100만 원이 넘게 남았던 차들이 장사는 2008년도 이후에는 국경지역에 비사그루빠(비사회주의 활동을 적발하기 위해 당에서 내려보내는 감찰조직) 활동이 강화되자 단속을 피해 줄어들었다고 한다. 큰 장사에는 큰 위험이 따른다. 김명문 씨는

점차 장사의 자본 규모를 키우다가 장사밑천을 한 번에 날린 후 탈북한 경우
이다.

김명문 씨(30대, 남, 현 대기업사원)는 북한의 명문대학교 졸업을 한 학기
앞두고 장사에 나섰다. 원래 장사를 시작할 때의 목적은 평양주둔 군대에 들
어가기 위한 뇌물 비용(당시 300원)을 버는 것이었다. 그런데, 장사가 시작되
자 쌀장사→기름장사→골동품장사로 점차 수익이 좋고 위험한 업종으로 변
해나갔다.

> 처음에 음식물로 시작해서 돈이 커졌죠. 남보다 유리한 환경에서 평양
> 하고 거래를 할 수 있는 다른 사람에게는 없는 기회를 가진 것이고 처음
> 에는 북한돈 3,000원으로 했어요. 꽁치 가자미를 아이스와 함께 나르는
> 일을 하니까 부피가 커지고 생선을 냉동시설이 없이 옮기지 못해요. 오징
> 어 여기서는 낙지라고 하는데, 그런데 3만 원이 되었어요. 3배낭이면 3만
> 원이 되는 거예요. 안전원이 보고 오징어 장사네. 손이 크네 할 수도 있
> 고, 평양에서 쌀 같은 것 예전에는 배낭에 2~3개씩 해서 와요. 이제 커지
> 니까 기름으로 통으로 해서 날라대다가 3만 원이 되니까. 180kg 뇌물을
> 주고 화물칸에 싣고 다녔어요.
> 3만 원이 지나고 나니까 사업이 돼요. 물량이라든가 위험성이 증가하
> 고 다룰 수 있는 물품들도 위로 올라가요. 사람도 필요해지고 사람들이
> 벌다 보면 능력을 과신하고 소문이 나니까 아이들이 돈을 가지고 와서 같
> 이 하자고 붙는 거예요. 이걸 좀 써가지고 해라.
> 월이자 30%로 했어요. 돈 많은 사람들이 슬슬 접근을 하면서 뭘 하나
> 같이 해보자. 그때 사기꾼도 많고 우리 같은 돈은 '새다리의 피(새발의 피
> 의 북한 속담)'이고. 초입자인데, 제일 뜯기 쉬운 돈이죠. 그 때 한번 홀라
> 당… 골동품. 한번에 다 없어졌어요. 문제는 다른 사람들의 돈이었는데…
> 그 돈을 갚지 못하게 된 거지요.

이처럼 생계를 위해 장사를 하던 사람들이 이제는 공공연한 위법행위를 하게 되고, 사람들은 이제 보다 큰돈을 벌기 위해 단순한 일탈이나 위반을 넘어서서 국경을 넘어 큰 물건을 취급하는 범죄행위를 하기도 한다. 그러다가 남의 돈을 날리는 상황에 처하기도 한다. 그런가하면 혼자서 너무 잘 나가는 경우도 주변사람들의 시기의 대상이 된다.

큰 장사들은 북한사회가 정한 합법과 불법의 경계선을 넘나들기에, 누군가 밀고하면 언제라도 감옥에 들어갈 수 있다. 김덕배 씨(39세, 남자, 현 의류사업주, 재북 시 외화벌이)는 이러한 상황을 다음과 같이 표현하였다.

> 거기는 다 불법이지요… 중략… 일단 남들보다 장사를 하던 뭘 하던 먹고 사는데 지장 없었거든요.
> 남들이 죽 먹으면 너도 죽 먹어라. 왜 이밥 먹냐? 남들이 죽 먹으면 같이 죽 먹어야지. 비사회주의로 감옥 가 있거나 죽거나, 내 능력껏 벌어서, 장사를 하거나 외화벌이해서 돈 벌어서 어떻게 해서든 내가 사는데 그게 힘든 거예요.
> 사실. 너 왜 이밥(쌀밥) 먹냐? 어떻게 해서 돈 버냐?
> 그게 조사받고 커지면 그 다음에 총살하거나 감옥 가거나 그러는 거예요.

그러면 국가가 공식적으로 금하는 장사를 온갖 수단을 동원하여 하는 과정에서 비공식일자리에서 일하는 사람들은 어떤 의식상의 변화를 경험하는 것일까? 대학생 김명문 씨는 장사를 하는 과정에서 사회의 모순을 깊이 느끼게 되었다.

> 공부하던 사람에게 처음에 자본주의는 참 싫었어요. 아주머니들과 한 푼 때문에 싸워야 하고 상상도 못한 비법행위를 자행하고, 사회자체가 모순이니까 잡히면 대학생이라도 감옥에 갈 수도 있고. 명문대라고는 하지

만 선배들 역시 다 마찬가지고.

　이렇게 하는 것은 잘못이다. 고위층들은 더 잘 살고. 자기만 위하고 그 쪽에 끼어들려고 했던 것이 생각이 변했죠. 저는 결론을 그렇게 내렸어요. 지금 정부가 사회가 좋아지고 중국이 지원하더라도 (북한사람들은 이제) 예전으로 돌아가지는 못한다. 자신의 정체성의 혼란, 배급을 주더라도 사람들 사이의 신뢰감이 무너졌다. 전처럼 그렇게 돌아가지 못할 것이다. 북한이 제일 강한 것이 신념이에요. 배고파도 신념들이 가치관이 무너지면 금방 무너진다고 보았어요. 결국 자본주의 외에는 사회주의밖에 없는데 자본주의겠지. 그래서 1999년도에 북한을 나왔어요.

　김명문 씨는 1990년대 말 북한주민과 자신이 겪은 의식의 변화에 대해 한마디로 요약했다.

　설사 배급을 줄 수 있게 되더라도 우리는 이전처럼 돌아가지는 못할 것이다. 사람들 사이의 신뢰는 이제 무너졌다.

　처음에는 생존을 위해 시작되었지만 장사행위는 점점 커지면서 이제 국가나 집단이 아니라 자신이 주체가 되는 의식상의 변화를 수반하게 된다. 시장확산과 함께 일탈행위→비법행위→범죄행위 단계를 넘어서서 마지막 단계인 반사회주의 행위까지 번져간다. 오늘날 북한당국이 가장 강력한 범죄라고 규정한 한류 현상 즉 남한의 영상매체나 오디오가 북한 국경지대를 넘어서 북한 내부까지 깊숙이 들어가서 확산하는 현상은 그간 시장을 매개로 확산되는 북한주민들의 의식변화를 상징하는 한 단면이다.

6. 제3국에서 탈북자의 일자리 유형

1990년대 중반 이후 북한주민은 식량을 구해 대량탈북을 하게 되는데, 함경북도를 중심으로 두만강에 접한 지역에서 탈북이 주로 이루어졌다. 연구참가자 중에서 탈북하게 된 이유를 보면 대부분은 중국 사는 친척의 도움을 받아보려고 머물다가(사례 3 선명준), 경제적 어려움 때문에 북한을 떠난 경우(사례 2 유명선)이다. 김덕배 부부처럼 장사를 하다가 돈 벌기 쉬운 여건의 중국으로 떠나거나 큰 장사를 하다 일이 잘못되어 탈북하는 경우(사례 1 김명문, 사례 4 이길재)도 있다. 아래 〈표 12-10〉은 연구참가자들의 탈북사유이다.

〈표 12-10〉 연구참가자의 탈북사유

	사례번호		탈북사유	탈북 연도	북한 계층
1	김명문	남	장사중 사고, 신변 불안	1999	중상층
2	유명선	여	중국에 가서 경제적 도움을 받으려고 경제적 어려움	2000	하층
3	선명준	남	중국의 친척 도움 경제적 어려움	1999	중상층
4	이길재	남	장사중 사고	1998	하층
5	김영선	여	친정부모가 기독교인임이 밝혀져서	2000	상층
6	김덕배/ 김미순	부부	자본주의 동경	1998	중층
7	전순희/ 김명분	부부	한해동안 모은 식량을 도둑맞아서 →경제적 어려움	1997	하층
8	김명옥	여	식량구하러→경제적 어려움	1997	중층
9	조분남	여	식량구하러→경제적 어려움	2002	중층

탈북한 이후 불법체류자의 신분으로 중국 등지에서 머물면서 이들은 다시 어떤 일에 종사하게 될까? 제3국에서는 신분 때문에 일탈노동과 비경제활동 상태로 있는 경우가 많을 것으로 생각된다. 2010년 고용노동부에서 발주하고

이화여대 통일학연구원에서 수행했던 북한이탈주민 고용실태조사에 의하면 북한출신주민들 중 임금근로자의 비중은 118명(26.4%)에 지나지 않는다. 무응답자의 수가 262명(63.4%) 가장 많은 비중을 차지하며, 비임금 근로자의 비중은 43(10.4%)이다. 물론 413명 중에서 단기체류한 사람들을 제외하면 제3국 체류 시 취업자의 비중은 좀 더 높아질 것으로 생각된다.

〈표 12-11〉 제3국에서 연구참가자의 고용상황

인원(비중)

	임금근로자	비임금근로자	임금/비임금 합계
남성	34	8	42(10.2)
여성	74	35	109(26.4)
성별 합계	108(28.6)	43(10.4)	151(36.6)
무응답	-	-	262(63.4)
총합			413(100.0)

비공식일자리 직업분포는 아래 〈표 12-12〉와 같다. 그렇다면 취업한 사람들은 주로 어떤 일을 해왔을까? 118명 중 69명의 응답자들은 제3국 체류 시 아래와 같은 직업생활을 영위해왔다고 보고한다.

〈표 12-12〉 제3국 체류 시 연구참가자의 취업 업종

직종	인원	직업명
농림어업	5	농산물 경작, 벼, 콩 외(5)
광업	1	탄광
제조업	24	파이프/낚시대/의자/탈곡기/건전지재료생산/전자제품/신발/가구/숯/대리석·목재(3)/악세사리(2)/가방(2)/의류(5)/밀대목조시계/양초/종이
도소매음식숙박업	36	음식업(31)/숙박업(3)/서비스(2)
사업 · 개인 공공서비스업	13	컴퓨터교사/가정서비스/시설관리/진료(2)/교육(2)/관광가이드/무역(3)/번역/미용
계	69	

제3국 체류 시 임금근로자로 취업했다고 응답한 69명 중 36명의 응답자들은 음식업이나 숙박업, 서비스 업종에서 일했다고 응답했고, 제조업에서 의류, 가방 등 제품을 생산하는 일을 한 사람은 69명 중 24명이었다. 그렇다면 나머지 사람들은 주로 어떤 일을 했을까?

제3국에서 보통 북한출신주민들은 가정집에서 생활하거나 머슴살이를 하는 일이 많았다고 말한다. 임금근로자로 취업하더라도 실제로 주위에 월급을 받고 생활했던 탈북자들은 사실상 얼마 없었고, 임금을 받지 못하는 경우가 잦았고, 혹은 자신의 신변보호와 안전을 위해서 스스로 임금을 포기하기도 한다. 심지어 농업근로자로서 머슴 일을 하는 경우 1년 치 봉급을 한꺼번에 날리는 상황도 자주 발생한다. 그래도 항의할 수 없다. 이들은 다 불법체류자이기 때문이다. 김명분, 전순희 씨 부부(40대, 북한 농장원 출신)는 제3국에서의 생활을 아래와 같이 회상한다.

구술자: 정말 중국생활 만 3년 생활에 우리속담 나라 잃은 백성 상가 집 개보다도 못하다는 그 속담 정말 인간에 수모 천대 얼마나 심한 지… 그래도 우리가 간 곳은 그런대로 괜찮았어요. (다른 데는) 탈북자들에게 큰일 시켜놓고 가을에 가서 돈 달라하면 '새끼야 없다'하고 두들겨 패가지고 내쫓고 1년 동안 농사를 다 시켜놓고 주인 놈은 다 조선족이지 주인이라는 놈은 팔짱 딱 끼고 이것저것 농사일 다시켜놓고 가을에 돈 달라 하면 두들겨 패가지고 그저 터지고 부러져도 그래도 말 못하고 신고하면 잡혀가니까 …중략… 우리 탈북자들이 중국에서 천대 받은 그거 솔직히 말해 저처럼 월급생활하며 좋은 사람 만나가지고… 그런 계통 사람들이 많지 않아요. 우리처럼 월급 받아서 생활하는 사람이 불과 몇 명 안 되요…거의 다 남의 집 가서 머슴질 하죠 머슴질도 그렇게 악착같이 당하는 머슴질은… (남한에서) 조선족들을 도와주는 건 난 반대야요.

농장원 출신의 부부는 조선족이든 한족이든 중국인인 주변 사람들 누구에
게라도 밉보이게 되면 중국공안에게 신고할 수 있으므로, 안전을 위해 모든
사람들의 비위를 맞추기 위해 쉬는 시간 없이 열심히 일하고, 쉬는 날에도
날마다 주인집을 고쳐주거나 허드렛일을 도와주면서 주인의 환심을 사기 위
해 애썼다. 주위를 살피면서 불안한 시간을 보내었다. 꽤 오랜 시간이 지났
지만 전순희 씨에게는 그 불안했던 시간들은 수년이 지나고 남한에 온 지금
도 꿈에 반복해서 나타난다.

심지어 중국에서 스스로 고용주에게 임금을 받지 않겠다고 제안하는 경우
도 있다. 김영선 씨(여, 40대, 북 교사)이다.

> 구술자: 저는 그분들에게 먹여만 주면 된다. 한국에만 보내준다면 월급
> 같은 것은 필요 없다. 그렇게 말했어요. 사실 위조신분증을 만드
> 는데 들어가는 돈을 그 분들이 내주었는데, 그 돈만 하더라도 제
> 가 일해서 받을 수 있는 돈보다 훨씬 많은 돈이었거든요.

김영선 씨는 자신이 아주 운 좋은 경우라고 생각한다. 다행히도 선의로 도
와주려는 사람들을 중국에서 만났기 때문이다. 더 운이 좋은 경우는 김덕배
씨 부부처럼 중국에서 지냈던 시간들이 남한에 와서 의류사업을 차리는데
결정적인 도움이 되거나 좋은 직업경력이 되는 경우이다. 김덕배, 김미순 씨
부부는 청도의 의류공장에서 일을 하였는데, 이들은 재일교포출신 회사 사
장의 신임을 받아 의류사업의 기초를 배웠다.

> 면접자: 청도에서는 무슨 일을 하셨어요? 3년 동안?
> 구술자: 청도에서 봉제 공장, 한국에서 진출한 회사가 있었어요. 그 회사
> 는 일본하고, 일본 오더 받아서 하는 곳이거든요. 일은 꾸준히 있
> 었어요. …중략… 사장님한테 미안하지만 결국 그렇게 오고 한국

에 와서 만났지만 그래도 그 사장님에게 많이 배웠어요. 제가 학
교에서 많이 배워도 실전에서 많이 못 배웠거든요. 그런데 그 쪽
에서 일을 하면서 많이 배웠고 그게 여기 와서도 사업하는 데 많
이 도움이 되었고요.

-김덕배, 김미순 부부(의류제조업자, 30대)

　　김영선 씨(교사)와 김덕배 씨 부부(의류제조업자)는 지금도 중국에서 도움
을 주었던 이들과 지금도 연락하며 좋은 관계를 유지한다.

남한에서 북한출신주민의 일자리 유형

　　한국사회는 북한출신주민들의 정착을 위해서 정착초기에 일정기간 동안
기초수급자로서 보호하고 생계급여를 매달 제공한다. 하나원을 나온 후 일
정기간 동안 북한출신주민의 입장에서 보면 일종의 '배급'이라고 여겨지는
기초생계비를 받게 되는데 이 기초생계비가 정착초기에 공식/비공식일자리
의 길로 나누어지게 하는 중요한 원인 중 하나가 되고 있다. 2010년 당시 통
일부 행정전산망인 3s-net 자료에 따르면, 서울지역 북한출신주민 거주자 중
평균 수급률이 51%로 절반에 달했다. 『2010년 북한이탈주민 고용실태조사』
에서도 생계비 수급률은 57%로 나타난다. 수급자는 조사시점까지 평균 21.4
개월가량 수급하고 있는 것으로 나타났다.

　　북한출신주민 중 가장 많은 사람들이 응답한, 가장 적당한 기초생계비 수
급기간은 41개월이었으며 그 다음은 12개월 이상이었다. 기초생계비를 장기
간 받고자 하는 북한출신주민의 특성은 공식일자리와 비공식일자리로의 이
분화경향을 낳는 중요한 원인 중의 하나이다. 수급기간을 연장하기 위해 행
정상 파악되지 않는 은폐된 일자리 혹은 비공식 일을 선호하는 경향으로 나
타나기도 한다. 물론 저임금 노동자들이 사회보험료를 내지 않는 비공식일

자리를 선호하는 경향이 있고 이는 취약계층 근로자들에게서 보편적으로 나타나는 현상이다. 북한출신주민의 경우에도 사회보험료 절감 보다 더 강력한 기초생계비 수급으로 인해 비공식일자리에 대한 애착이 더욱 강해질 수밖에 없고 따라서 비공식일자리를 선호하는 경향이 남한취약계층보다 더욱 뚜렷하게 나타난다.

인터뷰에 응한 참가자들은 2001~2004년 시기에 들어온 사람들인데, 그 당시 정부는 통상 3년 이상 기초생계비를 제공하였다. 그중에 김명문 씨는 기초생계비를 조금이라도 오래 받기 위해 노력한 경험이 있다. 당시 2002년에 한국에 온 김명문 씨는 2002~2004년까지 대학교육을 야간에 받고 주간에는 직장생활을 하였다. 그는 기초생계비를 계속 받기 위해 사회보험이 보장되는 일반직장에 들어가지 않았고 아르바이트로 일했다. 이 문제로 사회복지사와 싸움을 벌이기도 하였다.

> 열심히 산다고 생각했으니까 기생충이라고 생각 못했어요. 나한테 더
> 주면 남한테 적게 준다는 생각은 못하고. 그냥 (기초생계비에) 매달렸지
> 요. 왜 일반직장에 취업하라고 하느냐. 더 좋은 혜택을 받을 수 있는데.
> 그 기회를 왜 없애라고 하나. 사회복지사와 논쟁을 하기도 했지요. 한국
> 사회를 높게 보았어요. 이 사람들은 너무 돈도 많고 똑똑하고. 이 사람들
> 한테 끼여서 내가 어떻게 살겠냐. 그냥 내가 제일 취약하다 그때는 그렇
> 게 생각했어요. ―김명문(남, 30대, 북 대학생, 남 대기업사원)

자신이 약자라는 의식, 너무나 똑똑한 남한사람들과 경쟁할 힘이 없다는 열등의식, 낯선 남한사회에서 살아가는데 대한 북한출신주민들의 불안감은 이들이 기초생계비를 지속하려는 애착의 근원이다. 남한사회에 온 이후 기초생계비 기간을 되도록 늘리려는 북한출신주민의 강한 의지는 그들의 낮은 직업능력과 결합하면서 아르바이트 즉 비공식일을 주로 하는 흐름을 형성해

왔다. 그 양상은 마치 수영을 못하는 사람이 수영장에 빠지자 어떻게든 고무
튜브라도 놓치지 않으려는 모양과 흡사하다. 이러한 양상은 아래 통계자료
로도 확인된다. 북한이탈주민 고용실태조사에서 일한다고 응답한 269명 중
공식일자리에서 일하는 응답자는 102명이며, 나머지 167명은 비공식일자리
에서 일할 가능성이 높다(표 12-12). 비공식일자리에서 일하는 사람이 월등
히 많은 셈이다.

〈표 12-12〉 북한출신주민의 남한 일자리유형

고용부문 \ 일자리유형	공식일자리		비공식일자리	
	세부유형	인원	세부유형	인원
임금근로자	일자리 13(공식일자리취업자) 사회보험으로 보호됨	93	일자리 2(비공식일자리 취업자/공식부문), 일자리 6(비공식일자리 취업자/비공식부문)	42
비임금근로자	일자리 14(공식고용주),	5	일자리 4(비공식 고용주)	미상 (a)
	일자리 16(공식자영주)	3	일자리 3(비공식 자영주)	
	일자리 1(무급가족근로자)	1	일자리 5(가족종사근로자)	
계	—	102	—	42+a
미취업자				269

공식 비임금근로자

이 자료에서 조사대상자 413명 중 공식일자리의 비임금근로자라고 응답한
사람은 9명에 불과했다. 이들은 정식으로 사업자 등록을 한 공식부문의 일자
리에서 일하는 자영업자들로서, 더 많은 사람들이 비공식부문에서 사업자
등록을 하지 않은 상태에서 자영주나 고용주의 위치에서 일하고 있으나 이
들의 정확한 고용상의 지위는 정확하게 식별해낼 수가 없었다.

〈표 12-13〉 남한에서의 북한출신주민 비임금근로 상황과 일자리 유형

고용부문	일자리 유형				
	공식일자리		비공식일자리		
	사례	인원	사례	인원	
비임금 근로자	일자리 14(공식고용주),	5	일자리 4(비공식 고용주)	미상 (a)	
	일자리 16(공식자영주)	3	일자리 3(비공식 자영주)		
	일자리 1(무급가족근로자)	1	일자리 5(가족종사근로자)		
계	-	9	-	미상	

먼저 실태조사에 나타난 자영업 비금임근로자 9명의 업종과 하는 일을 살펴보면 아래 〈표 12-14〉와 같다. 순대국 판매와 같은 요식업, 공인중개사, 화물운송업, 여행사, 화장품판매, 편의점, 비영리단체 운영 등에 종사하고 있다. 종사상 지위를 보면 무급가족종사자는 1명이며 고용인이 없는 자영자 3명, 고용인이 있는 자영자(이하 고용주) 5명이다. 예상 외로 음식업 창업이 적었고(1명) 서비스 판매업종과 서비스 업종이 주를 이룬다. 이는 2000년대 초반 북한음식점 위주의 창업이 붐을 이루었던 시절과 비교하면 격세지감이다. 2010년도 조사 당시 음식점 창업이 줄어들면서 업종은 더욱 다양화되는 경향을 보인다고 요약할 수 있다.

〈표 12-14〉 남한에서 북한출신주민 자영업 업종 및 생산물

지위	직업	업종	생산물
자영주	요식업	음식업	순대국 제조 및 판매
	공인중개사	사업서비스업	주택거래서비스
	화물운송업	운수업	화물운송대행
고용주	여행사	사업서비스업	서류대행
	화장품판매	서비스/판매업	화장품 유통
	편의점	서비스/판매업	생활용품 유통
	비영리단체	공공서비스	탈북자관련단체
가족무급종사자	화장품판매	서비스/판매업	-

자영업에 종사하는 북한출신주민들에게 자영업을 선택하게 된 동기를 물어보았다. 일의 성격이나 내용이 마음에 든다는 사람이 가장 많았고(4명, 44.4%), 안정적이라는 대답이 그 다음(3명, 33.3%)이었다.

〈표 12-15〉 비임금근로자의 자영업 선택 동기

(단위: 명, %)

지위	안정적이어서		일의 성격/내용이 마음에 들어서		사업에 필요한 자금이 적당해서		기타		전체
	명	%	명	%	명	%	명	%	
무급가족종사자	0	0.0	0	0.0	1	100.0	0	0.0	1
자영업자(고용인 없음)	0	0.0	2	66.7	0	0.0	1	33.3	3
자영업자(고용인 있음)	3	60.0	2	40.0	0	0.0	0	0.0	5
전체	3	33.3	4	44.4	1	11.1	1	11.1	9

고용주의 경우 평균 고용인원은 3.6명이며, 자영업 사업기간은 29.2개월 (2.4년)이다. 고용주인 경우가 43.8개월로 사업기간이 가장 길었다. 자영자의 월평균 소득은 1,938만 원으로 임금근로자(1,313만 원)에 비해 47.6% 많은 수준이다. 먼저 종사상지위를 보면 무급가족종사자는 1명이며 고용인이 없는 자영자 3명, 고용인이 있는 자영자(이하 고용주) 5명이다.

종사상 지위를 기준으로 월평균소득을 구분해보면, 자영자는 2,433만 원, 고용주는 1,550만 원으로 고용주의 소득이 훨씬 적게 나타났다. 자영자의 소득이 고용주보다 더 높았고, 고용주 소득은 155.5만 원으로 임금근로자에 비해 비슷한 수준이다. 이처럼 자영주보다 오히려 고용주의 소득이 낮은 이유는 분명하지 않다.

〈표 12-16〉 자영자의 사업기간 및 월평균 소득

(단위: 명, 개월, 만 원)

지위	고용인원		사업기간_자영자		월평균 소득	
	명	사례	월	사례	만 원	사례
무급가족종사자	—	—	5.0	1	200.0	1
자영업자(고용인 없음)	—	—	13.0	3	243.3	3
고용주(고용인 있음)	3.6	5	43.8	5	155.5	4
전체	3.6	5	29.2	9	193.8	8

한국사회는 북한출신주민에게 이제 공식적으로 자영주(일자리 16)와 공식 고용주(일자리 14)가 될 수 있는 기회를 제공하였다. 이는 북한사회에서는 권력층을 등에 업거나 뇌물을 주며 음지에서 장사를 할 수밖에 없었던 것에 비해 진일보한 것이다. 이제 한국사회에서 공식적으로 세금을 내면서 당당하게 장사할 수 있게 된 것이다. 북한출신주민들은 과거 북한에서 장마당에서 혹은 밀무역 등의 음성적인 장사를 해온 경험을 갖기에 그 연장선상에서 한국사회에서 장사를 배우고 큰돈을 벌기를 꿈꾸며 한국에 오고 창업에 대한 꿈을 갖고 오는 경우가 많다. 그러나 2010년 고용실태조사에서 나타난 조사결과에 의하면 자영업의 성과는 빈약하기 짝이 없다.

종사자 수를 보면 413명 중 자영주와 고용주, 무급가족 종사자의 수를 모두 포함한 자영업자의 수는 겨우 9명에 불과하다. 소득측면에서 본다 할지라도 고용주의 소득은 취업자에 비해 나을 것이 없는 수준이다. 북한에서 해온 비공식부문에서의 장사경험을 토대로 한국사회에 온 이후 자영업으로 발전하기에는 한계가 있다고 보인다. 북한출신주민 식량난세대를 필두로 하여 남한사회로의 이주가 시작한지 10여 년이 경과했지만 아직도 이들이 한국의 시장에서 경쟁력을 갖지 못하고 있다. 이는 북한에서 쌓은 인적자본이나 사회적 자본의 한계성을 말해준다.

임금근로자 집단: 공식/비공식 일자리

임금근로자 집단의 공식/비공식 일자리는 어떤 상황에 있는가? 북한출신 주민 중 북한에서의 경제활동을 하지 않았던 사람들의 수는 114명이지만, 남한에 와서 비경제활동인구를 포함한 미취업자의 수는 269명로 두 배 이상 늘어났고, 413명 중 취업자의 수는 겨우 135명에 불과하다. 이들 135명을 남한 취업집단의 공식/비공식 일자리 유형별로 세분화해보면 아래 〈표 12-17〉과 같다. 응답결과에 의하면 공식일자리를 가진 취업자(일자리 13유형)은 93명이고, 공식부문비공식취업자(일자리 2)와 공식부문 비공식취업자(일자리 6)를 합해서 42명로 공식일자리 종사자가 비공식일자리 종사자에 비해 2배 이상 많은 것으로 나타나지만, 취업사실을 숨기는 사람들이 있어 실제 비공식일자리 취업자 수는 훨씬 많을 것으로 생각된다. 그러면 공식/비공식 일자리에 속하는 세부 직업을 직종별로 나누면 아래와 같다.

〈표 12-17〉 남한에서의 공식/비공식 취업자

| 고용부문 | 일자리 유형 | | | |
	공식일자리	인원	비공식일자리	인원
임금 근로자	일자리 13(공식일자리 취업자) 사회보험으로 보호됨	93	일자리 2(비공식일자리 취업자/공식부문) 일자리 6(비공식일자리 취업자/비공식부문)	42

먼저 직업위세가 높은 관리, 전문직 직종을 공식/비공식일자리별로 살펴보면, 공식/비공식 일자리를 막론하고 북한사회단체나 언론방송사나 사회적기업, 북한주민으로 만들어진 기업에서 일하는 경우가 대부분으로 북한출신 주민들이 남한사람과 같이 경쟁하여 전문직, 관리직이나 기술직에 진출하는 것은 매우 어렵다는 점을 알 수 있다. 이 3개 직종종사자의 경우 비공식일자

리에서 일하는 경우는 북한관련 민간사회단체의 방송국에서 일하는 기자가 유일하다.

기술직 분야에서는 직업명이 보다 다양하다. 치기공사나 전산관리음향사 실장, 치기공사, 웨딩촬영 영상편집, 영상편집, 인쇄출판디자인, 전산관리 등의 직업이 등장한다. 또, 비공식일자리에서 일하는 사람은 기술관련 기초적 기술이 있기 때문이거나 북한관련 특수시장에서 일하기 때문일 것이다. 사무직 직종에서는 공식/비공식 일자리를 보면 상당히 다양하고 풍부한 직업들이 등장한다.

〈표 12-18〉 남한에서의 공식/비공식일자리: 관리, 전문직, 기술직

대분류	공식일자리	비공식일자리
관리직	무역회사 상무, 무역회사 부장, 운송업 지점장	
전문직	PD, 홍보부 단장 및 만담, 영상물 제작기획, 사무직 기자, 영상부 팀장	기자
기술직	음향사 실장, 치기공사, 웨딩촬영 영상편집, 영상편집, 인쇄출판디자인, 전산관리	방송편집

사무직종에서 공식일자리로는 재무회계팀, 노무관리(제조업), 사무원, 경리, 세무대리인, 회계주임, 전기조명관리 대리, 구매사원, 경리, 회계, 유통관리보조, 경리 및 사무직, 출고경리, 수출팀장, 보험회사 총무, 사회복지, 정보센터, 총무팀장, 단체 사무국장, 무역회사 직원, 기획홍보경리, 행정사무국장, 경리 등이다. 사무직 및 준전문가직종에서는 비공식일자리이지만 다양한 일에 종사하고 있었다. 간호조무사, 경리, 중국인 바운드 담당, 경리, 법무관련 소장을 작성하는 사무원, 물건납품 및 영수증 발급하는 사무원, 북한출신주민선교회 전도사, 간호조무사, 사무보조 등의 직업이다.

〈표 12-20〉에서 보는 바와 같이 제조업 업종에 속하는 기능직에서도 다양한 공식/비공식 일자리가 존재한다. 공식일자리로는 니트생산직원, 목형제

작원, 지게차, 슬랫타 공원, 의류시험원, 제과장(만주), 가공원 기사, 회전문
전기설치, 한약 짓기, 차량정비, 패턴제작, 납품기사, 봉제사, 재단보조, 세탁
원, 전공, 용접원, 제빵사, 운전, 기전주임, 전기안전관리자, 기전기사 등이
있는데 주로 소규모 공장이나 가게에서 일하는 경우이다.

〈표 12-19〉 남한에서의 공식/비공식일자리: 사무직, 서비스

대분류	공식일자리	비공식일자리
사무직	재무회계팀, 노무관리(제조업), 경리, 세무대리인, 회계주임, 전기조명관리 대리, 구매사원, 회계, 유통관리보조, 출고경리, 수출팀장, 보험회사 총무, 사회복지, 정보센터, 총무팀장, 단체 사무국장, 무역회사 직원, 기획홍보경리, 행정사무국장	간호조무사, 경리, 중국인 바운드 담당, 법무관련 소장작성 사무원, 물건납품 및 영수증 발급, 북한출신주민선교회 전도사, 간호조무사, 사무보조
서비스	미용실직원, 영업사원 과장, 보험설계사, 캐셔, 보험회사 직원, 잡화판매직, 농수산물판매, 운동코치	운전연수강사, 카운터 및 보안, 서비스, 해외영업, 판매직, 계산원, 식당서빙, 여행서비스, 가이드, 아이스크림 판매직원, 강사, 뻥튀기도소매
농림어업 숙련직	어업직원	－

〈표 12-20〉에 의하면 비공식일자리는 주방조리, 전공, 용접기술사, 제빵사,
전산관리, 운전, 이사짐센터 운전원, 가스설비사, 기전주임, 학원 운전기사
등으로 주로 요식업분야의 주방에서 조리사 등으로 일하거나 운전을 하는
경우가 대부분이다. 기계조작 및 조립공 직종에서는 생산직원, 핸들커버 제
작지원, 기계로 실감기, 기계제작자, 보안관련 공식일자리가 있고, 비공식일
자리는 생산공정 사원, 기계제작 등의 일을 하고 있었다. 단순노무직 분야에
서는 직업명이 풍부하고 다양하다. 공식일자리에서는 주방보조(학교급식),
만두제작, 수금원, 미화원, 서빙, 영양지원팀 조리원, 배달, 관리사무소 장례
식장 도우미, 박스 포장원, 도우미, 택배직원, 카운터 및 보조, 아파트관리자

등으로 일하고 있었으며, 비공식일자리에서는 이삿짐운반팀장, 아파트관리, 관리직원, 보안직원, 사우나, 서빙, 야간관리, 세탁원, 미화원, 동사무소의 자활근로, 한식 서빙, 미화원, 포장직, 주방직원, 배달원, 족발 삶기, 시다로 일하고 있었다. 취업자 집단을 대상으로 북한에서의 일자리 유형에 따른 소득 차이를 보았는데, 예상과는 달리 비공식일자리 집단의 소득이 약간 높게 나타났다.

〈표 12-20〉 남한에서의 공식/비공식일자리: 기능직, 기계조립공, 단순노무

대분류	공식일자리	비공식일자리
기능직	니트생산직원, 목형제작원, 지게차, 슬랫타 공원, 의류시험원, 제과장(만주), 가공원 기사, 회전문 전기설치, 한약짓기, 차량정비, 패턴제작, 납품기사, 봉제사, 재단보조, 세탁원, 전기공, 용접원, 제빵사, 운전, 기전주임, 전기안전관리자, 가전기사	주방조리, 전공, 용접기술사, 제방사, 전산관리, 운전, 이사짐센터 운전원, 가스설비사, 기전주임, 학원 운전기사
기계조작 및 조립공	생산직원, 핸들커버 제작지원, 기계로 실감기, 기계제작자, 보안	생산직, 기계제작자
단순 노무직	주방보조(학교급식), 만두제작, 환경미화원, 서빙, 영양지원팀조리원, 배달, 관리사무소, 장례식장 도우미, 박스포장원, 도우미, 택배직원, 카운터 및 보조, 미화원, 아파트관리	이삿짐운반팀장, 아파트관리, 관리직원, 보안직원, 사우나, 야간관리, 세탁원, 미화원, 동사무소 자활근로, 한식장 서빙, 환경미화원, 포장직, 주방직원, 배달원, 서빙, 족발 삶기, 시다

북한에서의 일자리 유형과 남한에서의 일자리 유형을 교차분석해본 결과는 아래와 같다. 북한에서 비공식일자리 유형에 속한 사람들이 남한사회에 온 이후에 공식일자리에 들어가는 비율이 보다 높게 나타났다. 특히 2000~2004년 사이에 한국에 입국한 사람들만 따로 분석해보면 이러한 경향이 좀 더 두드러진다. 이 같은 결과로 미루어볼 때 시장활동 경험이 있는 사람들이

시장활동 경험이 없는 사람들에 비해 남한 직장생활에 적응을 쉽게 하기 때문이 아닌가 여겨진다.

7. 직업전환의 특성과 함의

이 글에서 살펴본 북한출신주민의 직업전환의 특징은 아래와 같다. 단, 북한에서 직업생활을 하다가 남한에서 재취업하여 일하는 사람들의 직종이나, 업종, 일자리 유형의 변화를 살펴보았다. 첫 번째로 413명의 응답자 중 남북한 양 지역에서 모두 직업을 가진 사람들의 수는 161명이다. 이들에게 과거 북한에서의 업종과 남한으로 온 이후 업종의 변화가 어떻게 일어났는지를 살펴보았다.

북한에서 남한으로 오면서 변화한 업종추이를 살펴보면, 북한에서 제조업 분야(30.8%) 〉 사업 및 개인공공서비스 분야, 62명(24.5%) 〉 농림어업분야, 16.2%의 순으로 종사자 수가 많던 것이 남한에 온 이후에는 사업·개인 공공서비스업의 비율이 94명(36.9%) 〉 도소매 음식숙박업종, 78명(30.6%) 〉 제조업은 10.0%의 순으로 종사자가 많아 산업구조의 차이에 조응하고 있는 것을 알 수 있다. 특히, 북한에서는 16.2%에 달했던 농림어업분야 종사자는 남한에 온 이후 한 명도 없이 사라졌다. 또, 개인공공서비스 분야에서 증가하였으나 제조업 분야 역시 종사자의 수가 30.8%→10.0%로 감소하였다. 반면, 도소매 음식숙박업종 종사자 수는 북한에서 4.3%에 지나지 않았으나 남한으로 온 이후에는 30.6%로 종사자 수가 가장 많이 증가하였다. 북한출신주민 내의 여성 비율이 70%에 달하는데, 이들이 주로 음식점의 주방원이나 홀 서빙원으로 일하는 경우가 많기 때문이다. 이처럼 북한출신주민들은 업종분야에서는 1차산업(농어업)과 2차 산업(제조업)에 종사하였으나 남한에 온 이후에는 주로 3차산업(도소매업, 개인 공공서비스업) 쪽으로 빠르게 이동하는 추세를 보이고 있다.

두 번째로 취업자들의 북남이동 이후 직종의 변화를 살펴보았다. 남북한 모두에서 직업생활을 계속하고 있는 사람들의 수는 161명이었다. 그러나 이들 중 북한에서 하던 직업과 동일한 직종에서 일하는 사람의 수는 38명에 불과하였다. 그 38명도 대부분 서비스직(5명, 45.5%)와 단순노무직(11명, 30%)가 차지하고 있었다. 재북 시 고급직종에 속하는 관리직, 전문직, 기술직에 종사하던 사람들 26명 중 남한에 온 이후에도 동일한 직종에서 일하는 경우는 다섯 명에 불과했다. 나머지 21명의 경우는 단순노무직, 사무직, 서비스직 등으로 전환하였다. 이처럼 북한에서의 고급직종(관리, 전문, 기술직)에 속했던 사람들 26명의 경우, 타 직종으로 이동하였는데, 주로 단순노무직(6명)과 사무직(5명)으로 이동하였다. 재북 시 사무직 종사자 27명의 경우에는 주로 사무직(9명), 서비스직(8명)으로 많이 이동하였다.

북한에서 종사하던 직종을 지속하는 비율이 가장 높은 직종은 서비스직종이다. 북한에서 서비스직종에 종사하던 사람들은 총 11명인데, 남한에 온 이후 5명이 서비스직종에서 일하고 있어 45.5%의 지속률을 보인다. 그 다음으로 단순노무직의 직종유지비율이 28명 중 11명으로 39.3%로서 그 다음을 차지한다. 이는 주방에서의 조리사나 주방보조가 서비스직종으로 분류되는 데에 기인한다. 이처럼 하위직종에서만 북한의 직업이 남한에서도 지속되는 경향을 보였지만 예외적인 직종은 농어업직이다. 북한에서 농어업직에 속한 사람들은 단 한사람도 하던 일을 지속하지 않고 있다.

그렇다면 직업위세가 높은 관리직이나 전문직의 상황은 어떠할까? 북한의 관리직은 인민반 주민관리, 보안원(소좌), 어장장, 상무, 보위대원, 농근맹 위원장(비당원 관리), 세금징수비서, 영화총국 책임지도원, 군장교 등 군대나 지도원과 같은 당원들과 어장장과 같은 지배인들이다. 이들 중 남한에 와서 계속 직업생활을 하고 있는 북한 관리직 5명 중 한 사람만이 남한으로 온 후에도 관리직종에서 일하고 있다. 그렇다면 남한에서도 관리직에서 일하는 사람은 어떤 직업을 가지고 있으며 북한에서는 무엇을 하였던 사람일까? 이 사람은 남한에 온 후 북한출신주민으로 만들어진 사회적 기업에서 일하고 있어 북한에서 전문직이나 관리직으로 일하던 사람들이 남한에 온 이후 다시 전문직으로 일하기는 매우 어렵다는 사실을 자료를 통해 확인할 수 있었다.

재북 시 고급직종에 속하는 관리직, 전문직, 기술직에 종사하던 사람들 26명 중 남한에 온 이후에도 자신의 직종에서 일하는 경우는 다섯 명에 불과했다. 나머지 21명의 경우는 단순노무직, 사무직, 서비스직 등으로 전환하였다. 이처럼 북한에서의 고급직종(관리, 전문, 기술직)에 속했던 사람들 26명의 경우, 타 직종으로 이동하였는데, 주로 단순노무직(6명)과 사무직(5명)으로 이동하였다.

북한에서 사무직에 종사했던 27명의 경우에는 남한에 온 이후 사무직(9명), 서비스직(8명)으로 이동하였다. 북한에서 사무직 출신이었던 27명 중 9명인 1/3이 계속 사무직으로 일하고 있어 동종직종에서 일하는 비중이 비교적 높은 편이다. 북한의 기술직 출신의 경우는 11명 중 세 사람이 지속적으로 기술직 업무에 종사하고 있다. 이처럼 사무직에 속한 사람들의 직종 지속률이 상대적으로 높은 이유는 구조적으로 남한사회가 북한사회에 비해 사무직 종사자들의 수가 많기 때문이며 기술직의 경우에는 사회문화적 영향이 덜한 분야이기 때문인 것으로 생각된다.

세 번째로 취업자들의 과거 북한에서의 일자리유형과 남한으로 온 이후의 일자리유형의 변화를 살펴보았다. 북한의 비공식일자리 종사자들은 비록 왜곡된 경험일지라도 북한에서 시장활동 경험을 쌓았기 때문에 상대적으로 공식일자리 종사자들에 비해 시장경제에서 상대적으로 경쟁력이 있는 것으로 보인다. 취업집단 135명을 북한에서의 일자리유형과 남한에서의 일자리유형

(공식/비공식, 정규/비정규)로 교차분석결과 밝혀진 흥미로운 사실은 북한에서 시장활동에 종사했던 비공식일자리 종사자들(42명)이 북한에서의 공식일자리 종사자들보다 남한에서의 정규직 및 공식일자리(고용보험 가입사업장)에 더 많이 진출해있는 것으로 나타났다는 점이다.

■ 본 장에 사용한 자료

〈부표 12-1〉 북한에서의 노동경험 유형분석을 위한 원자료(raw data)

(단위: 명)

자료 원천	인원	항목	조사 시점	정보
1) 서울시 거주자 직업력 -2010 이화여대 고용실태조사	413	서울시 거주 입국년도별(2000~2009) 할당표집 자료	2010.8~10월 시점	공식/비공식 영역에서의 북한, 제3국, 남한에서의 종사 직종, 업종, 직업, 직위
	413	413명의 직업훈련 및 고용보험 이력을 결합	2010.11 시점	
2) 인터뷰	10	공식/비공식 직업별로 북한노동시장연구를 감안하여 이론적 할당표집	2011. 5~8월	자신이 종사한 공식/비공식 일경험

북한출신주민 서울시 거주자의 2010년 고용실태조사

2010년 이화여대 통일학연구원에서 수행했던 '북한출신주민 직업훈련 및 취업활성화 연구'의 고용실태 조사자료(NK jobspell)이다. 이 자료의 장점은 처음으로 입국년도 기준(2000~2009년)으로 할당표집(quota sampling)했다는 점이다. 통일부가 보유한 서울시 거주 전체 20~60세 미만의 북한출신주민 근로가능인력의 모집단(2010년 6월 기준 4,130명)의 리스트 중에서 입국년도, 성별, 연령대의 행렬표를 만들어 각 칸의 구성비를 배정한 후 모집단 대비 10%에 해당하는 413명을 할당표집하였다.

이 설문조사에서는 북한, 제3국, 남한에서의 직업생활에 대해서 다음과 같은 사항 중, 특히 북한에서의 토대나 계층, 일자리 유형에 대해 상세하게 묻고 있다.

표본의 인구학적 특성을 성별로 살펴보면, 연령대별로는 남자는 20대 (34.8%), 여자는 30대(38.4%)가 가장 많고, 남녀 모두 50대 이상이 가장 적다.

평균 연령(37.0세)은 여자가 다소 높은 편이다.

북한 학력을 살펴보면, 남녀 모두 고등중학교 졸업(남 55.3%, 여 68.3%)에 해당하는 집단의 비중이 가장 높고, 다음으로 전문학교 이상(남 25.8%, 여 19.6%)으로 이 두 집단이 차지하는 비중이 80% 이상을 차지하고 있다. 조사대상 북한출신주민의 탈북시기를 보면 남녀 모두 2000년 이전에 탈북한 사람들의 비중(남 37.9%, 여 39.9%)이 가장 높은 것으로 나타났다. 북한출신주민의 입국시기를 살펴보면, 남자는 2004년 이전에 입국한 사람들의 비중(51.5%)이 그 이후에 입국한 사람들의 비중(48.5%)보다 다소 높은 것으로 나타난 반면, 여자의 경우에는 2005년 이후에 입국한 사람들의 비중(63.3%)이 압도적으로 높아 최근에 올수록 입국자 집단 중 여성비율이 높다는 것을 보여준다.

〈부표 12-2〉 표본의 인구학적 특성

(단위: 명, 세, %)

		남자		여자		전체	
		명	%	명	%	명	%
연령	20대	46	34.8	67	23.8	113	27.4
	30대	36	27.3	108	38.4	144	34.9
	40대	34	25.8	76	27.0	110	26.6
	50세 이상	16	12.1	30	10.7	46	11.1
평균연령		36.73		37.11		36.99	
혼인상태	미혼	62	47.0	105	37.4	167	40.4
	기혼	51	38.6	108	38.4	159	38.5
	기타	19	14.4	68	24.2	87	21.1
북한학력	고등중 이하	25	18.9	34	12.1	59	14.3
	고등중 졸업	73	55.3	192	68.3	265	64.2
	전문학교 이상	34	25.8	55	19.6	89	21.5
탈북연도	2000년 이전	50	37.9	112	39.9	162	39.2
	2000~2004년	36	27.3	88	31.3	124	30.0
	2005~2009년	46	34.8	81	28.8	127	30.8
입국연도	2000~2004년	68	51.5	103	36.7	171	41.4
	2005~2009년	64	48.5	178	63.3	242	58.6
소계		132	100.0	281	100.0	413	100.0

두 번째 자료는 면담자료이다. 면접사례를 선정할 때 '북한의 세대'를 중요한 기준으로 참조하였다. 박영자는 북한주민의 삶의 역사와 의식변화 흐름에 기초하여 주요한 사회적 경험과 역사의 공유라는 기준으로 세대를 구분해볼 필요가 있다고 주장하면서 북한주민의 세대별 구조를 배급안정과 불안정체제를 동시에 경험한 과도기 세대, 두 번째로 식량난 세대, 셋째, 7.1세대로 개념화한다.[1] 이를 대략 연령기준으로 나누어보면 현재 10대와 20대는 7.1 경제관리개선조치의 영향을 받은 7.1세대로, 20대 말과 30대들은 식량난 세대로, 40대 말에서 50대는 과도기 세대로 개념화할 수 있다. 박영자의 이 기준을 적용한다면 본 연구에 참가한 30~40대의 연구참가자들은 주로 '식량난 세대'에 속한 사람들이다.

그 다음으로 연구참가자를 선정하는 중요한 기준으로 정한 것은 남북한사회에서 모두 경제활동 혹은 직장생활을 해온 사람들이라는 점이다. 특히 남한에 입국시기를 2004년 이후로 제한하였다. 남과 북에서 다 풍부한 직장생활 혹은 시장활동의 경험을 가진 사람들이 본 연구의 주제인 직업전환과 경력형성에 유리할 것이라고 판단하였다. 그래서 1900년대 말 혹은 2000년대 초반에 탈북한 북한과 남한에서 직업생활 경험을 가지고 있는 30, 40대의 근로능력자 중에서 들어온 지 입국한지 7년 이상 되고 남북한에서 직업생활을 지속적으로 해온 열 명의 사람들을 선정하여 경력형성에 관한 면접조사를 실시하였다. 연구참가자들의 연령, 입국년도, 탈북년도, 북한에서의 계층과 같은 인적사항은 아래 〈부표 12-3〉과 같다.

---

[1] 박영자, 「체제변동기 북한의 계층 세대 지역균열」, 『한국정치학회보』 46권 5호, 2010.

<부표 12-3> 연구참가자의 인적 특성

	이름(가명)	성	연령	입국년도	탈북연도	북한계층
1	김명문	남성	30대	2001	1999	중상층
2	유명선	여	40대	2004	2000	하층
3	선명준	남	40대	2002	1999	중상층
4	이길재	남	30대	2004	1998	하층
5	김영선	여	40대	2004	2000	상층
6/7	김덕배/ 김미순 부부	부부	30대	2001	1998	중층
8	전순희/ 김명분 부부	여	40대	2002	1997	하층
9	김명옥	여	30세	2001	1997	중층
10	조분남	여	50대	2004	2002	중층

그 중에서 북한에서부터 자신의 경력을 지속적으로 개발해온 사례 혹은 지속적인 생활을 했지만 북한에서의 경력이 단절된 대조사례들을 선정하여 어떤 요인들이 성공적인 경력형성을 할 수 있도록 작용했는지 그 영향을 파악하고자 하였다.

문헌자료: 2008 북한인구센서스

1993년도에 이어 2008년도에 유엔인구기금(UNFPA: UN Fund for Population Activities)의 북한지역 인구센서스를 실시하였다. 이 자료는 출생과 사망 등 인구변화추이에 대한 내용이 대부분이나 노동력 구조와 지역과 직업별 인구에 대한 내용도 포함하고 있으므로, 이 자료를 통해서 대략적인 북한의 노동력 구조와 직업별 인구추이를 살피는 것이 가능하다. 본 연구에서 앞의 두 자료만큼은 아니지만 많이 활용한 문헌자료로는 2008년도의 북한인구센서스 자료가 있다. 이 자료는 1993년 이래 15년 만에 북한당국이 유엔인구기금의 도움을 받아 실시한 인구총조사이다.

북한 인구의 규모와 구조적인 특징, 인구성장추세와 인구변천과정, 출생, 사망, 혼인상태, 경제활동, 보건 및 건강상태, 교육, 인구분포, 도시화, 인구이동, 장래인구추계, 가구와 주택, 그리고 북한의 인구정책에 관한 분석으로 구성되어 있는데, 무엇보다도 2008년도 당시의 북한의 직업구조와 산업구조의 인구비가 어떻게 구성되어 있는지를 보여준다는 점에 그 가치가 있다.

13장_ 북한출신주민 고용기업의 특성과 채용의사

1. 문제의 인식

오늘날 남한사회는 북한출신주민을 차별하고 있는가? 실제로 노동시장에서 어떤 차별을 받는지 여부는 분명치 않지만, 북한출신주민의 상당수가 남한출신 직장동료로부터의 소외나 각종 차별 등을 구직 시나 직장에서 경험하고 있다고 느끼고 있다.[1] 이는 북한출신주민의 소득수준이나 임금수준이 남한주민에 비해 낮고 실업률도 남한주민의 2~3배를 상회[2]하는 현실적 조건때문이기도 하며, 직장생활에 대해 북한사람들이 한국사회와 상이한 관점과 이질적인 노동관행을 지니고 있기 때문이기도 하다.

2000년대 초반부터 한국사회의 전반적인 일자리 부족현상을 배경으로 북

---

[1] 박영자, 「다문화시대 새터민의 이주민과의 노동생활 비교인식: 사회통합 정책의 이념과 방향수립을 위하여」, 『정책연구』, 국가안보전략연구소, 2008; 김석향 외, 『탈북여성 실태조사 및 정착지원 방안 연구』, 이화여자대학교 통일학연구원, 2009; 김화순, 「고학력 북한이탈주민이 인지하는 차별과 직업계층 변화에 대한 인식」, 『통일과 평화』 제2권 2호, 서울대학교 통일평화연구소, 2010.

[2] 송창용, 『2009 북한이탈주민의 경제활동 실태조사』, 한국직업능력개발원, 2009.

한출신주민 일자리문제의 심각성도 심화되어왔다. 1990년대 북한의 식량난을 배경으로 시작된 탈북이주 러시로 인하여 2000년대 들어서면서 입국규모가 빠르게 증가하여, 2010년 11월에는 누적인원이 2만 명을 넘어섰고 2011년 4월 현재 21,191명에 달하였다. 이는 북한출신주민 일자리 문제에 대한 관심으로 이어져왔다. 구직활동, 직장생활 양상과 문화적 갈등, 직업가치와 같은 노동시장관련 질적 연구로 나타났다. 이들 연구들은 직업가치, 직장생활 갈등, 취업눈높이 등을 주제로 하여 공식영역 기피의 원인 등 북한출신주민 노동행위의 특성을 밝히는 데 기여했다.[3] 특히, 조정아·정진경의 연구는 북한출신주민이 직장이라는 공간에서 겪는 영어, 컴퓨터 등 기초직업능력의 부족과 문화적 차이로 겪는 갈등과 남북한 사람들이 서로를 바라보는 관점의 미묘한 차이를 잘 보여주고 있다.[4]

각종 경제활동실태 및 고용실태에 관한 여러 조사들도 활발하게 수행되었다.[5] 북한출신주민 사회의 경제활동에 대한 2000년대의 대표적인 실태조사로는 (사)북한인권정보센터의 '북한이탈주민 경제활동실태조사'를 들 수 있다. 2005년 이후 2018년도 현재까지 총 13차례 북한출신주민의 경제활동실태를 조사해오고 있으며, 해마다 실업률이 어떻게 변화하는지를 밝히고 있다. 2010년도에는 북한이탈주민 지원재단에서 범죄, 주거, 경제활동 등 다양한 주제별로 북한출신주민 1,200명을 조사하였다. 이러한 질적 연구나 양적 조사 모두 북한출신주민들을 응답자로 하고 있어 각 사안에 대한 북한출신주민의 관점이나 의견, 사실을 묻는 방식을 취하고 있다. 그러나 남한주민이자

---

3) 이종은, 「북한이탈주민의 직장생활 유지경험에 관한 연구」, 이화여자대학교 사회복지대학원 석사학위논문, 2003; 박정란, 「여성 북한이탈주민의 직업가치 연구: 북한에서 남한에 이르기까지의 맥락적 접근」, 『통일정책연구』 제16권 1호, 2006; 조정아·정진경, 「새터민의 취업과 직장생활 갈등에 관한 연구」, 『통일정책연구』 제15권 2호, 2006; 박영자, 2008; 김화순, 2010.

4) 조정아·정진경, 위의 글.

노동수요자인 기업인의 시각에서 북한출신주민 문제에 접근한 조사나 연구
는 부재하다. 차별의 문제는 임금과 노동생산성의 관계를 떠나 판단할 수 없
으며, 노동력 질은 임금결정의 기준이 된다는 점에서 북한출신주민의 노동
력 질에 대한 평가가 중요하다.

우리나라처럼 노동시장 구조가 이중구조로 되어 있거나, 남북이 대결하는
상황 하에서는 기업주들이 북한에 대한 부정적 이미지를 근저에 깔고 북한
출신주민들을 바라볼 가능성이 높고 이러한 시각은 취업이나 직장생활에 많
은 영향을 미칠 수 있다. 교육이나 직업훈련은 노동력 공급자인 훈련참여자
의 인적자본을 증가시켜 취업가능성을 증대시키고 보다 나은 직장으로 노동
이동을 할 수 있도록 한다. 그러나 이민자들의 경우 기술과 기능수준의 부
족, 사회·문화적 이질감, 이주민들에 대한 사회적 편견 때문에 이주민이 내
국인과 동일한 인적자원을 갖췄다 하더라도 취업, 승진, 임금에 불이익을 당

---

5) 〈표〉 경제실태조사에서 나타난 북한출신주민 취업률과 실업률

연구기관/연구자	보고서명	취업률	경활참가율	고용률	실업률	유효표본수
윤인진(2000)	북한이탈주민의 직장부적응 문제 및 적응력 향상방안 연구	75.3			24.7	77
통일연구원/ 이금순 외(2003)	북한이탈주민 적응실태조사	19.1			41.5	737
북한인권정보센터/ 윤여상 외(2005)	2005년도 북한이탈주민 정착실태 연구	70.3			29.7	1,336
통일연구원/ 이금순 외(2005)	북한이탈주민의 사회적응 프로그램 연구	85.3			14.7	221
한국노동연구원/ 선한승 외(2005)	북한이탈주민의 취업실태와 정책과제연구	57.3			37.6	117
직업능력개발원/ 송창용(2009)	2009 북한이탈주민의 경제활동 실태조사		48.6	41.9	13.7	599
북한이탈주민지원재단 (2010)	2010 북한이탈주민 기초설문조사 분석보고서		42.5	38.8	8.8	1,200
이화여대 통일학연구원/ 최대석 외(2010)	북한이탈주민 직업훈련 및 취업활성화방안 연구	34.9	46.5		11.8	413

출처: 박성재 외, 『북한이탈주민의 직업변동과 취업지원제도 평가』, 한국노동연구원, 2011 인용.

할 개연성이 높다.[6]

남한 노동시장에서의 차별가능성이나 기업주의 편견 등이 북한출신주민
의 일자리나 인적자본의 성과 부진에 미쳤을 영향에 대해서도 고려할 필요
가 있다. 외환위기 이후 확산된 비정규직은 정규직으로 가는 가교라기보다
는 '저임금 함정'으로 작용하고 있다는 국내 연구결과에 비추어 볼 때,[7] 현재
북한출신주민들이 겪고 있는 취업부진 및 직장부적응 현상의 배후에 기업주
가 북한출신 근로자를 북한출신이라는 이유로 차별할 개연성이 있는 것은
아닌지도 짚어볼 필요가 있다. 또한 북한출신주민의 국가기간산업 직업훈련
으로의 참가가 많아지고, 북한출신주민의 외국인 노동자의 대체인력화 방안
도 논의되는 요즈음, 기업주가 외국인 노동력과 북한출신 노동력 중 어떤 인
력을 더 선호하는지도 주요한 정책적 쟁점이다.

앞에서 제기한 연구자의 문제의식은 아래와 같다.

"북한출신주민을 채용하는 기업주가 어떤 동기로 그들을 채용했는가? 북
한출신주민을 고용하는 기업은 어떤 특성을 지니고 있는가? 남한기업주는
북한출신 인력을 활용하는 데 있어서의 애로는 무엇이며, 북한출신주민을
채용했던 기업주는 근로자로서의 그들을 어떻게 평가하는가? 외국인 근로자
나 내국인 근로자와 비교하여 그들을 채용할 의사가 있는가? 또 다른 집단과
비교하여 북한출신주민을 어떻게 평가하는가? 북한출신주민을 추가적으로

[6] Doeringer & Piore, *Internal Labor Markets and Manpower Analysis*, Lexington Books.
  Mass, Heath, 1971; Chiswick, "The effect of Americanization on the Earnings of Forein-
  born Men", *Journal of Political Economy*, 86(5), October 1978.

[7] 남재량·김태기, 「비정규직, 가교(bridge)인가 함정(trap)인가?」, 『노동경제논집』 제
  23권 2호, 2000; 금재호·조준모, 「실업자의 재취업과 직장상실 비용」, 한국경제학
  회 경제학 공동학술대회, 2001; 남춘호, 「경제위기 이후 노동시장의 구조개편과 장
  기실업 및 반복실업」, 『산업노동연구』 제8권 2호, 2002.

혹은 지속적으로 고용할 의사가 있는가?"

위와 같은 연구문제에 대한 답을 구하기 위해서는 한 가지 방법론으로 접근하기 보다는 양질 통합방법론(mixed methology)적 접근이 유용할 것으로 생각된다. 본 연구는 북한출신주민을 채용하고 있는 기업의 고용주나 직장 상사들에게 근로자로서 혹은 동료나 부하직원으로서 북한출신주민에 대한 그들의 의견과 평가를 듣는 기술적(descriptive) 사례연구를 하고자 하였다. 지난 10년간 북한출신주민을 채용하는 기업체에 대해서는 한 번도 연구된 적이 없기 때문에 우선 질적 연구를 통해 북한출신주민을 채용하는 기업체 에는 어떤 유형이 있는지를 탐색적으로 연구하는 연구와 양적 조사를 통해 채용기업체의 특성과 고용현황을 파악하고, 외국인 근로자, 내국인 근로자 와 비교하는 연구를 병행하는 형태의 통합연구방법론을 택하였다. 본 연구 의 질문에 답하기 위해서 필요하다면 한 가지 질문에 대해 양질 방법론을 이중적으로 사용하여 상호 검증하는 등 방법론적으로는 개방적인 입장을 취 하고자 한다. 통합방법론 중에서도 실용주의적 입장이 본 연구자가 이번 연 구에서 취한 입지이다.

2. 연구 자료

1) 질적 자료

가. 연구현장 및 연구참가자

북한출신 고용기업에 대한 선행연구가 없는 상태에서 연구를 진행하기 위 해 우선 북한출신 고용기업체를 탐색해보는 질적 접근을 하였다. 북한출신

고용사업체를 대표할 수 있는 연구참가자의 선정기준으로는 북한출신주민
을 1년 이상 채용해서 그들에 대해 잘 알고 있는 기업체를 선정하였는데, 1
차로 선정된 9개의 기업은 〈표 13-1〉과 같다.

〈표 13-1〉 제1차 연구참여 기업 및 면담자 현황

이름	기 업 업종/사업장의 인력현황	지역	북한출신 고용경험	면담자/ 북한출신 일한 기간	비고
A 기업	전자제품 서비스/70명	경기도 부천	1명 고용 →현재 1명 지속 (남, 20대)	대표이사/ 18개월	대기업 하청기업
B 기업	서비스/10명	서울 구로디지탈	2명 고용 →1명 퇴사, 현재 1명 (남, 40대)	사장/ 48개월	중소기업
C 기업	제조/80명	서울 남부	12명 고용 →4명 퇴사, 현재 8명 (30대~40대)	사장/ 36개월	대기업 하청기업
D 기업	제조/7명	서울 남부	북한출신 2명 채용 → 현재 퇴사	사장/ 36개월	영세/ 의류제조
F 기업	서비스/7명	서울 남부	5명 고용 →2명 퇴사, 현재 3명 (남 1, 여2, 40대)	관리직/ 6개월	북한출신 지원단체 (NGO)
G 기업	서비스/10명	서울 남부	2명 고용 →퇴사 없음, 현재 2명 (남 1, 여 1, 40대)	팀장/ 48개월	
H 기업	제조/40명	경기도 파주	30명 고용	대표이사/ 18개월	사회적 기업 남 〈 북한
I 기업	제조/22명	경기도 파주	14명 고용	대표이사/ 3개월	사회적 기업/ 임가공/ 남 〈 북한
J 기업	제조/40명	경기도 부천	9명 고용	대표이사/ 12개월	사회공헌 기업

이들 기업체를 연구참가자로 선정하게 된 경로는 다음과 같다.
첫째, 북한출신주민들이 성공적인 직장생활을 하고 있다고 주변에 알려진

기업체를 종교단체를 통해 소개받은 경우(A, B 기업).

둘째, 고용센터를 통해 소개받은 경우(C, D 기업).

셋째, 북한출신주민에 대해 특별한 사명감을 가지고 있거나 사회적기여 차원에서 특별히 만든 업체로 알려져 있는 기업체(사회적 기업, G, H, I).

넷째, 북한출신주민을 특별히 고용하고 있는 시민단체(F, G)의 관리자.

나. 분석 방법

조사방법으로는 기업체를 방문하여 직접 북한출신주민이 취업한 현장을 답사하고 그들을 고용한 경험을 가진 기업체의 대표나 주요 인사관리자를 면담하는 방식을 취하였다. 단, 피고용인인 북한출신인 근로자를 같이 면접한 경우는 한 번도 없었다. 기업주의 입장에서는 북한출신 근로자에 대한 이야기를 남에게 하는 것을 꺼려할 수 있었기에 이들에 대한 이야기를 쉽게 들을 수 있도록 연고관계 등을 활용하여 북한출신주민을 오랫동안 고용해온 기업주들을 소개받는 눈덩이굴리기식 표집방식을 선택하였다. 그 결과, 면접을 통해 기업체의 고용주들로부터 직장생활에 적응한 후에 보여준 북한출신주민에 대한 새로운 정보를 수집할 수 있었고, 북한출신주민의 인력활용 기법에 대해서도 여러 가지 정보를 얻을 수 있었다. 한 명에서 30명까지 고용하고 있는 총 9개의 북한출신 고용기업 현장을 약 두 달 동안 방문하였으며 이들 기업에서 북한출신 근로자와 짧게는 수개월, 길게는 수년간 일해 온 고용주들이나 관리자들을 직접 면담하였다. 본 연구에서는 기업체의 개요와 인력관리 현황에 관한 설문지와 기업체 대표나 인력관리를 담당하는 임원을 면접하는 방식을 병행하였다. 그러나 구조화된 설문지를 사용하기 힘든 상황에서는 비구조화된 면담이 진행되기도 하였다. 면접한 기업체의 담당자가 허락하는 경우, 녹음하거나 영상으로 녹화하기도 하였다.

2) 양적 자료

가. 조사방법

이 연구는 우리나라 사업체의 북한출신주민 노동력에 대한 평가를 살펴보는 데 그 목적이 있다.

조사방법은 북한출신주민을 고용한 기업집단 100개와 미고용기업 집단을 동질집단 100개, 일반기업집단 100개로 표집을 구성하여 고용기업체와 미고용기업체 특성 간의 차이를 관찰하였다. 조사대상 집단은 3개 집단 각 100개씩 총 307개의 기업체를 비교하여 그 특성을 양적으로 분석 비교하였고, 그 결과 얻어진 특이점과 의문들을 질적 면접조사를 통해 보완하며 특이점을 논의하였다.

〈표 13-2〉 사업체 표집 및 조사방법

구 분	조사대상	표집 및 조사방법	표본 수
설문조사	서울남부지역 소재 사업체 중 규모 비교집단	- 고용보험DB에서 명단추출 - 대면 조사	100개
	일반 비교집단	- 고용보험DB에서 명단추출 - 대면 조사	100개
	북한출신 고용기업	- 고용지원금 지원받은 기업 (서울남부고용지원센터) - 대면 조사	100개

조사대상 및 규모는 서울남부지역 혹은 북한출신주민 밀집주거지역을 중심으로 한 북한출신고용(혹은 고용경험) 사업체 100개를 준거집단으로 하였다. 또, 비교집단으로 서울남부지역의 북한출신주민 미고용사업체 200개를 설정하였다. 업종, 규모의 동질집단 100개와 일반규모집단을 100개씩 구성하였으며 총 307개의 기업을 조사하였다.

조사목적을 위해 북한출신 근로자를 채용한 경험이 있는 사업장과 고용경험이 없는 사업장 간 비교분석을 위해 비교집단을 구성하였다. 비교집단은 북한출신주민 고용사업장과 유사한 특징을 가지고 있는 사업장집단과 우리나라 전체 사업장의 일반적 특성을 지닌 비교집단을 각각 구성하였다. 북한출신주민 고용업체는 서울 남부지역 소재 사업장이다. 북한출신주민 고용사업장의 특성(업종, 지역, 사업장규모)과 해당 사업장에 고용된 북한출신주민의 인적 특성(성, 생년월일, 학력, 취업일)에 대한 정보가 있다. 비교집단 1은 북한출신주민 고용사업장의 사업장 규모분포를[8] 기준으로 추출하였는데, 고용보험사업장 DB에서 사업장소재지가 서울남부지역에 있는 사업장을 추출하여 표본을 구성하였다. 비교집단 2는 서울남부지역 소재 사업장을 북한출신주민 채용업체와 동질의 '규모'를 기준으로 하여 무작위 추출하였다.

나. 조사내용

면접 조사를 한 9개의 기업사례 중에서 사회단체를 제외한 7개의 자료를 분석에 사용하였다. 채용동기/활용상의 애로/인력관리/지원제도 만족도 등에 대한 개방형 질의에 관한 면접조사를 토대로 북한출신주민 채용기업체의 유형과 특성을 도출하였다. 이와 같은 사례조사를 통해 알게 된 북한출신주민의 근로특성과 기업체 특성을 바탕으로 하여 북한출신주민을 채용한 기업체와 미채용기업체 집단을 대상으로 한 두 종류의 설문지를 만들었다.

설문의 주요내용은 아래와 같다. 사업체의 조사표는 "북한출신 미고용기업체-A형"과 "북한출신 고용기업체용-B형"의 두 가지 종류로 구성되었다.

---

[8] 업종은 통일부가 자체적으로 분류한 기준으로, 표준산업분류코드가 아닌 관계로 사용이 불가능.

〈표 13-3〉 설문 내용

질의사항	북한출신 미고용기업체 설문지 (A형)	북한출신 고용기업체 설문지 (B형)
공통사항	사업체 일반사항, 신규채용계획, 구인실태, 외국인 인력	사업체 일반사항, 신규채용계획, 구인실태, 외국인 인력
특수사항	북한출신 고용의사	북한출신 고용의사, 북한출신 고용현황, 북한출신 인적사항, 노동력 평가, 지원제도 만족도

* 공통사항은 A형과 B형 모두에게 공통된 문항을 가리키며, 특수사항은 설문유형(A, B형)별로 특별히 묻는 문항을 가리킴.

설문지 A형은 북한출신 미채용기업을 대상으로 한 것으로서 사업체의 인력부족실태와 기업주의 선호근로자 유형(내국인/외국인/북한출신)을 파악하고, 북한출신주민 고용의사가 있는지 여부와 고용지원금 지원 시 북한출신주민을 고용할 의사가 있는지 파악하는 것을 A형 설문지의 주요 목적으로 하였다. 설문지 B형은 북한출신 고용기업용 설문지로서 서울 남북지역과 관악지역에 소재한 고용지원금 사용기업체(남부/관악)를 대상으로 하여 사용하였고, 북한출신 고용경험, 사업주의 인식 및 노동력에 대한 평가, 지원제도의 만족도 등에 대해 조사하였다. 2010년도 5월 10일부터 6월 말까지 표집의 명단을 가지고 사전에 통화하여 조사에 응한 사업체의 의사를 확인한 후 전문조사원들이 직접 사업장을 방문하여 면대면(face to face)으로 질의하여 응답을 기입하였다.

다. 표본의 특성

표본의 특징은 〈표 13-4〉와 같다. 표에서 규모비교집단은 비교집단 1을 의미하고 일반비교집단은 비교집단 2를 의미한다. 먼저 전체 표본은 307개이며, 북한출신 고용업체와 규모비교집단이 각각 100개이고, 일반비교집단은 107개이다. 3개 집단의 사업장 규모를 살펴보면 84.7%가 30인 미만 소규모사업장이며 100인 이상 사업장은 5.5%에 불과하다. 집단별로 비교하면 북한출신 고용업체와 규모비교집단은 30인 미만 소규모사업장이 82~83% 수준인데 반해 일반비교집단은 88.8%로 영세 소규모사업장 비율이 보다 높다.

300인 이상 대규모사업장도 북한출신 고용업체는 8.0%인데 비해 규모비교집단은 4.0%, 일반비교집단은 4.7%로 나타나 사업장 규모로만 볼 때 오히려 북한출신 고용업체가 비교집단에 비해 사업장규모가 큰 편이다.[9] 업종별로 살펴보면 북한출신 고용업체는 도소매업이 23.0%로 가장 높고 이어서 제조업 18.0%, 협회단체 및 개인서비스업 18.0% 순인데, 이는 직업훈련 참가자들의

〈표 13-4〉 분석표본의 집단별 규모 및 업종분포

(단위: 개소, %)

기업특성		규모 비교집단		일반 비교집단		북한출신 고용업체		전체	
		개소	%	개소	%	개소	%	개소	%
규모	30인 미만	82	82.0	95	88.8	83	83.0	260	84.7
	30-99인	14	14.0	7	6.5	9	9.0	30	9.8
	100인 이상	4	4.0	5	4.7	8	8.0	17	5.5
업종	제조업	18	18.0	11	10.3	18	18.0	47	15.3
	건설업	6	6.0	19	17.8	4	4.0	29	9.4
	도소매업	33	33.0	32	29.9	23	23.0	88	28.7
	운수업	12	12.0	2	1.9	6	6.0	20	6.5
	음식숙박업	3	3.0	2	1.9	10	10.0	15	4.9
	금융보험/교육서비스업	8	8.0	5	4.7	7	7.0	20	6.5
	협회단체및 개인서비스업	5	5.0	9	8.4	18	18.0	32	10.4
	기술서비스업	5	5.0	8	7.5	1	1.0	14	4.6
	부동산임대/보건복지서비스업	4	4.0	13	12.1	8	8.0	25	8.1
	기타서비스업	6	6.0	6	5.6	5	5.0	17	5.5
	업종 전체	100	100.0	107	100.0	100	100.0	307	100.0

[9] 규모비교집단의 경우 북한출신 고용업체의 사업장규모를 기준으로 추출하였으나 응답사업장의 규모분포에 있어 차이가 큰 편이다. 이는 통일부정보에 등록된 상시 근로자수와 고용보험 사업장DB에 등록된 상시근로자수에 차이가 존재하기 때문으로 판단된다.

일자리 특성을 연구한 선행연구 결과10)와 동일하다.

　북한출신 고용기업은 음식숙박업 비중은 높고 기술서비스업 비중은 낮다는 특징을 보여준다. 특히, 북한출신 고용업체는 비교집단에 비해 협회·단체 및 개인서비스업 비중이 높은데 이는 북한출신주민들이 협회나 단체에 고용된 비중이 높은 사실과 관련이 있다. 각 집단별 고용현황을 내국인, 외국인, 북한출신 별로 살펴보면 아래 〈표 13-5〉와 같다.

〈표 13-5〉 비교집단별 내국인, 외국인, 북한출신 근로자 고용인원

(단위: 명, 개소)

기업유형	내국인 근로자			외국인 근로자			북한출신 근로자		
	평균 고용 인원	총고용 인원	사업장 수	평균 고용 인원	총고용 인원	사업장 수	평균 고용 인원	총고용 인원	사업장 수
규모비교집단	23.29	2,329	100	0.05	5	100			
일반비교집단	17.07	1,827	107	0.49	52	107			
북한출신 고용업체	70.23	7,023	100	0.26	26	100	1.04	104	100
전체	36.41	11,179	307	0.27	83	307	1.04	104	100

　위의 〈표 13-5〉를 보면 전체 근로자는 한 기업체별 평균 37.02명으로 표본사업체의 종사 근로자 수가 소규모였다. 내국인은 모두 11,179명이 고용되어 있고 외국인은 83명, 북한출신 근로자는 104명으로 전체 근로자 중 외국인 근로자와 북한출신 근로자가 차지하는 비중은 1.65%에 불과하다. 외국인관련 기존의 연구에 의하면 사업장규모가 작은 영세사업장의 경우 외국인 근로자 활용비율이 상당히 높은데, 이번 조사에서 외국인 근로자 비율이 각각 0.2%, 2.8%에 불과한 것은 다소 의외의 결과라고 할 수 있다. 이는 외국인 근로자들이 주로 제조업과 농축산업에 종사하고 있는데 비해 조사 표본업체

10) 김화순, 「북한이탈주민의 고용에 미치는 요인에 관한 연구」, 한국기술교육대학교 테크노인력개발전문대학원 박사학위논문, 2009.

의 업종이 도소매업, 운수업, 서비스업 비중이 상대적으로 높기 때문인 것으로 보인다.

3. 노동력 수요요인 및 특성

1) 채용동기에 따른 기업체 유형분류

기업의 북한출신 채용동기는 어떠한가? 기업의 채용동기를 기준으로 세 가지 유형으로 분류하였다. "정부의 고용지원금을 받아 인건비 절감형(C 기업), 지인의 권유에 의한 연고채용형(A, B), 북한출신주민을 위한 사회적 기업(F, G, H)"의 세 가지로 나누어진다. 이때, (가)인건비 절감형과 (나)지인의 권유에 의한 연고채용형 기업이 시장의 원리에 의해 적용되는 기업이지만, 북한출신주민을 위해 만들어진 사회적 기업은 북한출신주민의 사회적응 차원에서 만들어진 것이다. 북한출신주민 인력활용에 관한 기본 사항을 살펴보면 아래 〈표 13-6〉와 같다. 각 유형별 채용경로를 보면 인건비 절감형은 고용지원센터의 권유로, 지인권유 채용형은 민간관련단체의 권유에 의해서, 북한출신주민을 위한 사회적 기업의 경우에는 고용주가 하나원에 직접 나가서 면접하여 채용하기도 하였다. (가)유형은 단순노무직을 채용하였으나, (나)유형과 (다)유형은 북한출신주민을 단순노무직과 기능, 기술직 근로자로 채용하였다. 이는 기업의 채용동기에 따라서 원하는 직무가 다르다는 점을 말해준다. 즉, 연고 채용의 경우 기능직이나 기술직을 고용하고자 하였다.

〈표 13-6〉 채용동기에 따른 기업체 유형분류

채용 유형	채용 기업	채용경로	직급	고용주의 만족도	노동 생산성
(가)인건비 절감형 고용지원금	C, D	서울남부 고용지원센터	단순 노무	불만	낮음
(나)지인의 권유에 의한 연고 채용	A, B	KPI정착지원센터의 소개	기능직/ 기술직	매우 만족	높음
(다)북한출신주민을 위한 사회적 기업	F, G, H	기업담당자가 하나원에 가서 직접 면접	단순노무/ 기능직	매우 만족	낮음→ 향상 혹은 높음

한편, 100개의 북한출신 고용기업체를 대상으로 북한출신주민을 채용한 이유를 질문한 결과, 북한출신을 고용한 가장 큰 이유는 고용지원금(=임금을 지원받으므로)이었다(48.0%).

〈표 13-7〉 북한출신 근로자 고용사유

(단위: %, 개소)

기업 유형		내국인 근로자를 구할 수 없어	외국인 보다는 나을것 같아	임금을 지원 받으므로	통일대비 사회기여 차원에서	아는 사람 권유로	고용지원 센터의 권유로	순수/ 성실할 것으로 기대해서	무 응답	전체
규모	30인 미만	27.7	16.9	44.6	10.8	36.1	16.9	24.1	3.6	83
	30~99인	0.0	22.2	66.7	11.1	33.3	0.0	55.6	0.0	9
	100인 이상	37.5	0.0	62.5	0.0	12.5	50.0	25.0	0.0	8
업종	제조업	11.1	11.1	61.1	5.6	55.6	27.8	11.1	0.0	18
	도소매업	26.1	30.4	43.5	8.7	21.7	4.3	30.4	8.7	23
	음식숙박업	30.0	0.0	40.0	0.0	40.0	0.0	50.0	10.0	10
	협회단체/ 개인서비스업	44.4	16.7	55.6	16.7	16.7	27.8	16.7	0.0	18
	기타	22.6	12.9	41.9	12.9	38.7	22.6	32.3	0.0	31
전체 평균		26.0	16.0	48.0	10.0	34.0	18.0	27.0	3.0	100

이어서 두 번째로 아는 사람의 권유(34.0%), 순수·성실할 것으로 기대하여 (27.0%), 내국인근로자를 구할 수 없어서(26.0%), 고용센터의 권유로(18.0%),

외국인보다는 나을 것 같아서(16.0%) 순으로 나타났다. 북한출신주민 채용 기업주들 중 (가)인건비 절감형과 (나)아는 사람의 권유(연고채용형)가 가장 많은 비중을 차지하고 있었다.

내국인을 구할 수 없거나 외국인 근로자를 고용하는 인력부족직종 분야에서는 북한출신에 대한 노동력 수요가 존재하고 있음이 확인되었다. 기업주 중에서 북한출신주민에 대해 긍정적인 이미지를 가진 경우도 적지 않았다. '외국인보다 나을 것 같아서' 북한출신 인력을 활용하는 경우가 무려 16.0%에 달하고 있고 '내국인근로자를 구할 수 없어서' 사용한다는 답변도 26.0%에 달하고 있는데, 기업에서는 북한출신주민들을 현재 내국인들이 기피하는 일자리를 대신해왔던 외국인 근로자들의 대체인력으로 인식하고 채용하는 경향을 보인다고 판단된다. 그 외, 고용지원센터의 권유도 18%로 상당한 비중을 차지하고 있으며, 통일대비차원에서도 10%로 꽤 많은 비중을 차지하고 있어 기업현장에서는 다양한 동기로 북한출신주민을 채용하고 있다는 점을 알 수 있었다. 업종별로는 제조업 분야에서는 고용지원금을 북한출신주민 채용사유로 지적하고 있는 반면, 음식숙박업에서는 북한출신주민이 순수·성실할 것으로 기대하여 고용하였다고 응답하여 업종에 따른 채용동기의 차이를 보이고 있다.

한 가지 특징적인 점은 사업장규모가 클수록 고용지원금을 채용의 동기로 지적한다는 점이다. 이는 사업체 규모가 영세한 곳에서 인건비 절감효과를 더욱 기대할 것이라는 예상과 어긋나는 결과이다.

2) 북한출신 고용기업체의 특성

기업 자본금 및 매출액

북한출신 고용업체, 일반기업, 북한출신 고용업체와 규모가 비슷한 기업

〈표 13-8〉 사업장의 평균 자본금 및 매출액

(단위: 백만 원)

업종	규모비교집단		일반비교집단		북한출신 고용업체		전체	
	자본금	매출액	자본금	매출액	자본금	매출액	자본금	매출액
제조업	293.6	3,422.2	840.0	6,425.7	611.7	3,724.6	514.9	4,199.5
건설업	366.7	1,464.0	340.0	1,715.8	150.0	1,533.3	331.2	1,643.6
도소매업	233.0	2,969.0	224.2	1,107.9	1,980.7	3,420.6	652.0	2,543.5
운수업	340.3	3,881.4	300.0	100.0	350.0	3,166.7	339.5	3,458.1
음식숙박업	60.0	246.7	191.0	1,370.0	1,883.3	751.4	878.9	728.3
금융보험/ 교육서비스업	71.4	530.6	337.5	486.0	50.0	600.0	142.9	534.5
협회단체/ 개인서비스업	2,250.0	500.0	263.7	662.9	1,700.0	6,897.4	1,257.8	4,332.1
기술서비스업	100.0	550.0	333.2	555.0	100.0	160.0	255.4	514.5
부동산임대/ 보건복지	130.0	55.0	208.0	1,650.4	126.7	249.4	177.2	838.1
기타서비스업	234.0	1,092.0	290.0	1,416.7	87.5	1,830.0	206.2	1,444.4
소계	297.6	2,495.0	336.0	1,773.7	1,080.6	3,164.2	514.7	2,468.6

집단 이렇게 세 집단을 비교하면 북한출신 고용업체의 자본금과 매출액 규모가 월등하게 컸다. 이는 기존 연구에서 북한출신 고용업체의 규모나 자본금이 영세하다고 예상되었던 것과는 다른 결과이다.

일반비교집단은 북한출신주민 고용업체의 1/3 수준에 그치고 있었다. 조사시점 당시의 자본금과 2009년 매출액을 보면, 전체 표본의 2010년 자본금은 5억 14백만 원으로 나타났고 2009년 매출액은 24억 68백만 원으로 나타나 전체 조사표본의 경영여건은 매우 영세하였다. 사업장규모가 클수록 자본금과 매출규모가 크고 업종별로 보면 협회단체 및 개인서비스업, 음식숙박업의 경영여건이 가장 좋은 것으로 보인다.

아래 〈표 13-9〉는 사업장의 직종별 분포도를 보여주는데, 전체 기업에서 관리직과 전문가를 포함한 화이트칼라의 비중이 63.2%이고 판매서비스직은 17.5%, 생산직 19.4%이다. 그러나 북한출신 고용업체의 경우, 화이트칼라의 고용이 49.7%였고, 서비스판매 29.9%, 생산직 21.5%로서 근로자 중 화이트칼라의 비중이 낮고 판매서비스직과 생산직 비중이 상대적으로 높았다.

〈표 13-9〉 사업장의 직종별 구성

(단위: %)

기업 특성		직종1					직종2		
		관리 전문가	사무직	서비스 판매	기능직	단순 노무	화이트 칼라	서비스 판매	생산직
규모	30인 미만	47.5	19.9	18.4	7.6	6.6	67.4	18.4	14.3
	30~99인	21.1	22.7	12.9	17.0	26.3	43.8	12.9	43.3
	100인 이상	24.7	8.7	11.6	12.3	42.8	33.4	11.6	55.0
구분	규모 비교집단	41.0	24.8	14.8	9.4	10.0	65.8	14.8	19.3
	일반 비교집단	51.7	21.7	9.2	7.4	10.0	73.3	9.2	17.4
	북한출신 고용업체	37.6	12.1	28.9	9.7	11.7	49.7	28.9	21.5
전체 평균		43.6	19.6	17.5	8.8	10.6	63.2	17.5	19.4

채용기준 및 구인방법상의 비교

북한출신 고용기업의 경우, 신규인력채용 시 어떤 기준을 가지고 근로자를 채용하는지 살펴보았다. 북한출신 고용기업은 경력보다 성실성을 가장 중요한 기준으로 여기는 특성을 지니고 있었다. 자세한 내용은 〈표 13-10〉와 같다.

〈표 13-10〉 사업체가 신규인력 채용 시 고려하는 조건(1, 2순위 합산)

(단위: %, 개소)

기업 특성		성	학력	연령	경력	자격증	성실성	전체
구분	규모 비교집단	8.0	10.0	14.0	63.0	16.0	79.0	100
	일반 비교집단	5.6	1.9	15.9	66.4	11.2	89.7	107
	북한출신 고용업체	11.0	2.0	28.0	42.0	10.0	92.0	100
전체 평균		8.1	4.6	19.2	57.3	12.4	87.0	307

성, 학력, 경력 등 주요 요건을 나열한 뒤 1~2순위를 선택하게 하였는데,

북한출신 고용업체는 응답업체의 92.0%가 성실성을 주요한 기준으로 꼽았다. 이는 비교집단이 79.0, 89.7%인데 비해 높은 것이다. 규모비교집단과 일반비교집단은 성실성 응답비율도 높지만 또한 경력 또한 중시하는 경향(63.0%, 66.4%)을 보이고 있는 반면, 북한출신 고용기업은 경력중시 경향은 42.0%로 낮다. 구직자의 경력을 중시하지 않는 경향은 서울 남부지역에서 북한출신주민을 가장 많이 채용한 기업을 방문한 결과에서도 아래와 같이 확인된다. 북한출신 근로자 12명을 채용하고 있는 C기업의 기업주와 면담한 대화내용이다.

> 질: 채용하실 때의 채용기준은 무엇인지 그러니까 (북한출신주민들을)
>   계속 뽑으셨는데… 그때 채용기준이 있으셨을 거 아니에요.
> 답: 채용기준은 저희들은 50세 미만으로 되어 있었거든요…
> 질: 아… 네…
> 답: 50세 미만하고 신체건강하고 뭐 우린 생판 단순직이기 때문에 뭐 조
>   건 없어요… 일할 의사만 있으면 되는 거지요 뭐…

이직사유별 유형 비교

북한출신 고용기업체가 다른 기업집단에 비해 가장 두드러진 특징을 보이는 점은 근로자들의 이직사유다. 북한출신 고용기업은 이직자나 퇴사자가 다른 비교집단에 비해 많고, 자발적으로 회사를 떠나는 비율이 다른 기업집단에 비해 높은 특징을 보인다. 응답업체의 이직률을 살펴보았다. 그 결과 2009년 이직률은 14.7%이며, 북한출신 고용업체는 17.4%, 규모비교집단 13.4%, 일반비교집단 13.3%로 나타나 북한출신 고용업체의 이직률이 가장 높게 나타났다.

〈표 13-11〉 기업체 유형별 퇴직자의 이직사유

(단위: %)

기업 유형		규모비교집단			일반비교집단			북한출신 고용업체			전체		
		개인 사정	회사 사정	기타	개인 사정	회사 사정	기타	개인 사정	회사 사정	기타	개인 사정	회사 사정	기타
규모	30인 미만	80.5	15.9	3.6	69.7	17.0	5.4	84.8	10.0	5.2	78.3	14.3	4.7
	30~99인	80.8	9.2	10.0	65.0	13.6	21.4	90.0	7.1	2.9	79.1	9.8	11.1
	100인 이상	83.3	8.3	8.5	68.0	0.0	32.0	70.6	3.5	25.9	72.8	3.6	23.6
전체 평균		80.7	14.4	5.0	69.1	15.5	8.7	83.9	9.1	7.1	78.0	13.0	6.9

또, 북한출신 고용업체는 퇴사자의 수가 다른 기업집단에 비해 월등히 많았고(79명 〉 58명), 이직사유도 북한출신 고용업체가 규모비교 기업집단 및 일반기업집단에 비해 개인사정으로 인한 이직비율은 높았다(83.9%). 회사사정에 의한 이직비율은 낮아(9.1%) 상대적으로 비자발적 이직비율이 적고 자발적 이직자의 비율이 높게 나타나고 있다. 이처럼 북한출신이 취업한 사업체에서 자발적 이직비율이 높게 나타나는 것은 북한출신주민은 문화적 차이로 인한 어려움 등으로 인해 스스로 회사를 떠나는 경우가 많다는 기존의 연구결과를 재확인하는 결과이다.

구인난 강도의 비교

북한출신을 고용한 기업들은 구인난의 어려움을 강하게 느끼는 기업들이었다. 북한출신주민 채용업체에서는 '오려는 사람자체가 부족하다'는 응답이 47.0%인데(〈표 13-12〉 참조), 이는 다른 비교집단 기업의 무려 세 배에 달하는 높은 수준이다.

〈표 13-12〉 신규인력 채용 시 느끼는 어려움(1, 2순위 복수응답)

(단위: %, 개소)

기업 유형		오려는 사람 자체가 부족	인력 충원 잘 되지만 이직이 잦음	원하는 기술 인력이 부족	직업 인의 자세가 부족	요구 임금 수준이 높음	근로 조건 맞추기 어려움	어디에서 인력을 구하는 게 좋을지 모르겠음	기타	전체
구분	규모 비교집단	24.4	24.4	36.6	36.6	24.4	31.7	4.9	4.9	41
	일반 비교집단	15.6	15.6	48.9	42.2	33.3	20.0	4.4	4.4	45
	북한출신 고용업체	47.0	31.8	24.2	48.5	9.1	24.2	4.5	0.0	66
전체 평균		31.6	25.0	34.9	43.4	20.4	25.0	4.6	2.6	152

구인난 빈도를 조사 집단별로 살펴보면 북한출신 고용업체에서 인력난을 경험하는 비율이 자주 있거나 가끔 있는 경우를 합해 66%에 달하였다. 이는 다른 비교집단과 비교 시 구인난을 20% 이상 더 크게 경험하고 있는 것으로 나타나, 북한출신 고용기업의 구인난이 극심한 것으로 드러난다. 북한출신 고용기업체가 신규인력을 채용하기 어렵다는 점도 아래 〈표 13-13〉를 통해서도 드러난다. 이처럼 북한출신 고용기업은 구인난이 심한 기업이라는 점이 특징적이다.

〈표 13-13〉 사업체의 구인난 경험여부

(단위: %, 개소)

기업 유형		자주 있다	가끔 있다	거의 없다	전혀 없다	전체
구분	규모 비교집단	13.0	28.0	31.0	28.0	100
	일반 비교집단	15.0	27.1	33.6	24.3	107
	북한출신 고용업체	21.0	45.0	23.0	11.0	100
전체 평균		16.3	33.2	29.3	21.2	307

북한출신 고용기업은 타 기업집단에 비해 인력충원이 잘 되지만 이직이 잦고(25.0%), 근로자들의 직업인의 자세가 부족하다는 응답(43.4%)이 높았고, 원하는 기술 인력이 부족하다거나, 요구하는 임금수준이 높다는 지적은 적었다. 이로 미루어 기술인력을 필요로 하지 않으며 단순노무인력을 원하는 기업이었으며 늘 인력부족에 시달리는 업체임을 알 수 있다.

14장_ 남한기업의 북한출신주민 노동력 평가

1. 북한출신주민 노동력 활용과 장애요인

북한출신 근로자를 채용한 기업들은 북한출신 근로자의 인력관리에 어려움을 겪고 있는 것으로 나타났다. 북한출신주민 고용 시 기업들이 느끼는 장애요인을 알기 위하여 4점 척도로 살펴보았다(표 14-1). 항목별로 비교해 보면 기업들이 북한출신 근로자의 인력관리 시 가장 어려움을 느끼는 점은 한국문화 및 생활관습과의 차이(2.52점)가 가장 높게 나타났고, 그 다음으로 북한출신 인력확보의 어려움(2.00점)을 꼽았다. 애사심이 낮고 기능이 낮다는 점(1.99점), 내국인과의 갈등(1.91점)도 상대적으로 높은 편이었으나, 북한출신 근로자의 높은 사업장 이탈률(1.64점), 근면성이 떨어짐(1.65점)은 예상과는 달리 낮았다. 인력관리의 어려움은 북한출신 근로자의 수가 늘어날수록 더욱 커지는 경향이 있었다.

〈표 14-1〉 북한출신 근로자 고용 시 애로사항

항목	범주별 분포				평균
	매우 그렇다	그런 편이다	그렇지 않다	전혀 그렇지 않다	
의사소통 장애	2.0	20.0	47.0	31.0	1.93
북한출신의 높은 사업장이탈률	5.0	10.0	29.0	56.0	1.64
한국문화 및 생활관습과의 차이	11.0	44.0	31.0	14.0	2.52
북한출신 인력확보의 어려움	8.0	23.0	30.0	39.0	2.00
근면성이 떨어짐	6.0	9.0	29.0	56.0	1.65
기능숙련도가 낮음	8.0	17.0	41.0	34.0	1.99
내국인 근로자와의 갈등	7.0	23.0	24.0	46.0	1.91
애사심이 낮음	8.0	18.0	39.0	35.0	1.99
내국인과의 인력관리상 형평성문제	1.0	11.0	31.0	57.0	1.56

주: 매우 그렇다(4점) ~ 전혀 그렇지 않다(1점)의 4점 척도임.

기업주가 말하는 한국문화와 생활관습의 차이는 무엇일까? B기업 경영인
과의 면접을 통해 직장에서 있었던 문화적 충돌의 구체적인 내용을 들을 수
있었다.

> 보통 한국사람들은 일을, 직업을 소중하게 여기고 (회사와) 같이 크려
> 는 점이 있는데 … 직업이랑 인생을 길게 보고 가는 것이 맞는데 새터민
> 들은 지금 당장에 돈이 더 되면 그냥 움직이는 거죠(C 기업 경영인).

D기업의 기업주 역시 북한출신 근로자가 지닌 직업의식의 부재와 현금지
향성을 남북한 문화의 차이라고 보았다.

> D : 아무래도 한 민족이지만 문화가 차이가 나지만 그런 거 때문에 그러
> 지 않을까? 그런데 여기는 남한 사람들이 그래도 자기가 일 열심히
> 하게 되면 그만한 대가를 받는데 그 사람들은 시간만 때우면 된다는

개념이 있는 것 같더라고요…중략… 북한은 배급제가 있으니까. 우리
나라는 열심히 일을 해야지 먹고 사는데 거기는 그렇지 않은 사람이
나 열심히 하는 사람이나 똑같이 배급 주고 그런 거 아닌가요?

연구자: 별로 그 분들이 열심히 일을 하려고 하는 의지가 없으세요?

D : 네. 우선 이런데 들어오면 저런 기술을 배워서 저걸 꼭 해야겠다, 하
는 그런 생각을 가지고 일을 하는 사람하고 자기는 다른 거 해야겠다
는 생각을 가지고 임시로 먹고 살려고 나오면 일을 할 때 벌써 생각
이 틀리니까.

한 사회적 기업의 사장은 북한출신 근로자의 근로태도에 여러 가지 문제
점이 있어 인력관리에 애로가 많았다.

식사 시간에 소주 한두 병 까는 건 기본이고 일하다 말고 없어져서 가보
면 어디서 술 먹고 있고 술 냄새 퍽퍽 풍기고, 남자들이 주로 그러죠. 일부
남자들이 그러죠. 심지어 면허가 없는데 두 달을 차를 끌고 다니는 거예요
그러면서 한다는 소리가 사고 안 났으면 되는 거지(사회적 기업, F)

북한출신을 대상으로 한 사회적 기업이 아닌 일반기업에서도 북한출신 근
로자 고용이 늘어날수록 문제들도 점점 많이 발생하는 경향이 보인다. 근로
자 수가 80명인 C기업의 경우, 처음에 2명으로 시작한 북한출신 근로자의 수
가 12명까지 늘어나면서 내국인 근로자와의 집단 간 갈등도 증폭되었다. 처
음에는 업무를 두고 남한근로자와의 사소한 갈등으로 시작하였는데, 이를
계기로 북한사람끼리 뭉쳐야 한다는 의식이 자라났다는 것이다.

C : 그러니까 이제 (남한근로자)의 얘기가 이북의 사람들 귀에 들어간 거
야. 왜 이북 애들이 그러는 거야. 우리도 똑같은 대한민국 국민인데…
래 가지고 그 아줌마(남한사람)한테 벌떼같이 난리가 난 거야.

연구자: 아… 벌떼같이…

C : 예… 그러면서 이제 이북 애들이 한다는 소리가. 우리끼리 뭉쳐야 된

다. 그런 얘기를 했대요…

C기업의 경우 직장에서 갈등은 반드시 남북한근로자 집단 간의 갈등만이
아니었다. 북한출신 근로자 내부의 갈등도 컸다. 북한출신 근로자 자체적으
로 왕따를 시키면서 북한출신 근로자 4명의 퇴사가 이어지는 등 기업활동에
서 지장이 컸다고 한다. 기업주는 북한출신 근로자 채용 시 고용지원금의 금
액이 커서 기업운영에 도움이 된다고 생각하지만, 북한출신주민을 앞으로
더 채용하고 싶지는 않다고 하였다. 이제는 북한출신 근로자들이 나가 자연
히 감소되기만을 기다리는 입장이라는 것이다.

고용지원금을 둘러싼 기업주와 북한출신 근로자 간의 갈등이나, 기초생계
수급권을 유지하기 위해서 자신을 4대보험에서 빼달라는 북한출신주민의 요
구도 기업주와의 면담 시 자주 등장하는 고정메뉴이다(사회적 기업 I).

연구자: 기초생활수급자가 취업을 하게 되면 자격을 박탈당하는데… 이
에 대해 관련하여 어떤 요구사항들이 있었나요?

I : 그런 말이 많이 나와요. 저희도 처음에는 9명이 넘었죠. 그 중 2명이
와서 저희는 퇴직금, 4대 보험 그런 거 다 필요 없다, 기초수급 받고
있으니까. 제가 처음에는 황당하더라고요. 이 사람들이 직장에 다니
는 게 아니라 알바 하러 오겠다는 듯한 생각이 드니까. 계속 기초수
급 받아서 이중으로 수입을 올리겠다는 것인데 저는 그건 아닌 것 같
다. 언제까지 그렇게 기초수급으로 생활할 것인가. 제가 판단을 못하
고 열매재단에 의논을 했어요. 열매재단에서는 원칙을 갖고 가세요
그러더라고요. 그래서 제가 기초수급 포기하고 정식으로 직장생활 해
서 월급 받겠다면 다니고 아니면 못해주겠다 그래서 2명 정도가 그만
두었어요. 원칙의 문제라 안 된다고 그랬고 저희는 한 명도 없어요.

이 같은 북한출신 근로자의 인력활용 시 발생하는 다양한 문제점에 대해 기업주들 역시 여러 방식으로 대처하고 있었다. 자연감소를 통해 소극적인 대처를 하는 경우도 있었고, 밀착된 인력관리를 통해 적극적으로 대처하는 경우도 있었다. 연고채용형 기업과 사회적 기업은 적극적인 대처를 하였다. 연고채용형 기업주들은 원칙을 지키되 북한출신 근로자들에게, 개인적으로 정을 표시하고 가족에 대한 관심과 선물을 주는 등의 방법으로 대처하였다. 특히, 파주에 소재한 한 사회적 기업의 경우에도 대표가 직원 개개인을 기억하면서 능력을 인정하고 향후 한국사회에서 소사장으로 발전할 수 있는 비전 등을 제시하기도 하고, 상담 등을 적극적으로 하였다.

〈표 14-2〉 북한출신 근로자 인력활용 시 애로요인 및 해결방안

채용 유형	인력활용 시 애로요인	해결방식	고용주의 만족도	노동 생산성
인건비 절감형 고용지원금 (C)	잦은 지각과 결근, 건강 취약, 잦은 싸움, 남한근로자들과의 갈등	북한출신을 더 이상 채용하지 않고 자연감소 기다림	불만	낮음
지인의 권유에 의한 연고 채용 (A. B)	소통의 어려움, 직속 관리자의 불만 제기	원칙을 엄격히 지키되 개인적으로는 정을 표시. 시간이 흐르면서 적응	매우 만족	높음
북한출신주민을 위한 사회적 기업 (F, G, H)	초기에는 술, 무단결석, 불만제기, 낮은 생산, 소극적 근무태도	원칙을 지킴 대표가 직원 개개인을 기억하고, 능력을 인정, 애정 표현	매우 만족	낮음→ 향상 혹은 높음

적극적 대처를 한 연고채용형 기업과 사회적 기업의 인력관리의 공통점은 중요한 원칙은 반드시 지키되, 개인적으로 북한출신 근로자를 섬세하게 보살피면서 온정적인 태도를 취한다는 점이었다.

2. 노동력 평가: 내국인·외국인·북한출신 간 비교

1) 노동력 비교평가

그렇다면 외국인 노동자와 비교하여 북한출신 노동자는 근로능력을 어떻게 평가받고 있을까? 비교 시 북한출신주민은 근로자로서 어떻게 평가받고 있을까? 기업주가 외국인을 고용하는 이유는 무엇이며, 북한출신을 고용하는 이유는 무엇인가? 결론적으로 말해 북한출신을 채용해본 기업주들의 경우, 외국인과 북한출신이 내국인과 그다지 업무능력 차이가 크다고 생각하지 않았다. 또한, 고용지원금은 탈북민을 채용하는 강력한 유인으로 작용하고 있었다.

외국인 근로자 고용여부를 살펴보면 307개 업체 중 46개 업체가 현재 외국인 근로자를 고용하고 있거나 과거에 고용한 경험이 있다고 응답해 조사표본의 외국인 근로자 고용경험 비율은 15.0%였다.[1] 반면, 기업체의 북한출신 고용경험은 외국인 근로자 고용경험 비율에 비해 훨씬 낮은 2.9%에 머물렀다.

2) 북한출신주민을 채용한 이유는 무엇인가?

기업주에게 북한출신 채용사유를 물어본 결과 내국인과 업무능력 차이가 크지 않기 때문이란 응답이 48.1%로 가장 많았고 이어서 고용지원금 수령(36.8%)의 순으로 나타났다. 북한출신주민을 고용한 기업에게 주는 고용지원금이 북한출신 고용에 강한 영향을 미칠 수 있음을 의미한다.

---

[1] 우리나라에 입국해 있는 외국인 근로자 규모를 생각하면 비교적 높은 수준인데 이는 조사표본이 서울 남부지역 소재사업장이고 상대적으로 사업장규모가 작은 사업장비율이 높다는 점이 영향을 미친 것으로 보인다.

그 외 '내국인을 구할 수 없기 때문'이라거나 '장기간 고용할 수 있기 때문에'라는 응답은 10.4%로 내국인력 구인난이 일정부분 북한출신 고용으로 이어질 수 있음을 확인할 수 있다. 마지막으로 통일을 대비하거나 같은 동포이기 때문이라는 동포애적 관점에서 북한출신을 고용한 업체는 4.7%에 불과하였다.

외국인 근로자를 고용한 경험이 있는 업체를 대상으로 외국인 근로자 채용사유를 확인한 결과 북한출신 고용기업체와 마찬가지로, 내국인 근로자와 능력 차이가 크지 않아서(43.5%), 내국인을 구할 수 없어서(32.6%)라는 응답이 높았다. 내국인에 비해 임금수준이 낮기 때문이라는 응답은 13.0%에 불과했지만, 북한출신 고용기업과 같은 규모의 비교집단에서는 임금이 싸서 외국인 근로자를 고용한다는 비율도 33.3%가 나왔다. 인건비 절감이나 고용지원금 지원금을 기대하고 외국인이나 북한출신주민을 고용하는 기업체의 수요가 존재함을 보여준다(〈표 14-3〉 참조).

〈표 14-3〉 기업의 북한출신주민 채용사유

(단위: %, 개소)

기업유형		북한이탈주민고용경험사업장 비율	북한출신 고용사유					전체
			고용지원금을 받으므로	내국인 구할 수 없어서	장기간 고용 가능	업무능력 차이 없어서	통일대비/같은 동포여서	
구분	규모 비교집단	6.0	33.3	0.0	0.0	66.7	0.0	6
	북한출신 고용업체	100.0	37.0	6.0	5.0	47.0	5.0	100
전체		2.9	36.8	5.7	4.7	48.1	4.7	106

북한출신 채용 시 고려하는 사항은 성실성이 86.0%로 가장 높았고 학력이나 경력은 10% 내외에 그쳤다. 근로자의 성실성을 중시하는 태도는 사업장규모나 업종에 따라 차이가 없었다. 사업장규모가 클수록 '성실성' 외의 기준,

예를 들어 경력, 자격증 등을 중시하고 있다. 업종별로는 제조업은 '임금수준'을, 음식숙박업은 '건강'과 '연령'을 중시한다는 차이점이 있는 정도이다. 이로 미루어 주로 학력이나 경력이 필요 없는 업종에서 북한출신 근로자를 고용하고 있다고 해석할 수 있다. 기업들이 북한출신 채용 시 활용한 구인방법은 고용지원센터와 같은 국공립 직업안정기관을 통해 인력을 알선 받아 채용하는 경우가 가장 많았고 이어서 재직근로자의 추천이나 연고로 북한출신을 고용하는 경우도 31.0%에 이른다. 이는 북한출신주민이나 외국인 근로자는 일반적으로 고용지원센터의 알선을 통해 구인하는 경우가 대다수이기 때문이다.

3) 기업은 외국인, 내국인, 북한출신 중 어떤 인력을 선호하는가?

기업에서 인력이 필요할 경우 내국인, 외국인, 북한출신 중에서 어떤 유형의 근로자를 고용할 것인지를 물어보아 향후 북한출신주민의 고용가능성을 알고자 하였다. 응답결과 1순위로 꼽은 인력은 대부분 내국인인력이었다. 즉, 97.0%가 내국인을 1순위로 채용하겠다고 응답하였고 북한출신 고용업체의 30인 미만 영세사업장 중 3.6%만이 1순위 채용근로자는 북한출신주민이라고 응답하였다. 2순위 채용근로자유형은 북한출신(81.8%)이 외국인(14.8%)에 비해 5배 이상 높아 대부분의 기업들이 적어도 외국인보다는 북한출신 근로자를 희망하는 것으로 나타났다(〈표 14-4〉 참조).

흥미로운 사실은 북한출신 근로자를 고용한 경험이 있는 업체가 그렇지 않은 기업에 비해 탈북민을 선호하는 경향이 더 뚜렷하게 나타났다는 사실이다. 이는 탈북민의 직업부적응 때문에 고용주들이 이들을 기피한다는 기존 논의와는 달리 한번 북한출신 근로자를 채용해본 기업들이 재차 북한출신 고용으로 이어질 수 있다는 점을 시사하고 있다. 기업의 호감이 실제 고용으로 이어지기 위해서는 보다 적극적인 취업지원이 강화될 필요가 있다.

〈표 14-4〉 사업장규모별 채용희망근로자 유형

(단위: %, 명)

기업 유형		채용근로자유형 (1순위)			채용근로자유형 (2순위)				채용근로자유형 (3순위)		
		내국인	북출신	전체	내국인	외국인	북출신	전체	외국인	북출신	전체
규모 비교 집단	30인 미만	100.0	0.0	82	0.0	59.4	40.6	32	38.5	61.5	26
	30~99인	100.0	0.0	14	0.0	60.0	40.0	5	25.0	75.0	4
	100인 이상	100.0	0.0	4	0.0	0.0	100.0	2	100.0	0.0	1
	전체	100.0	0.0	100	0.0	56.4	43.6	39	38.7	61.3	31
일반 비교 집단	30인 미만	100.0	0.0	95	0.0	34.4	65.6	32	67.7	32.3	31
	30~99인	100.0	0.0	7	0.0	25.0	75.0	4	100.0	0.0	3
	100인 이상	100.0	0.0	5	0.0	0.0	100.0	3	100.0	0.0	3
	전체	100.0	0.0	107	0.0	30.8	69.2	39	73.0	27.0	37
북한 출신 주민 고용 업체	30인 미만	96.4	3.6	83	4.1	14.9	81.1	74	85.5	14.5	62
	30~99인	100.0	0.0	9	0.0	0.0	100.0	7	100.0	0.0	6
	100인 이상	100.0	0.0	8	0.0	28.6	71.4	7	71.4	28.6	7
	전체	97.0	3.0	100	3.4	14.8	81.8	88	85.3	14.7	75

　　북한출신주민의 임금, 생산성 및 총고용비용을 내국인 근로자와 비교하면 어느 수준인가를 확인해보면 임금수준은 내국인의 96.7%, 생산성은 90.4%, 총고용비용은 96.2% 수준으로 나타났다.

〈표 14-5〉 남한 근로자 대비 북한출신 근로자의 임금, 생산성, 총고용비용 수준

(단위: %)

인적 특성		재직자			이직자			전체		
		임금	생산성	총고용 비용	임금	생산성	총고용 비용	임금	생산성	총고용 비용
성	남	93.6	88.6	95.3	99.0	94.0	97.0	94.9	89.9	95.8
	여	97.4	90.5	97.8	99.3	91.4	90.7	97.7	90.6	96.4
학력	고졸미만	97.1	92.1	96.8	100.0	87.5	95.0	97.8	91.1	96.4
	고졸	95.7	89.1	97.0	98.9	97.8	96.7	96.2	90.6	96.9
	전문대졸	92.7	79.3	93.6	100.0	76.7	76.7	93.9	78.9	90.0
	대졸이상	97.4	97.4	97.9	97.5	90.0	90.0	97.4	96.0	96.4
	잘모름	101.4	94.3	100.0	100.0	100.0	100.0	100.9	96.4	100.0
	전체	96.1	89.8	96.9	99.2	92.5	93.3	96.7	90.4	96.2

북한출신은 생산성(90.4%)에 비해 임금수준(96.7%)이 약간 높다. 생산성에 비해 임금수준이 높은 것은 아래 〈표 14-6〉에서도 확인할 수 있다. 즉, 내국인근로자와 비교 시 북한출신의 임금수준을 비교하면 내국인과 같다는 응답이 76.9%로 가장 많았지만 보다 낮다(14.9%), 보다 높다(8.3%) 순으로 나타나 평균적으로 보면 내국인에 비해 월평균임금이 소폭 낮은 수준이다. 북한출신주민 인적특성별로 구분해보면 여성에 비해 남성일수록 보다 낮다는 응답이 많고 학력별로는 고졸과 전문대졸업자가 그리고 연령별로는 30세 미만과 40대가 상대적으로 내국인에 비해 임금수준이 낮았다. 임금을 내국인보다 더 주는 경우는 8.3%로 나타났는데 그 이유는 모두가 정부에서 고용지원을 지원하기 때문이라고 응답하였다.

〈표 14-6〉 내국인 대비 북한출신주민 지급임금의 수준

(단위: %, 명)

임금수준	성별		학력					연령				Total
	남	여	고졸미만	고졸	전문대졸	대졸이상	잘모름	30세미만	30대	40대	50세이상	
보다 높음	4.8	10.1	22.2	3.8	11.1	4.8	9.1	4.0	4.2	12.9	17.6	8.3
똑 같음	73.8	78.5	66.7	79.2	66.7	81.0	90.9	76.0	81.3	67.7	82.4	76.9
보다 낮음	21.4	11.4	11.1	17.0	22.2	14.3	0.0	20.0	14.6	19.4	0.0	14.9
전체	42	79	18	53	18	21	11	25	48	31	17	121

외국인 근로자 대비 북한출신주민 임금수준을 보면 같다는 응답은 69.4%로 나타났고 보다 높다가 30.6%로 나타나 기업들이 외국인 근로자에 비해 북한출신주민에게 보다 많은 급여를 지급하고 있다. 외국인 근로자보다 임금을 더 주는 경우 그 이유를 보면 역시 정부의 지원금 때문이라는 응답이 81.8%로 대부분을 차지하고 일부 사업장은 외국인보다 일을 잘해서 보다 많은 임금을 준다는 응답이 있지만 그 비율은 18.2%에 불과하였다.

〈표 14-7〉 외국인대비 북한출신 근로자의 임금수준

(단위: %, 명)

임금수준	성별		학력					연령				Total
	남	여	고졸미만	고졸	전문대졸	대졸이상	잘모름	30세미만	30대	40대	50세이상	
보다 높음	14.3	34.5	42.9	14.3	33.3	33.3	66.7	25.0	27.3	28.6	42.9	30.6
똑같음	85.7	65.5	57.1	85.7	66.7	66.7	33.3	75.0	72.7	71.4	57.1	69.4
전체	7	29	7	14	6	6	3	4	11	14	7	36

북한출신 근로자를 외국인 근로자와 비교해 임금수준, 생산성 및 총고용비용이 어느 수준인가를 살펴본 결과 임금수준은 103.8%, 생산성 95.54%, 총고용비용 101.6%로 나타났다. 북한출신 근로자가 외국인 근로자에 비해 생선성은 떨어지지만 임금은 소폭 높아 총고용비용이 외국인 근로자에 비해 소폭 높은 수준이다. 생산성이 떨어지는 것은 남성에 비해 여성이, 학력별로는 대졸 이하 그리고 연령별로는 50세 이하 집단에서 상대적으로 낮았다. 사업장 특성별로는 100인 이상 사업장과 제조업 및 음식숙박업만 외국인 근로자에 비해 생산성이 높은 편이다.

〈표 14-8〉 북한출신 근로자와 외국인 근로자 비교 시 임금, 생산성 수준

(37개업체 응답, 단위: %)

인적 특성		재직자			이직자			전체		
		임금	생산성	총고용비용	임금	생산성	총고용비용	임금	생산성	총고용비용
성	남	105.0	100.0	105.0	100.0	100.0	100.0	103.8	100.0	103.8
	여	103.3	92.3	99.8	106.0	104.0	106.0	103.8	94.3	100.9
학력	고졸미만	108.0	90.0	100.0	100.0	100.0	100.0	105.7	92.9	100.0
	고졸	101.8	97.7	99.5	100.0	96.7	100.0	101.4	97.5	99.6
	전문대졸	107.1	81.4	106.0				107.1	81.4	106.0
	대졸이상	100.0	100.0	100.0	120.0	120.0	120.0	103.3	103.3	103.3
	잘모름	100.0	110.0	100.0	110.0	110.0	110.0	103.3	110.0	103.3
연령	30세미만	100.0	93.3	100.0	105.0	105.0	105.0	102.0	98.0	102.0
	30대	102.2	97.8	100.0	100.0	100.0	100.0	101.8	98.2	100.0
	40대	103.3	87.9	99.5	100.0	95.0	100.0	102.9	88.9	99.6
	50세이상	108.3	100.0	105.0	120.0	120.0	120.0	110.0	102.9	107.1
전체		103.7	93.8	100.9	104.3	102.9	104.3	103.8	95.5	101.6

4) 북한출신을 더 많이 채용하고 싶은 이유

기업주들에게 현재 고용하고 있는 북한출신주민 외에 추가로 북한출신 근로자를 고용할 의사가 있는지 여부를 물어보았다.

사업주가 북한출신 근로자를 더 많이 채용하고 싶다는 비율은 49.0%로 과반수에 이르러 예상보다 많은 기업주들이 북한출신의 추가 고용을 원하고 있었다. 추가고용의사가 없는 경우를 사업장특성별로 구분해보면 30~99인 사업장에서 부정적인 응답이 가장 많았고 100인 이상의 사업장에서는 추가채용의사가 있다는 응답이 62.5%로 나타났다. 업종별로는 제조업, 도소매업은 과반수 이상이 추가 채용 의사가 없다고 응답하였다. 추가 채용의사가 없는 경우그 이유가 무엇인지를 살펴본 결과 구체적인 이유를 확인할 수 없는 기타의견(56.9%)이 가장 많았고 이어서 관리의 어려움(15.7%), 낮은 생산성(9.8%) 선행연구에서 늘 지적되어왔던 의사소통의 어려움(9.8%) 등의 순서로 나타났다.

〈표 14-9〉 북한출신 근로자 추가채용 의향 및 추가 채용의사 없는 이유

(단위: %, 개소)

		추가고용의사 유무		추가채용 의향 없는 이유						
		있음	없음	의사 소통의 어려움	낮은 생산성	내국인 과의 갈등	중간 관리자 반대	관리의 어려움	기타	소계
규모	30인 미만	49.4	50.6	9.5	11.9	7.1	0.0	14.3	57.1	42
	30~99인	33.3	66.7	0.0	0.0	0.0	16.7	16.7	66.7	6
	100인 이상	62.5	37.5	33.3	0.0	0.0	0.0	33.3	33.3	3
업종	제조업	38.9	61.1	0.0	0.0	0.0	9.1	0.0	90.9	11
	도소매업	43.5	56.5	0.0	0.0	7.7	0.0	30.8	61.5	13
	음식숙박업	80.0	20.0	0.0	0.0	0.0	0.0	50.0	50.0	2
	협회단체/ 개인서비스업	61.1	38.9	14.3	14.3	14.3	0.0	0.0	57.1	7
	기타	41.9	58.1	22.2	22.2	5.6	0.0	16.7	33.3	18
	전체	49.0	51.0	9.8	9.8	5.9	2.0	15.7	56.9	51

3. 결론 및 시사점

본 연구는 통합연구방법론을 통해 기업의 북한출신 노동력 활용 시 장애요인과 노동력 평가에 관해 조사하였다. 연구결과는 아래와 같이 다섯 가지로 요약할 수 있다.

첫째, 기업주의 북한출신 근로자 채용동기를 살펴보았다. 기업주는 아는 사람들의 채용권유나 통일을 대비하기 위한 이윤 추구 외적 동기도 북한출신주민의 고용을 결정하는 데에 영향을 미치고 있었지만, 고용지원금의 유인(48%)에 끌려 또는 내국인 근로자가 없고 외국인보다는 나을 것 같아(42%)와 같은 경제적 이유가 더 크게 작용한 것으로 보인다. 상당수의 기업이 북한출신주민을 일종의 외국인 대체인력으로 활용하고 있다고 관측된다.

둘째, 북한출신 근로자 채용기업은 주로 구인난을 겪는 항시 근로인력부족업체였다. 북한출신 근로자 채용기업체들은 외견상 비교집단에 비해 매출이나 자본금이 큰 기업이었지만, 실제로는 근로자의 입출입이 잦은 특성을 지니고 있었다. 다른 비교집단에 비해 북한출신 근로자 채용업체는 '오려는 사람이 없다'는 응답이 47.0%로 다른 기업의 무려 3배에 달한다. 항상 인력이 부족하고 신규인력을 채용하려고 해도 일하려고 하는 사람이 아예 없는 경우가 많았다. 이로 미루어볼 때, 북한출신주민을 고용하는 기업들의 근로여건이 다른 기업에 비해 더 나쁘다는 해석이 가능하다. 북한출신주민 자신도 직업의식이 취약하다는 문제점을 지니고 있었으나, 더 열악한 근로여건 하에서 일하고 있어 이와 같은 근로조건의 열악성이 이직이나 잦은 퇴직을 부추겼을 가능성을 부정하기 어렵다.

셋째, 북한출신 인력을 활용하는 데 있어서의 기업주의 애로는 무엇인가? 직장생활에서 남한주민인 내국인, 북한출신 간에 나타나는 문화적 갈등양상의 본질은 무엇인가? 질적면접 결과, 기업주는 아쉬운 대로 또는 정부지원금을 받아 인건비를 절감하고자 북한출신을 근로자로 활용하기는 했으나, 사업장에서 한국문화와 다른 문화를 가진 그들을 관리하고 활용하는 일로 애를 먹고 있는 것이 확연히 드러난다. 북한출신 근로자들의 수가 늘어날수록 흐트러지는 근로기강 때문에 북한출신 고용관리에 어려움을 겪고 있는 것으로 나타났다.

가장 어려움을 느끼는 점은 한국문화 및 생활관습과의 차이(2.52)라고 응답하였다. 북한출신 인력확보의 어려움(2.00)에 관해서는 여러 가지 해석이 가능하다. 이는 근로여건이 열악하고 근로자의 입출입이 잦은 기업이어서 탈북민이 갖는 문화적 이질성에도 불구하고, 북한출신주민 인력이라도 확보하고자 하나 이도 쉽지 않은 여건임을 보여준다고 해석할 수 있다. 기존의 연구들에서 제기되었던 인력활용상의 애로인 한국 내국인과의 인력관리상 형평성(1.56), 북한출신주민의 높은 사업장 이탈률(1.64), 근면성이 떨어짐(1.65)은 예상보다 낮게 나타났지만, 질적연구 결과를 볼 때에는 북한출신 주민의 직장이탈이나 직장 내 갈등, 지원제도와 관련된 편법적인 요구 역시 여전히 적지 않다고 보인다.

넷째, 남한기업주 혹은 남한관리자는 북한출신 근로자와 외국인 근로자의 노동력을 어떻게 평가하고 있는가? 기업주는 외국인과 북한출신 근로자 중 어떤 유형의 근로자를 더 선호하는가?

기업체는 97.0%가 내국인을 1순위로 채용하겠다고 응답하였고 2순위 채용 근로자유형은 북한출신(81.8%)이 외국인(14.8%)에 비해 5배 이상 높아 대부분의 기업들이 적어도 외국인 노동자보다는 북한출신 근로자를 선호하는 것으로 나타났다.

　다섯째, 기업체(이미 고용한 기업체 고용하지 않는 기업체 할 것 없이)는 향후 북한출신주민을 더 채용할 의사가 있는가를 물어보았다.

　조사결과는 뜻밖이었다. 예상외로 기업주들은 외국인 근로자보다는 북한출신 노동력에 대한 확실한 선호를 보이고 있었다. 또, 기업주들의 판단에 의하면 비록 북한출신주민들에게 내국인보다는 약간 적은 임금을 주고 있었으나 북한출신 근로자들의 생산성에 비한다면 더 많은 임금을 지급하고 있다고 생각했다. 기업주들에게 북한출신주민들을 추가로 고용할 의사를 물어본 결과, 기업주의 절반 정도는 기회만 있다면 향후 북한출신주민을 추가로 고용할 의사를 지니고 있다고 답했으며, 절반정도의 기업주는 추가로 고용할 의사가 없었다. 추가채용의사가 없는 이유에 대해서도 조사하였으나 기업주들은 정확하게 밝히기를 꺼려하는 경향을 보였는데 그 이유에 대해서는 향후 미시적인 질적 접근의 연구가 필요하다.

　요약하자면 북한출신 노동력을 주로 활용하는 기업은 근로여건이 열악한 인력부족 기업체들이었다. 이들 기업들은 북한출신 인력을 관리하는데 문화적 차이로 애로가 있었지만 이러한 문제점에도 불구하고 좋은 조건의 임금보조금 즉, 북한출신주민 고용지원금 등의 유인에 끌려 또 항상적 인력부족으로 인해 북한출신 노동력을 원하고 있었다. 외국인 노동자를 고용하기 보다는 좋은 조건의 정부보조금이 있는 북한출신주민을 선호하였고, 절반가량은 앞으로 더 채용할 의사를 보였다. 이와 같은 추세와 사업주 고용지원금 제공정책이 지속된다면 한국사회에서 북한출신 근로자들은 부족한 내국인 노동력을 대신하면서 외국인 근로자보다는 조금 더 선호되는 대체인력으로 인력부족업종 분야에서 자리 잡아 나갈 것으로 보인다.

여기서 남는 문제는 두 가지이다. 첫째, 인력이 항상적으로 부족하고 국내 근로자들이 기피하는 기업에게 구태여 정부의 지원금을 줄 필요가 있는가의 문제이다. 이와 같은 좋은 조건의 지원금을 기업에게 계속 제공한다면, 재정 압박이 심한 기업들을 북한출신 고용분야로 끌어들이는 예기치 않는 결과를 초래할 가능성이 높다.

두 번째 문제는 이와 같이 근로조건이 상대적으로 열악한 기업체의 북한 출신 고용선호가 지속된다면, 북한출신주민의 사회통합이 과연 이루어질 수 있겠는가하는 근본적 문제이다. 고용지원금의 고용효과성과 사중효과 규명과 좀 더 좋은 기업이 북한출신주민을 고용하도록 하기 위해서는 어떤 방안이 필요한가의 문제는 후속연구과제로 넘기고자 한다.

제3부
남한 노동시장에서
북한 노동경험은
유용한가

여는 글_ 북한주민이 일자리를 찾아 남하한다면 남한 노동시장에서 어떤 일이 벌어질까?

향후에 북한주민이 일자리를 찾아 남한 노동시장으로 이동한다면 어떤 일이 벌어질 것인가? 북한출신주민의 사례는 이 같은 질문에 대한 답을 구하기에 좋은 선행사례이다. 2000년대 이후 북한출신주민의 한국사회로의 유입은 지속적으로 증가해왔는데 이들의 취업부진과 저임금 현상은 많은 우려를 낳았다. 그러나 그 원인이 무엇인지에 대해서는 그동안 분명하게 밝혀지지 않았다. 취업부진의 원인에 대해 인적자본 이론과 분단노동시장 가설은 두 개의 상반된 설명을 제공한다.

인적자본이론은 노동시장 공급자의 행위를 설명하는 대표적인 이론으로서 개인의 특성을 강조하는 개인주의적 접근 방식(individual approach)을 취한다. 이와 같은 관점에서는 북한출신주민의 노동시장 성과에 영향을 미치는 것은 인적자본이므로 실업이나 저임금도 결국은 개인이 낮은 인적자본을 보유한 필연적 결과이다. 인적자본이론에 의하면 빈곤은 결국 개인의 선택의 문제이며, 취약한 인적자본을 보완하지 않은 자기선택의 결과이다. 인적자본이론의 관점에서는 이주민 개인의 '자기 선택성'이 중요한 역할을 하므로 현재 북한출신주민의 노동시장에서 나타나고 있는 부적응이나 고실업 등과 같은 문제역시 일종의 자기 선택의 결과라고 볼 수 있다.

그러나 북한출신주민이 취약한 인적자본을 보완한다면 취업문제는 해결될 수 있을 것인가? 분절노동시장가설은 이 문제에 대해 인적자본이론의 개인주의적 접근(individual approach)을 넘어서서 전체 구조를 조망하는 관점을 제공한다. 빈곤이나 취업 문제의 원인을 개인이 아니라 노동시장의 분절적 구조에서 찾기 때문이다. 이주민 특히 난민의 경우는 일단 저임금 노동시장에 진입하면 시간이 지나도 빈곤층 노동시장으로부터 빠져나오기 매우 어렵다. 가난한 나라(북한)에서 왔다는 사실 자체가 하나의 낙인효과(stigma effect)로 작용하기 때문이다.

분단노동시장가설의 관점대로 현재와 같은 북한출신주민의 부적응 상태가 '빈곤의 함정'으로 기능할 것인지 아니면 인적자본이론의 설명대로 현재는 '적응의 한 단계'로서 시간이 흘러가면 개선될 것인지 여부는 오늘날 북한출신주민 집단에게뿐만 아니라 남북통합 차원에서 매우 중요한 주제이다. 북한출신주민의 고용에 영향을 미치는 요인은 무엇인가?

많은 북한출신주민이 북한에서 왔다는 사실 때문에 한국의 노동시장에서 차별받는다고 느끼고 있다. 오늘날 북한출신주민 집단 전반에 만연해있는 낮은 임금수준과 빈곤화는 이들이 닫힌 2차 노동시장군에 속해 있어 출구 없는 일종의 저임금 함정에 빠져 있기 때문인가? 아니면 신규노동자들이 겪는 일반적인 현상이어서 거주기간이 길어지고 인적자본이 보강된다면 점차 상향이동이 가능한 것인가?

「북한의 노동경험이 남한에서 북한출신주민 일자리에 미친 영향」은 북한 인적자본의 대리변수로서 설정한 북한 공식/비공식 노동경험에 기반 한 노동유형이 남한에서 북한출신주민의 일자리에 어떤 영향을 미쳤는지 검증하였다. 이 연구의 의의는 북한주민의 시장경제활동의 일(work)경험이 남한의 노동시장에서 취업률을 높이는 반면 국가에 대한 의존성을 낮추었다는 발견에 있다. 이는 시장화가 북한 인적자원의 개발 측면에서 매우 중요하다는 원칙을 실증적으로 확인해주는 결과이다. 이는 통일전후 고용정책을 수립하는데 있어 중요한 정책적 함의를 준다. 그렇지만 비록 북한시장에서 일경험이 취업에 긍정적인 영향을 주었다 할지라도 노동자 개인별 임금차이로 반영되지는 못했다. 이는 북한 시장에서 노동경험이 비록 남한 노동시장에 진입하는 촉진제로서 작용한다 할지라도 본격적인 인적자본 개발로 이어져 임금으로 반영되기까지 이르지 못한다는 사실을 보여준다.

분석 결과들은 북한의 학력효과는 보이지 않지만 북한의 시장경험이 적어도 남한 노동시장 진입에는 긍정적 영향을 미치고 있음을 보여준다. 그러나 북한출신주민의 북한 시장에서 경험했던 일경험들이 남한 노동시장에서 취업률을 높이는 데 긍정적으로 기여했지만 노동자의 임금을 높이는 데 이르지 못하였다. 향후에 북한주민이 일자리를 찾아 남한으로 이동한다고 가정하면 어떤 결과가 빚어질 것인가?

제12장과 13장, 14장의 연구결과들과 연계해서 해석해보면 향후에 시장에서 노동경험을 쌓은 북한 인력이 남한 노동시장으로 이동하게 된다면, 주로 외국인 노동자들의 대체인력으로 활용되면서 저임금노동자 집단화할 것이라고 예상되며, 이는 사회통합차원에서 비관적인 전망을 던지고 있다.

15장_ 북한 노동경험은 남한 노동시장에서 북한출신주민 일자리에 어떤 영향을 주는가

1. 문제의 인식

　북한주민의 시장경제 적응도는 어떠한가? 통일 이후 혹은 통일 이전이라도 북한주민들은 시장경제에 적응해나가는 과정에서 문제에 부딪힐 때 어떻게 해결해 나갈 것인가? 1990년대 후반부터 북한을 탈북하여 2014년도 현재까지 계속되는 탈북주민들의 한국 이주 정착사례는 이 질문에 대한 시사점을 얻기에 가장 좋은 선행사례이다. 이들 북한출신주민의 남한사회 적응과정은 일종의 '통일실험'으로 이해되어 각별한 주목의 대상이 되었다. 정부는 '조기정착성공'을 목표로 지난 2000년 이래 14년간 북한출신주민들에게 파격적인 정착지원을 해왔다. 그럼에도 불구하고, 북한출신주민들은 고실업과 저고용, 높은 비경제활동, 저임금, 잦은 이직과 고용불안 상태에서 벗어나지 못하고 있으며, 구인난을 겪는 항시 근로인력부족업체에서 주로 근무한다. 이와 같은 상황이 지속된다면, 북한출신주민 집단전체가 한국사회의 실업빈곤층(unemployed poor) 혹은 근로빈곤층(working poor)의 주요한 구성원으로 자리매김할 가능성을 배제하기 어렵다.

고실업과 높은 비경제활동참가율로 요약되는 북한출신주민 고용실태 이면에는 이러한 상황을 만들어내는 보다 다양하고 복합적인 요인들이 얽혀 있다. 이탈주민 건강과 노동능력의 취약성이나 정착지원제도의 문제점은 물론 북한출신주민의 사회안전망과 국가에 대한 과도한 의존성과 기대치 및 비현실적인 취업눈높이, 노동체제 차이가 낳은 이질적 노동의식, 일터에서 남북주민 간에 발생하는 잦은 일상적인 분쟁과 갈등, 차별을 둘러싼 북한출신주민과 남한주민 간 인식의 어긋남, 북한 특수한 행태에 대한 거부감 등 분단체제하 노동현장에서 발생하는 다양한 문제들은 정치체제나 정치적 이데올로기적 차이에 깊이 뿌리내리고 있으며, 노동현장에서 남북 인적통합을 더욱 어렵게 하는 근본적인 질곡으로 작용한다. 노동현장에서 벌어지는 이러한 현실은 남북통합이 단지 북한출신주민이 남한주민의 소득을 따라잡는 (catch-up) 경제적 격차해소만으로는 해결되기 힘들다는 점을 시사한다. 특히 정부지원금 부정수급 관련 보도나 인터뷰 시 드러나는 북한출신주민들의 법의식이나 모럴헤저드는 심각한 수준으로 이는 지난 20여 년간 배급제도가 와해되면서 부패가 일상화되어가는 북한 직업세계의 한 단면이 반영된 것으로 여겨진다.

이로 미루어 전망하건대, 통일 이후 우리가 직면하게 될 고용문제의 심각성은 단지 고실업의 문제로 그치지 않을 것이며, 노동통합과정에서 남한의 시민사회가 경험할 충격 또한 독일의 통일 상황과 비견할 수 없을 정도로 클 것이다. 이제까지 정부는 북한출신주민의 취업의욕을 고취하기 위해 장려금지급 정책(incentive policy)을 북한출신주민 고용대책의 가장 주요한 정책적 수단으로 삼아왔다. 그러나 북한출신주민 이주규모의 증가가 계속된다면 현재와 같은 고비용 저효율(the pattern of low efficiency and high expenditure)

정책이 언제까지 지속가능할 것인가? 남한의 시장경제하에서 북한출신주민 고용문제의 근본 원인을 북한사회에서 북한주민의 일경험(work experience) 과 연계하여 보다 깊게 천착할 필요가 있다.

북한출신주민 고용문제의 원인은 무엇인가? 이제까지 북한출신주민 고용 문제의 원인으로 많은 요인들이 거론되어 왔지만, 북한체제하 일경험이 지 닌 특수성은 영향요인으로 논의되지 않았다. 남한에서 이탈주민의 노동통합 과정에서 발생하는 문제의 원인을 규명하기 위해서는 북한출신주민들의 현 재적 삶을 북한체제와 연계하여 이해할 필요가 있지만, 지난 십수 년간 이러 한 학문적 노력은 거의 이루어지지 않았다. 북한과 남한이라는 적대적인 두 개의 세계를 체험한 북한출신주민의 생애경험이 지닌 독특한 맥락적 가치는 연구영역에서 간과되어버렸고, 동일한 행위자(agent)가 체험한 이질적인 남 북한 세계의 경험은 학문적 칸막이를 통과하면서 분리되어져, 분단체제의 경계선을 넘은 행위자 의식을 연구하는데 있어 한계를 노정하였다.

이 연구의 기본 아이디어는 그간 북한학 분야에서 축적된 시장화 연구의 성과를 북한출신주민 정착연구에 보다 적극적으로 반영함으로써 한국사회 에서 북한출신주민의 '경제적 부적응(economic maladaptation)'이라고 불리어 왔던 고용문제들의 원인을 보다 심도 깊게 규명하려는 것이다.

국제이주 연구는 주로 두 가지로 나누어진다. 하나는 이주의 결정요인 과 정과 형태에 관한 연구이고, 다른 하나는 이주자가 어떻게 유입국에 통합되 는가에 대한 연구이다. 그러나 이러한 구분은 이주과정을 총체적으로 이해 하는 것을 방해한다.[1] 이와 마찬가지로 그간 북한출신주민 연구도 주로 후 자의 연구 즉 유입국인 남한사회에 어떻게 통합되는가에 치우쳐, 이주의 전 체과정을 총체적으로 이해하지 못했다. 그간 간과되었던 북한과의 인과관계

---

[1] S. Castle & M. Miller, *The Age of Migration: International Population Movements in the Modern World* (4th edition), Basingstoke: Palgrave MacMillan, 2009, p.20.

즉 북한출신주민이 북한 시장에서 쌓은 일경험이 남한 노동시장에서 어떻게 고용효과(employment effect)로 나타나는가를 중심주제로 삼았다는 점에서 이 연구는 선행연구와 차별화된다. 시장화가 진전되면서 북한주민들 중 상당수가 비공식일(informal work)을 해왔고 일부는 공식부문과 비공식부문의 양자를 오가며 이중적으로 일하는 형태를 취하기도 하였다. 저자는 이 점에 착안하여 공식부문, 비공식부문, 공식부문과 비공식부문에서 일을 병행하는 북한주민들의 특수한 상태를 개념화한 일유형(work type)이란 개념을 제안하였다.[2]

본 연구는 북한주민 개개인이 보유한 북한 시장에서 일경험이 일종의 인적자본으로 기능하면서 시장경제 적응능력에 차이가 나타날 것이라고 가정한다. 본 연구는 시장화과정에서 북한 시장에서 경제활동참가 수준을 대변하는 일유형(work type) 변수를 개념화하여 북한 일경험이 남한에 온 이후 노동시장에서 취업이나 임금에 영향을 미칠 것이라는 가정을 검증한다. 이는 북한주민 전체를 한 덩어리(One size all fit)가 아니라 몇 개의 집단으로 나누어 접근해야 한다는 사실을 의미한다.

이 연구의 또 한 가지 중요한 주제는 이주 이전(북한)과 이주 이후(남한)에 북한 시장에서 경제활동을 하면서 축적된 북한출신주민의 일경험이 남한에서 고용효과에 미치는 영향력을 비교하는 것이다. 국제이주연구에서 이주민들의 고용에 본국에서 인적자본이 더 크게 작용하는지 이주지에서의 인적자본이 더 크게 작용하는지는 중요한 쟁점 중 하나이다. 이는 북한출신 이주민들에 대한 정착정책에 대한 정책적 문제이기도 하지만 동시에 시장경제에 적응하는 과정에서 남한에 이주한 북한출신 주민들이 과거 북한의 사회경제적 지위를 남한 시장경제에서 재생산할 것인가의 근본적인 질문을 내포하고 있다.

---

[2] 김화순, 「북한주민의 일자리유형 연구」, 『북한연구학회보』 16(1), 2012.

이제까지 논의의 맥락에서 본 연구자의 문제의식은 아래 두 가지로 요약된다.

첫째, 이주 전 인적자본 효과(코호트 효과, cohort effect) 추정: 북한에서 북한출신주민 개인별 일경험의 차이가 남한에 온 이후 시장경제 적응능력에 차이를 가져올 것인가?

둘째, 이주 후 인적자본 효과(동화효과, assimilation effect) 추정: 북한출신주민들은 남한 거주기간이 증가하면서 노동시장에 어떻게 적응해가고 있는가?

다음 절에서는 선행연구의 두 가지 맥락을 살핀다. 먼저 그간의 북한출신주민 남한 이주 이후 정착연구에서 고용문제의 원인을 어떻게 분석해왔는지 학계의 논의들을 살핀다. 이는 북한 일경험을 남한 고용부진의 원인으로 지목하게 되었는지에 대해 연구자의 문제의식이 생긴 배경을 설명하기 위한 것이다.

2. 선행논의와 본 논문의 성격

이 논문은 저자의 '북한주민의 일자리 유형연구'와 '시장화이후 북한주민의 일유형 결정요인'과 이어지는 논문이다. 북한 비공식부문의 대두 이후 주민들의 일경험과 남한에 온 이후 노동시장에서의 고용 간의 인과관계를 추정하기 위해서 본 연구자는 북한 노동형태의 변화에 대한 두 개의 선행연구를 하였다. 첫 연구인 질적 연구에서 추출된 '일유형'이라는 개념을 본 연구의 핵심 변수로 사용하였는데, 이 일유형 변수의 타당성에 대해 "시장화시기 북한주민의 일유형 결정요인" 논문을 통해 검증하였고, 세 번째 논문인 본 논문에서는 북한의 '일유형'과 남한 노동시장에서 '고용' 간의 인과관계를 추 정하여 북한에서 일경험의 차이가 남한에 온 북한출신주민들이 노동시장에 서 일하는 데 어떤 영향을 미치고 있는지 살펴보았다.

〈그림 15-1〉 전체 연구과정: 본 연구와의 관계도

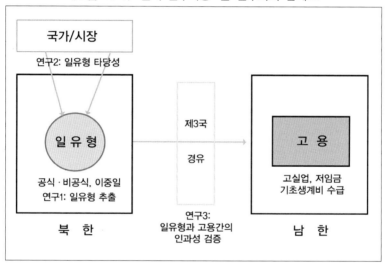

여기에서는 북한출신주민 연구와 북한 노동연구에 대한 이론적 논의를 기 반으로 하여 연구모형을 제시하고, 연구가설과 자료를 기술한 후 자료분석 결과를 해석하고 이론적 함의를 구하고자 한다.

1) 남한 노동시장과 북한출신주민 고용관련 선행 논의

그간 북한출신주민에게 가장 큰 문제로 거론되어온 첫 번째 문제인 고실 업실태를 보자. 고실업실태를 살피기 위해서는 경제활동 참가율, 고용률, 실

330 분단체제의 노동: 북한출신주민이 경험한 남북한의 직업세계

업률을 종합적으로 볼 필요가 있다(표 15-1 참조).

기존 연구에서 확인된 북한출신주민의 경제활동실태를 정리하면 취업자의 경우 상당수가 비공식부문에 취업 중이고 아르바이트나 단기계약직과 같은 임시·일용직비율이 현저히 높다. 임금근로자로 취업한 경우 대부분이 영세사업장에 취업중이고 직종은 단순서비스 또는 단순노무직 비율이 높은 편이다. 북한출신주민 취업자 중 임금근로자 1,073명의 월평균 소득은 141.4만 원으로 남한 전체(300.0만 원) 대비 절반 이하 수준이며, 150만 원 미만 소득자가 전체 취업자의 68.1%에 달한다.

그렇다면 고실업의 원인은 무엇인가? 고실업에 대해 취업문제의 대표적 이론인 인적자본이론과 분단노동시장 가설은 상반한 설명을 제공한다. 인적자본이론(human capital theory)은 현재는 '적응의 한 단계'로서 시간이 흘러가면 실업률이 개선될 것이라고 설명한다. 이처럼 인적자본이론은 노동시장 공급자의 행위를 설명하는 대표적인 이론으로서 개인의 특성을 강조하는 개인주의적 접근 방식(individual approach)을 취한다. 인적자본이론의 관점에서는 이주민 개인의 '자기 선택성(self-selectivity)'이 중요한 역할을 하므로 취약한 인적자본을 보완한다면 시간이 흐름에 따라 문제는 해결될 것이다. 그러나 분단노동시장가설은 현재와 같은 북한출신주민의 부적응 상태가 '빈곤의 함정'으로 기능할 것이라고 본다. 빈곤이나 취업 문제의 원인은 개인이 아니라 노동시장의 분절적 구조에 있기 때문이다. 이주민 특히 난민의 경우는 일단 저임금 노동시장에 진입하면 시간이 지나도 빈곤층 노동시장으로부터 빠져나오기가 매우 어렵다. 더구나 북한출신주민의 경우에는 분단체제하 적대국가인 북한에서 왔다는 사실 자체가 일종의 낙인효과(stigma effect)로 작용할 것으로 생각된다.

북한출신주민 선행연구들의 결과를 보면, 남한사회의 차별이나 배제 때문으로 보는 시각과 북한출신주민 자신의 취약성 때문으로 보는 견해로 나누

어지는데, 대체로 후자인 북한출신주민의 취약성이나 특성에서 원인을 찾는 견해가 지배적이다. 이를테면 '북한 사람의 낮은 능력과 소극적인 태도', 낮은 인적자본과 근로의욕의 부족, 비근로소득에 의존하는 근로의욕의 문제로 보는 시각이다. 건강과 같은 인적자본의 문제가 정착에 상당한 부정적 영향을 미치는 것으로 보았다. 그러나 고실업 현상의 원인을 한국 사람들의 차별이나 편견, 제도와 같은 남한사회의 구조적 혹은 제도적 요인에서 주로 찾는 연구들은 소수자인 북한출신주민에게 주거, 노동시장, 일터 등 각 영역에서 벌어지는 남한사회의 사회적 배제 현상 때문에 일어난다고 설명한다.

〈표 15-1〉 북한출신주민의 경제활동참가율 및 고용률 현황

	조사대상	조사기관	표본수	경활률	고용률	실업률
2006			400명	49.3	41.1	16.8
2007	1997 이후 국내입국자	북한인권정보센터	401명	47.9	36.9	22.9
2008			361명	49.6	44.9	9.5
2009	2009. 5. 까지 국내입국자	한국직업능력개발원	637명	48.6	41.9	13.7
	1997 이후 국내입국자	북한인권정보센터	374명	54.9	50.2	8.7
2010	2000 이후 국내입국자	북한이탈주민지원재단	1,200명	42.6	38.7	8.8
	1997 이후 국내입국자	북한인권정보센터	396명	48.0	43.1	10.0
2011	2010. 12. 기준 19세 이상자	북한이탈주민지원재단	7,129명	56.5	49.7	12.1
	1997 이후 국내입국자	북한인권정보센터	394	47.7	41.1	13.8
2012	19세 이상자	북한이탈주민지원재단	9,493	54.1	50.0	7.5
	1997 이후 국내입국자	북한인권정보센터	403	52.4	41.9	19.9

출처: 박성재 외(2011), 북한인권정보센터(2006~2012), 북한이탈주민 지원재단(2010~2012) 각 년도 참고하여 작성.

필자는 인적자본 가설과 노동시장구조 두 개의 대립가설을 가지고 고용에 영향을 미치는 요인을 검증하였는데, 남북한 학력과 근속기간변수로 인적자본 중 남한에서의 '직업기간'만이 현재 소득과 취업에 유의한 영향을 미친 반면, 노동시장 구조요인 중 직종요인, 즉 단순노무직은 강한 양(+)의 영향을 미쳤다. 이러한 결과로 미루어볼 때, 인적자본과 남한 노동시장 구조 양쪽이

북한출신주민의 고용에 둘 다 유의한 영향을 미치지만, 노동시장 이중구조
가 보다 큰 영향을 미치는 것으로 나타났다. 북한의 학력이나 경력의 노동시
장 효과는 나타나지 않았다.

2) 기초생계비 수급자 비율 왜 높은가?

북한출신주민 중 기초생계비 수급자의 비율은 매우 높다. 2006년에 기초
생계급여 수급자들이 가장 많아 74.1%로 정점에 달하였다가, 최근에 와서 정
부의 정착장려금 인센티브 정책이 효과를 거두면서 상당히 빠른 속도로 감
소하고 있다. 이기영은 기초생계비 수급자로 살아가려는 북한출신주민의 태
도를 가리켜 '임시의존적 전략'이라고 표현한 바 있는데, 근로의욕의 부족,
비근로소득에 의존하려는 경향, 건강문제, 비공식일자리에 대한 선호도 등
이 고수급률과 관련된 특징이다. 기초생계수급률은 2010년도 54%에서 2011
년 46.7%로 2014년 35%까지 떨어졌지만, 일반국민의 2.7%(2012년)과 비교할
때 아직 14배가량 높다. 이처럼 북한출신주민 기초생계비 수급률이 높은 이
유로 취업을 안 하는 것이 취업하는 것보다 유리한 정착지원제도상의 문제
점이 지적되었다.

기초생계비가 북한출신주민의 자립에 미치는 영향이 매우 부정적이다. 국
민기초생활보장법 하에서 남한의 취약계층 역시 사회적 안전망 내에 남으려
는 경향을 보이지만 북한출신주민 집단에서는 그러한 경향이 훨씬 더 강하게
나타난다. 정착지원현장에서 이 같은 경향은 사회주의식 배급제도가 내면화
된 북한출신주민의 의식 때문이라는 의견들이 많이 제기된다. 본 설문조사에
의하면, 기초생계비 수급을 받는 이유로 제1위는 질병(37.7%), 그 다음으로 육
아(27.1%), 직업훈련 중 26.3%라고 응답하였다. 문제는 노동가능연령대에 속
하는 사람들이 생계급여를 받으면서 구직활동을 안 하는 경우가 많다는 사실

이다. 입국한지 5~10년이 된 사람들이 구직활동을 하지 않는 이유로 '심신회복이 필요해서'라고 응답하였는데 왜 이런 현상이 일어나는지에 대해 기초생계급여 수급이 북한에서의 삶과 어떻게 연관되어 있는지 규명할 필요가 있다.

3) 남한 거주기간이 증가하면 고용율도 올라갈 것인가?

북한출신주민의 경제적 동화효과(assimilation effect)를 측정하기에 패널연구방법이 가장 유용한 대안이다. 전우택을 중심으로 2001년도 입국자를 대상으로 한 패널연구에서는 7년 후 시간이 증가하면서 소득이 증가한다고 보고한다. 이 조사결과는 연구에 처음 참가한 200명 중 남은 106명(volunteer)의 데이터를 분석한 결과라는 점에서 자료의 편향성 문제를 피해가기 어렵다. 시간이 흐르면서 상당수의 북한출신주민들은 해외에 재이주하기도 하고 연락을 끊는 경우가 많은데 이들을 찾아내기가 어려워 패널연구를 하는 데 현실적인 어려움이 존재한다.

이와 같은 북한출신주민의 특성을 감안할 때, 패널연구 방식 외에 입국년도, 성, 연령대 변수를 기준변수로 할당표집(quota sampling)하여 북한출신주민 거주기간에 따른 동화효과를 측정하는 방식도 현실적으로 고려할만하다.

북한 비공식부문(informal sector)의 대두와 비공식일(informal work)의 등장

그간 북한노동 연구는 노동체제에 대한 제도론적 접근과 노동일상에 대한 연구로 대별할 수 있다. 경제위기가 심화되고 북한의 공장가동이 중단된 이후 북한사회는 새로운 변화에 직면하게 되었고 '노동일상 연구'가 등장한다. 이는 체제중심의 연구로는 북한노동의 새로운 변화상을 담을 수 없다고 판단하고 2000년대 중반 경부터 등장한 연구의 흐름이다. 장마당을 중심으로 새로이 노동자들의 삶이 재구성되면서 노동일상 연구가 이루어졌다. 그러나 노동일상에 대한 연구는 2000년대 후반에 오면 거의 사라진다.

필자는 고용연구방법을 적용하여 "북한주민 개개인이 현재 북한사회에서 생계유지를 위해 사적/공적 공간에서 벌이는 복잡하고도 다양한 활동을 '직업(occupation)'이라는 범주 내로 수렴해 실증적으로 분석하고자" 시도하였다. 아래 〈그림 15-2〉에서 보는 바와 같이 북한주민의 일을 크게 공식(formal work))/비공식(informal work))/이중일(both formal and informal work) 종사자의 세 가지로 분류하였으며, 이를 다시 일곱 가지 유형으로 분류하고 각 유형별 특징을 밝혔다.

〈그림 15-2〉 북한주민의 일유형(work type)

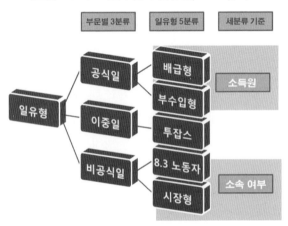

출처: 김화순,「시장화시기 북한주민의 일유형 결정요인」,『통일정책연구』, 제22권 1호(통일연구원, 2013), 85쪽.

시장활동을 통해 얻어진 비공식일 종사자들의 소득은 뇌물/부수입의 형태로 공식부문 종사자들 중 권력을 가진 일부사람들에게 강하게 이전되는 구조적 특징을 보인다. 권력을 가진 종사자들에게 '뇌물/부수입'의 형태로 이전

할 수밖에 없게 만드는 기제는 '비사회주의 검열'과 '단속'이다. '검열', '단속'은 비사회주의적 행태를 막고 사회주의적 질서회복을 명분으로 하지만, 실제로는 공식부문 종사자 중 크고 작은 권력을 가진 이들의 생계유지수단으로 기능하며, 이는 사회적으로 공공연하게 인식되고 긍정적으로 수용된다.

두 번째, 이중일 종사자집단은 공식과 비공식일의 양자를 병행하는 집단으로, 북한적 특수성을 가장 잘 보여주며, 이질적인 하위집단들로 구성되어 있다. 이중 일유형들은 본인의 시장활동이나 소토지농사, 직위로 인한 부수입, 타가구원의 수입과 같은 다양한 경로를 통해서 소득을 얻고 있다. 공식일이 가진 직업직위에서 오는 권위와 네트워크, 지식과 정보력 등을 비공식일과 연계하여 소득을 얻기 위해 작동한다.

3. 코호트 효과(cohort effect)와 동화효과(assimilation effect)의 비교: 해외 이주민 인적자본 연구가 주는 함의

이주자의 적응에 이주 전에 축적된 인적자본의 '코호트 효과(cohort effect)'가 더 큰지, 이주 후에 획득한 자본의 '동화 효과(assimilation effect)'가 더 큰지는 이주민 연구에서 논쟁적 주제로서 경험적 연구와 논의들이 활발하게 진행되어왔으며, 치스윅(Chiswick)의 연구결과를 보하스(Borjas)가 비판하면서 촉발되었다. 본 연구는 해외 이주민의 인적자본 논의에 북한출신주민의 사례를 추가하고자 한다.

해외의 이주민연구에서 동화 효과, 즉 이주 후 주거 기간을 의미하는 '시간의 효과'는 매우 강하여 시간이 흐르면 소득이 증가하고 심지어는 일정 기간이 지나면 내국인 노동자들의 소득보다 많아지기도 한다고 주장한다. 치스윅은 이주자의 적응이 이주 전에 축적된 인적자본이 아니라 이주 후에 획득한 자본에 의해 결정된다는 '동화 효과'를 주장했으며 새로운 인적자본을 축적하여 언어를 배우고 새로운 기술을 익히면 점차 소득이 높아진다고 주장했다. 이주 후 주거기간을 의미하는 '시간의 효과'는 매우 강하여 일정 기간이 지나면 심지어 내국인 노동자들의 소득을 능가하게 될 수도 있다고 주장하였다.

반면 입국자 세대가 출발지에서 지니고 오는 인적자본의 수준이 코호트 효과(cohort effect)로 작용하여 정착지에서의 동화(assimilation)의 수준이나 속도를 결정하게 된다는 상반된 주장도 있다. 보하스는 치스윅의 주장이 횡단자료에 근거한 주장으로서 이주민 세대별로 지닌 인적자본의 크기의 격차, 즉 '코호트 효과'를 고려하지 않은 채 코호트 효과까지 동화효과로 추정하는 오류를 범했다고 지적한다. 이주민의 인적자본 수준은 정착지에서의 노동시장 적응을 결정하는 중요한 변수로 작용하기 때문에, 입국자 세대가 출발지에서 지니고 오는 인적자본의 수준이 코호트 효과로 작용하여 정착지에서의 동화 수준이나 속도를 결정하게 된다는 것이다.

인적자본이론에 기반 한 북한출신주민 선행연구에서 실증분석 결과, 북한 인적자본은 학력이나 경력 할 것 없이 이주 후 남한 노동시장에서 유의한 영향을 미치지 못하는 것으로 나타났다. 이와 같이 인적자본 이론에 근거하여 북한출신주민 고용에 대한 접근하는 방식은 정착지와 이주민의 관계를 넘어 이주 전과 이주 이후 남북한을 포괄한다는 점에서 다른 이론에 비해 진일보했다고 평가할 수 있으나, 몇 가지 문제가 남는다. 가장 큰 문제는 북한의 인적자본을 대표하는 변수로 북한의 학력과 경력변수를 사용하였는데 그 변수들이 경제위기 및 체제변동 상황에서 개인이 겪었던 노동경험을 반영할 수 없었다는 점이다.

이 점에 착안하여 본 연구는 북한출신주민의 경우 북한에서 형성된 인적자본의 효과(cohort effect)를 밝히면서 남한 거주기간을 통제하여 이주민의 적응과 인적자본 논의에도 실증적인 한 사례로서 기여하고자 하였다. 이주 이전 북한에서 형성되었던 인적자본과 이주 후에 시간이 흐름에 따라 얻은 남한 인적자본이 노동시장에서 어떻게 영향을 미치는지를 모형분석을 통해 살펴볼 것이다.

본 연구의 차별성은 취업연구에서 주로 사용되는 직장경력관련 변수(직종, 근속기간)로는 공식 노동세계와 비공식 노동세계 양자를 오가면서 살아가는 북한주민의 특수한 노동경험을 담아낼 수 없다는 문제인식 하에, 북한 시장화 이후에 진전되고 있는 북한주민의 직업분화 현상과 일유형에 관한 두 개의 연구 즉 질적 연구를 통해 북한주민의 노동경험을 유형화한 새로운 변수를 만들고 양적연구를 통해 그 타당성을 검증했다는 점에 있다. 공식 직업세계와 비공식 영역인 시장 경제활동 즉 '직업/노동'을 포괄한 '일유형(work type)'이라는 개념으로, 기존의 노동연구에서 자주 사용되어온 '직장경력 근속기간' 변수를 대신하여, '북한 일유형'과 남한 고용상황 즉 소득, 취업여부, 고용형태, 기초생계급여 수급여부 간의 인과관계를 밝히는 데 사용할 것이다.

16장_ 남한에서 북한출신주민의 일자리결정요인

1. 연구 가설

본 연구는 행위주체자의 관점에서 북한출신주민의 근로생애를 보는 데에서 출발하며, 북한출신주민의 북한에서 이주 전 노동경험과 이주 이후 남한 노동시장에서의 고용상태 간의 인과관계를 밝히기 위해 〈그림 16-1〉과 같은 연구모형을 만들었다.

'북한 일유형'을 독립변수로 하고 남한에 온 이후 시간에 따른 효과를 통제하기 위해 '거주기간'과 '제3국 체류기간'을 통제변수로 투입하였으며, 남한에서의 취업상태와 소득, 기초생계급여 수급여부는 실업과 빈곤, 복지의존성 정도를 측정하기 위한 종속변수가 된다. 여기서 거주기간별 동화효과를 측정하기 위해 입국연도별로 할당표집한다. 연구모형 및 연구가설은 아래와 같다.

[북한 일유형 효과]

앞서의 선행연구 논의를 기초로 북한 일유형(work type)에 따라 남한사회에서 일자리(취업, 소득)가 달라질 것이라고 가정한다. 또한 북한 일유형에

〈그림 16-1〉 북한 일유형이 북한출신주민 고용에 미치는 영향

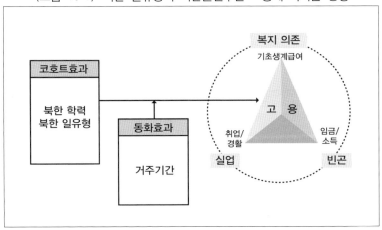

따라 국가복지에 대한 의존수준도 달라질 것이라고 가정하고, 선행연구에서 가장 중요한 변수로 지적되어왔던 남한에서의 거주기간 변수를 통제하기로 한다.

〈코호트효과〉

가설 1. 시장활동경험이 많은 유형일수록 남한에서 취업여부에 정(+)의 영향을 미칠 것이다.

가설 2. 시장활동경험이 많은 유형일수록 남한에서 소득에 정(+)의 영향을 미칠 것이다.

가설 3. 시장활동경험이 많은 유형일수록 남한에서 기초생계비 수급에 부(-)의 영향을 미칠 것이다.

〈동화효과〉

가설 4. 남한 거주기간은 남한에서 고용(취업, 소득)에 유의한 정(+)의 영

향을 미칠 것이다.

가설 5. 남한 거주기간은 남한에서 복지의존성에 유의한 정(+)의 영향을 미칠 것이다.

자료의 분석 시 특히 유의 깊게 살피고자 하는 점은 비공식일 경험이 남한 노동시장에서 고용에 어떤 영향을 미치며 어떤 양상으로 구현되는가이다. 이는 그간 단일하게 파악해온 북한출신주민 집단을 유형화하여 현재와 같은 획일적 정착지원정책의 한계를 넘어서는 데 중요한 계기를 제공한다는 정책적 의미를 지닌다.

1) 변수의 정의 및 측정

이 연구에서 가장 중요한 핵심변수인 북한주민의 노동경험을 나타내는 지표인 '일유형'을 공식일, 비공식일, 이중일로 분류하여 학력과 함께 독립변수로 사용하였다.

종속변수는 임금, 취업여부, 기초생계급여 여부를 사용하였으며, 통제변수로는 거주기간과 인구학적 특성을 사용한다. 본 분석에 사용한 주요변수는 〈표 16-1〉과 같다.

■ 독립변수: 인적자본 요인
• 학력

고등중학교 미만, 고등중학교 졸업, 전문학교 졸업, 대학교 졸업의 네 종류로 구분하여 범주형 변수로 사용하였다.

• 일유형

'일유형'은 북한의 특수성을 반영한 것으로 공식부문, 비공식부문, 공식부

〈표 16-1〉 주요 변수에 대한 설명 및 속성

	변수명		변수 설명(변수 값)	속성
독립 변수	인적자본	북한 일유형 (work type)	공식일(1), 이중일(2), 비공식일(3). 무직 및 비경활(4)	범주형
		교육수준	고등중학교 미만(1), 고등중학교 졸업(2)전문학교 졸(3), 대졸(4)	범주형
통제 변수	인구학적 특성	성	남성(1), 여성(2)	범주형
		연령(세)	만 나이	연속형
	거주기간	입국연도	2000~2009	연속형
	제3국 체류기간	제3국 체류기간	개월	연속형
종속 변수	임금	임금로그	임금근로자인 경우 한달에 받는 임금(단위: 원)	연속형
	취업여부	취업	취업(1), 미취업(0)	범주형
	기초생계급여	기초생계비 수급여부	수급(1), 미수급(0)	범주형

문과 비공식부문을 병행하는 현재의 북한주민들의 일 상태를 분류하는 개념으로, 북한 주민의 일은 공식일 유형(formal work type)과 비공식일 유형(informal work type), 이중일 유형(both formal and informal work type)의 세 가지로 나누어진다. 공식일 종사자들은 시장에 직접 참여하지 않고, 비공식일 종사자들은 시장에 전적으로 참여하며, 이중일 종사자들은 직장에 다니면서 동시에 시장에 부분적으로 참여하여 활동한다.

■ 통제변수 : 인구학적 요인

• 성과 연령을 변수로 사용하였다. 성별은 남성(=0), 여성(=1)으로 구분하여 범주형 변수로 사용하였고, 연령은 연속변수로 사용하였다.

• 이주요인 : 탈북연도와 입국연도를 이주요인으로 사용하였다. 탈북연도는 1989년부터 2009년도까지 입국년도는 2000~2009년까지 해당한다. 입국연도는 거주기간을 나타내는 지표로 사용한다.

제3국 체류기간(연속형, 개월)과 제3국 체류 시 경제활동여부(경제활동 시

=1, 범주형)

■ **종속변수**
• 취업여부: 남한에 와서 현재 사업장에 취업하고 있는 지 여부.
• 임금: 취업해서 일하는 임금근로자의 경우 임금이 얼마인지 개방형으로 질의한 후에 연속형 변수로 사용하였는데, 로그값을 취하였다.
• 기초생계수급 여부: 기초생계급여를 받고 있는 경우와 생계급여를 받지 않는 경우가 있다. 범주형 변수이다.

■ **분석방법**
〈가설 1〉을 분석하여 취업결정요인을 도출하기 위해 취업여부가 범주형 변수(categorical variable)이므로, 이항로짓분석(binary logit analysis)을 사용하였으며, 〈가설 2〉의 경우 임금에 미치는 영향요인을 알기 위해 종속변수가 연속형 변수(continous variable)이므로, 다중회귀분석(multiregression analysis)으로 추정하였다. 〈가설 3〉은 기초생계급여 결정요인을 추정하기 위해 범주형 변수인 기초생계급여 여부를 종속변수로 하여 이항로짓분석을 하였다.

2) 조사 개요 및 자료

서울시 거주 북한출신주민 413명 조사결과에 대한 추적조사와 분석을 통해 노동경험이 남한사회에서 고용(취업, 임금, 고용형태)에 미친 영향을 밝히고자 한다. 이 자료의 가장 큰 장점은 입국연도별로 할당표집을 한 데 있다. 서울시에 거주하는 4,134명을 대상으로 10%에 해당하는 사람을 성별, 연령대, 입국년도라는 세 가지를 기준 변수로 하여 모집단 인원에 비례하여 할당표집하였다(〈부표 16-1〉 참조). 표본의 인구학적 특성을 성별로 살펴보면,

연령대별로는 남자는 20대(34.8%), 여자는 30대(38.4%)가 가장 많고, 남녀 모두 50대 이상이 가장 적다. 평균 연령(37.0세)은 여자가 다소 높은 편이다.

〈표 16-2〉 북한에서의 노동경험 유형분석을 위한 원자료(raw data)

(단위: 명)

자료 원천	인원	항목	조사 시점	정보
서울시 거주자	413	서울시 거주 입국년도별(2000~2009) 할당표집 자료	2010.8~10 시점	공식/비공식 영역에서의 북한, 제3국, 남한에서의 종사 직종, 업종, 직업, 직위
	413	413명의 직업훈련 및 고용보험 이력을 결합	2010.11 시점	

〈표 16-3〉 표본의 인구학적 특성

(단위: 명, 세, %)

		남자		여자		전체	
		명	%	명	%	명	%
연령	20대	46	34.8	67	23.8	113	27.4
	30대	36	27.3	108	38.4	144	34.9
	40대	34	25.8	76	27.0	110	26.6
	50세이상	16	12.1	30	10.7	46	11.1
평균연령		36.73		37.11		36.99	
혼인상태	미혼	62	47.0	105	37.4	167	40.4
	기혼	51	38.6	108	38.4	159	38.5
	기타	19	14.4	68	24.2	87	21.1
북한학력	고등중이하	25	18.9	34	12.1	59	14.3
	고등중졸업	73	55.3	192	68.3	265	64.2
	전문학교 이상	34	25.8	55	19.6	89	21.5
탈북연도	2000년이전	50	37.9	112	39.9	162	39.2
	2000~2004년	36	27.3	88	31.3	124	30.0
	2005~2009년	46	34.8	81	28.8	127	30.8
입국연도	2000~2004년	68	51.5	103	36.7	171	41.4
	2005~2009년	64	48.5	178	63.3	242	58.6
소계		132	100.0	281	100.0	413	100.0

<표 16-4> 변수의 기초통계량

		사례수	최소값	최대값	평균	표준편차
성(남성=1)		413	.00	1.00	.3196	.46689
연령(세)		413	20	59	36.99	9.431
탈북년도		413	1989	2009	2001.79	3.952
남한 입국년도		413	2000	2009	2005.17	2.584
혼인여부(미혼자=1)		413	.00	1.00	.4044	.49136
북한학력	고등중미만	413	.00	1.00	.1429	.35035
	전문학교 이상	413	.00	1.00	.2155	.41166
북한 일유형	공식일	413	.00	1.00	.3898	.48830
	이중일	413	.00	1.00	.2494	.43319
	비공식일	413	.00	1.00	.0993	.29939
북한 경제적수준	상층	413	.00	1.00	.1332	.34017
	중층	413	.00	1.00	.3245	.46874
	하층	413	.00	1.00	.3196	.46689
제3국 체류기간(개월)		413	.00	174.00	40.7361	36.55254
제3국에서의 활동(경제활동=1)		413	.00	1.00	.3656	.48219
기초생계비 수급자		413	.00	1.00	.5714	.49547
직업훈련 받음		413	.00	1.00	.5182	.50028
자격증 취득		413	.00	1.00	.3632	.48150
구직등록 경험 있음		413	.00	1.00	.3753	.48479
취업보호 서비스 받음		413	.00	1.00	.1622	.36911
일자리 알선 받음		413	.00	1.00	.2034	.40301
조사시점 현재 취업자		413	.00	1.00	.3487	.47713
취업 유경험자		413	.00	1.00	.6416	.48010

　　혼인상태별로는 남자의 경우 미혼(47.0%)이 상당히 큰 비중을 차지하는 반면, 여자는 기혼(38.4%)의 비중이 다소 높기는 하지만 미혼(37.4%)과 거의 차이가 없는 것으로 나타났다. 배우자의 국적을 보면 복합적인 혼인분포를 보여준다(부표 참조). 남성은 배우자가 북한국적 비중이 72.9%이고 남한 10.0%, 기타 국적 순이지만, 여성은 북한국적은 47.2%에 불과하고 조선족 21.0%, 남한 17.2%, 한족 5.1%순으로 나타났다. 탈북년도가 빠를수록 조선족이나 한족과 혼인한 비율이 높다. 다음으로 조사대상자의 북한학력을 살펴보면, 남녀 모두 고등중학교 졸업(남 55.3%, 여 68.3%)에 해당하는 집단의 비

중이 가장 높고, 다음으로 전문학교 이상(남 25.8%, 여 19.6%)으로 이 두 집단이 차지하는 비중이 80% 이상을 차지하고 있다. 조사대상 북한출신주민의 탈북시기를 보면 남녀 모두 2000년 이전에 탈북한 사람들의 비중(남 37.9%, 여 39.9%)이 가장 높은 것으로 나타났다.

북한출신주민의 입국시기를 살펴보면, 남자는 2004년 이전에 입국한 사람들의 비중(51.5%)이 그 이후에 입국한 사람들의 비중(48.5%)보다 다소 높은 것으로 나타난 반면, 여자의 경우에는 2005년 이후에 입국한 사람들의 비중(63.3%)이 압도적으로 높아 최근에 올수록 입국자 집단 중 여성비율이 높다는 것을 보여준다.

경제활동인구는 46.5%(192명)이고, 비경제활동인구는 53.5%(221명)으로 비경제활동 인구가 7%가량 더 많다. 경제활동 인구는 다시 임금근로자(34.7%)와 비임금근로자(2.2%) 및 실업자(11.6%)로 나누어지며, 취업자는 34.9%(144명)이고, 실업자 비율은 11.6%(48명)으로 전체 국민 실업률에 비해 3.5배가량 높게 나타났다.

2. 남한에서 북한출신주민의 일자리 결정요인

1) 취업결정요인

아래 〈표 16-5〉은 절차에 따라 북한 요인(일유형, 학력, 계층)이 남한에서 북한출신주민 취업에 미친 영향을 살펴보기 위하여 이항로짓분석으로 추정한 결과이다.

〈표 16-5〉 취업결정요인: 이항로짓분석

항목	〈모형 1〉 인적특성			〈모형2〉 북한요인			〈모형3〉 거주기간		
	추정 계수	표준 오차	유의 확률	추정 계수	표준 오차	유의 확률	추정 계수	표준 오차	유의 확률
인구학적 요인									
남성	0.785	0.223	***	0.908	0.238	***	0.853	0.248	***
연령	0.147	0.12		-0.107	0.139		-0.186	0.146	
기혼	-0.421	0.244	*	-0.219	0.253		-0.193	0.257	
북한요인									
고등중졸더미				0.649	0.43		0.751	0.435	*
전문이상더미				1.113	0.489	**	1.244	0.497	**
경제계층									
상층더미				0.359	0.383		0.455	0.397	
중층더미				-0.365	0.307		-0.281	0.319	
하층더미				-0.276	0.306		-0.238	0.311	
일유형									
공식일더미				0.729	0.358	**	0.885	0.367	**
이중일더미				1.06	0.372	***	1.187	0.38	***
비공식일더미				1.453	0.448	***	1.614	0.461	***
거주기간									
제3국 체류기간							0.003	0.003	
남한 거주기간							0.009	0.004	**
상수항	-1.06	0.346	0.002	-1.863	0.502	0	-2.608	0.591	***
-2 Log 우도	515.476			486.960			479.963		
Cox와 Snell의 R-제곱	0.044			0.108			0.123		

주: 10%, ** 5%, ***는 1% 신뢰수준에서 유의함.
기준범주: 남성, 기혼자, 학력은 고등중학교 미만. 일유형은 비경활, 경제적 계층은 기타.

분석결과를 살펴보면 〈모형 1〉은 종속변수를 취업여부로 하고 인적요인 즉 성, 연령, 혼인여부 변수를 투입한 결과이다. 〈모형 2〉는 북한요인이 취업에 미치는 효과를 추정한 결과 계수값은 뚜렷하게 유의하게 나타났다. 즉, 북한에서 경제적 계층, 북한 일유형을 투입한 결과, 북한의 학력, 북한 일유형이 취업에 유의한 정(+)의 영향을 미친 것으로 나타났다. 여성에 비해 남성의 취업확률이 높고 고등중졸업자에 비해 고등중학교 이하는 미취업확률이 증가하고 전문학교이상은 취업확률이 증가해 북한 학력수준이 높을수록 취업확률이 증가한다. 북한에서 경제활동을 하지 않는 집단에 비해 경제활동을 한 사람들이 남한에서도 취업해 있을 확률이 증가한다.

본 논문의 관심변수인 북한 노동경험 즉 일유형별로 보면, 시장에 참가하여 비공식일을 한 경우 취업할 확률이 가장 높았으며, 그 다음으로는 이중일)공식일의 순으로 취업확률이 높았다. 이는 북한에서 시장경험을 많이 가질수록 남한에 온 이후에 취업확률이 높아지는 흥미로운 결과가 나타나고 있다.

〈모형 3〉은 인적요인, 북한 요인 외에 남한 거주기간과 제3국 체류기간 변수를 통제하여 북한의 일유형별로 거주기간에 따라 취업효과가 달라지는지를 추정하였다. 제3국 체류기간(월), 남한거주기간(월) 변수를 추가하여 남한에서 취업에 미친 효과를 분석한 결과를 살펴보면, 여성에 비해 남성의 취업확률이 높고 고등중학교나 전문학교이상은 취업확률이 증가한다. 북한 학력수준이 높을수록 취업확률이 증가하는 현상이 여전하며, 일유형이 취업에 미치는 효과는 계수값을 〈모형 2〉의 결과와 비교해본 결과 취업효과가 약간 더 크다.

〈모형 2〉처럼 북한에서 시장에서 일한 경험이 많은 유형일수록 취업할 확률은 더 커지고 유의도 역시 높아지는 경향을 뚜렷하게 보인다. 동화효과를 알기 위해 남한거주기간과 제3국 체류기간을 변수로 사용하였다. 제3국 체류기간은 취업에 유의한 영향을 미치지 못했으며, 남한 거주기간은 유의한 영향을 미쳤는데(p=0.013<.05), 계수값은 그리 크지 않다. 결론적으로 북한출신주민이 북한에서 어떤 일을 했느냐가 남한에 온 이후 취업에 크게 영향을 미치고 있음을 시사한다.

2) 임금효과

〈표 16-6〉은 본 고용실태 조사에 참가한 임금근로자라고 응답한 135명을 대상으로 하여 임금에 영향을 미친 요인들은 OLS로 추정한 결과이다. 종속변수를 로그임금값으로 변환하고, 독립변수로 북한 일유형을 비롯한 북한요인을 투입하였으며, 통제변수로 인구학적 요인과 거주기간, 정착제도 요인을 투입하여 다중회귀 분석을 하여 임금효과에 영향을 미치는 요인을 알아보았다. 성과 북한의 학력, 남한 거주기간은 임금에 유의한 양(+)의 영향을 미쳤다. 그러나, 기초생계급여의 수급은 임금에 유의한 음(-)의 영향을 미쳤다. 그러나 본 연구에서 주목하는 북한 일유형은 공식/비공식/이중일을 막론하고 임금에 유의한 영향을 미치지 않았으며, 심지어 공식일유형은 유의하지는 않지만 음(-)의 영향을 미치는 것으로 나타났다. 북한에서의 일유형이 취업에는 양(+)의 영향을 주지만, 왜 임금에는 영향을 미치지 않는지 후속연구를 통해 밝히는 것이 필요하다.

그 이유로 한 가지 생각해볼 수 있는 것은 북한에서 시장활동에 종사하던 사람들은 적극적인 태도를 가지고 남한 노동시장에 보다 쉽게 진입하는 경향이 있으나, 실제로는 북한의 시장의 성격이나 기능이 자본주의 사회 시장과는 차이가 커 직장에 들어간 이후에는 북한의 비공식일 종사자들이 지닌 업무상의 기능이나 태도와 같은 북한특수적 인적자본이 남한 직장에서 전용가능하지 않아 임금 수준에 반영되지 않을 수도 있다. 단, 북한 학력이 남한 직장의 임금에 영향을 주었다는 점은 북한의 학력이 북한 시장경제활동경험을 반영한 일유형보다 남한 노동시장에서 유용한 인적자본으로 평가된다고 잠정적으로 해석해볼 수 있을 것이다. 흥미로운 사실은 남한의 대학교육 학력이 비록 유의하지는 않으나 임금에 음(-)의 영향을 미치는 것으로 나타난 점이다.

〈표 16-6〉임금 효과: 다중회귀분석

항목	B	Std. Error	Beta	Sig.
(Constant)	4.393	.190		0.000***
인구 및 이주 요인				
남성더미	0.311	0.073	0.338	0.000 ***
연령	-0.054	0.047	-0.105	0.254
기혼자더미	-0.120	0.082	-0.125	0.146
북한요인				
고등중학교 미만	0.488	0.156	.516	0.002**
전문학교 이상	0.656	0.165	.654	0.000 ***
북한 일유형				
공식일	-0.124	0.132	-0.134	0.350
이중일	0.029	0.131	0.029	0.827
비공식일	0.028	0.143	0.022	0.843
북한 경제적 계층				
상층 더미	-0.139	0.114	-0.117	0.227
중층 더미	-0.033	0.098	-0.033	0.737
하층 더미	0.071	0.091	0.072	0.435
남한거주 및 이주				
제3국 체류기간	-0.001	0.001	-0.047	0.571
남한 거주기간	0.002	.001	0.138	.070*
기초생계비 수급자더미	-0.496	0.088	-0.410	0.000 ***
직업훈련 받음더미	0.022	0.110	0.025	0.838
남한 대학	-0.235	0.387	-0.044	0.545
수정 R2	0.357			
F값	5.382***			
사례수	135			

주: 10%, ** 5%, ***는 1% 신뢰수준에서 유의함.
기준범주: 남성, 기혼자, 학력은 고등중학교 미만. 일유형은 비경활, 경제적 계층은 기타.

이는 그간 북한출신주민의 대학교육을 위해서 특례입학뿐 아니라 전액 장학금과 기초생계급여를 제공하는 등 많은 재원을 투여해왔음에도 불구하고 이 연구에서 이 같이 부정적인 결과가 나타난 이유를 밝히고자 한다면, 졸업/중도탈락/재학중을 구분하는 세분화된 변수를 만들 수 있는 추가적 조사연구가 필요하다.

3) 기초생계급여 결정요인

〈표 16-7〉는 이항로짓분석으로 기초생계급여 여부에 미치는 효과를 추정한 결과이다. 본 고용실태 조사에 참가한 413명을 대상으로 하여 종속변수로 기초생계급여 여부를 취하였다.

〈표 16-7〉 기초생계수급 결정요인: 이항로짓분석

항목	모형 1 인적특성			모형 2 북한 요인			모형 3 거주기간		
	추정 계수	표준 오차	유의 확률	추정 계수	표준 오차	유의 확률	추정 계수	표준 오차	유의 확률
인구학적 요인									
남성	-0.635	0.215	***	-0.695	0.222	***	-0.591	0.24	***
연령	-0.08	0.115		0.001	0.132		0.163	0.144	
기혼	0.18	0.23		0.093	0.237		0.006	0.249	
북한 요인									
고등중졸				0.083	0.355		-0.156	0.372	
전문이상				-0.003	0.422		-0.285	0.445	
상층				-0.234	0.363		-0.433	0.391	
중층				0.166	0.285		0.025	0.306	
하층				0.167	0.285		0.122	0.299	
공식일				-0.313	0.322		-0.67	0.345	0.052*
이중일				-0.672	0.337	**	-1.001	0.361	0.005***
비공식일				-0.929	0.419	**	-1.336	0.455	0.003***
제3국 체류기간							-0.004	0.003	
남한 거주기간							-0.021	0.004	0.000***
상수항	0.602	0.33	0.069	0.736	0.427	0.085	2.397	0.548	0
-2 Log 우도	553.984			545.219			509.209		
Cox와 Snell의 R-제곱	0.024			0.045			0.124		

주: 10%, ** 5%, ***는 1% 신뢰수준에서 유의함.
기준범주: 남성, 기혼자, 학력은 고등중학교 미만. 일유형은 비경활, 경제적 계층은 기타.

〈모형 1〉은 인적특성이 기초생계수급에 미친 영향을 추정한 결과이다. 남성, 연령, 혼인여부 변수를 투입하였는데 남성일수록 기초생계수급자일 확률이 낮았다.

〈모형 2〉는 북한 요인이 기초생계급여 수급에 미치는 영향을 추정한 결과이다. 인적 요인 외에 북한 일유형을 비롯한 북한의 학력, 북한 경제적 계층 등 북한요인을 투입하였다. 그 결과, 북한에서 시장 일을 해온 이중일이나 비공식일 유형에 속한 사람일수록 기초생계급여자일 확률이 낮아졌다. 북한에서 공식일을 했던 경우에도 추정계수가 음(-)의 값으로 기초생계수급자일 확률을 낮추었지만 이는 통계적으로 유의하지 않았다.

〈모형 3〉은 이주 이전의 요인 외에 탈북 이후 요인들, 제3국 체류기간과 남한거주기간들을 통제하였다. 여전히 북한일유형은 생계급여 수급에 통계적으로 유의한 음(-)의 영향을 미치고 있었다. 시장활동 참여가 많을수록 영향이 더 커 비공식일 〉 이중일 〉 공식일의 순으로 수급자일 확률이 낮았다. 남한 거주기간도 유의한 음(-)의 영향을 미치고 있었다. 여전히 남성일 경우 국민기초생활보호대상자일 확률이 낮았다.

3. 코호트효과와 동화효과

본 연구는 이제까지 북한출신주민의 고용부진 이유로 주목되지 않았던 북한에서 노동경험에 주목하여 북한출신주민의 북한 일유형과 남한에서 고용에 미치는 영향 간의 인과관계를 파악하고자 하였다. 이주 전 인적자본의 고용효과(코호트 효과, cohort effect)와 이주 후 인적자본(동화효과, assimilation effect)의 고용효과도 살펴보았다. 먼저 북한의 일유형과 학력이 남한에서 고용에 미치는 영향을 중심으로 '북한 일경험'이 북한출신주민의 고용에 어떤 영향을 미치는지 살펴보기 위해 3개의 가설을 만들었다.

1) 코호트효과: 북한 '일유형'과 남한 '고용' 간의 인과관계

처음에 연구자의 문제의식은 "북한에서 북한출신주민 개인별 일경험(work experience)의 차이가 남한에 온 이후 시장경제 적응능력에 차이를 가져올 것인가?"였다. 이는 북한 시장의 발달과 함께 북한주민 개인의 일경험에 따라 노동시장 적응능력에도 차이가 있을 것으로 생각되었기 때문이다. 예상하기로는 북한의 시장에서 경제활동을 전업적으로 해온 비공식 일 종사자들이 취업도 잘 하고 임금도 높으며, 기초생계비 수급율도 낮을 것이라고 생각되었다. 그래서 북한 일유형은 독립변수로 정하였고 남한 노동시장에서 취업여부와 임금수준, 기초생계비 수급여부를 종속변수로 선정하였다. 이러한 문제의식은 아래와 같이 가설 1과 가설 2, 가설 3으로 만들었다.

가설 1. 북한에서 시장활동 경험이 많을수록, 북한 학력이 높을수록 남한에서 취업에 양(+)의 영향을 미칠 것이다.
가설 2. 북한에서 시장활동 경험이 많을수록 학력이 높을수록 남한에서 임금에 양(+)의 영향을 미칠 것이다.
가설 3. 북한에서 시장활동 경험이 많을수록 학력이 높을수록 남한에서 기초생계비 수급에 음(-)의 영향을 미칠 것이다.

가설 1을 추정한 결과 북한 일유형과 학력 모두가 남한에서 취업에 양(+)의 영향을 미치는 현상이 뚜렷하게 나타났다. 흥미로운 사실은 시장활동이 많은 일 유형의 순으로(비공식 〉 이중 〉 공식일유형) 취업할 확률이 높았다. 남성인 경우 취업할 확률이 높아졌고, 기초생계급여는 취업확률을 유의하게 낮추었다. 먼저 북한 요인의 취업효과를 보면, 북한 일유형과 학력 모두가 남한에서 취업에 양(+)의 영향을 미치는 현상이 뚜렷하게 나타난다. 흥미로운 사실은 시장활동이 많은 일유형의 순으로(비공식 〉이중 〉공식일유형) 취업할 확률이 더 높았다는 점이다. 또, 남성인 경우 취업할 확률이 높아졌고, 거주기간과 기초생계급여는 취업확률을 유의하게 낮추었다.

그러나 두 번째 가설인 일유형의 임금효과를 보면, 북한에서 시장활동 경험이 많은 일유형이 남한에서 임금에 유의한 영향을 미치지 못하였다. 단, 북한의 학력은 임금에 양(+)의 영향을 미쳤다.

세 번째 가설인 일유형의 기초생계비 수급효과를 보면, 북한시장에서 일경험이 많을수록 생계급여 수급자가 될 확률을 낮추었으나, 북한의 학력은 생계급여에 유의한 영향을 미치지 않았다.

2) 동화효과: 거주기간이 미치는 영향

남한에서의 동화효과를 검증하기 위해 두 개의 가설을 만들었으며, 남한 거주기간을 투입하여 동화효과를 살펴본 결과 이 두 개의 가설은 다 입증되었다.

가설 4. 남한 거주기간이 증가할수록 남한에서 고용(취업, 소득)에 유의한 양(+)의 영향을 미칠 것이다.
가설 5. 남한 거주기간이 증가할수록 생계급여수급자일 확률은 낮아질 것이다.

남한 거주기간은 취업이나 임금 모두에 양(+)의 영향을 미치고 있었다. 이는 남한에 이주한 이후 시간의 증가에 따라 취업할 확률이 높아지고 임금도 조금씩이나마 높아진다는 사실을 의미한다. '거주기간의 계수값은 음(-)의

값으로 남한 거주기간이 증가할수록 생계급여수급자일 확률을 낮아질 것이다'라는 가설도 입증되었다. 남한 거주기간이 증가할수록 취업이나 임금 모두에 양(+)의 영향을 미쳤으나, 거주기간이 증가할수록 기초생계급여 수급자일 확률을 낮추었다.

4. 요약 및 정책적 함의

그간 남한 노동시장에서 북한출신주민의 고실업, 저임금 등 고용부진 상황은 그 원인을 둘러싸고 많은 논의를 촉발하였다. 선행연구들은 고용문제의 원인으로 북한출신주민 자신의 취약성, 취업의지나 남한사람들의 편견이나 배제 등을 지목해왔지만, 북한에서 북한출신주민의 일경험이 현재 고용에 미치는 영향은 간과되었다. 이러한 문제의식으로 필자는 북한주민의 일경험에 주목해왔는데, 이 연구는 "북한주민의 일자리 유형연구"와 "시장화시기 북한주민의 일유형 결정요인연구"를 잇는 세 번째 연구이자 세 편의 연구를 마무리하는 연구이다.

입국년도, 성, 연령대를 기준변수로 하여 할당표집한 서울시 거주 북한출신주민 413명의 조사자료를 이항로짓, 다중회귀 분석한 결과, 북한 일유형과 학력 변수 모두가 남한에서 북한출신주민의 취업에 유의한 양(+)의 영향을 미치고 있었다. 흥미로운 점은 북한 시장경제활동이 많은 일유형일수록(비공식>이중>공식일유형) 남한에서 취업확률이 높았다. 일반적인 예상과는 달리 북한에서 공식일 경력을 가졌던 사람들의 취업확률이 가장 낮았다. 또한 북한에서 시장경제활동 경험이 많은 일유형일수록 기초생계수급자일 확률이 낮아 비공식일 종사자들의 국가의존도가 공식일/이중일 종사자보다 낮은 것으로 나타났다.

결론적으로 이 연구는 이주 이전 '북한에서 일 유형(work type)'과 이주 이후 '남한에서 고용(employment)' 간에는 통계적으로 유의한 인과관계가 존재하며, 북한에서 공식일/비공식일/이중일을 했는지에 따라 남한에서 취업과 기초생계수급 여부가 유의하게 달라진다는 점을 실증적으로 밝히고 있다.

이 연구에서 무엇보다 중요한 발견은 북한 시장에서 일했던 일경험이 남한 노동시장에서도 경제적 적응력을 유의하게 높였다는 연구결과이다. 즉, 북한 시장에서 일경험이 많았던 유형일수록 취업이나 기초생계급여 탈피에 긍정적으로 작용하고 있었다. 비록 북한의 시장화가 우리가 이야기 하는 의미의 시장경제와는 거리가 멀지만, 그럼에도 불구하고 북한주민 개개인이 보유한 시장에서의 일경험은 인적자본으로 기능하면서 시장경제 적응능력에 차이를 보이고 있었다. 이는 북한주민 전체를 한 덩어리(One size all fit)로 보아서는 안 된다는 점을 시사한다. 북한 시장에서의 일에 참여했던 수준에 따라 남한 노동시장에서 적응하는데 차이를 보인다는 결과로 미루어 볼 때, 북한 장마당 등 시장에서 일했던 북한출신주민의 일경험이 남한에서 인적자원으로서 북한의 공식 직업경험보다 더 유용하게 활용될 수 있음을 시사한다. 앞으로 북한 시장화가 보다 진전된다면 북한주민의 인적자원이나 시장 적응력 또한 향상될 것이라고 전망된다.

현행 통일부의 북한출신주민 직업통계 분류를 보면, 무직이나 부양자의 비중이 절반 이상을 차지한다. 북한 비공식 일 종사자들은 대한민국 입국이후 직업 통계분류과정에서 무직자로 치부되고 있는바, 그간 정부는 북한 비공식일 종사자들을 무직자로 분류해왔던 기존의 북한출신주민 직업분류방식을 재검토해야 할 것이다.

반복하여 다시 말하건대 이 연구의 중요한 학술적 의의는 북한의 시장에서 경제활동에 참여한 일경험이 남한의 노동시장에서 취업률을 높이고 국가에 대한 의존도를 낮추었다는 발견이다. 이는 북한 인적자원개발 측면에서도 개혁개방을 통한 북한 시장화가 매우 중요하다는 원칙을 실증적으로 확인해준다. 이는 통일 전후 고용정책을 수립하는 데 있어 중요한 정책적 함의를 준다.

그러나 본 연구를 통해 발견된 새로운 문제도 있다. 비록 북한시장에서 일경험이 취업에 긍정적인 영향을 주었다 할지라도 노동자 개인별 임금차이로까지는 반영되지 않는 이유는 무엇인가? 이 문제를 어떻게 해석해야 할 것인가? 여기에는 두 가지 해석이 가능하다.

첫 번째 해석은 분단노동시장 가설의 관점에 의한 해석이다. 북한 시장에서 일한 경험은 남한 노동시장에 진입할 확률을 높이지만 북한출신주민이 진입 가능한 시장은 저임금 저기능의 주변부 노동시장으로 제한되며, 주변부 노동시장에서 하는 일은 단순 노무 일, 저기능의 일이 대부분으로 주변부 노동시장의 특성상 북한출신주민의 일경험의 질적 수준에 따라 보상을 차별적으로 해주는 시장이 아니어서 임금효과로 이어지지 못한다는 것이다. 채용기업체 실태조사 연구는 이 같은 해석을 실증적으로 뒷받침하고 있는데, 북한출신주민 채용기업체들은 대부분 '오려는 사람 자체가 없는' 인력부족업체로(47.0%), 100개 기업 중 북한출신주민을 가장 많이 채용한 기업체의 채용기준은 '신체 건강하고 일할 의사만 있으면'이었다.

두 번째 해석은 비록 북한에서 비공식일 종사자들이 시장을 중심으로 경제활동을 활발하게 하고 인적자본을 축적했다 할지라도 그와 같은 일경험은 남한 노동시장에서 직장에 취업할 때 활용되기에는 적합지 않아 임금효과로 이어지지 못한다는 해석이다. 이주로 인한 '인적자본의 이전장벽(transfer barrier of human capital)'이 있어, 북한 특수적 인적자본이 남한에서 통용되기에는 한계가 존재한다는 주장이다. 그러나 북한 고학력 전문직에 대한 유일한 선행연구에 의하면, 북한의 교사나 부기(회계)와 같은 고학력 전문직 집단의 경우에도 인적자본의 이전장벽을 논하기에 앞서 식량위기 이후 기업소의 가동중단 등으로 북한의 공식 직장생활에서 인적자본을 형성한 기회가 없었다고 진술하고 있다. 그러나 이들은 공식일 종사자들이기 때문에 시장을 주요 공간으로 활동한 사람들은 아니다. 시장화 세력인 비공식일 종사자들이 북한의 시장에서 어떻게 일하면서 경력을 형성해나갔는지 후속연구의 과제로 삼을 필요가 있다.

비공식일 종사자들의 취업이 임금효과로 이어지지 않는 이유가 첫 번째 분단노동시장 가설의 해석처럼 북한출신주민이 속한 노동시장의 구조에 의한 것인지, 아니면 두 번째 인적자본이론 관점에 의한 해석처럼 인적자본 이전장벽 때문인지 아직 결론내리기에는 이르다. 그러나 분명한 점은 정부가 남한 북한출신주민 취업현장에서 이들 북한출신주민 비공식일 종사자들의 취업의지가 임금효과까지 연결될 수 있도록 보다 적극적인 인적자원 개발 및 고용정책 방안을 보다 적극적으로 모색하여야 한다는 점이다.

〈부표16-1〉 본 조사에 사용한 표집안

입국 년도	계	성별		연령별							
				20대		30대		40대		50대	
		남	여	남	여	남	여	남	여	남	여
2000	162	90	72	18	16	21	27	33	19	18	10
				2	2	2	3	3	2	2	1
2001	229	115	114	32	22	39	40	31	33	13	19
				3	2	4	4	1	9	1	2
2002	439	196	243	61	43	58	103	55	67	22	30
				6	4	6	10	5	6	2	3
2003	366	134	232	48	58	34	78	34	71	18	25
				5	6	3	8	3	7	2	2
2004	569	173	396	67	79	38	144	49	131	19	42
				6	8	4	14	5	13	2	4
2005	368	113	255	44	60	24	105	32	71	13	19
				4	6	2	10	3	7	1	2
2006	504	126	378	48	89	25	173	39	89	14	27
				5	9	2	17	4	9	1	3
2007	614	153	461	63	121	42	174	36	127	12	39
				6	12	4	17	3	12	1	4
2008	465	128	337	40	104	39	121	29	85	20	27
				4	10	4	12	3	8	2	3
2009	418	109	309	46	98	29	115	26	70	8	26
계	4,134	1,337	2,797	4	10	3	11	3	7	1	3
				45	69	34	106	36	80	15	27

* 표본은 2000~2009년 12월 31일 사이에 입국한 자 중 서울시내에 거주하는 4,134명의 모집단을 대상으로 하여 표집함.

참고문헌

1부 북한 노동사회와 생존의 정치

1장 북한사람들이 사는 법

김수암 · 김국신 · 김영윤 · 임순희 · 박영자 · 정은미 외, 『북한주민의 삶의 질: 실태와 인식』, 통일연구원, 2011.

권영경, 「'2012년 체제' 구축전략과 북한경제의 변화」, 『북한경제리뷰』 2010년 3월호, 한국경제개발원.

김병연, 「북한경제의 시장화」, 윤영관 · 양운철 편집, 『7 · 1경제관리개선조치 이후 북한 경제와 사회』(한반도평화연구원총서 2), 한울, 2009.

김병연 · 양문수, 『북한경제의 시장과 정부』, 서울대학교 출판부, 2012.

김화순, 「북한이탈주민의 직업변동」, 박성재 외, 『북한이탈주민의 직업변동과 취업지원제도 평가』, 한국노동연구원. 2011.

김화순, 「북한주민의 일자리유형 연구」, 『북한연구학회보』 제17권 2호, 2012.

김화순, 「시장화시기 북한주민의 일유형 결정요인」, 『통일정책연구』 제22권 1호. 2013a.

김화순, 「북한주민의 직업실태와 의식」, SSK토론회, 2013b.

노귀남, 「북한 여성의 의식 변화와 평화소통의 길」, 『2010년 만해축전 학술심포지엄 자료집』(2010.8.12), 동북아미시사회연구소, 2010.

박영자, 「2003년 〈종합시장제〉 이후 북한의 주변노동과 노동시장」, 『한국정치학회보』 제43집 3호, 한국정치학회, 2009.

박영자, 「북한 경제시스템의 복잡계 현상: 시장의 자기조직화 경로를 중심으로」, 『한국정치연구』 제19권 3호, 서울대학교 한국정치연구소, 2010.

박영자, 「북한의 근대화과정과 여성의 역할(1045-80년대); 공장과 가정의 정치사회와 여성노동을 중심으로」, 성균관대학교 박사학위논문, 2006.

박형중, 「북한의 관료제적 연줄 연구: 기업소 관리운영 문제를 중심으로」, 『통일과 북한 사회문화(상)』, 1993.

박형중 · 조한범 · 장용석, 『북한 '변화'의 재평가와 대북정책 방향』, 서울: 통일연구원, 2009.

반정호, 「한국은퇴세대의 근로생애와 경제적 복지수준의 관계」, 숭실대학교 대학원 박사학위논문, 2010.

성재민 · 이시균, 「한국노동시장의 비공식 고용」, 『산업노동연구』 제13권 2호, 2007.

양문수, 「북한에서의 시장의 형성과 발전: 생산물시장을 중심으로」, 『비교경제연구』 제12권 2호, 한국비교경제학회, 2005.

양문수 · 박정호 · 구갑우 · 정건화 · 이동명 · 조정아, 『북한의 노동』, 한울 아카데미, 2007.

양문수, 『북한경제의 시장화』, 한울아카데미, 2010.

이무근, 『직업교육학 원론』, 교육과학사, 1993.

이석 · 김창욱 · 양문수 · 이석기 · 김은영, 『북한 계획경제의 변화와 시장화』(경제인문사회연구회 협동연구총서 09-16-03), 통일연구원, 2009.

이승훈 · 홍두승, 『북한의 사회경제적 변화』, 서울대학교 출판부, 2007.

이영훈, 「농민시장」, 세종연구소 북한연구센터 엮음, 『북한의 경제』, 한울, 2005.

이정철, 「북한의 경제법제와 거시경제정책의 이중성: 중국과 베트남 경제법과의 비교를 중심으로」, 『한국정치연구』 19권 1호, 서울대학교 한국정치연구소, 2010.

임수호, 「화폐개혁 이후 북한의 대내경제전략」, 『북한경제리뷰』 2010년 3월호, KDI, 2010.

임순희, 『식량난과 북한여성의 역할과 의식변화』, 통일연구원, 2004.

장지연, 「중고령자의 근로생애유형: 사건계열분석기법을 이용한 취업력 분석」, 『중고령자 근로생애 연구』, 한국노동연구원, 2009.

정건화, 「북한노동자의 존재양식: 탈북노동자 설문조사 결과를 중심으로」, 『북한의 노동』, 한울아카데미, 2007.

조정아, 「북한의 작업장 문화와 노동자 정체성: 노동통제와 작업동의를 중심으로」, 양문수 외, 『북한의 노동』, 한울아카데미, 2007.

차문석, 「북한의 시장과 시장경제」, 『담론201』 10권 2호, 2007.

A. Tashakkori · C. Teddlie, 염시창 옮김, 『통합연구방법론: 질적 · 양적 접근방법의 통합』, 학지사, 2001.

International Labor Officer, "Guidelines concening a statical definition of informal employment, endored by the seventeenth International Conference of Labour Statiscians (November-December 2003) in: Seventeenth International Conference of Labour Statisticans Report of the Conference (Geneva, 11. 24)

2장 북한 노동공간의 이원화: 공장과 장마당

박형중, 「과거와 미래의 혼합물로서의 북한경제―잉여 점유 및 경제조정기제의 다양화와 7개 구획구조」, 『북한연구학회보』 13(1), 2009.

정은이, 「2000년 이후 북한시장의 발전요인에 관한 분석: 회령지역 시장의 사례를 중심으로」, 『비교경제연구』 19권 1호 2012.

정은이, 「북한에서 시장의 역사적 형성과정과 경제구조의 변화」, 『아세아연구』 제54권 1호, 고려대학교 아세아문제연구소, 2011.

홍민, 「북한 종합시장의 지역별 분포와 운영 현황」, 『KDI 북한경제리뷰 2017년 3월호, 한국개발연구원.

3장 공장사회와 생존의 정치

고유환, 「북한연구 방법론의 현황과 과제」, 『통일과 평화』 창간호, 2009.

김연철, 『북한의 산업화와 경제정책』, 역사비평사, 2001.

김화순, 「북한주민의 직업실태」, SSK 발표문, 2013.

남영호, 「러시아 공장 작업장에서의 시간과 공간, 신체」, 『비교문화연구』 제12권 1호, 2006.

박영자, 「북한생산관리제도와 노동자 계급: 생산에 대한 당-국가의 대리와 노동자 분화, 소외」, 성균관대학교 석사학위논문, 1999.

박영자, 「2003년 〈종합시장제〉 이후 북한의 '주변노동'과 '노동시장': 노동일상의 상황과 구조」, 『한국정치학회보』 제43집 3호, 2009.

박영자·조정아·홍제환·현인애·김보근, 『북한기업의 운영실태 및 지배구조』, 통일연구원, 2016.

박정진, 「북한의 '생산정치(Politics of Production)'와 노동자 조직의 성격변화에 관한 연구」, 동국대학교 석사학위논문, 2005.

박재환, 「일상생활에 대한 사회학적 조명」, M. 마페졸리 외 저, 『일상생활의 사회학』, 한울아카데미, 1994.

박형중, 「북한의 관료제적 연줄연구: 기업소 관리 운영 문제를 중심으로」, 『統一과 北韓 社會文化』(上), 1993.

박형중, 『북한의 경제관리체계』, 해남, 2002.

박후건, 『북한경제의 재구성』, 도서출판 선인, 2015.

백학순, 『북한의 개혁·개방 경험과 북한의 선택』, 세종연구소, 2003.

심완섭·이석기·이승엽·빙현지·김창모, 『북한 공식매체를 통해 본 산업정책 및 주요 산업·기업 변화 실태』, 산업연구원, 2015.

양문수 편저, 『김정은 시대의 경제와 사회: 국가와 시장의 새로운 관계』, 한울아카데미, 2014.

양문수·박정호·구갑우·정건화·이동명·조정아, 『북한의 노동』, 한울아카데미, 2007.

이영훈, 「북한의 '자생적 시장화'와 경제개혁의 전개」, 『통일문제연구』 2005년도 하반기호, 2005.

이석기, 『북한계획경제의 변화와 시장화』, 통일연구원, 2009.

이석기 · 양문수 · 김석진 · 이영훈 · 임강택 · 조봉현, 『북한 경제 쟁점 분석』, 산업연구원, 2013.

이석기 · 이승엽, 『2000년대 북한기업 현황: 북한 공식매체 분석을 중심으로』, 산업연구원, 2014.

임수호, 『계획과 시장의 공존』, 삼성경제연구소, 2008.

임강택, 『북한경제의 시장화 실태에 관한 연구』, 통일연구원, 2009.

임강택, 「북한 시장 활성화의 숨은 그림: 국영기업의 역할」, 『동향과 분석』, KDI, 2014.

서재진, 『7.1조치 이후 북한의 체제변화: 아래로부터의 시장사회주의화 개혁』, 통일연구원, 2004.

조정아, 「북한 주민의 '일상의 저항': 저항 유형과 체제와의 상호작용」, 『북한학연구』 제77권 1호, 동국대학교 북한학연구소, 2011.

조정아, 「제4장 지방기업」, 박영자 외, 『북한 기업의 운영실태 및 기업구조』, 통일연구원. 2016.

조정아 · 서재진 · 임순희 · 김보근 · 박영자, 『북한 주민의 일상생활』, 통일연구원, 2008.

전병유 · 이일영 · 김연철 · 양문수, 『북한의 시장 기업 개혁과 노동인센티브제도』, 한국노동연구원, 2004.

차문석, 『반노동의 유토피아: 산업주의에 굴복한 20세기 사회주의』, 박종철, 2001.

차문석, 「북한의 7.1조치의 사회경제적 의미: 북한경제의 동학을 중심으로」, 『북한경제리뷰』 2009년 8월호, 2009.

차문석 · 김지형, 『북한의 공장 및 노동 실태 분석』, 한국노총중앙연구원, 2008.

최봉대, 「북한의 시장활성화와 시장세력 형성문제를 어떻게 봐야 하나」, 『한반도 포커스』 2011년 7 · 8월호, 경남대학교 극동문제연구소.

최봉대, 「제3장 북한 김정은정권의 경제개혁과 경제적 관여 · 제대 연계 문제」, 윤대규 엮음, 『글로벌 거버넌스와 북한의 정치 경제 체제전환 전망』, 한울아카데미, 2016.

한현숙, 「경제위기 이후 북한 지방산업공장 운영체계 변화에 관한 연구」, 북한대학
원대학교 석사학위논문, 2010.

홍민, 「북한의 공장과 노동세계: 아래로부터의 역사」, 동국대학교 대학원논집, 2003.

홍민, 『북한의 시장화와 사회적 모빌리티: 공간구조, 도시정치. 계층변화』, 통일연
구원, 2016.

황재준, 「북한의 '식량배급'과 '농민시장': 역사적 변천과 기능을 중심으로」, 경남대
학교 박사학위논문, 2017.

Burawoy, Michael, *The politics of production: Factory regimes under capitalism and
socialism*, Verso Books, 1985.

Smith, Dorothy E., 김인숙 역, 『제도적 문화기술지: 사람을 위한 사회학』, 나남,
2005.

Smith, Dorothy E., *Institutional ethnography as practice*, Rowman & Littlefield, 2006.

6장 국가와의 불화, 다섯 북한 여성들의 삶과 일

김화순, 「북한주민의 일자리유형 연구」, 『북한연구학회보』 16권 1호, 2012.

7장 직행 탈북이주자의 노동이동과 탈북

단행본

박명규, 『남북 경계선의 사회학』, 창비, 2012.

설동훈, 『노동력의 국제이동』, 서울대학교 출판부, 2000.

이금순, 『북한 주민의 국경이동 실태: 변화와 전망』, 통일연구원, 2005.

조한범 · 임강택 · 양문수 · 이석기, 『북한에서 사적경제활동이 공적부문에 미치는
영향』, 통일연구원, 2016.

Borjas, George J., *Labor Economics,*, 4th Edition, Mc Graw-Hill Press, 2008.

Castles, Stephen, Mark J. Miller, and Giuseppe Ammendola. *The Age of Migration: International Population Movements in the Modern World*, New York: The Guilford Press, 2003(한국이민학회 역, 『이주의 시대』, 일조각, 2013).

Kornai, J. *The Socialist System: The Political Economy of Communism*, Princeton: Princeton University Press, 1992.

Ehrenberg, Ronald G., and Robert S. Smith, *Modern labor economics,* 8th edition, 2003(한홍순·김중렬 역, 『노동경제학』, 교보문고, 2003).

논문

강주원, 「중조 국경도시 단동에 대한 민족지적 연구」, 서울대학교 인류학과 박사학위논문, 2012.

구성렬, 「통일이후 남북한 인구이동 전망과 대책」, 한국노동연구원 세미나, 1997. 11.

김성경, 「경험되는 북·중 경계지역과 이동경로 북한이탈주민의 경계 넘기와 초국적 민족 공간의 경계 확장」, 『공간과 사회』 제22권 2호, 2012.

김화순, 「북한주민의 일자리 유형」, 『북한연구학회보』 제16권 1호, 2012.

김화순, 「시장화시기 북한의 일자리유형 결정요인」, 『통일정책연구』 제22권 1호, 2013.

김화순, 「체제이행기 북한여성 노동의 존재양식」, 장지연 외, 『통일한국의 노동시장과 여성고용 및 일·가정양립 연구』, 한국여성정책연구원, 2015.

이상준, 「러시아 시장개력과 노동시자의 형성: 노동력의 이동과 임금결정과정을 중심으로」, 『중소연구』 통권 104호, 2004.

이희영, 「(탈)분단과 국제이주의 행위자 네트워크: '여행하는' 탈북 난민들의 삶과 인권에 대한 사례연구」, 『북한연구학회보』 제17권 1호, 2013.

전재식, 「청년층의 취업형태 및 결정요인에 관한 연구」, 『직업능력개발원』, 연구노트, 2002.

정병호, 「냉전 정치와 북한 이주민의 침투성 초국가 전략」, 『현대북한연구』 제17권

1호, 2014.

Chiswick, Barry R., 「Are immigrants favorably self-selected? An economic analysis.」 *IZA Discussion Paper* No. 131, 2000.

Sullivan, Sherry E, 「The changing nature of careers: A review and research agenda.」 *Journal of management* Vol. 25, No. 3. 1999.

2부　북남이동과 직업전환

12장 북남이동과 직업전환

강일규 · 고혜원,『북한이탈주민의 취업촉진을 위한 직업능력개발방안』, 한국직업능력개발원, 2003.

강일규 · 김임태 · 이동임 · 이혜원 · 김승용 · 권성아,『북한이탈주민 취업능력 향상을 위한 제도개선 방안연구』, 한국직업능력개발원, 2004.

고지영,「북한이탈주민의 사회적 지위와 취업요인 분석」,『북한이탈주민 노동시장과 정체성』, 이화여대 통일학 연구원 추계학술회의, 2010.

김선화,「북한이탈주민 취업지원 정책 연구: 정착장려금제도를 중심으로」, 서울여자대학교 사회복지학과 박사학위논문, 2011.

김창권,「북한이탈주민의 남한 노동시장에서의 취업 결정요인 연구」,『경상논총』 25(2), 한독경상학회, 2007.

김학성,「북한이탈주민(탈북이주자)의 남한사회적응에 관한 연구」, 서울대학교 석사학위논문, 2000.

김화순,「북한이탈주민의 고용에 미치는 요인에 관한 연구」, 한국기술교육대학교 테크노인력개발전문대학원 박사학위논문, 2009.

김화순,「고학력 북한이탈주민이 인지하는 차별과 직업계층 변화에 대한 인식」,『통일과 평화』, 서울대학교 통일평화연구소, 2010a.

김화순,「북한이탈주민 맞춤형 취업프로그램의 성공요건, 북한이탈주민 맞춤형 취업지원의 활성화를 위한 토론회」, (사)전국실업극복연대, 2010b.

김화순 · 신재영, 「북한이탈주민의 취업눈높이 유형에 관한 사례연구: 고용지원제도와의 관계를 중심으로」, 『통일문제연구』 17(1), 2005.

박성재 · 김화순, 「탈북이주민 직업훈련의 노동시장 성과」, 한국직업능력개발원, 『직업능력개발연구』 11(2), 2008.

박영자, 「체제변동기 북한의 계층 세대 지역균열」, 『한국정치학회보』 46권 5호, 2012.

박정란 · 강동완, 「북한이탈주민의 노동시장 진입을 위한 직업능력개발지원 개선방안」, 『직업능력개발연구』 11(1), 한국직업능력개발원, 2008.

박정란 · 강동완 · 김흥광, 『북한이탈주민 일자리 현황 및 연계방안: 일자리생애 사례분석을 중심으로』, 북한이탈주민지원재단, 2010.

백경민, 「탈북자의 경제적 적응에 대한 인적 자본과 사회적 자본의 효과」, 고려대학교 석사학위논문, 2007.

선한승 · 강일규 · 김영윤 · 윤인진 · 이영훈 · 김화순, 『북한이탈주민 취업실태와 정책과제 연구』, 한국노동연구원, 2005.

성재민 · 이시균, 「한국노동시장의 비공식 고용」, 『산업노동연구』 13권 2호, 2007.

손문경, 「북한이탈주민의 사회 적응에 관한 연구」, 이화여자대학교 석사학위논문, 2002.

안혜영, 「북한이탈주민의 자립정착을 위한 취업정책 모형개발 연구」, 『통일정책연구』 14(2), 2005.

오원환, 「탈북 청년의 정체성 연구: 탈북에서 탈남까지」, 고려대학교 박사학위논문, 2011.

유길상 · 김화순 · 박성재, 『새터민에 대한 효과적인 직업훈련 방안』, 노동부 용역과제, 2007.

유시은, 「북한이탈주민의 경제적 적응영향 요인분석: 7년 패널조사를 중심으로 (2001~2007년)」, 연세대학교 박사학위논문, 2010.

윤인진, 「북한이주민의 사회적응 실태와 정착지원방안」, 『아세아연구』 50(2), 2007.

윤덕룡 · 강태규, 「북한이탈주민의 실업과 빈부격차에 의한 갈등 및 대책: 북한이탈주민들의 경제문제에 관한 설문조사 결과를 중심으로」, 『통일연구』 1, 연세대학교 통일연구원, 1997.

이기영, 「북한이주민의 노동시장 활동과 경제적 자립에 영향을 미치는 요인」, 『통일문제연구』 18(1), 2006.

이금순, 『북한이탈주민 지원 분야별 지원체계 개선방안』, 통일연구원 합동연구총서, 2004.

정지은, 「북한이탈주민의 국민기초생활보장 수급탈피 요인에 관한 연구」, 숭실대학교 석사학위논문, 2008.

International Labor Officer, *Seventeenth International Conference of Labor Statisticians Report of the Conference* (Geneva, 2003. 11. 24).

Pederson, Søren, " The Shadow Economy in Germany, Great Britain and Scandinavia: A measurement based on questinnaire surveys", Study no. 10. The Rockwool Foundation Research Unit, 2003.

13장 북한출신주민 고용기업의 특성과 채용의사

금재호 · 조준모, 「실업자의 재취업과 직장상실 비용」, 한국경제학회 경제학 공동학술대회, 2001.

김석향 · 김미주 · 최영실, 『탈북여성 실태조사 및 정착지원 방안 연구』, 이화여자대학교 통일학연구원, 2009.

김화순, 「북한이탈주민의 고용에 미치는 요인에 관한 연구」, 한국기술교육대학교 테크노인력개발전문대학원 박사학위논문, 2009.

김화순, 「고학력 북한이탈주민이 인지하는 차별과 직업계층 변화에 대한 인식」, 『통일과 평화』 제2권 2호, 서울대학교 통일평화연구소, 2010.

남재량 · 김태기, 「비정규직, 가교(bridge)인가 함정(trap)인가?」, 『노동경제논집』 제23권 2호, 2000.

남춘호, 「경제위기 이후 노동시장의 구조개편과 장기실업 및 반복실업」, 『산업노동연구』 제8권 2호, 2002.

박성재 · 김화순 · 황규성 · 송민수, 『북한이탈주민의 직업변동과 취업지원제도 평가』, 한국노동연구원, 2011.

박영자, 「다문화시대 새터민의 이주민과의 노동생활 비교인식: 사회통합 정책의
    이념과 방향수립을 위하여」, 『정책연구』, 국가안보전략연구소, 2008.

박정란, 「여성 북한이탈주민의 직업가치 연구: 북한에서 남한에 이르기까지의 맥
    락적 접근」, 『통일정책연구』 제16권 1호, 2006.

(사)북한인권정보센터, 『2010 북한이탈주민 경제활동 실태조사: 취업ㆍ실업ㆍ소득』,
    북한인권정보센터, 2010.

송창용, 『2009 북한이탈주민의 경제활동 실태조사』, 한국직업능력개발원, 2009.

이종은, 「북한이탈주민의 직장생활 유지경험에 관한 연구」, 이화여자대학교 사회
    복지대학원 석사학위논문, 2003.

조정아ㆍ정진경, 「새터민의 취업과 직장생활 갈등에 관한 연구」, 『통일정책연구』
    제15권 2호, 2006.

Chiswick, B., "The effect of Americanization on the Earnings of Forein-born Men",
    Journal of Political Economy, 86(5), October 1978.

Doeringer, P & M. Piore, *Internal Labor Markets and Manpower Analysis,* Lexington
    Books. Mass, Heath, 1971.

3부 북한 노동경험은 남한 노동시장에서 유용할까

15장 북한 노동경험은 북한출신주민 일자리에 어떤 영향을 미치는가?

김창권, 「북한이탈주민의 남한노동시장에서의 취업결정요인 연구」, 『경상논총』
    25(2), 2007.

김화순, 「북한이탈주민의 고용에 미치는 요인에 관한 연구」, 한국기술교육대학교
    테크노인력개발전문대학원 박사학위논문, 2009.

김화순, 「북한주민의 일자리유형 연구」, 『북한연구학회보』 16(1), 2012.

김학성, 「북한이탈주민(탈북이주자)의 남한사회적응에 관한 연구」, 서울대학교 석
　　사학위논문, 2000.

백경민, 「탈북자의 경제적 적응에 대한 인적자본과 사회적 자본의 효과」, 고려대학
　　교 사회학과 석사학위논문, 2007.

손문경, 「북한이탈주민의 사회적응에 관한 연구」, 이화여자대학교 사회복지대학원
　　석사학위논문, 2002.

안승용, 「북한이탈주민의 노동시장 경험에 관한 연구」, 고려대학교 사회학과 석사
　　학위논문, 2001.

유시은·엄진섭·윤덕용·전우택, 「북한이탈주민의 소득수준 변화에 영향을 미치
　　는 요인: 7년 패널연구」, 『통일정책연구』 17(2), 2008.

유지웅, 「북한이탈주민의 사회적 배제」, 『통일문제연구』 19(1), 2007.

윤덕룡·강태규, 「북한이탈주민의 실업과 빈부격차에 의한 갈등 및 대책: 북한이탈
　　주민들의 경제문제에 관한 설문조사 결과를 중심으로」, 『통일연구』 1, 연
　　세대학교 통일연구원, 1997.

윤인진, 「탈북자의 남한사회 적응실태와 정착지원의 새로운 접근」, 『한국사회학』
　　제33집, 1999.

이기영, 「북한이주민의 노동시장 활동과 경제적 자립에 영향을 미치는 요인」, 『통
　　일문제연구』 제18권 2호, 평화문제연구소, 2006.

Chiswick, B., "The Economic Progress of Immigrants: Some Apprarently Universal
　　Patterns", in William Fellner(ed.), *Contemporary Economic Problems*, 1979,
　　Washington American Enterprise Institute, 1979.

출 전

1장 북한 사람들이 사는 법

『북한연구학회보』 제17권 2호, 2012에 게재된 김화순, 「북한주민의 일자리유형 연구」를 수정하여 수록

2장 북한 노동공간의 이원화: 공장과 장마당

장지연·김화순, 『통일한국의 노동시장과 여성고용 및 일·가정양립 연구』, 한국여성정책연구원·한국노동연구원, 2015 중에서 '제Ⅲ장 체제이행기 북한 여성노동의 존재양식' 일부 수정.

3장 북한의 '공장사회'와 노동자

4장 7.1조치 이후 공장사회 내 사회적 관계의 변화

5장 신 충성(忠誠)노동자들: 비사회주의로 사회주의 지키기

「생존의 정치: 북한의 '공장사회'와 노동자」, 『평화연구』 제26권 1호, 2018에서 수정.

6장 다섯 북한 여성들의 삶과 일

장지연·김화순, 『통일한국의 노동시장과 여성고용 및 일·가정양립 연구』, 한국여성정책연구원·한국노동연구원, 2015 중에서 '제Ⅲ장 체제이행기 북한 여성노동의 존재양식' 일부 수정.

7장 직행 탈북이주자의 노동이동과 탈북

「직행 탈북이주자의 노동이동과 탈북결정요인」, 『통일정책연구』 제26권 1호, 2017을 수정.

8장 아! 대한민국과 조기정착

9장 북한사람 남한에서 일자리 구하기

『북한사람 남한에서 성공하기: 북한이탈주민의 남한 정착 3년간의 직업생활에 관한 질적연구』, 한국기술교육대학 대학원, 2004를 재구성.

10장 취업눈높이는 어떻게 결정되는가?

김화순·신재영, 「북한이탈주민의 취업눈높이 유형에 관한 사례연구: 고용지원제도와의 관계를 중심으로」, 『통일문제연구』 제17권 1호, 2005를 수정.

11장 일터, 타자(他者)들의 공간

『북한사람 남한에서 성공하기: 북한이탈주민의 남한 정착 3년간의 직업생활에 관한 질적연구』, 한국기술교육대학 대학원, 2004를 재구성.

12장 북남이동과 직업전환

박성재 외, 『북한이탈주민의 직업변동과 취업지원제도 평가』, 한국노동연구원 중에서 '제2장 북한이탈주민의 직업변동'을 수정.

13장 북한출신주민 고용기업의 특성과 채용의사

14장 남한기업의 북한출신주민 노동력 평가

「남한기업의 탈북이주민 노동력 평가」, 『북한연구학회보』 제16권 2호, 2011.

15장 북한 노동경험은 북한출신주민의 일자리에 어떤 영향을 미치는가

16장 남한에서 북한출신주민의 일자리 결정요인

「북한 일유형이 남한에서 탈북이주민 고용에 미치는 영향」, 『통일정책연구』 제23권 1호, 2014를 수정.

저자소개

김화순

2018년 현재 한신대학교 통일평화정책연구원에서 선임연구원으로 있으면서 한신대에서 통일과 북한관련 강의를 하고 있다. 2009년도에 북한이탈주민 고용요인 연구로 한국기술교육대학교 인력개발대학원에서 박사학위(Ph.D Human Resource Development and Employment)를 받은 이후 북한노동에 고용 연구방법을 접목하여 시장화시기 북한 노동세계의 변화 및 북한 노동자의 생활을 연구하고 있다. 평화체제로의 조속한 이행을 위해 '평화·통일비전을 위한 시민의회'에서 사회적 대화 사업에도 참여하고 있다.

주요 논문으로 「생존의 정치: 북한의 '공장사회'와 노동자」(『평화연구』 26권 1호, 2018), 「탈북인의 신민적 정치참여」(『통일과 평화』 10권 1호, 2018), 「직행 탈북이주자의 노동이동과 탈북결정요인」(『통일정책연구』 26권 1호, 2017), 「북한 일유형이 남한에서 탈북이주민 고용에 미치는 영향」(『통일정책연구』 23권 1호, 2014), 「탈북자송금은 북한사회에 어떤 영향을 미치는가?」(통일부 신진연구자과제, 2014), 「시장화시기 북한주민의 일유형 결정요인」(『통일정책연구』 22권 1호, 2012) 등과 저서로는 『북한주민의 임파워먼트: 주체의 동력』(공저, 통일연구원) 외 다수의 공저가 있다.